TESTAMENTO
CAPACIDADE, FORMALIDADES
E NOVAS TECNOLOGIAS

ISABELLA SILVEIRA DE CASTRO

Prefácio
Ana Luiza Maia Nevares

Apresentação
Eroulths Cortiano Junior

TESTAMENTO
CAPACIDADE, FORMALIDADES E NOVAS TECNOLOGIAS

Belo Horizonte

FÓRUM
CONHECIMENTO JURÍDICO

2022

© 2022 Editora Fórum Ltda.

É proibida a reprodução total ou parcial desta obra, por qualquer meio eletrônico, inclusive por processos xerográficos, sem autorização expressa do Editor.

Conselho Editorial

Adilson Abreu Dallari
Alécia Paolucci Nogueira Bicalho
Alexandre Coutinho Pagliarini
André Ramos Tavares
Carlos Ayres Britto
Carlos Mário da Silva Velloso
Cármen Lúcia Antunes Rocha
Cesar Augusto Guimarães Pereira
Clovis Beznos
Cristiana Fortini
Dinorá Adelaide Musetti Grotti
Diogo de Figueiredo Moreira Neto (in memoriam)
Egon Bockmann Moreira
Emerson Gabardo
Fabrício Motta
Fernando Rossi
Flávio Henrique Unes Pereira

Floriano de Azevedo Marques Neto
Gustavo Justino de Oliveira
Inês Virgínia Prado Soares
Jorge Ulisses Jacoby Fernandes
Juarez Freitas
Luciano Ferraz
Lúcio Delfino
Marcia Carla Pereira Ribeiro
Márcio Cammarosano
Marcos Ehrhardt Jr.
Maria Sylvia Zanella Di Pietro
Ney José de Freitas
Oswaldo Othon de Pontes Saraiva Filho
Paulo Modesto
Romeu Felipe Bacellar Filho
Sérgio Guerra
Walber de Moura Agra

FÓRUM
CONHECIMENTO JURÍDICO

Luís Cláudio Rodrigues Ferreira
Presidente e Editor

Coordenação editorial: Leonardo Eustáquio Siqueira Araújo
Aline Sobreira de Oliveira
Capa: Thamires Bonatto
Interferência: Walter Santos

Rua Paulo Ribeiro Bastos, 211 – Jardim Atlântico – CEP 31710-430
Belo Horizonte – Minas Gerais – Tel.: (31) 2121.4900
www.editoraforum.com.br – editoraforum@editoraforum.com.br

Técnica. Empenho. Zelo. Esses foram alguns dos cuidados aplicados na edição desta obra. No entanto, podem ocorrer erros de impressão, digitação ou mesmo restar alguma dúvida conceitual. Caso se constate algo assim, solicitamos a gentileza de nos comunicar através do *e-mail* editorial@editoraforum.com.br para que possamos esclarecer, no que couber. A sua contribuição é muito importante para mantermos a excelência editorial. A Editora Fórum agradece a sua contribuição.

Dados Internacionais de Catalogação na Publicação (CIP) de acordo com ISBD

C355t	Castro, Isabella Silveira de
	Testamento: capacidade, formalidades e novas tecnologias / Isabella Silveira de Castro. - Belo Horizonte : Fórum, 2022.
	294 p. ; 14,5cm x 21,5cm.
	Inclui bibliografia e anexo.
	ISBN: 978-65-5518-420-4
	1. Direito Civil. 2. Direitos Humanos. 3. Direito das Famílias. 4. Direito das Sucessões. I. Título.
2022-1741	
	CDD 347
	CDU 347

Elaborado por Odilio Hilario Moreira Junior - CRB-8/9949

Informação bibliográfica deste livro, conforme a NBR 6023:2018 da Associação Brasileira de Normas Técnicas (ABNT):

CASTRO, Isabella Silveira de. *Testamento*: capacidade, formalidades e novas tecnologias. Belo Horizonte: Fórum, 2022. 294 p. ISBN 978-65-5518-420-4.

À minha mãe, Marlucy, porque em sua dor e em seu amor tenho minha constante fonte de motivação.

AGRADECIMENTOS

> *Ninguém é sujeito na solidão e no isolamento, sempre se é sujeito entre outros sujeitos: o sentido da vida humana não é um monólogo, mas provém do intercâmbio de sentidos, da polifonia coral.*
>
> (Fernando Savater)

Em primeiro lugar, agradeço ao meu orientador, Prof. Eroulths Cortiano Jr., exemplo de erudição, mas, sobretudo, de sensibilidade. Nesses anos de orientação, alterou não apenas minha percepção sobre o direito, como também sobre a docência. A transformação que defende, em sua tese, no ensino do direito de propriedade, promove-a, ao lecionar, no direito como um todo, sempre com espírito crítico e – vale reiterar – sensibilidade, aquela própria dos poetas, o que é. Desfrutar de seus ensinamentos foi realmente um privilégio.

À Prof.ª Ana Carla Harmatiuk Matos, por fomentar, com suas pesquisas, o descortinar de um direito civil atento à realidade pungente e pela satisfação de tê-la como professora.

Às Prof.ªs Ana Carolina Brochado Teixeira e Ana Luiza Maia Nevares, pela honra de comporem a banca de defesa e pela contribuição indispensável tanto à civilística contemporânea quanto a este trabalho em específico.

Não poderia deixar de agradecer àqueles que me plantaram na alma a pretensão de ser um dia civilista, despertando em mim o amor por ramo tão rico e apaixonante. Assim, manifesto minha eterna gratidão aos Profs. Paulo de Tarso Barbosa Duarte e Fabrício Pelóia Del'Álamo.

Ao Prof. Cláudio José Franzolin, por abrir-me as portas da pesquisa, pela generosidade infinita e pela amizade.

Agradeço, ainda, a Viviane Girardi, por estimular e apoiar o início de minha jornada acadêmica, apresentando-me ao meu orientador e auxiliando-me com o projeto de pesquisa. Ao Prof. Rodrigo Xavier Leonardo, por propiciar, em sua disciplina sobre negócios jurídicos, a abertura de novos caminhos a este trabaho. Com pesar, ao mestre Zeno Veloso, que partiu deste plano terreno deixando um legado inestimável ao direito sucessório brasileiro. Sou igualmente grata às tantas civilistas que foram e são fonte de minha inspiração.

À minha família, pelo incentivo constante e apoio incondicional. Aos meus pais, agradeço pelas palavras e pelos gestos de suporte nos meus momentos de insegurança e fragilidade, restabelecendo-me a serenidade que só o amor é capaz de proporcionar. À minha irmã, Carollina, por ser, há 15 anos, a razão da minha alegria.

A Fernanda Valiati, Marina Amari e Gabriela Varela, agradeço pelo companheirismo. O destino incumbiu-se de unir tão distintas personalidades, e entre duas civilistas – uma filósofa da linguagem e uma estudiosa do direito do trabalho – nasceu inusitada amizade, sem a qual a experiência desafiadora da escrita durante a pandemia seria insustentável.

A Camila Bottaro, por compartilhar comigo suas experiências, ser suporte e fonte de sabedoria.

Manifesto singular gratidão ao intercâmbio acadêmico e afetivo durante minha estada em Curitiba. Se cada um que passa em nossas vidas leva um pouco de nós e deixa um pouco de si, seguirei enriquecida pela imensidão das trocas proporcionadas nesse período. Obrigada Alice Lana, Gabriel Percegona, Mariana Pimentel, Jacqueline Lopes, Manuela Galvão, Alex Mecabô, Priscilla Barbiero e tantas outras pessoas que o espaço e o tempo não me permitem listar, mas que desejo que se sintam aqui contempladas.

A Maici Barboza e Caio Ribeiro Pires, com quem compartilho minha *alma mater*, PUC-Campinas, pelas interlocuções, sempre enriquecedoras, e pela amizade de longa data.

Às companheiras do Direito Civil por Elas, pela parceria construída neste projeto lindo que é, para mim, alento em tempos difíceis.

Às minhas antigas e eternas amizades de Campinas, agradeço pela motivação constante, pela paciência com meus momentos de ausência e por se fazerem sempre presentes, mostrando que não há fronteiras capazes de enfraquecer vínculos verdadeiros. Faço este agradecimento em nome da grande amiga Beatriz Rezende, minha companhia desde os tempos de escola e que, para minha alegria, foi também em Curitiba.

Ao meu namorado, Ademir Felipe Júnior, que foi apoio e estímulo no período de revisão da obra.

Por fim, serei sempre grata à Universidade Federal do Paraná. Sob a magnificência de suas colunas vivenciei dois anos de intenso aprendizado, que me dão a certeza de sua imponência exceder sua arquitetura, manifestando-se no brilhantismo dos que carregam seu nome.

"O verdadeiro herói não é aquele que quer fugir do encontro com a sua morte, mas sim aquele que a reconhece como sua maior sabedoria".

"A morte é um excelente motivo para buscar um novo olhar para a vida".

Ana Claudia Quintana Arantes

SUMÁRIO

PREFÁCIO
Ana Luiza Maia Nevares 17

APRESENTAÇÃO
Eroulths Cortiano Junior 21

INTRODUÇÃO 25

CAPÍTULO 1
PRESSUPOSTOS PARA
RESSIGNIFICAÇÃO DO DIREITO
SUCESSÓRIO TESTAMENTÁRIO 27

1.1 Testamento: o "diamante" do direito sucessório? 27
1.2 Pela urgente transformação dos institutos jurídicos de base e do direito das sucessões 33
1.3 A revalorização do testamento como instrumento do planejamento patrimonial e sucessório 39
1.4 Pela democratização do testamento: em prol da promoção da capacidade e da acessibilidade como mandamentos constitucionais a serem perseguidos após o advento da CDPD 46
1.4.1 Convenção sobre os Direitos das Pessoas com Deficiência e Estatuto da Pessoa com Deficiência: um esclarecimento necessário 46
1.4.2 Pela democratização do direito sucessório testamentário 52
1.5 Do modelo patrimonial ao reconhecimento da natureza dúplice do testamento: repersonalização e funcionalização das relações patrimoniais 56

CAPÍTULO 2
CAPACIDADE TESTAMENTÁRIA ATIVA: O EXERCÍCIO DO DIREITO DE TESTAR COMO FORMA DE AUTODETERMINAÇÃO 61

2.1 Capacidade testamentária: uma capacidade específica vinculada à capacidade negocial 61
2.2 Capacidade civil e curatela após o estatuto das pessoas com deficiência e o código de processo civil de 2015 66
2.2.1 Capacidade civil após o EPD 66
2.2.2 O novo perfil da curatela: o verdadeiro transformador da teoria das capacidades 74
2.3 Capacidade testamentária ativa 83
2.3.1 As hipóteses de incapacidade negocial e a capacidade testamentária em tempos de curatela sob medida (Art. 1.860, 1ª parte) 87
2.3.2 O requisito do "pleno discernimento" no momento do ato (2ª parte do Art. 1.860) 97
2.4 Capacidade testamentária ativa para disposições existenciais 100
2.5 Princípio *pro capacitate* e os intervalos lúcidos 106
2.6 Capacidade testamentária e tomada de decisão apoiada 109
2.6.1 A tomada de decisão apoiada 109
2.6.2 Capacidade testamentária ativa de quem está sob tomada de decisão apoiada 114
2.7 Testamento de ulisses: (in)capacidade testamentária para revogação do testamento 121

CAPÍTULO 3
PASSADO, PRESENTE E FUTURO DO FORMALISMO TESTAMENTÁRIO 127

3.1 Origem, evolução e flexibilização do formalismo testamentário 130
3.2 Do formalismo inócuo à funcionalização das formalidades 136
3.3 Formalidades nos testamentos ordinários 140
3.3.1 Testamento público 140
3.3.1.1 Testemunhas 141

3.3.1.2 Testador que não sabe ou não pode assinar 143
3.3.1.3 Língua estrangeira 144
3.3.1.4 Pessoas com deficiência e analfabetos 146
3.3.2   Testamento particular 150
3.3.2.1 Testemunhas e confirmação do testamento 151
3.3.2.2 Escrita a rogo e testador que não sabe ou não pode assinar 154
3.3.2.3 Língua estrangeira 159
3.3.2.4 Pessoas com deficiência e analfabetos 159
3.3.3   Testamento cerrado 161
3.3.3.1 Testemunhas 162
3.3.3.2 Entrega do testamento 163
3.3.3.3 Testador que não sabe ou não pode assinar ou escrever 163
3.3.3.4 Língua estrangeira 168
3.3.3.5 Pessoas com deficiência e analfabetos 168

CAPÍTULO 4
NOVAS TECNOLOGIAS E TESTAMENTO 171
4.1   Assinatura 179
4.2   Presença geográfica e temporal das testemunhas 188
4.3   Leitura do testamento 191
4.4   Testamento eletrônico, por gravação audiovisual e as formas testamentárias 192
4.4.1   (A)tipicidade dos testamentos eletrônicos ou por gravação audiovisual e a melhor via de incorporação 194
4.4.2   Testamento eletrônico 196
4.4.2.1 A experiência americana e o que ela tem a nos ensinar 197
4.4.2.2 Testamentos público e cerrado eletrônicos 203
4.4.2.3 Testamento particular eletrônico 208
4.4.3   Testamento por gravação audiovisual 215
4.4.4   Testamentos automáticos e *"smart wills"* 219
4.4.5   Testamento Ético Digital 226

CAPÍTULO 5
CONCLUSÃO 231

PÓSFÁCIO
(OU MEU TESTAMENTO ÉTICO) 241

REFERÊNCIAS 243

ANEXOS 261

ANEXO I 263

JUSTIFICAÇÃO 273
ANEXO II 285

ANEXO III 291

PREFÁCIO

A vivência de uma pandemia ascendeu a certeza quanto à importância do planejamento sucessório, em especial diante de uma sociedade composta por núcleos familiares que conjugam diversos interesses, na medida em que são formados por recomposição de conjugalidades, descendências de origens diversas e novos arranjos fundados no cuidado que une seus membros.

No ordenamento jurídico brasileiro, o principal instituto para o planejamento sucessório é o testamento. De fato, ainda que para tanto o titular do patrimônio se valha de outras ferramentas, ao fim e ao cabo o ato de última vontade ocupa função de destaque na organização do programa refletido para o momento posterior à morte.

Consciente da importância do testamento e de sua densa disciplina, que ocupa o Título III, do Livro V, do Código Civil, Isabella Silveira de Castro apresenta ao leitor obra intitulada *Testamento: Capacidade, Formalidades e Novas Tecnologias*, que revisita a Sucessão Testamentária em Geral, fruto de sua dissertação de mestrado desenvolvida no âmbito do Programa de Pós-Graduação em Direito da Universidade Federal do Paraná, sob a minuciosa orientação do Professor Doutor Eroulths Cortiano Junior.

Sem dúvida, repensar o testamento em seus aspectos gerais, a saber, a capacidade testamentária ativa e a sua forma, em um ordenamento permeado pelos princípios constitucionais da dignidade da pessoa humana, da função social da propriedade e da igualdade material, são tarefas essenciais para apreender as potenciais funções do referido instituto. Nada disso escapou à Isabella que, atenta ao seu tempo, não se furtou a tratar do testamento diante das novas tecnologias, abordando, assim, os testamentos denominados eletrônicos e aqueles por gravação audiovisual.

Merece destaque na obra de Isabella o exame da capacidade testamentária ativa a partir do cotejo que a autora faz das disposições do Código Civil com aquelas do Estatuto Jurídico da Pessoa com Deficiência, em perspectiva crítica do *discernimento* previsto na lei civil como requisito para a lavratura do ato de última vontade, com cuidadosa análise dogmática, enaltecendo o *direito de testar* como expressão do exercício de aspecto fundamental da personalidade humana, em especial diante das disposições de natureza existencial.

Realmente, as mudanças operadas pelo Estatuto da Pessoa com Deficiência (EPD) na capacidade para os atos da vida civil foram substanciais e, apesar de o Código Civil prever dispositivo expresso quanto à capacidade para testar, a saber, o artigo nº 1.860, não se pode aplicá-lo em descompasso com as novas diretrizes do EPD, o que fica muito bem explicitado no segundo capítulo deste livro.

Já no terceiro capítulo, Isabella cuidou de tema muito sensível ao testamento no ordenamento jurídico brasileiro, qual seja, a necessidade de que o ato de última vontade observe uma forma prevista em lei para a sua validade. Em outras palavras, a forma é da substância do ato testamentário e, assim, o descumprimento de uma das solenidades previstas na lei para a sua formação acarreta em sua nulidade o que, sem dúvida, causa perplexidades ao operador do Direito, já que, evidentemente, o ato é irrepetível. Não por outra razão, são recorrentes na jurisprudência, em especial do Superior Tribunal de Justiça, julgados que mitigam o rigor da forma testamentária.[1]

Nessa direção, Isabella preconiza que se deve evitar o excesso de formalismo na constituição dos testamentos, defendendo a preservação apenas daquelas solenidades que efetivamente alcançam a sua função primordial, qual seja, aquela de proteção do testador. Apesar de reconhecer que o Código Civil mitigou as

---

[1] Nesta direção, o Superior Tribunal de Justiça já se manifestou no sentido de que "todas essas formalidades não podem ser consideradas de modo exacerbado, pois a sua exigibilidade deve ser acentuada ou minorada, em razão da preservação dos dois valores a que elas se destinam – razão mesma de ser do testamento –, na seguinte ordem de importância: o primeiro, para assegurar a vontade do testador, que já não poderá mais, após o seu falecimento, por óbvio, confirmar a sua vontade ou corrigir distorções, nem explicitar o seu querer que possa ter sido expresso de forma obscura ou confusa; o segundo, para proteger o direito dos herdeiros do testador, sobretudo dos seus filhos. STJ, 4ª T, REsp. 302767/PR, Relator Min. Cesar Asfor Rocha.

formalidades do testamento, Isabella pondera que o sistema atual ainda dificulta em grande medida o direito de testar, em especial para as pessoas com deficiência.

Já caminhando para o fim de sua obra e seguindo uma estrita coerência metodológica, que a todo tempo remete ao direito de testar como um aspecto fundamental do exercício da personalidade, Isabella aborda a manifestação da última vontade diante das novas tecnologias. Dessa maneira, apresenta debate sobre a possibilidade do testamento eletrônico, por vídeo, ou por gravação de áudio, a partir de três indagações, a saber, (i) seriam esses testamentos típicos ou novas formas testamentárias? (ii) ditos testamentos devem ser armazenados em um ambiente virtual, intangível ou em um suporte dotado de materialidade? e (iii) após a manifestação, deve a última vontade ser representada graficamente por escrito? Nesse mesmo capítulo, a autora aborda o Provimento n.º 100 do Conselho Nacional de Justiça, que tornou uma realidade jurídica o testamento público eletrônico.

E, ainda em seu último capítulo, seguindo a seriedade de seu estudo, retratado na vasta pesquisa bibliográfica que revela ao leitor, Isabella não descuida das lições do passado e, ao exortar a possibilidade de um testamento eletrônico particular, o faz advertindo que este deve ser de fácil descoberta e de difícil deterioração, apresentando evidências sólidas de autoria, havendo a clara intenção do testador de que o documento valha como sua última vontade, sem qualquer indício de que o documento foi inalterado.

O Direito das Sucessões se enriquece com a obra de Isabella, *Testamento: Capacidade, Formalidades e Novas Tecnologias*, assim como o leitor, que encontrará no texto instigantes debates e reflexões sobre uma sucessão hereditária renovada e permeada pelos valores e princípios constitucionais.

Rio de Janeiro, 20 de março de 2022.

Ana Luiza Maia Nevares
Doutora e Mestre em Direito Civil pela UERJ.
Professora de Direito Civil da PUC-Rio. Membro do
IBDFAM, do IBDCivil e do IAB. Advogada.

APRESENTAÇÃO

Isabella e seu amor pelo direito das sucessões, uma crônica que veio para ficar

Era julho de 2021 e consegui reunir três professoras, três dedicadas juristas, três permanentes amigas, três Anas para debater e pensar o testamento, essa figura jurídica tão importante e tão atual. Naquele dia, estivemos juntos eu, a Ana Carla Harmatiuk Matos, a Ana Luiza Maia Nevares e a Ana Carolina Brochado Teixeira para conversar com a Isabella Silveira de Castro, em sua defesa de dissertação de Mestrado na Faculdade de Direito da UFPR, que eu tive a honra e o prazer de orientar (*rectius*: tive a honra e o prazer de aprender, porque nessa agradável jornada mais aprendi que ensinei).

Em uma pesquisa marcada pela seriedade e com proposições instigantes, Isabella enfrentou os problemas da capacidade testamentária, das formalidades do testamento e da presença das novas tecnologias no direito das sucessões. Fez um trabalho que, além de carrear uma técnica refinada e uma reflexão teórica profunda, está perto do dia a dia das pessoas. É que os três pontos principais da reflexão (traduzidos em perguntas: Quem tem pode testar? Que solenidades o testamento exige? Em que medida as novas tecnologias redesenham o testamento?) são úteis e importantes dentro e fora da academia. São e serão importantes para a construção dogmática necessária. São e serão importantes também para aquele que deseja testar, para o advogado, para o julgador, para o notário.

Ouso dizer que a pesquisa de Isabella está ao rés do chão da vida vivida. Antes que me entendam mal, explico. Num belo texto sobre o gênero crônica, Antonio Candido[2] diz que essa espécie tão brasileira (sim, os maiores de todo o mundo são os nossos Rubem

---

[2] CANDIDO, Antonio. A vida ao rés-do-chão. Para gostar de ler. v. 5. São Paulo: Ática, 2003. p. 89-99.

Braga, Fernando Sabino e Paulo Mendes Campos) de escrita é diferenciada porque fala das surpresas e acontecimentos do cotidiano, dos fatos que são vividos em qualquer manhã ou tarde de um dia comum, em qualquer cidade do mundo.

É esse o sentido que quero dar a essa minha fala: o que Isabella pesquisou e escreveu está aí, em todos os dias, em todos os lugares. É algo com o que as pessoas se preocupam, afinal do testamento todos querem saber e conhecer. Disso que se trata: mesmo falando de coisas teóricas, Isabella nos diz das coisas práticas; mesmo escrevendo um texto com utilidade prática, Isabella nos premia com uma encadeada reflexão teórica.

O leitor poderia dizer: mas a crônica tem seu ambiente natural no jornal que será lido e lançado fora no dia seguinte (dinossauro que sou, me debatendo no mundo digital, estou a falar do jornal impresso, cuja leitura marca nossas mãos com a tinta preta da gráfica diária). Não se enganem, digo eu: essa é uma falsa impressão. A crônica veio para ficar, seja na mente daquele que dela gostou e dela guardou algo, uma palavra, uma frase, um sentimento, seja no livro posto com cuidado na estante, sempre à mão, e que será relido a todo instante, quando de uma crônica precisarmos. Enfim, uma boa crônica sempre está à nossa disposição.

É esse tipo de crônica que eu vejo no trabalho de Isabella. Uma crônica que veio para ficar. Assim será este livro: não será lançado fora e será sempre consultado (e, com o risco de cansá-los pela repetição: será consultado pelo jurista teórico e pelo operador prático do Direito). Uma crônica para toda a vida, digo eu. Sem medo de errar.

Acho que estou frustrando o leitor: talvez ele pensasse que iria encontrar aqui uma apresentação do trabalho, que lhe abrisse as portas para a leitura do livro inteiro. Não é necessário: a doce professora Ana Nevares já nos presenteou com um lindo e completo prefácio, que dá a justa medida do que será encontrado nas páginas seguintes. E, de qualquer maneira, o leitor tem o livro todo pela frente.

Por isso eu prefiro falar dessa Isabella que veio ter em Curitiba, vinda das Minas Gerais e de Campinas para estudar seu mestrado na UFPR, dessa Isabella que se fez pesquisadora em apenas dois anos de estudos, dessa Isabella que agora caminha firme para um competente magistério. Dessa Isabella que tem sólida formação humana e ética, herança e benesse de sua família, pais, tios, amigas e amigos (sim, eu estive num agradável jantar em que pude conhecer a todos, e dou testemunho fiel do ambiente de afeto e amor em que ela vive). Este livro tem muito dessas pessoas, e do amor incondicional que Isabella dedica aos seus (como não mencionar o afeto enorme que ela nutre por sua amada irmã caçula, a Carollina, de quem ela não se cansa de falar?).

Enfim, eis o que interessa: Isabella, tão nova e tão dedicada, foi forjada para a docência e para a pesquisa. Com este seu primeiro livro, ela começa a construir a crônica de sua vida acadêmica. Que vai durar e brilhar muito.

Eroulths Cortiano Junior
Pós-doutor em Direito pela Università degli studi di Torino. Doutor e Mestre pela UFPR. Professor da UFPR. Procurador do Estado do Paraná e advogado em Curitiba/PR.

INTRODUÇÃO

O mundo mudou e o direito testamentário – cujas bases centenárias foram forjadas na antiguidade – não deveria permanecer imune às transformações dos tempos. Globalização, novas tecnologias, pandemia, diversos são os acontecimentos relevantes que desenharam e (re)desenharam o viver humano de lá para cá. Todavia, o testamento permanece com suas bases ainda sobremaneira enrijecidas, dificultando o próprio exercício do direito de testar.

O Direito Sucessório parece fixado no tempo pretérito. Mais do que resgatar o testamento, instrumento por excelência do planejamento sucessório, buscar-se-á aclarar facetas pulverulentas da figura, revelando um novo caminho hermenêutico à construção de sua dogmática que, superando o positivismo histórico-linear, é mais maleável para atender as demandas da contemporaneidade.

Do ponto de vista metodológico, o objetivo central deste trabalho é propor uma releitura do testamento que, parafraseando Fachin, capte a tradição que o conhecimento jurídico projeta na dinâmica dos dias correntes, em termos de dogmática jurídica, mas também absorva as inovações próprias de um sistema *open norm*. Sendo assim, tomando o testamento como objeto de estudo e considerando a interpretação o *common core* das tarefas reflexivas, pretende-se, sob uma perspectiva de mudança, garimpar as possíveis novas feições do instituto dentro dos limites estabelecidos pelo sistema jurídico, *background* do governo das relações interprivadas.[1]

E não só: pretende-se também fornecer subsídios para propositura

---

[1] "(...) a expressão Direito Civil é apreendida tanto no sentido de captar a tradição que o conhecimento jurídico projeta na dinâmica dos dias correntes em termos de dogmática jurídica, quanto na direção de haurir as inovações próprias de um sistema *open norm*. Toma o sistema jurídico de regras e princípios como *background* do governo das relações interprivadas, sob uma perspectiva de mudança. A partir daí considera a interpretação o *common core* das tarefas reflexivas e o faz no garimpo das possibilidades dentro deste limite" (FACHIN, Luiz Edson. *Direito Civil*: sentidos, transformações e fim. 3. ed. Rio de Janeiro: Renovar, 2012. p. 1).

de reformas legislativas, a partir de exame crítico do dado normativo e da consciência de que a academia deve contribuir com a *práxis*.[2]

Partindo para o conteúdo do livro, o capítulo inicial apresentará os pressupostos a partir dos quais será empreendida a proposta de releitura do direito sucessório testamentário. Em apertada síntese, o fio condutor da análise crítica e reflexiva impressa à pesquisa assenta-se na ideia de que é preciso facilitar o exercício do direito de testar, como de qualquer direito, promovendo a autonomia privada e a autodeterminação existencial. A acessibilidade cumpre, portanto, papel fundamental na movimentação da pesquisa desenvolvida. Ao tomá-la como um valor a ser perseguido, o trabalho reacende o – não novo, mas sempre imprescindível – debate sobre a efetividade dos direitos, para além de seu mero reconhecimento formal.

Nessa rota, o segundo capítulo abordará a capacidade para testar, tratando dos impactos da Convenção sobre o Direito das Pessoas com Deficiência e do Estatuto da Pessoa com Deficiência à temática, das implicações do novo perfil da curatela ao direito testamentário, do papel do apoiador no ato de testar do apoiado, da capacidade testamentária para disposições existenciais, do tratamento jurídico dos intervalos de lucidez e da possível irrevogabilidade do testamento.

No capítulo terceiro, o foco será as formalidades testamentárias, avaliando a (im)pertinência de cada uma delas nas espécies de testamento ordinários e problematizando como uma abordagem estanque da matéria obstaculiza o exercício do direito de testar.

Prosseguindo com a discussão, o item 4, por fim, demonstrará o potencial das tecnologias para a democratização do testamento. Nesse tópico, com substancial respaldo na experiência estrangeira, serão tangenciados, entre outras coisas, os desafios envolvendo testamentos eletrônicos, testamentos por vídeo e assinaturas digitais.

---

[2] Por esse motivo, o trabalho a todo tempo dialogará com o Projeto de Lei nº 3.799/2019, de autoria da senadora Soraya Thronicke, em parceria com o Instituto Brasileiro de Direito das Famílias e das Sucessões (IBDFAM) (BRASIL. Senado Federal. *Projeto de Lei nº 3799, de 2019*. Altera o Livro V da Parte Especial da Lei nº 10.406, de 10 de janeiro de 2002, e o Título III do Livro I da Parte Especial da Lei nº 13.105, de 16 de março de 2015, para dispor sobre a sucessão em geral, a sucessão legítima, a sucessão testamentária, o inventário e a partilha. 02.02.2022. Aguardando Designação do Relator. Disponível em: https://www25.senado.leg.br/web/atividade/materias/-/materia/137498. Acesso em: 20 jan. 2020).

CAPÍTULO 1

PRESSUPOSTOS PARA RESSIGNIFICAÇÃO DO DIREITO SUCESSÓRIO TESTAMENTÁRIO

1.1 Testamento: o "diamante" do direito sucessório?

O testamento é, sem sombra de dúvidas, elemento-chave do direito sucessório. A averiguação de sua existência, válida e eficaz, determina o destino da sucessão: "morrendo a pessoa sem testamento, transmite a herança aos herdeiros legítimos; o mesmo ocorrerá quanto aos bens que não forem compreendidos no testamento; e subsiste a sucessão legítima se o testamento caducar, ou for julgado nulo".[3] A partir dessa diretriz, portanto, divide-se a sucessão em testamentária e *ab intestato*.

Contudo, não é só por ser elemento preciso na estruturação da dinâmica sucessória que nos referimos a ele como "diamante" do direito das sucessões; a analogia é proposta por outra razão: a aparente rigidez do testamento. O diamante é o material mais rígido de procedência natural e, como tal, só é moldável por outro diamante. Coincidentemente, também é preciso outro testamento para alterar ou revogar o anterior. E, principalmente, a dogmática do testamento revela-se extremamente resistente ao desenvolver dos tempos. Os caracteres essenciais atribuíveis à figura se solidificaram

---

[3] Código Civil, Art. 1.788. In: BRASIL. *Lei nº 10.406, de 10 de janeiro de 2002*. Institui o Código Civil. Casa Civil. Brasília, DF, 10 jan. 2022. Disponível em: http://www.planalto.gov.br/ccivil_03/leis/2002/L10406.htm. Acesso em: 2 mar. 2020.

de tal modo que podem se dizer verdadeiros dogmas, rígidos como os diamantes.[4]

O presente trabalho – mirado na sociedade e acolhendo como motivação a não reprodução de saberes, mas sim o intercâmbio e a movimentação de novas fontes de investigação[5] – colocará à prova a adequação desses dogmas ao tempo hodierno.[6] Entretanto, não se ignora a tradição: "crítica e ruptura não abjuram, *tour court*, o legado, e nele reconhecem raízes indispensáveis que cooperam para explicitar o presente e que, na quebra, abrem portas para o futuro".[7] Assim sendo, a fim de investigar o potencial inexplorado do testamento, é apropriado apresentar, ainda que sucintamente, suas características gerais conforme consolidadas na doutrina.

A morte da pessoa natural põe fim à sua existência jurídica e, com isso, resta a dúvida da subsistência das relações jurídicas por ela protagonizadas.[8] Em princípio, tem-se que as relações jurídicas de caráter existencial se extinguem com a morte da pessoa.

---

[4] O Superior Tribunal de Justiça e os Tribunais Superiores têm admitido a flexibilização de algumas das formalidades testamentárias. Contudo, tal admissão não afasta a rigidez dogmática, comprovada pelo próprio reconhecimento pelos Tribunais da necessidade de abrandamento de tamanho rigor pela via interpretativa.

[5] FACHIN, Luiz Edson. *Teoria crítica do direito civil*: à luz do novo Código Civil brasileiro. 3. ed. Rio de Janeiro: Renovar, 2012. p. 4.

[6] É preciso submeter os pilares do Direito Civil a "banco de prova", sujeitando os conceitos à realidade e não a realidade aos conceitos" (PIANOVSKI, Carlos Eduardo. A Teoria Crítica de Luiz Edson Fachin e a superação do positivismo jurídico. *In*: FACHIN, Luiz Edson. *Teoria crítica do direito civil*: à luz do novo Código Civil brasileiro. 3. ed. Rio de Janeiro: Renovar, 2012).

[7] "A crítica ao Direito Civil, sob esta visão, deve ser a introdução diferenciada a estatutos fundamentais, na explicitação de limites e possibilidades que emergem da indisfarçável crise do Direito Privado. É uma busca de resposta que sai do conforto da armadura jurídica, atravessa o jardim das coisas e dos objetos e alcança a praça que revela dramas e interrogações na cronologia ideológica dos sistemas, uma teoria crítica construindo um modo diverso de ver. E aí, sem deixar de ser o que é, se reconhece o 'outro' Direito Civil. E se esta proposta escala montanhas epistemológicas, voa em rotas mal percorridas e mergulha em águas turbulentas, não despreza as planícies, os caminhos bem torneados, muito menos o flúmem tranquilo de cognição adquirida. Crítica e ruptura não abjuram, *tour court*, o legado, e nele reconhecem raízes indispensáveis que cooperam para explicitar o presente e que, na quebra, abrem portas para o futuro" (FACHIN, Luiz Edson. *Teoria crítica do direito civil*: à luz do novo Código Civil brasileiro. 3. ed. Rio de Janeiro: Renovar, 2012, p. 5-6).

[8] "No Direito, a morte extingue a personalidade jurídica da pessoa natural (CC, Art. 6º). Se a toda pessoa, apenas pelo fato de existir, é reconhecida personalidade jurídica, a morte encerra nossa aptidão para sermos titulares de direitos e deveres. Falecida a pessoa, os direitos de que ela era titular não encontram base para se fixar e, como regra geral, os direitos extrapatrimoniais se extinguem e os direitos patrimoniais passam aos sucessores" (CORTIANO-JR., Eroulths. Morte individual, morte coletiva: um ensaio. *In*: NEVARES, Ana Luiza Maia; XAVIER, Marília Pedroso; MARZAGÃO, Silvia Felipe (org.). *Coronavírus*: impactos no direito de família e sucessões. Indaiatuba: Foco, 2020. p. 374).

Contudo, é possível que a pessoa estabeleça diretrizes para a tutela de aspectos reflexos de sua personalidade que permanecerão após seu falecimento. Quanto às relações de caráter patrimonial transmissíveis, nelas haverá sucessão de acordo com certa vocação, desencadeada pela vontade do falecido declarada em vida ou segundo critérios legais reveladores de sua vocação presumida.[9]

No âmbito do direito sucessório brasileiro, quem deseja determinar a forma de sucessão *causa mortis* de seu patrimônio deverá fazê-lo por testamento. As opções manifestadas pelo titular do patrimônio subordinam-se aos limites jurídicos tidos pelo legislador como "apropriados à situação pessoal e familiar" do *de cujus*;[10] em outras palavras, a autonomia testamentária é, em certa medida, "consequência do posicionamento da família e da propriedade dentro do mundo jurídico a que pertence".[11]

Nesse sentido, o testamento é, nas palavras de Pontes de Miranda, o "ato pelo qual a vontade de alguém se declara para o caso de morte, com eficácia de reconhecer, criar, transmitir ou extinguir direitos",[12] ou, em termos tecnicamente precisos, "o negócio jurídico

---

[9] Ou verdadeira "vontade presumida", como afirma HIRONAKA, Giselda Maria Fernanda Novaes. Direito das Sucessões: introdução. *In*: PEREIRA, Rodrigo da Cunha; HIRONAKA, Giselda Maria Fernanda Novaes (coord.). *Direito das sucessões*. 2. ed. Belo Horizonte: Del Rey Editora, 2007. p. 2.

[10] Idem.

[11] VENOSA, Sílvio Salvio. O testamento e o projeto do Código Civil. *Revista Forense*, v. 76, n. 271, p. 339, 1980. Apesar de a dimensão e os limites da autonomia testamentária não serem o objeto principal deste trabalho, reconhece-se sua importância: "Corretamente è stato osservato che, ancora oggi, in Itália como in altri odinamenti giuridici occidentali, non può comprendersi a fondo l'instituto del testamento nella sua valenza multipla, se non attraverso lo studio dela natura e dele potenzialità espressive dela libertà testamentaria, nonchè dei suoi limiti". Tradução livre: "Observou-se corretamente que, ainda hoje, na Itália como em outros ordenamentos jurídicos ocidentais, o instituto do testamento não pode ser compreendido plenamente em seu valor múltiplo, senão também pelo estudo da natureza e do potencial expressivo da liberdade testamentária, a partir dos seus limites" (TATARANO, Maria Chiara. Il Testamento. *In*: D'AMICO, Giovanni. *Trattato di diritto civile del Consiglio Nazionale del Notariato*. Napoli: Edizioni Scientifiche Italiane, 2003).

[12] PONTES DE MIRANDA, Francisco Cavalcanti. *Tratado de direito privado*. 3. ed. Rio de Janeiro: Borsoi, 1972., v. 56. p. 59. Orlando Gomes argumenta não ser correto dizer que a sucessão testamentária opera por efeito da expressa vontade do homem. Segundo ele: "Sua viabilidade decorre da permissão do direito positivo. É a lei que põe à disposição das pessoas capazes um meio técnico de regulação da própria sucessão, assegurando-lhes o direito de dispor dos seus bens para depois de sua morte" (GOMES, Orlando. *Sucessões*. 11. ed. Rio de Janeiro: Forense, 2001. p. 84). Apesar de compreensível o raciocínio do jurista, todo fato jurídico *lato sensu* é resultado da incidência de norma, a questão é que o testamento é um negócio jurídico unilateral, ou seja, a vontade é elemento nuclear do suporte fático sobre o qual a norma incide.

unilateral, de última vontade, pelo qual alguém, nos limites da lei e para depois de sua morte, dispõe de seus bens, em todo ou em parte, ou algo determina para efeitos jurídicos".[13] Instrumento do direito sucessório apto a afastar a sucessão legal, até o limite imposto pela legítima, por meio do qual o testador expressa sua autonomia privada,[14] decidindo sobre o futuro de seu patrimônio e/ou manifestando suas últimas vontades de caráter existencial, que produzirão efeitos depois de sua morte. Trata-se, portanto, de negócio jurídico[15] unilateral e unipessoal de eficácia diferida.[16]

---

[13] PONTES DE MIRANDA, Francisco Cavalcanti. *Tratado de direito privado*. 3. ed. Rio de Janeiro: Borsoi, 1972. v. 56. p. 71.

[14] PEREIRA, Caio Mário da Silva. *Instituições de Direito Civil*. 12. ed. Rio de Janeiro: Forense, 1999. v. 4. p. 94.

[15] É recorrente a menção de que: "(...) o testamento se constitui de uma declaração de vontade destinada à produção de efeitos jurídicos queridos pelo disponente, inscreve-se como negócio jurídico." (PEREIRA, Caio Mário da Silva. *Instituições de Direito Civil*. 12. ed. Rio de Janeiro: Forense, 1999. v. 4. p. 94). Pertinente à crítica de Pontes de Miranda: "Na definição de negócio jurídico, os juristas cometem, por vezes, erro grave de teoria geral do direito. (...). Omitem o fato intercalar da juridicização do fato (= incidência da regra jurídica sobre o fato). Ora, a vontade pode não ser dos efeitos jurídicos: quem compra não pensa na *actio empti*; pensa em vir a adquirir a coisa, o que não depende só da venda e compra; pensa no negócio jurídico; e ainda que pense em *x* efeitos jurídicos, a declaração ou manifestação de vontade só irá obter aquelas que resultarem do negócio jurídico mesmo. A manifestação de vontade é suporte fático. Negócio jurídico é o ato *human* consistente em manifestação de vontade, como suporte fático, de regra jurídica, ou de regras jurídicas, que lhe deêm eficácia jurídica. É pois definir *b* como *a* + *d*, isto é, falar-se de negócio jurídico, *b*, que é manifestação de vontade, *a*, com intuito de eficácia jurídica, *d*, omitindo-se alusão à classe a que pertence *b* (atos humanos) e ao elemento, *c*, que o faz causa de efeitos: a incidência de regras jurídicas" (PONTES DE MIRANDA, Francisco Cavalcanti. *Tratado de direito privado*. 3. ed. Rio de Janeiro: Borsoi, 1972. v. 1. p. 142). Além da omissão em relação ao elemento intercalar da juridicização, critica-se também a expressão "declaração de vontade". "Uma coisa é exteriorizar, manifestar; outra, declarar, fazer claro. (...). O erro era dos juristas e da sua linguagem"(PONTES DE MIRANDA, Francisco Cavalcanti. *Tratado de direito privado*. 3. ed. Rio de Janeiro: Borsoi, 1972. v. 1, p. 142). Há negócios sem delaração, por isso nos parece mais apropriado "manifestação de vontade". No campo do direito testamentário, a distinção é especialmente relevante, pois parece o legislador ter optado, para interpretação do negócio testamentário, pelo prevalecimento da vontade subjetiva a ser investigado em concreto. Assim, dispõe o Código Civil: "Art. 1.899. Quando a cláusula testamentária for suscetível de interpretações diferentes, prevalecerá a que melhor assegure a observância da vontade do testador". Neste sentido, Pontes de Miranda, ao tratar das teorias objetiva e voluntarista do negócio jurídico, sustenta que, a depender do desenho típico dado pela lei a cada negócio jurídico, a interpretação deverá conferir maior valor à manifestação ou à vontade. "Não há, porém, nenhuma conveniência em ater-se o intérprete a qualquer delas. (...) A questão é de interpretação das leis, e não de interpretação dos atos jurídicos" (PONTES DE MIRANDA, Francisco Cavalcante. *Tratado de Direito Privado*. Atualizado por Marcos Bernardes de Mello e Marcos Ehrhardt Jr. São Paulo: Editora Revista dos Tribunais, 2012. v.3, p. 91).

[16] "Não é exatamente, como alguns dizem, a vontade de um morto que se vai cumprir. Morto não tem vontade. Trata-se da vontade de um vivo, para depois da morte. A vontade foi do vivo os efeitos ocorrem com o falecimento dele" (VELOSO, Zeno. Testamentos: noções gerais,

Quatro traços são, de modo uníssono, atribuíveis ao ato testamentário, são eles: gratuito, revogável, personalíssimo e solene. É gratuito porque o direito pátrio não admite correspectivo em compensação das liberalidades testamentárias.[17] Como disposição de última vontade, está implícita a revogabilidade, elemento essencial, afinal, "não fosse revogável, não seria ato de última vontade, mas de vontade, de determinado momento, que se fixou",[18] motivo pelo qual o ideal seria que se realizasse *in extremis*.[19]

Por personalíssimo decorre que, embora possa o testamento caracterizar-se também como uma emanação conspícua do direito de propriedade, é, nomeadamente, emanação do direito de personalidade.[20] Como se pode auferir das lições de Caio Mario,

---

formas ordinárias, codicilo, formas especiais. *In*: PEREIRA, Rodrigo da Cunha; HIRONAKA, Giselda Maria Fernanda Novaes (coord.). *Direito das sucessões*. 2. ed. Belo Horizonte: Del Rey, 2007. p. 126). Seguindo o caminho de Pontes de Miranda, Marcos Bernardes de Mello esclarece que os fatos jurídicos podem existir sem serem eficazes. Cf. MELLO, Marcos Bernardes de. *Teoria do fato jurídico*: plano da existência. 20. ed. São Paulo: Saraiva, 2014.

[17] BEVILÁQUA, Clóvis. *Direito das Sucessões*. Rio de Janeiro: Editora Rio, 1983. p. 185.

[18] PONTES DE MIRANDA, Francisco Cavalcanti. *Tratado de direito privado*. 3. ed. Rio de Janeiro: Borsoi, 1972. v. 56, p. 72.

[19] PEREIRA, Caio Mário da Silva. *Instituições de Direito Civil*. 12. ed. Rio de Janeiro: Forense, 1999. v. 4. p. 94. Antunes Varela problematiza a afirmação recorrente de ser o testamento emanação da última vontade do testador: "(...) o melindroso e inexplorado problema de saber se a sucessão testamentária se orienta pela vontade, real ou presumível, contemporânea da elaboração do testamento, ou se, pelo contrário, a lei procura-se realmente inspirar-se na última vontade do declarante, não constituindo o testamento, nessa ordem de ideias, mais do que uma antecipação precária, um projecto sujeito a permanente e automática correcção da intenção juridicamente decisiva para o efeito.
No primeiro caso, a expressão <negócio de última vontade> com que vulgarmente se designa o testamento, significará apenas que, no domínio dos negócios *mortis causa*, prevalece sempre a vontade ultimamente declarada; no segundo, a expressão tem de ser interpretada bastante mais à letra, pois é a vontade verdadeiramente última do testador (...) que nessa altura pontifica sobre a validade e o sentido do negócio" (VARELA, Antunes. *Ineficácia do testamento e vontade conjectural do testador*. Coimbra: Coimbra Editora, 1950. p. 9).
Segundo Tito Prates: "Pode acontecer, sem dúvida, que o testador mude suas intenções, sem tempo de fazer novo testamento, quer porque morra inopinadamente, porque a incapacidade o empolgue, ou por outro motivo. Não permanecerá, por isso, menos verdadeiro que o *acto pe* de última vontade, pois que esta precisa de ser manifestada legalmente para valer. É a última vontade legalmente manifestada que se atende. A presunção, que acompanha a manifestação não transformada, é a salvaguarda do legítimo querer do testador, nos casos comuns, em que seu desejo não variou. É a morte do testador que faz do testamento acto verdadeiramente de última (sic) vontade, porque, até então, não foi revogado. Esse facto de não revogar faz presumir que com essa vontade manifestada morreu o testador. A revogabilidade do testamento decorre de sua natureza. *Ambulatoria est voluntas defuncti usque ad vitae supremum exitum*. Enquanto vivo o testador, o testamento não passa de simples projeto" (FONSECA, Tito Prates. *Sucessão testamentária*. São Paulo: Saraiva, 1928. p. 13).

[20] Cf. PROTO, Massimo. Successione testamentaria e princípi constituzionali. *In*: SESTA, Michele; CUFFARO, Vicenzo (a cura di). *Persona, famiglia e successioni nela giurisprudenza*

o personalismo do testamento, imposto pelo Art. 1.858 do Código Civil (CC),[21] busca a maior autenticidade possível da manifestação de vontade testamentária, por isso:

> (...) há de ser feita pelo próprio testador, sem a interferência de quem quer que seja. Não permite a participação de outro agente, a qualquer título que seja. E não tem validade quando praticado por um representante legal ou convencional. Não pode operar um mandatário do declarante, nem como simples portador da cédula já escrita ou da minuta elaborada, mesmo que assinada pelo testador. (...) Ao que não tem capacidade para testar é vedado o ato, não se suprindo a vontade por nenhum meio.[22]

Daí extraímos a opinião desse autor, compartilhada por diversos juristas,[23] de que a vontade do testador há de ser espontânea e sem qualquer participação na formação de seu conteúdo. Pontes de Miranda, por exemplo, afirma que o testador "deve estar consciente e livre, conhecer a natureza do ato que pratica, e partirem de si e não de outrem as determinações do testamento".[24]

E é justamente visando a garantir o personalismo da *voluntas testatoris* que o testamento é também um ato solene, impondo

---

constituzionale. Napoli: Edizioni Scientifiche Italiane, 2006. p. 831. Reforça esse entendimento o fato de ser o testamento, além de negócio jurídico unilateral, também unipessoal. Os atribututos não se confundem. A instituição de fundação é exemplo de negócio jurídico unilateral possivelmente pluripessoal, a depender do número de instituidores. A esse respeito, esclarece Marcos Bernardes de Melo: "Se várias pessoas em uma mesma posição (=lado) exteriorizam vontade negocial, como ocorre se A e B, conjuntamente, criam uma mesma fundação (Código Civil, Art. 62), há negócio jurídico unilateral. Apesar da pluralidade de instituidores, o negócio não se bilateraliza e nem se pluritalizaria se fosse fossem A, B e C os figurantes na criação da fundação" (MELLO, Marcos Bernardes de. *Teoria do fato jurídico*: plano da existência. 20. ed. São Paulo: Saraiva, 2014. p. 255).

[21] BRASIL. *Lei nº 10.406, de 10 de janeiro de 2002*. Institui o Código Civil. Casa Civil. Brasília, DF, 10 jan. 2022. Disponível em: http://www.planalto.gov.br/ccivil_03/leis/2002/L10406.htm. Acesso em: 2 mar. 2020.

[22] PEREIRA, Caio Mário da Silva. *Instituições de Direito Civil*. 12. ed. Rio de Janeiro: Forense, 1999. v. 4. p. 95.

[23] "A resolução conforme o direito deve emanar de agente capaz, livre de arbítrio alheio. O direito de testar é personalíssimo: *voluntatis nostroe*" (FONSECA, Tito Prates. *Sucessão testamentária*. São Paulo: Saraiva, 1928. p. 12). Cita-se também: MAXIMILIANO, Carlos. *Direito das sucessões*. 4. ed. Rio de Janeiro: Freitas Bastos, 1958. v. 1, p. 336; BEVILAQUA, Clóvis. *Direito das Sucessões*. Rio de Janeiro: Editora Rio, 1983. p. 185.

[24] PONTES DE MIRANDA, Francisco Cavalcanti. *Tratado de direito privado*. 3. ed. Rio de Janeiro: Borsoi, 1972. v. 56, p. 112.

que a manifestação de vontade do testador se revista da forma prescrita em lei,[25] a qual não será meramente *ad probationem*, e, sim, *ad solemnitaem*.[26]

1.2 Pela urgente transformação dos institutos jurídicos de base e do direito das sucessões

O estudo do direito civil sustenta-se em premissas de uma teoria geral do direito que pode ser dividida, como faz Carlos Alberto da Mota Pinto, em teoria geral da norma jurídica civil e teoria geral da relação jurídica civil.[27] Norma e relação são, portanto, categorias a partir das quais estrutura-se todo o direito civil.

Segundo o jurista lusitano, o direito busca, enquanto instrumento de disciplina social, realizar alguns valores, sobretudo a certeza de sua disciplina e a segurança da vida em sociedade, bem como a retidão das soluções, o que abrange, entre outras coisas, a justiça. Nesse contexto, exsurge a igualdade, essencial à ideia de justiça. Dela decorre a exigência de uma consideração normativa – geral – da realidade social a que o direito se aplica. Noutros termos,

> (...) a estatuição prescrita pelo direito para uma situação deve ser aplicável às situações do mesmo tipo ou gênero, construindo-se o tipo ou gênero de situação – a hipótese da norma – com a consideração de todos os elementos que tornem igualmente adequada para eles a solução.[28]

Além da igualdade material, entende Mota Pinto que os valores da certeza e da segurança demandam certa calculabilidade do direito e a máxima garantia possível contra decisões imprevistas.

---

[25] PEREIRA, Caio Mário da Silva. *Instituições de Direito Civil*. 12. ed. Rio de Janeiro: Forense, 1999. v. 4, p. 95.
[26] VELOSO, Zeno. *Direito Civil*: temas. Belém: Associação dos Notários e Registradores do Pará, 2018. p. 334.
[27] MOTA PINTO, Carlos Alberto da. *Teoria geral do direito civil*. 3. ed. atual. Coimbra: Coimbra Editora, 1999. p. 16.
[28] MOTA PINTO, Carlos Alberto da. *Teoria geral do direito civil*. 3. ed. atual. Coimbra: Coimbra Editora, 1999. p. 18.

Por isso, afirma o autor que a realização da igualdade material, juntamente aos valores da certeza e da segurança, implica a irrenunciabilidade à categoria das normas gerais.[29]

Quanto à relação jurídica, de origem germânica, ela é utilizada como meio técnico de arrumação e exposição do direito, ou seja, é a representação da norma incidente sobre a realidade. Estrutura-se por polos de interesses ocupados por sujeitos de direito, nos termos dos quais criam-se enlaces, nexos, liames, e enquanto a uns são reconhecidos poderes, a outros são impostas vinculações.[30]

A origem do direito civil remete à modernidade, marcada pelas revoluções burguesas, período em que o direito serviu de endossador da ordem e organização social por meio da implementação de uma ordem jurídica baseada na igualdade e na liberdade formais.[31] "A impessoalização do sujeito, para fins jurídicos, é instrumento necessário e suficiente: todos são iguais, porque são livres. E todos são livres porque são iguais".[32] No mais, o esquema formal de subsunção propiciado pelas categorias abstratas limitava a atuação interpretativa do magistrado, em garantia da segurança.[33] Tem-se, aí, a construção jurídica da modernidade: "Numa só frase: um direito claro para uma era das certezas. Um direito claro para um mundo de segurança".[34]

Acontece que o reconhecimento das pessoas com essa igualdade meramente formal, que, em teoria, confere a todas uma posição de idêntico nível, ignora-lhes as diferenças; nesse sentido, Boaventura de Sousa Santos alerta:

> (...) ao consistir em direitos e deveres, a cidadania enriquece a subjetividade e abre-lhe novos horizontes de auto-realização, mas, por outro lado,

---

[29] MOTA PINTO, Carlos Alberto da. *Teoria geral do direito civil*. 3. ed. atual., Coimbra: Coimbra Editora, 1999. p. 19.
[30] MOTA PINTO, Carlos Alberto da. *Teoria geral do direito civil*. 3. ed. atual., Coimbra: Coimbra Editora, 1999. p. 21.
[31] CORTIANO-JR., Eroulths. As quatro fundações do direito civil: ensaio preliminar. *Revista da Faculdade de Direito UFPR*, v. 45, p.100, 2006.
[32] CORTIANO-JR., Eroulths. As quatro fundações do direito civil: ensaio preliminar. *Revista da Faculdade de Direito UFPR*, v. 45, p. 101, 2006.
[33] *Idem*.
[34] *Idem*.

ao fazê-lo por via de direitos e deveres gerais e abstratos que reduzem a individualidade ao que nela há de universal, transforma os sujeitos em unidades iguais e intercambiáveis no interior.[35]

Essa igualdade é profundamente seletiva e deixa intocadas diferenças, sobretudo as da propriedade, mas também as de raça e sexo,[36] o que não é de se surpreender, tendo em vista que foi pensada para atender às demandas de uma camada populacional inserida em contexto histórico específico, qual seja, a burguesia, de modo que "a relação jurídica exprime menos um meio técnico para desenhar uma exposição e mais uma ordenação conceitual para dar conta de um modo de ver a vida e sua circunstância".[37] O sujeito abstrato de direito, por sua vez, é o homem, branco, proprietário e burguês.[38] Sob essa estrutura pretensamente neutra está um direito "(...) que se afirma no confronto e na negação do outro. É um conceito superado por sua própria insuficiência, denunciada pela tentativa de captar, atemporalmente, pessoas, nexos e liames".[39]

Com o advento da Constituição Federal de 1988, que elege a dignidade da pessoa humana como fundamento do Estado Democrático de Direito, e atentas à necessidade de realocar a pessoa humana, em suas singularidades, no centro das sistemáticas jurídicas, despontam novas teorias interpretativas do direito civil, com destaque à Teoria Crítica do Direito Civil, desenvolvida por Luiz Edson Fachin,[40] e a Metodologia Civil-Constitucional, concebida

---

[35] SANTOS, Boaventura de Sousa. Subjetividade, cidadania e emancipação. *Revista Crítica e Ciências Sociais*, n. 32, p. 141, jun. 1991.
[36] Idem.
[37] FACHIN, Luiz Edson. *Teoria crítica do direito civil*: à luz do novo Código Civil brasileiro. 3. ed. Rio de Janeiro: Renovar, 2012. p. 35.
[38] Vários são os exemplos de como essa pretensa neutralidade do Direito acaba, por vezes, potencializando desigualdades. A títulos ilustrativos, sugere-se as reflexões de: TEIXEIRA, Ana Carolina Brochado; BUCAR, Daniel; PIRES, Caio. Tributação dos alimentos: uma política fiscal discriminatória de gênero. *Consultor Jurídico*, 30 mar. 2021. Disponível em: https://www.conjur.com.br/2021-mar-30/opiniao-tributacao-alimentos-politica-discriminatoria. Acesso em: 30 mar. 2021.
[39] FACHIN, Luiz Edson. *Teoria crítica do direito civil*: à luz do novo Código Civil brasileiro. 3. ed. Rio de Janeiro: Renovar, 2012. p. 35.
[40] FACHIN, Luiz Edson. *Teoria crítica do direito civil*: à luz do novo Código Civil brasileiro. 3. ed. Rio de Janeiro: Renovar, 2012. p. 35.

por Pietro Perlingieri, na Itália, e trazida ao Brasil, inicialmente, por Gustavo Tepedino e Maria Celina Bodin de Moraes.[41]

As teorias críticas tiveram o mérito de repersonalizar o direito civil, resgatando a pessoa natural, para além da personalidade como conceito.[42] Adotou-se, a partir de então, postura hermenêutica que coloca a Constituição Federal como centro gravitacional do sistema, apta a conferir unidade ao ordenamento; rechaçando o brocado segundo o qual a Codificação Civil seria a constituição das relações privadas e superando a rígida dicotomia entre Direito Público e Privado.[43]

Esse movimento, de olhar e (re)construir criticamente o direito civil, iniciado há mais de 30 anos, não se esgotou e nunca se esgotará. Não basta superar a crise das teorias jurídicas formais e racionalistas.[44] A dinamicidade da vida é propulsora de um repensar cíclico. O esgotamento improvável de uma matéria, ainda que alcançado,

---

[41] MORAES, Maria Celina Bodin de. A caminho de um direito civil constitucional. *Revista de direito civil*, v. 65, p. 21-32, 1993; TEPEDINO, Gustavo. Premissas metodológicas para a constitucionalização do direito civil. *Temas de direito civil*, v. 3, p. 1-22, 1999.

[42] FACHIN, Luiz Edson. *Teoria crítica do direito civil*: à luz do novo Código Civil brasileiro. 3. ed. Rio de Janeiro: Renovar, 2012. p. 10.

[43] Segundo Tepedino, não fosse essa percepção, as conquistas seculares do Direito Público, que produziram gerações de direitos fundamentais, restariam inoperantes (TEPEDINO, Gustavo. Posse e propriedade na constitucionalização do direito civil: função social, autonomia da posse e bens comuns. *In*: SALOMÃO, Luis Felipe; TARTUCE, Flávio. *Direito civil*: diálogos entre a doutrina e a jurisprudência. São Paulo: Atlas, 2017. p. 478). Contudo, o fenômeno da constitucionalização não se confunde com o da publicização: "Durante muito tempo, cogitou-se de publicização do direito civil, que, para muitos, teria o mesmo significado de constitucionalização. Todavia, são situações distintas. A denominada publicização compreende o processo de crescente intervenção estatal, especialmente no âmbito legislativo, característica do Estado Social do século XX. (...) Em suma, para fazer sentido, a publicização deve ser entendida como o processo de intervenção legislativa infraconstitucional, ao passo que a constitucionalização tem por fito submeter o direito positivo aos fundamentos de validade constitucionalmente estabelecidos. Enquanto o primeiro fenômeno é de discutível pertinência, o segundo é imprescindível para a compreensão do moderno direito civil" (LÔBO-NETTO, Paulo Luiz. Constitucionalização do direito civil. *Revista de informação legislativa*, v. 141, p. 99-109, 1999). Mesmo com o processo de constitucionalização do direito civil, a matéria permanece com a sua autonomia dogmática. Acontece que a distinção entre Direito Público e Direito Privado deixa de qualitativa e passa a ser quantitativa, como esclarece Tepedino (TEPEDINO, Gustavo. Premissas metodológicas para a constitucionalização do direito civil. *Temas de Direito Civil*, v. 3, p. 19, 1999.).

[44] "O pensamento jurídico está em crise porque em crise estão as teorias jurídicas formas e racionalistas do pensamento sistemático" (AMARAL, Francisco. Uma carta de princípios para o direito como uma ordem prática. *In*: FACHIN, Luiz Edson *et al.* (coord.). *O Direito e o Tempo*: embates jurídicos e utopias contemporâneas. Rio de Janeiro: Renovar, 2008. p. 131).

será transitório, pois a imprevisibilidade da vida e a inventividade humana alimentam a engrenagem desse processo infinito.

No campo do direito sucessório, a mudança revela-se imperiosa. Primeiro porque a disciplina da sucessão foi desenhada para a proteção da unidade diretiva da família, concebida como célula menor do estado: "a família legalmente formatada, destarte, seria transpessoal. Ou seja, não se voltaria à realização pessoal do indivíduo, mas à consecução de interesses que transpunham a individualidade de seus membros".[45] Contudo, "o direito brasileiro contemporâneo não tutela a família ensimesmada, mas a pessoa, que pode ou não se inserir num agrupamento familiar".[46]

Em segundo lugar, o direito sucessório, mais do que qualquer outro campo do direito civil, sempre foi considerado uma expressão típica das ideologias e estruturas burguesas, destinada a perpetuar o controle da riqueza e a detenção do poder dentro de famílias e capaz de discriminar com o fim de garantir a preservação dos bens e do poder. As revoluções liberais, afirmando a igualdade dos filhos e afastando as instituições da era feudal, não mudaram a imagem e a função do direito sucessório, o que serviu para manter inalterados os quadros e o destino de seus institutos.[47]

Um direito sucessório tão profundamente pautado na patrimonialidade para um país marcado pelas desigualdades como é o Brasil é, no mínimo, contraditório. A morte para a maior parte dos brasileiros é aquela "morte severina" descrita por João Cabral de Melo Neto: "a morte de que se morre de velhice antes dos trinta, de emboscada antes dos vinte, de fome um pouco por dia (de fraqueza e de doença é que a morte severina ataca em qualquer idade, e até gente não nascida)".[48] É possível um direito

---

[45] RAMOS, André Luiz Arnt; CORTIANO-JR., Eroulths. Liberdade de testar versus sucessão forçada: anotações preliminares sobre o direito sucessório brasileiro. *Rejus-Univel*, n. 4, p. 46, maio 2015.

[46] RAMOS, André Luiz Arnt; CORTIANO-JR., Eroulths. Liberdade de testar versus sucessão forçada: anotações preliminares sobre o direito sucessório brasileiro. *Rejus-Univel*, n. 4, p. 49, maio 2015. Sobre a função da família após a Constituição de 1988: BODIN DE MORAES, Maria Celina. A família democrática. *Revista da Faculdade de Direito da UERJ*, 2010.

[47] RESCIGNO, Pietro. *Introduzione al Codice civile*. Bari: Laterza, 1992. p. 96.

[48] MELO-NETO, João Cabral de. *Morte e Vida Severina e Outros Poemas em Voz Alta*. Rio de Janeiro: José Olympio, 1974. p. 74.

sucessório que contemple os "muitos Severinos, iguais em tudo e na sina"?[49] A construção de um direito sucessório a serviço da vida, que pense o *macro* e o *micro*, combatendo, de um lado, as desigualdades sociais e tutelando, de outro, as vulnerabilidade individuais, é o desafio.[50]

Além disso, observa-se que, à diferença de outros campos do direito civil, mais permeáveis às transformações do tempo, o direito sucessório não apresentou alterações significativas, apesar de louváveis esforços doutrinários.[51] Por isso, a crítica de Perlingieri ao direito italiano é igualmente pertinente ao Brasil. Segundo o autor, a comparação entre a disciplina sucessória e a realidade atual reforça a convicção de que o direito das sucessões exige uma reforma absoluta, que não se limite à modificação setorial de uma ou mais disposições consideradas individualmente, mas que corajosamente aspira a reformular a matéria como um todo. É necessário garantir soluções adequadas aos novos problemas, prontas para desempenhar uma função mais compatível com a sociedade em mudança.[52]

---

[49] MELO-NETO, João Cabral de. *Morte e Vida Severina e Outros Poemas em Voz Alta*. Rio de Janeiro: José Olympio, 1974. p. 74.

[50] O direito sucessório está intimamente ligado ao direito de propriedade. Estudar sucessões é, basicamente, estudar a transmissão patrimonial *causa mortis*, apesar de este trabalho objetivar romper com o paradigma. Por isso, a crítica destinada por Cortiano Jr. ao direito de propriedade é pertinente ao direito sucessório:
"(...) O distanciamento que se deu entre norma proprietária e fato social acarretou rupturas no modelo. A função social da propriedade e a repersonalização do direito dão-lhe agora novo molde: em lugar da abstração, preocupação com o concreto; em lugar do único, o plural; em lugar da certeza, a incerteza; em lugar do egoísmo, o solidarismo.
A Constituição de 1988 assumiu francamente um posicionamento possibilitador da construção de um novo discurso proprietário, agora baseado na função social da propriedade e na supremacia dos valores existenciais diante dos valores patrimoniais. A implantação da nova sistemática proprietária, entretanto, não se faz de modo pronto com o advento da Constituição: somente a atividade constante do operador do direito permitirá que o novo modelo de propriedade, plural e solidário, prevaleça diante do ultrapassado discurso, que teima em manter-se no discurso do ensino do direito de propriedade" (CORTIANO-JR., Eroulths. *O discurso jurídico da propriedade e suas rupturas*: uma análise do ensino do direito de propriedade. Rio de Janeiro: Renovar, 2002. p. 259).

[51] Evidente o movimento de renovação da doutrina brasileira no campo do direito das sucessões, vale menção aqui, entre outras, às obras de NEVARES, Ana Luiza Maia. *A função promocional do testamento*. Rio de Janeiro: Renovar, 2009; ANDRADE, Gustavo Henrique Baptista. *O direito de herança e a liberdade de testar*: um estudo comparado entre os sistemas jurídicos brasileiro e inglês. Belo Horizonte: Fórum, 2019; TEIXEIRA, Daniele Chaves. *Planejamento sucessório*: pressupostos e limites. Belo Horizonte: Fórum, 2018.

[52] PERLINGIERI, Pietro. La funzione sociale del diritto successorio. In: TATARANO, Giovanni; PERCHINUNNU, Remigio (a cura di). *Studi in memoria di Giuseppe Panza*. Napoli: Edizioni Scientifiche Italiane, 2010. p. 604.

Nesse sentido, o presente trabalho busca contribuir com o movimento de renovação do direito civil, especificamente no campo do direito sucessório, tomando como objeto de estudo o testamento.

1.3 A revalorização do testamento como instrumento do planejamento patrimonial e sucessório

A opção do testamento como objeto de estudo pode ser questionada, sobretudo considerando estimar-se que apenas 6% a 8% dos brasileiros testam.[53] De fato, a prática de fazer testamentos mudou significativamente desde os tempos coloniais. Enquanto nos séculos XVIII e XIX testar tenha sido a regra, e não a exceção, durante o século XX esse quadro inverteu-se.[54] A justificativa para tanto é atribuída a dois fatores primordiais.[55] O primeiro, de cunho cultural, é a dificuldade do brasileiro em discutir temas relacionados à morte. O segundo, mas não menos importante, trata-se da compatibilidade da sucessão legítima com as expectativas sociais, tornando prescindível o testamento.

Os dois fatores explicativos da baixa adesão à sucessão testamentária alteraram-se intensamente de um passado recente para cá, e, via de consequência, observou-se um aumento expressivo da procura por testamentos.[56]

De um lado, a família não é mais a mesma. A começar pelo tratamento jurídico conferido à filiação, que experimentou profundas e significativas alterações a partir da ordem constitucional

---

[53] SCHMIDT, Jan Peter. Testamentary Formalities in Latin America with particular reference to Brazil. *In*: REID, Kenneth G. C.; WAAL, Marius J.; ZIMMERMANN, Reinhard. *Comparative Succession Law*: Volume I: Testamentary Formalities. Oxford: OUP Oxford, 2011. p. 100. Disponível em: http://search.ebscohost.com/login.aspx?direct=true&db=nleb k&AN=784617&lang=pt-br&site=ehost-live. Acesso em: 11 nov. 2020.

[54] *Idem*.

[55] HIRONAKA, Giselda Maria Fernandes Novaes. A forma como foi disciplinada a sucessão testamentária em nosso país é um obstáculo para a maior utilização do ato de última vontade no Brasil? *Revista Jurídica Luso-Brasileira*, ano 3, n. 1, p. 414, 2017. Disponível em: http://www.egov.ufsc.br/portal/sites/default/files/2017_01_0413_0422.pdf. Acesso em: 7 fev. 2018.

[56] Registros de testamentos em cartórios aumentam 134% após a pandemia. *Valor Investe*, 18 de outubro de 2020. Disponível em: https://valorinveste.globo.com/objetivo/organize-as-contas/noticia/2020/10/18/registros-de-testamentos-em-cartorios-aumentam-134percent-apos-a-pandemia.ghtml. Acesso em: 20 nov. 2020.

inaugurada em 1988, que, consagrando a isonomia entre os filhos (Art. 227, §6.º), não recepciona os parâmetros de classificação entre eles, conforme era preceituado pelos Arts. 337 a 351 do Código Beviláqua[57] e restou definitivamente alterado pelo Código Reale.[58]

Além disso, o Código Civil de 2002, ao definir o parentesco civil como aquele decorrente de "outra origem" que não a consanguinidade (Art. 1.959), sem circunscrever suas hipóteses, favoreceu o paulatino reconhecimento pelo Superior Tribunal de Justiça da filiação socioafetiva, ensejando uma nova forma de aquisição do vínculo filial, a proveniente do afeto.[59]

Posteriormente, ao decidir sobre o prevalecimento, ou não, da parentalidade biológica sobre a socioafetiva, o Supremo Tribunal Federal (STF), em caso de repercussão geral, fixou a tese de que "a paternidade socioafetiva, declarada ou não em registro público, não impede o reconhecimento do vínculo de filiação concomitante baseado na origem biológica, com os efeitos jurídicos próprios".[60]

Mas não acabam aí as alterações marcantes do período, entre a Lei do Divórcio (Lei nº 6.515/77) – que previa a possibilidade dos separados de fato por cinco anos promoverem ação de divórcio –,

---

[57] BRASIL. *Lei nº 3.071, de 1º de janeiro de 1916*. Código Civil dos Estados Unidos do Brasil. Revogada pela Lei nº 10.406, de 2002. Casa Civil. Rio de Janeiro, 1 jan. 1916. Disponível em: http://www.planalto.gov.br/ccivil_03/leis/l3071.htm. Acesso em: 10 ago. 2020.

[58] Nesse novo cenário, certo é que: "(...) altera-se o conceito de unidade familiar, antes delineado como aglutinação formal de pais e filhos legítimos baseada no casamento, para um conceito flexível e instrumental, que tem em mira o liame substancial de pelo menos um de seus genitores com seus filhos – tendo por origem não apenas o casamento – e inteiramente voltado para a realização espiritual e o desenvolvimento da personalidade de seus membros" (TEPEDINO, Gustavo. A disciplina civil-constitucional das relações familiares. In: TEPEDINO, Gustavo. *Temas de Direito Civil*. Rio de Janeiro: Renovar, 1999. p. 350). Para um panorama histórico: RODRIGUES, Silvio. Breve histórico sobre o direito de família nos últimos 100 anos. *Revista da Faculdade de Direito*, Universidade de São Paulo, v. 88, p. 239-254, 1 jan. 1993.

[59] "(...) Pai também é aquele que se revela no comportamento cotidiano, de formas sólidas e duradouras, capazes de estreitar os laços da paternidade numa relação psico-afetiva, aquele enfim que, além de poder lhe emprestar seu nome de família, o trata como sendo seu filho perante o ambiente social" (FACHIN, Luiz Edson. *Da paternidade*: relação biológica e afetiva. Belo Horizonte: Del Rey, 1996. p. 163). Para aprofundamento na temática: CALDERÓN, Ricardo Lucas. *Princípio da afetividade no direito de família*. 2. ed. Rio de Janeiro: Forense, 2017; CALDERÓN, Ricardo Lucas. A Socioafetividade nas Relações de Parentalidade: Estado da arte nos Tribunais Superiores. *Revista Brasileira de Direito das Famílias e Sucessões*, v. 36, p. 37-62, 2013.

[60] BRASIL. Supremo Tribunal Federal. *RG ARE nº 692.186 PB*. Relator Ministro Luiz Fux, posteriormente substituído pelo RG ARE nº 898.060 SC, Relator Ministro Luiz Fux, julgado em 21.9.2016, publicado em 29.9.2016.

a Emenda Constitucional nº 66 de 2010 – que tornou o divórcio genuíno direito potestativo,[61] independentemente de prévia separação judicial ou de fato[62] – e a atualidade, multiplicaram-se as famílias recompostas.[63]

Em 2011, o Supremo Tribunal Federal (STF) declarou constitucionais as uniões entre pessoas do mesmo sexo,[64] e, em 2013, o Conselho Nacional de Justiça (CNJ) publicou resolução viabilizando o casamento civil entre pessoas do mesmo sexo.[65] Com isso, a família tradicional, composta por um homem, uma mulher e seus filhos, cede espaço a inúmeras novas formas familiares.

Os números refletem a mudança social, enquanto, em 1984, 69,26% das mulheres que se casaram tinham até 24 anos,[66] em 2016

---

[61] Sobre o tema: GAGLIANO, Pablo Stolze; PAMPLONA FILHO, Rodolfo. *O novo divórcio*. São Paulo: Saraiva, 2010.

[62] Entre a Lei do Divórcio e a Emenda Constitucional nº 66 de 2010, o Art. 40 da lei foi alterado para permitir o divórcio, condicionando-o, todavia, à comprovação de separação de fato por mais de dois anos ou de separação judicial por mais de um ano. Entendemos, na linha de Gangliano e Pamplona Filho, que a opção pela manutenção ou extinção de um relacionamento conjugal é direito de personalidade que não deve ser condicionado pelo Estado, sob pena de violação do princípio da intervenção mínima do direito de família (*ibidem*). Contudo, a flexibilização do divórcio foi também alvo de críticas. Para Silvio Rodrigues: "Com efeito, a Constituição de 1988, com seu apontado menosprezo pelo casamento, colocou a nossa legislação divorcista entre as mais audazes, pois declarando que o casamento civil poderia ser dissolvido mediante comprovada separação de fato por mais de dois anos, escancarou as portas para o divórcio. Pois a mera separação de fato, por aquele período, permitia a qualquer dos cônjuges reclamar a dissolução do matrimônio, independente da prova de culpa e independente da anuência do consorte" (RODRIGUES, Silvio. Breve histórico sobre o direito de família nos últimos 100 anos. *Revista da Faculdade de Direito*, Universidade de São Paulo, v. 88, p. 245, 1 jan. 1993.).

[63] A respeito dos novos modelos familiares: MATOS, Ana Carla Harmatiuk. A família recomposta. *In*: MENEZES, Joyceane Bezerra de; MATOS, Ana Carla Harmatiuk (org.). *Direito das famílias por juristas brasileiras*. São Paulo: Saraiva, 2013. Ver ainda: MATOS, Ana Carla Harmatiuk; HAPNER, Paula Aranha. Multiparentalidade: uma abordagem a partir das decisões nacionais. Civilistica.com, Rio de Janeiro, a. 5, n. 1, 2016. Disponível em: http://civilistica.com/multiparentalidade-uma-abordagem-a-partir-das-decisoes-nacionais/. Acesso em: 28 out. 2020.

[64] BRASIL. Supremo Tribunal Federal. *ADI nº 4277*. Relator Ministro Ayres Britto, Tribunal Pleno, julgado em 5.5.2011, publicado em 14.10.2011; BRASIL. Supremo Tribunal Federal. *ADPF nº 132*. Relator Ministro Ayres Britto, Tribunal Pleno, julgado em 5.5.2011, publicado em 14.10.2011.

[65] BRASIL. Conselho Nacional de Justiça. *Resolução nº 175*, de 14 de maio de 2013, aprovada durante a 169ª Sessão Plenária do Conselho Nacional de Justiça (CNJ). Dispõe sobre a habilitação, celebração de casamento civil, ou de conversão de união estável em casamento, entre pessoas de mesmo sexo. Disponível em: https://atos.cnj.jus.br/atos/detalhar/1754. Acesso em: 5 dez. 2020.

[66] IBGE. Instituto Brasileiro de Geografia e Estatística. *Estatísticas do Registro Civil 1984-2002*.

esse número caiu para 32,39%.[67] Em 2003, 86,95% dos casamentos eram entre cônjuges solteiros; em 2016, apenas 75,05%.[68] Outro fator relevante é o crescimento do número de núcleos residenciais unipessoais: em 1992, representavam 7,26% da população;[69] em 2016, 11,6%.[70]

Destarte, celebra-se hoje uma pluralidade de modelos familiares, semelhantes por estarem alicerceados no afeto[71] e desempenharem papel fundamental de *locus* privilegiado destinado ao desenvolvimento das potencialidades de seus integrantes.[72] Essa evolução decorre da percepção de que a família não é fato jurídico derivado da incidência de preceito normativo fechado[73] que, na tentativa de conceituá-la, limita-a; é, ao revés, fato social merecedor de tutela por sua função promocional da pessoa humana.[74]

---

[67] IBGE. Instituto Brasileiro de Geografia e Estatística. *Estatísticas do Registro Civil 2003-2016*.

[68] IBGE. Instituto Brasileiro de Geografia e Estatística. *Estatísticas do Registro Civil 2003-2016*.

[69] IBGE. Instituto Brasileiro de Geografia e Estatística. *Pesquisa Nacional por Amostra de Domicílios 1992/1999*.

[70] IBGE. Instituto Brasileiro de Geografia e Estatística. *Pesquisa Nacional por Amostra de Domicílios Contínua 2017*.

[71] "Paternidade é muito mais que prover alimentos ou causa de partilha de bens hereditários; envolve a constituição de valores e da singularidade da pessoa e de sua dignidade humana, adquiridos principalmente na convivência familiar durante a infância e a adolescência. A paternidade é múnus, direito-dever, construída na relação afetiva, e assume os deveres de realização dos direitos fundamentais da pessoa em formação, isto é, à vida, à saúde, à alimentação, à educação, ao lazer, à profissionalização, à cultura, à dignidade, ao respeito, à liberdade e à convivência familiar (Art. 227 da Constituição). É pai quem assumiu esses deveres, embora não seja o genitor" (LÔBO-NETTO, Paulo Luiz Netto. A paternidade socioafetiva e a verdade real. *Revista CEJ*, v. 10, n. 34, p. 18, 2006).

[72] "A família como formação social, como 'sociedade natura', é garantida pela Constituição (...) não como portadora de um interesse superior e superindividual, mas, sim, em função da realização das exigências humanas, como lugar onde se desenvolve a pessoa (...). A família é valor constitucionalmente garantido nos limites de sua conformação e de não contrariedade aos valores que caracterizam as relações civis, especialmente a dignidade humana: ainda que diversas possam ser as suas modalidades de organização, ela é finalizada à educação e à promoção daqueles que a ela pertencem" (PERLINGIERI, Pietro. *Perfis do direito civil*. Tradução de Maria Cristina de Cicco. Rio de Janeiro: Renovar, 1999. p. 243).

[73] "A família, entretanto, é realidade mais ampla que esse dado formal, a ele não se aprisionando. O engessamento pretendido pela construção da família no direito em uma seara de abstração foi progressivamente se deslegitimando, ante a insuficiência do modelo unitário – centrado no casamento – para atender às demandas da sociedade. A família é, efetivamente, realidade sociológica, que antecede o direito, não sendo possível aprisioná-la a conceitos ou modelos fechados e formalmente instituídos. Essa família como realidade sociológica é plural, como plurais são as aspirações afetivas que instituem o fenômeno familiar" (FACHIN, Luiz Edson. Vínculo parental parabiológico e irmandade socioafetiva. *Revista dos Tribunais Online*, Soluções Práticas – Fachin, v. 2, p. 159-182, jan./2012).

[74] Sobre a travessia de uma interpretação enriquecida na estrutura formal dos institutos jurídicos para uma em que tenha lugar a função: "(...) No juiz 'boca da lei' a racionalidade fez bom encontro com Savigny em suas teses pelo formalismo, calcadas no jusracionalismo.

Não bastassem as profundas transformações da percepção jurídica da família, verificou-se radical alteração do padrão demográfico do Brasil, o que constitui uma das mais importantes modificações estruturais na sociedade brasileira.[75] O Brasil, até as décadas de 1940 e 1950, apresentava um padrão demográfico relativamente estável, com comportamento reprodutivo caracterizado por uma concepção numerosa. Após a década de 1960, sofreu transformações desse padrão em decorrência de quedas expressivas nos níveis de fecundidade, redução essa que, quando comparada com situações vivenciadas por outros países, mostra o Brasil realizando uma das transições da taxa de fecundidade mais rápidas do mundo.[76]

Nesse contexto, a afirmação de que a sucessão legítima corresponde às demandas da sociedade é frágil, porque é pensada para um perfil familiar exclusivo, não para a pluralidade atual, repleta de peculiaridades. Hoje, constitui-se família mais tarde, tem-se menos filhos (ou nenhum), aumentam os núcleos residenciais unipessoais, famílias se interseccionam pelo exercício da liberdade de desconstituição e reconstituição dos vínculos conjugais. Enfim, uma infinidade de cenários em que a sucessão legítima pode não corresponder às expectativas sociais.

Assim, o planejamento patrimonial e sucessório passa por um período de valorização crescente, potencializado após decisão do STF, ao apreciar o Recurso Extraordinário nº 878.694, de Repercussão Geral, pela equiparação do regime sucessório do cônjuge

---

Numa palavra, Direito é forma e história dessa prestação jurisdicional que se resume no paradigma da subsunção, na qual avulta o raciocínio lógico formal. Tem-se, pois, um conceito mecânico de função jurisdicional; ademais, há a crença na razão iluminada, nos conceitos gerais abstratos, na segurança formal dos Códigos, em suma, na estrutura formal dos institutos jurídicos. Essa ordem jurídica também era resultado da transposição das relações de poder. Ali o juiz clássico que fotografa o mundo da vida, o faz através de formas jurídicas de opacidade político-institucional. Na travessia para o século XIX tomam a cena da busca pela prestação jurisdicional embates sobre visões de mundo; aos poucos avultam um esboço de travessia da estrutura para função; se desenvolve o paradigma da independência e da responsabilidade; e ainda, perdem força os Códigos decimonônicos e os eixos beneplacitados pelo formalismo" (FACHIN, Luiz Edson. *Direito Civil*: sentidos, transformações e fim. 3. ed. Rio de Janeiro: Renovar, 2012. p. 118).

[75] SIMÕES, Celso Cardoso da Silva. Relações entre as alterações históricas na dinâmica demográfica brasileira e os impactos decorrentes do processo de envelhecimento da população. *Estudos e Análises: Informação Demográfica e Socioeconômica*, n. 4. Rio de Janeiro: IBGE, Coordenação de População e Indicadores Sociais, 2016. Disponível em: https://biblioteca.ibge.gov.br/visualizacao/livros/liv98579.pdf. Acesso em: 20 nov. 2020.

[76] *Idem*.

e do companheiro.⁷⁷ Essa decisão dividiu a doutrina: aos críticos implicou verdadeiro "casamento forçado".⁷⁸ De todo modo, sem adentrarmos na discussão sobre o acerto da decisão, fato é que a discussão a respeito do exercício da autonomia privada no âmbito familiar e sucessório foi amplificada a partir dela.

Paralelamente, a morte coletiva,⁷⁹ devassada com a pandemia do novo Coronavírus, em 2020, trouxe à tona a reflexão sobre a efemeridade da vida, inevitavelmente, até aos relutantes em encará-la. Na peça Hamlet, de Shakespeare, o protagonista observa a tranquilidade com que um coveiro trabalha e questiona: "Esse sujeito não terá o sentimento da profissão, para cantar, quando está abrindo uma sepultura?"⁸⁰ Horácio, seu amigo, responde-lhe, "o hábito facilitou-lhe a tarefa".⁸¹ Aparentemente, algo similar se observa hoje. Houve um rompimento do "tabu" que permeava o assunto, provocado, infelizmente, pela naturalização, em certa medida, da morte.

Com isso, o direito sucessório ganha novas perspectivas.⁸² No ano pandêmico, o número de testamentos registrados em Cartórios

---

⁷⁷ BRASIL. Supremo Tribunal Federal. *RE nº 878694 RG*. Relator Desembargador Roberto Barroso, Tribunal Pleno, julgado em 16.4.2015, publicado em 19.5.2015.

⁷⁸ DELGADO, Mário Luiz. O paradoxo da união estável: um casamento forçado. *Revista Jurídica Luso-Brasileira*, v. 2, n. 1, p. 1349-1371, 2016.

⁷⁹ "A morte coletiva vai além da morte individual, porque ela é, ao mesmo tempo, a morte de nossos amigos, de nossos parentes, de nossos amados e de nós mesmos. A morte coletiva é mais do que a soma de mortes individuais, ela é uma outra coisa. (...) A morte coletiva não distingue quem morre e quem vive. A morte coletiva é a morte de todos. (...) A morte coletiva não é a soma de várias mortes individuais, mas a morte de toda a coletividade. A morte coletiva é a morte que traz o colapso definitivo, é a morte da resignação oculta, é a morte das cidades desertas. (...)" (CORTIANO-JR., Eroulths. Morte individual, morte coletiva: um ensaio. *In*: NEVARES, Ana Luiza Maia; XAVIER, Marília Pedroso; MARZAGÃO, Silvia Felipe (org.). *Coronavírus*: impactos no direito de família e sucessões. Indaiatuba: Foco, 2020. p. 381).

⁸⁰ SHAKESPEARE, William. *Hamlet*. Ato IV, Cena III. São Paulo: Penguin, 2015.

⁸¹ *Idem*.

⁸² "E o direito das sucessões, o que acontecerá com ele? A pandemia permite repensar este tradicional e quase imóvel capítulo do direito civil, adiantando avanços que ainda demorariam a acontecer. Agora que a morte se avizinha de nós, em números estapafúrdios, passaremos a pensar na morte como algo próximo e que precisa ser bem resolvido. O direito testamentário deve se renovar, talvez com a relativização das formas dos testamentos, permitindo que cada um, mais facilmente, gerencie sua sucessão. O sistema de registro de mortes há de ser repensado, para garantir o adequado tratamento jurídico da sucessão. Mas ao lado de institutos propriamente voltados à sucessão patrimonial, há uma vertente mais importante. Talvez, diante da proximidade dessa morte que bate nos degraus da nossa casa, possamos nos conscientizar de que precisamos nos planejar para

de Notas em todo o Brasil cresceu de 1.249 em abril de 2020 para 2.918 em julho do mesmo ano, representando um aumento de 134%.[83] Na jurisprudência, destacou-se a decisão do Superior Tribunal de Justiça (STJ), reconhecendo a validade de testamento particular apenas com a impressão digital do testador.[84] Do ponto de vista normativo, o CNJ editou o Provimento nº 100,[85] dispondo sobre a prática de atos notariais eletrônicos e abrindo o caminho para o reconhecimento dos testamentos eletrônicos.[86] Na doutrina, o ano também foi rico, com muita discussão e produção, movimentando intensamente o direito sucessório. Em análise retrospectiva do ano, Daniel Bucar e Caio Ribeiro Pires afirmaram que uma visão panorâmica do período traz logo à mente duas palavras: novidade e amadurecimento.[87]

Por todo o exposto, resta evidenciada a relevância do testamento, instrumento por excelência do planejamento sucessório, matéria com crescente valorização.

---

nosso fim, já que a morte é apenas um elemento da nossa vida. Devemos estar prontos para ela. Temos de ajeitar as coisas para ela" (CORTIANO-JR., Eroulths; EHRHARDT-JR., Marcos; CATALAN, Marcos Jorge. O direito civil constitucional e a pandemia. *Revista Brasileira de Direito Civil*, v. 26, p. 247-256, 2020, p. 255).

[83] Registros de testamentos em cartórios aumentam 134% após a pandemia. *Valor Investe*, 18 out. 2020. Disponível em: https://valorinveste.globo.com/objetivo/organize-as-contas/noticia/2020/10/18/registros-de-testamentos-em-cartorios-aumentam-134percent-apos-a-pandemia.ghtml. Acesso em: 20 nov. 2020.

[84] BRASIL. Superior Tribunal de Justiça. REsp nº 1633254 MG. Relatora Ministra Nancy Andrighi, Segunda Seção, julgado em 11.3.2020, publicado em 18.3.2020.

[85] BRASIL. Conselho Nacional de Justiça. *Provimento nº 100, de 26 de maio de 2020*. Dispõe sobre a prática de atos notariais eletrônicos utilizando o sistema e-Notariado, cria a Matrícula Notarial Eletrônica-MNE e dá outras providências. Disponível em: https://atos.cnj.jus.br/atos/detalhar/3334. Acesso em: 6 jun. 2020.

[86] O assunto será oportunamente debatido no capítulo 4.

[87] "De um lado, visualiza-se uma mudança dos comportamentos sociais quanto à transmissão causa mortis, o que é evidenciado pelas proposições inovadoras de juristas que estudam o fenômeno sucessório, a denotar uma tendência ao rompimento com antigos estigmas e dogmas orientadores do Direito das Sucessões. De outro, parece haver a maturidade sintetizada em um movimento, simultâneo, de pessoas engajadas na reconstrução da disciplina sob novas lentes e a partir de fundamentos mais próximos aos princípios e valores que o Direito contemporâneo deve obedecer" (BUCAR, Daniel; PIRES, Daniel. Em matéria de Direitos das Sucessões, 2020 foi um ano de novas percepções. *Consultor Jurídico*, 13 dez. 2020. Disponível em: https://www.conjur.com.br/2020-dez-13/direito-sucessorio-2020-foi-ano-novas-percpcoes#:~:text=Em%20mat%C3%A9ria%20de%20Direito%20das,um%20ano%20de%20novas%20percep%C3%A7%C3%B5es&text=O%20ano%20pand%C3%AAmico%20de%202020,interesse%20no%20Direito%20das%20Sucess%C3%B5es.&text=Esses%20programas%20de%20sucess%C3%A3o%20tiveram,ades%C3%A3o%20no%20ano%20de%202020. Acesso em: 10 jan. 2021).

1.4 Pela democratização do testamento: em prol da promoção da capacidade e da acessibilidade como mandamentos constitucionais a serem perseguidos após o advento da CDPD

1.4.1 Convenção sobre os Direitos das Pessoas com Deficiência e Estatuto da Pessoa com Deficiência: um esclarecimento necessário

A Convenção Internacional sobre os Direitos das Pessoas com Deficiência (CDPD), também conhecida como Convenção de Nova York, primeira Convenção Internacional de Direitos Humanos do século XXI,[88] foi ratificada pelo Congresso Nacional por meio do Decreto Legislativo nº 186, de 9 de julho de 2008, e promulgada, em 25 de agosto de 2009, pelo Decreto nº 6.949.[89]

A Convenção coloca em voga a percepção da deficiência pelos diferentes ordenamentos jurídicos, merecendo especial destaque o fato de que, por contemplar matéria de Direitos Humanos e respeitar o *quorum* previsto no Art. 5º, §3º da Constituição Federal, ostenta *status* de norma constitucional.[90]

Embora incorporada ao ordenamento pátrio há 11 anos, foi somente em julho de 2015, quando sobreveio a Lei de Inclusão da Pessoa com Deficiência – ou Estatuto da Pessoa com Deficiência (EPD) –, que a pauta da deficiência efetivamente ganhou relevo no debate jurídico nacional.[91]

---

[88] BARBOZA, Heloisa Helena; ALMEIDA, Vitor. A capacidade à luz do Estatuto da Pessoa com Deficiência. *In*: MENEZES, Joyceane Bezerra (org.). *Direito das pessoas com deficiência psíquica e intelectual nas relações privadas*. Rio de Janeiro: Processo, 2016. p. 250.

[89] BRASIL. *Decreto nº 6.949, de 25 de agosto de 2009*. Promulga a Convenção Internacional sobre os Direitos das Pessoas com Deficiência e seu Protocolo Facultativo, assinados em Nova York em 30 de março de 2007. Casa Civil, Brasília, DF. Disponível em: http://www.planalto.gov.br/ccivil_03/_ato2007-2010/2009/decreto/d6949.htm. Acesso em: 3 fev. 2018.

[90] "Art. 5º – (...) §3º – Os tratados e convenções internacionais sobre direitos humanos que forem aprovados, em cada Casa do Congresso Nacional, em dois turnos, por três quintos dos votos dos respectivos membros, serão equivalentes às emendas constitucionais".

[91] BARBOZA, Heloisa Helena; ALMEIDA; Vitor de Azevedo. Reconhecimento, inclusão e autonomia da pessoa com deficiência: novos rumos na proteção dos vulneráveis. *In*:

Destinado a implementar a Convenção, o Estatuto da Pessoa com Deficiência alavancou a discussão sobre a necessidade de se promover a capacidade das pessoas. O Estatuto revogou os incisos II e III do Art. 3º do Código Civil e alterou a redação de seu *caput*, de maneira a considerar absolutamente incapazes apenas os menores de 16 anos. A mudança foi recebida de maneira diversa pela doutrina.[92] Para a efetiva compreensão do propósito da Convenção, contudo, é indispensável que se atente ao contexto em que foi conformada e, bem assim, à percepção histórica da deficiência e à sua inserção no debate dos Direitos Humanos

A Convenção de Nova York eleva a discussão sobre a deficiência ao patamar dos Direitos Humanos, direitos humanos ditos tardios, à medida que visam à proteção e à promoção de sujeitos historicamente vulnerabilizados.[93]

A percepção da deficiência ao longo da história mostra-nos como se deu o processo de marginalização e discriminação das pessoas com deficiência. Na Antiguidade e na Idade Média, o "modelo moral", de justificação religiosa, via a deficiência como prenúncio de desastre ou castigo à falha moral dos pais. Nesse contexto, a exclusão das pessoas tidas como diferentes era a única resposta social aceitável.[94] Em seguida, na Modernidade, o

---

BARBOZA, Heloisa Helena; MENDONÇA, Bruna Lima; ALMEIDA; Vitor de Azevedo (coord.). *O Código Civil e o Estatuto da Pessoa com Deficiência*. Rio de Janeiro: Processo, 2017. p. 2.

[92] Dentre os críticos: VELOSO, Zeno. *Estatuto da Pessoa com Deficiência*: uma nota crítica. Postado por Professor Flávio Tartuce – Direito Civil. 17 maio 2016. Disponível em: http://professorflaviotartuce.blogspot.com/2016/05/estatuto-da-pessoa-com-deficiencia-uma.html. Acesso em: 6 fev. 2018. No grupo de defensores: ROSENVALD, Nelson. O Modelo Social de Direitos Humanos e a Convenção da Pessoa com Deficiência – o fundamento primordial da Lei nº 13.146/2015. *In*: MENEZES, Joyceane Bezerra (org.). *Direito das pessoas com deficiência psíquica e intelectual nas relações privadas*. Rio de Janeiro: Processo, 2016. p. 91-110.

[93] Esse novo patamar amplia a esfera de proteção desses direitos por propiciar-lhes novas ferramentas, como o acesso a cortes internacionais. BARBOZA, Heloisa Helena; ALMEIDA; Vitor de Azevedo. Reconhecimento, inclusão e autonomia da pessoa com deficiência: novos rumos na proteção dos vulneráveis. *In*: BARBOZA, Heloisa Helena; MENDONÇA, Bruna Lima; ALMEIDA; Vitor de Azevedo (coord.). *O Código Civil e o Estatuto da Pessoa com Deficiência*. Rio de Janeiro: Processo, 2017. p. 5.

[94] Agustina Palacios e Francisco Bariffi falam em "modelo de prescindibilidade" (*prescindencia*) por consequência do qual a sociedade decide dispensar pessoas com deficiência, seja mediante aplicação de políticas eugênicas, como ocorria em Grécia e Roma durante a Antiguidade, seja pela marginalização, colocando-as no espaço destinado a "classes anormais" e pobres, como acontecia na Idade Média. (PALACIOS, Agustina; BARIFFI, Francisco. *La discapacidad como una cuestión de derechos humanos*. Una aproximación a la Convención Internacional sobre los Derechos de las Personas con Discapacidad. Madrid: Cinca, 2007. p. 14).

cientificismo trazido pelo Iluminismo contribui com a passagem para o intitulado "modelo médico", segundo o qual a pessoa com deficiência deveria ser reabilitada e, assim, a partir de sua "normalização", integrada à sociedade. A deficiência, portanto, era concebida como condição patológica, na esteira do que ensinam Palacios e Bariffi, em obra especialmente dedicada ao tratamento da deficiência como questão de direitos humanos:

> Desde este modelo las personas con discapacidad ya no son consideradas inútiles o innecesarias, pero siempre en la medida en que sean rehabilitadas. Es por ello que el fin primordial que se persigue desde este paradigma es normalizar a las personas con discapacidad, aunque ello implique forjar a la desaparición o el ocultamiento de la diferencia que la misma discapacidad representa. El principal «problema» pasa a ser, entonces, la persona —o mejor dicho, sus limitaciones—, a quien es imprescindible rehabilitar psíquica, física o sensorialmente.[95]

Ambos os modelos têm em comum o tratamento da deficiência como um problema do indivíduo, ensejando a discriminação da pessoa com deficiência, que é vista como *subpessoa*,[96] o que implica em cerceamento de direitos e impedimento do exercício da cidadania.[97]

No Brasil, por muito tempo, a deficiência acarretava, além de segregação, violação positiva de direitos, ensejando a condenação do Estado pela Corte Interamericana de Direitos Humanos, no caso Damião Ximenes Lopes, em função do tratamento degradante e discriminatório empregado no hospital psiquiátrico popularmente

---

[95] Tradução livre: "A partir desse modelo, as pessoas com deficiência não são mais consideradas inúteis ou desnecessárias, mas sempre na medida em que sejam reabilitadas. É por isso que o fim primordial perseguido por esse paradigma é normalizar as pessoas com deficiência, embora isso implique em forjar o desaparecimento ou a ocultação da diferença que a deficiência representa. O principal 'problema' torna-se, então, a pessoa – ou antes, suas limitações –, para quem é imprescindível reabilitar psiquica, fisica ou sensorialmente" (PALACIOS; BARIFFI, *op. cit.*, 2007, p. 16).

[96] MENEZES, Joyceane Bezerra. O novo instituto da Tomada Decisão Apoiada: instrumento de apoio ao exercício da capacidade civil da pessoa com deficiência instituído pelo Estatuto da Pessoa com Deficiência – Lei Brasileira de Inclusão (Lei nº 13.146/2015). *In*: MENEZES, Joyceane Bezerra (org.). Direito das pessoas com deficiência psíquica e intelectual nas relações privadas. Rio de Janeiro: Processo, 2016. p. 608.

[97] BARBOZA, Heloisa Helena; ALMEIDA; Vitor de Azevedo. Reconhecimento, inclusão e autonomia da pessoa com deficiência: novos rumos na proteção dos vulneráveis. *In*: BARBOZA, Heloisa Helena; MENDONÇA, Bruna Lima; ALMEIDA; Vitor de Azevedo (coord.). O Código Civil e o Estatuto da Pessoa com Deficiência. Rio de Janeiro: Processo, 2017. p. 15.

conhecido como "Colônia de Barbacena".[98] Cíntia Konder, com supedâneo em Daniela Arbex, recorda o histórico da "Colônia de Barbacena", em que mais de 60 mil pessoas morreram, entre epiléticos, homossexuais, mulheres que perdiam a virgindade antes de se casarem e outras pessoas, em sua maioria, sem nem mesmo diagnóstico de transtorno mental. E a autora completa: "basta analisar a expressão utilizada pelo Código Civil de 1916 'loucos de todo gênero' para imaginar como quase qualquer tipo de pessoa poderia ali ser encaixada".[99]

Perante a lei, as pessoas com deficiência têm seus direitos garantidos, mas não se trata de reconhecer direitos "em tese", a dificuldade é garantir que essas pessoas tenham seus direitos concretizados e sua condição de pessoa respeitada.[100] Para tanto, nas palavras de Gabriel Schulman,

> (...) é preciso se desfazer do ranço do modelo médico de concepção da pessoa com deficiência, que durante muito tempo consagrou a confusão entre "diagnóstico" de doença mental e incapacidade civil, ou mesmo deficiência intelectual e incapacidade civil.[101]

A Convenção Internacional sobre os Direitos das Pessoas com Deficiência consagra um novo modelo segundo o qual a deficiência não é concebida como característica intrínseca à pessoa, mas como um aspecto pessoal que, em interação com barreiras socialmente impostas, compromete o exercício de direitos e o desenvolvimento

---

[98] CORTE INTERAMERICANA DE DIREITOS HUMANOS. *Damião Ximenes Lopes vs. Brasil*. Disponível em: http://www.corteidh.or.cr/docs/casos/ximenes/agescidh.pdf. Acesso em: 3 jul. 2018.

[99] KONDER, Cíntia Muniz de Souza. A celebração de negócios jurídicos por pessoas consideradas absolutamente capazes pela Lei nº 13.146 de 2015, mas que não possuem o necessário discernimento para os atos civis por doenças da mente: promoção da igualdade perante a lei ou ausência de proteção? *In*: BARBOZA, Heloisa Helena; MENDONÇA, Bruna Lima; ALMEIDA; Vitor de Azevedo (coord.). *O Código Civil e o Estatuto da Pessoa com Deficiência*. Rio de Janeiro: Processo, 2017. p. 172.

[100] "As pessoas com deficiência sempre tiveram os direitos fundamentais e os direitos subjetivos que as outras pessoas, mas a questão é o direito à acessibilidade, ou seja, um direito instrumental que permita a realização desses direitos. É justamente isto que o Estatuto deseja realizar" (*Ibidem*, p. 174).

[101] SCHULMAN, Gabriel. Consentimento para os atos na saúde à luz da Convenção de Direitos da Pessoa com Deficiência: da discriminação ao empoderamento. *In*: BARBOZA, Heloisa Helena; MENDONÇA, Bruna Lima; ALMEIDA; Vitor de Azevedo (coord.). *O Código Civil e o Estatuto da Pessoa com Deficiência*. Rio de Janeiro: Processo, 2017, p. 277.

das potencialidades dos sujeitos de um grupo,[102] rompendo com a visão individual e tornando a deficiência um problema da sociedade. Por essa nova percepção, a sociedade é convocada a adotar medidas que rompam as barreiras impostas pelo desenho social.[103] Já no preâmbulo da Convenção, o novo modelo é celebrado:

> (...) e) Reconhecendo que a deficiência é um conceito em evolução e que a deficiência resulta da interação entre pessoas com deficiência e as barreiras devidas às atitudes e ao ambiente que impedem a plena e efetiva participação dessas pessoas na sociedade em igualdade de oportunidades com as demais pessoas (...).

A importância dessa mudança paradigmática reside no fato de que o modo de conceber a deficiência determina as atitudes tomadas pela sociedade e as políticas públicas a serem implementadas.[104] Enquanto o modelo moral conduzia à marginalização, e o médico à reabilitação, o modelo social indaga-nos sobre qual o efetivo papel da sociedade para com esse indivíduo, impondo providências que – para além da integração – promovam a inclusão.[105]

A Convenção é diferenciada por ter contado com ampla participação da sociedade civil.[106] Destarte, em si, já representa

---

[102] A atenção jurídica que demandam as pessoas com deficiência se deve ao fato de sua condição fática desigual, ou seja, trata-se de buscar igualdade material. Nesse sentido, podem ser ditas vulneráveis, a partir da compreensão de vulnerabilidade como originada da identificação de novos sujeitos, merecedores de proteção por se encontrarem em situação de desigualdade, construindo-se, a partir daí, um sistema de normas e subprincípios orgânicos para o reconhecimento e a efetivação de seus direitos. Esse é o entendimento de Cláudia Lima Marques e Bruno Miragem, que esclarecem: "A vulnerabilidade não é, pois, o fundamento das regras de proteção do sujeito mais fraco, é apenas a "explicação" destas regras ou da atuação do legislador, é a técnica para aplicar bem, é a noção instrumental que guia e ilumina a aplicação destas normas protetivas e reequilibradas, à procura do fundamento da Igualdade e da Justiça equitativa" (MARQUES, Cláudia Lima; MIRAGEM, Bruno. *O novo direito privado e a proteção dos vulneráveis*. 2. ed. São Paulo: Revista dos Tribunais, 2014. p. 120).

[103] BARBOZA, Heloisa Helena; ALMEIDA; Vitor de Azevedo. Reconhecimento, inclusão e autonomia da pessoa com deficiência: novos rumos na proteção dos vulneráveis. In: BARBOZA, Heloisa Helena; MENDONÇA, Bruna Lima; ALMEIDA; Vitor de Azevedo (coord.). *O Código Civil e o Estatuto da Pessoa com Deficiência*. Rio de Janeiro: Processo, 2017. p. 16.

[104] *Ibidem*, p. 18.

[105] *Idem*.

[106] O Estatuto foi debatido durante anos e centenas de audiências públicas foram realizadas em todo o território nacional. Sobre o processo de elaboração do Estatuto: PEREIRA, Fábio Queiroz. O itinerário legislativo do Estatuto da Pessoa com Deficiência. In: PEREIRA, Fábio Queiroz; MORAIS, Luísa Cristina de Carvalho; Lara, Mariana Alves. *A teoria das incapacidades e o Estatuto da Pessoa com Deficiência*. 2. ed. Belo Horizonte: D'Plácido, 2018.

uma vitória de uma população que teve respeitado seu local de voz e pôde, pelo reconhecimento de sua cidadania, dialogar sobre assuntos que lhe tocam, efetivando o tão hodiernamente clamado direito de participação.[107] Esse reconhecimento é fundamental para o rompimento da invisibilidade desse grupo e sua efetiva inclusão. Neste ponto, fica evidente a necessidade de uma percepção dualista dos direitos humanos, que não ignora a importância da dimensão jurídica desses direitos, mas tem consciência de que a questão desenvolve-se também no campo ético e político.[108]

A dimensão jurídica é, desse modo, apenas uma das facetas dos direitos das pessoas com deficiência, o que, contudo, não implica sua desimportância. Como explicam Ana Carla Harmatiuk Matos e Lígia Ziggiotti, a crescente positivação de direitos destinados a essa população contrasta com o que se convencionou denominar

---

[107] O direito à participação integra o ordenamento jurídico nacional conforme o Art. 23, 1, a, da Convenção Americana sobre Direitos Humanos (Pacto de São José da Costa Rica, promulgado no Brasil pelo Decreto nº 678/1992) e o Art. 25 do Pacto de Direitos Civis e Políticos de 1966 (promulgado no Brasil pelo Decreto nº 592, de 06 de julho de 1992) (PERUZZO, Pedro Pulzatto. Direitos Humanos, povos indígenas e interculturalidade. *Revista Videre da Faculdade de Direito & Relações Internacionais da UFGD*, v. 8, n. 15, p. 23, 2016. Disponível em: http://ojs.ufgd.edu.br/index. php/videre/article/view/5594. Acesso em: 29 out. 2017). A participação é usualmente vinculada à ideia de democracia, que, segundo Noberto Bobbio, por sua definição mínima, significa "um conjunto de regras de procedimento para a formação de decisões coletivas, em que está prevista e facilitada a participação mais ampla possível dos interessados" (BOBBIO, Norberto. *O futuro da democracia*: uma defesa das regras do jogo. 6. ed. Tradução de Marco Aurélio Nogueira. Rio de Janeiro: Paz e Terra, 1997. p. 11-12). A mesma abordagem têm Perlingieri (PERLINGIERI, Pietro. *Perfis do direito civil*: introdução ao direito civil-constitucional. Tradução de Maria Cristina de Cicco. Rio de Janeiro: Renovar, 1999) e Rodotà (RODOTÀ, Stefano. O direito à verdade. Tradução de Maria Celina Bodin de Moraes e Fernanda Nunes Barbosa. Civilistica.com. Rio de Janeiro, v. 2, n. 3, 2013. Disponível em: http://civilistica.com/o-direito-a-verdade/. Acesso em: 6 fev. 2018).

[108] "Las teorias dualistas, que son las que considero más acertadas, se caracterizan por considerar que no es possible comprender los derechos sin tener en cuenta que se trata de figuras que poseen una dimensión moral y una dimensión jurídica. Es decir, sin tener en cuenta que se trata de instrumentos jurídicos que poseen justificación moral. Las teorias dualistas, normalmente apoyadas en una teoría del Derecho positivista, conceden importancia al Derecho pero támbien a la justificaciónn moral de los derechos." Tradução livre: "As teorias dualistas, que são o que considero mais acuradas, caracterizam-se por considerar que não é possível compreender direitos sem levar em conta que são figuras que possuem uma dimensão moral e uma dimensão legal. Ou seja, sem levar em conta que estes são instrumentos legais que possuem justificativa moral. As teorias dualistas, geralmente apoiadas por uma teoria do direito positivista, atribuem importância à lei, mas também à justificação moral dos direitos" (ASÍS, Rafael de. Derechos humanos y discapacidad: algunas reflexiones derivadas del analisis de la discapacidad desde la teoria de los derechos. *In*: MENEZES, Joyceane Bezerra (org.). *Direito das pessoas com deficiência psíquica e intelectual nas relações privadas*. Rio de Janeiro: Processo, 2016. p. 12).

de impotências espaciais e temporais. Apesar disso, as autoras não negam a importância desses diplomas, afirmando, pelo contrário, que a expectativa é de que os processos de luta que caracterizam os direitos humanos encontrem, nos potenciais jurídicos, suficiência para subsistir.[109]

Por todo o elucidado – e em respeito à visão dualista e universalista dos direitos humanos à qual este trabalho deve coerência –, embora se reconheça os desafios trazidos pela Convenção de Nova York e pelo Estatuto da Pessoa com Deficiência, não parecem adequadas as posturas que resistem às mudanças legislativas,[110] ignorando o longo e paulatino processo de luta do qual decorrem.[111]

1.4.2 Pela democratização do direito sucessório testamentário

O ingresso da Convenção sobre o Direito das Pessoas com Deficiência no ordenamento jurídico brasileiro, como

---

[109] MATOS, Ana Carla Harmatiuk Matos; OLIVEIRA, Lígia Ziggiotti de. Além do Estatuto da Pessoa com Deficiência: reflexões a partir de uma compreensão de Direitos Humanos. *In*: MENEZES, Joyceane Bezerra (org.). *Direito das pessoas com deficiência psíquica e intelectual nas relações privadas*. Rio de Janeiro: Processo, 2016. p. 129.

[110] "Todo trabalho interpretativo deve ser feito a partir da mudança de paradigma que consolida o chamado 'modelo social da deficiência', adotado francamente pelo Brasil, e ter por foco não só a plena implementação desse modelo, como também sua efetividade que somente será alcançada a partir da adoção de medidas viáveis em suas repercussões práticas. Salienta-se, desde logo, que a inviabilidade ou dificuldade da execução do Estatuto, o qual implanta e fornece os instrumentos para que o modelo social se torne uma realidade, não pode se tornar o grande pretexto para seu não cumprimento ou mesmo adiamento de seu pleno funcionamento. Medida inviável na prática significa, no mínimo, que a medida não é adequada para a situação, fato que de imediato, impõe que se busque novas soluções. As dificuldades são inerentes à deficiência e para superá-las foi criado o Estatuto. O que deve ser afastado são medidas teóricas ou tecnicamente bem elaboradas, mas de fato inexequíveis (...)" (BARBOZA, Heloisa Helena; ALMEIDA, Vitor. A capacidade à luz do Estatuto da Pessoa com Deficiência. *In*: MENEZES, Joyceane Bezerra (org.). *Direito das pessoas com deficiência psíquica e intelectual nas relações privadas*. Rio de Janeiro: Processo, 2016. p. 251).

[111] Para a pauta da deficiência, a teoria dualista é especialmente relevante, isso porque sua conquista insere-se em um contexto de luta. Norberto Bobio atenta ao fato de os Direitos Humanos serem muito mais problemas políticos do que filosóficos, de modo que o principal desafio dos juristas não é justificá-los, mas sim efetivá-los: "Os direitos do homem, por mais fundamentais que sejam, são direitos históricos, ou seja, nascidos em certas circunstâncias, caracterizadas por lutas em defesa de novas liberdades contra velhos poderes, e nascidos de modo gradual, não todos de uma vez e nem de uma vez por todas" (BOBBIO, Norberto. *A era dos direitos*. Rio de Janeiro: Elsevier, 2004. p. 5).

norma constitucional, impõe, para além de mera verificação da constitucionalidade das normas jurídicas hierarquicamente inferiores, a adoção de uma nova postura hermenêutica em relação ao direito como um todo.

Fachin leciona que a coexistência de Constituição e Codificação é um dado que acompanha a história do ordenamento jurídico brasileiro, mas que a convivência entre elas é marcada por tensões criativas.[112] A Constituição Democrática de 1988, por exemplo, inaugurou uma nova ordem axiológica nem sempre harmônica com antigos diplomas recepcionados, fundados sob o manto de uma ordem pretérita.[113] Segundo ele, para superar essas tensões, categorias estruturantes (como contratos, propriedade etc.) permanecem, mas são remodeladas em função da alteração de seu fundamento legitimador.[114] Essa lógica, de leitura dos institutos jurídicos a partir da *ratio* que os alimenta, aplica-se tanto para harmonizar a convivência com diplomas pretéritos à nova ordem quanto com os subsequentes, que também estão subordinados à observância da axiologia constitucional.[115]

Nesse sentido, a posição de vértice do ordenamento que ocupa a CDPD demanda que as categorias estruturantes – entre as quais importa aqui o testamento – sejam adequadas aos novos valores trazidos pela Convenção e funcionalmente dirigidas à concretização de seus objetivos.[116]

Apesar de construída dentro da pauta da deficiência, a Convenção evidencia a necessidade de reconhecimento da capacidade de qualquer pessoa, pelo simples fato de ostentar a condição de humana e, sobretudo, a urgência de promoção dessa capacidade, viabilizando seu exercício, seja pela remoção de obstáculos existentes, seja pela criação de mecanismos que proporcionem esse exercício.

---

[112] FACHIN, Luiz Edson. *Teoria crítica do direito civil*: à luz do novo Código Civil brasileiro. 3. ed. Rio de Janeiro: Renovar, 2012. p. 36.
[113] *Idem.*
[114] *Idem.*
[115] *Ibidem*, p. 30.
[116] COHEN, Fernanda; MULTEDO, Renata Vilela; COHEN, Fernanda; MULTEDO, Renata Vilela. Medidas efetivas e apropriadas: uma proposta de interpretação sistemática do Estatuto da Pessoa com Deficiência. *In*: BARBOZA, Heloisa Helena; MENDONÇA, Bruna Lima; ALMEIDA; Vitor de Azevedo (coord.). *O Código Civil e o Estatuto da Pessoa com Deficiência*. Rio de Janeiro: Processo, 2017. p. 229.

Ainda, a luta protagonizada pelas pessoas com deficiência, por participação no processo criativo da CDPD e do EPD, com o lema *"nothing about us without us"*, realça aspecto notoriamente negligenciado durante a construção legislativa e doutrinária do direito civil, qual seja, a relevância da diversidade nos espaços de construção e criação do direito. Diz-se, hoje, que direito civil está constitucionalizado, projetando-se para realização da dignidade humana, mas se há genuíno comprometimento com a construção de um direito civil que abarque a pessoa em sua pluralidade, é fundamental a garantia de diversidade nos espaços de discussão e construção desse direito, sob pena de redução da dignidade humana a um discurso teórico inócuo. Sobre a construção de um direito civil efetivamente compromissado com a realização da pessoa, é relevante a advertência autocrítica de Tepedino:

> Uma advertência se faz indispensável. A adjetivação atribuída ao direito civil, que se diz constitucionalizado, despatrimonializado, se por um lado quer demonstrar, apenas e tão somente, a necessidade de inserção no tecido normativo constitucional e na ordem pública sistematicamente considerada, preservando, evidentemente, a sua autonomia dogmática e conceitual, por outro lado poderia parecer desnecessária e até errônea. Se é o próprio direito civil que se altera, para que adjetivá-lo? Por que não apenas ter a coragem de alterar a dogmática, pura e simplesmente? Afinal, um direito civil adjetivado poderia suscitar a impressão de que ele próprio continua como antes, servindo os adjetivos para colorir, com elementos externos, categorias jurídicas que, ao contrário do que se pretende, permaneceriam imutáveis.[117]

No campo testamentário, o exame crítico é relevante em função de se observar uma série de restrições às pessoas com deficiências sensoriais, que são proibidas de testar por algumas das formas testamentárias ou por todas, a depender do caso. As formalidades testamentárias foram construídas segundo um padrão de "normalidade" que, quando não atendido, pode ocasionar impedimento do exercício do direito de testar.[118]

---

[117] TEPEDINO, Gustavo. Premissas metodológicas para a constitucionalização do direito civil. *Temas de Direito Civil*, v. 3, p. 21, 1999.

[118] O surdo-mudo que seja também analfabeto, por exemplo, não pode testar por nenhuma das modalidades testamentárias. Esse aspecto será objeto de aprofundamento no capítulo 4.

E por atravancar o direito de testar, a legislação é considerada discriminatória, nos termos do EPD, que define discriminação como

> (...) toda forma de distinção, restrição ou exclusão, por ação ou omissão, que tenha o propósito ou o efeito de prejudicar, impedir ou anular o reconhecimento ou o exercício dos direitos e das liberdades fundamentais de pessoa com deficiência, incluindo a recusa de adaptações razoáveis e de fornecimento de tecnologias assistivas.[119]

Além disso, a CDPD determina aos Estados signatários a adoção de "todas as medidas necessárias, inclusive legislativas, para modificar ou revogar leis, regulamentos, costumes e práticas vigentes, que constituírem discriminação contra as pessoas com deficiência".[120]

Mostra-se relevante consignar que o Brasil se comprometeu, a "realizar ou promover a pesquisa e o desenvolvimento, bem como a disponibilidade e o emprego de novas tecnologias".[121] Semelhantemente, o EPD estabelece incumbir ao poder público "assegurar, criar, desenvolver, implementar, incentivar, acompanhar e avaliar: (...) pesquisas voltadas para o desenvolvimento de (...) recursos de tecnologia assistiva".[122]

Logo, as normas testamentárias não só merecem, como devem ser revistas e reformuladas, com o fito de promoção da acessibilidade e à luz das novas tecnologias disponíveis, sob pena de discriminação por parte do Estado.[123] As novas tecnologias disponíveis "demandam que a acessibilidade não se restrinja aos degraus físicos,

---

[119] Estatuto da Pessoa com Deficiência, Art. 4º, §1º (BRASIL. *Lei nº 13.146, de 6 de julho de 2015*. Institui a Lei Brasileira de Inclusão da Pessoa com Deficiência (Estatuto da Pessoa com Deficiência). Secretaria Geral. Brasília, DF, 6 jul. 2015. Disponível em: http://www.planalto.gov.br/ccivil_03/_ato2015-2018/2015/lei/l13146.htm. Acesso em: 3 fev. 2020).

[120] Convenção sobre os Direitos das Pessoas com Deficiência, Art. 4.1. b.

[121] Convenção sobre os Direitos das Pessoas com Deficiência, Art. 4.1. g. Observa-se que o Estatuto utiliza o termo tecnologia assistiva, que define em seu Art. 3º, III, como "tecnologia assistiva ou ajuda técnica: produtos, equipamentos, dispositivos, recursos, metodologias, estratégias, práticas e serviços que objetivem promover a funcionalidade, relacionada à atividade e à participação da pessoa com deficiência ou com mobilidade reduzida, visando à sua autonomia, independência, qualidade de vida e inclusão social".

[122] Estatuto da Pessoa com Deficiência, Art. 28, VI.

[123] KAPITANGO-A-SAMBA, Kilwangy. Tecnologia assistiva na Convenção da ONU e no Estatuto da Pessoa com Deficiência. *In*: MENEZES, Joyceane Bezerra (org.). *Direito das pessoas com deficiência psíquica e intelectual nas relações privadas*. Rio de Janeiro: Processo, 2016. p. 867.

mas igualmente às barreiras sociais. (...) É imperativo a adoção de mecanismos para o acesso, aproveitando-se da tecnologia que potencializa a inclusão".[124]

A proposta aqui defendida é um (re)pensar do direito testamentário atento à diversidade e compromissado com a facilitação do exercício desse direito, seja por pessoas com deficiência ou não, tendo em vista que a acessibilidade é princípio a ser perseguido em favor de todos, sem exceção. Só assim alcançar-se-á a democratização do direito testamentário.

Em síntese, pretende-se a emancipação das pessoas e dos sentidos. Emancipação das pessoas na medida em que se busca promover a autonomia e a autodeterminação, pensando não só no reconhecimento formal da capacidade, como também na necessidade de viabilizar o exercício de direitos, removendo os obstáculos que impedem essa pretensão legítima e democratizando o planejamento sucessório. E emancipação dos sentidos, nos termos preconizados pela Teoria Crítica do Direito Civil, segundo a qual a interpretação deve ser tomada como problema, em um eterno ciclo de interrogações contínuas, o que não se afina com a perfumaria da formalidade pretensamente inovadora.[125]

1.5 Do modelo patrimonial ao reconhecimento da natureza dúplice do testamento: repersonalização e funcionalização das relações patrimoniais

O desconforto provocado em muitos ao falar da morte talvez revele a ironia que oculta o direito das sucessões: se, por um lado, serve, em certa medida, como perpetrador de desigualdades patrimoniais,[126] por outro, escancara a maior certeza de igualdade ostentada pela condição humana: a da morte. Na primordial peça

---

[124] SCHULMAN, Gabriel. Consentimento para os atos na saúde à luz da Convenção de Direitos da Pessoa com Deficiência: da discriminação ao empoderamento. *In*: BARBOZA, Heloisa Helena; MENDONÇA, Bruna Lima; ALMEIDA; Vitor de Azevedo (coord.). *O Código Civil e o Estatuto da Pessoa com Deficiência*. Rio de Janeiro: Processo, 2017. p. 278.

[125] FACHIN, Luiz Edson. *Teoria crítica do direito civil*: à luz do novo Código Civil brasileiro. 3. ed. Rio de Janeiro: Renovar, 2012, p. 15.

[126] RESCIGNO, Pietro. *Introduzione al Codice civile*. Bari: Laterza, 1992. p. 96.

shakespeariana, Hamlet afirma ao Rei: "pode-se pescar com um verme que haja comido de um rei, e comer o peixe que se alimentou desse verme",[127] isso para, segundo ele, "mostrar como um rei pode fazer passeios pelos intestinos de um mendigo".[128] Em outra oportunidade, no cemitério com Horácio, especula sobre a origem de um crânio:

> Mais um crânio. Por que não há de ser o de um jurista? Onde foram parar as sutilezas, os equívocos, os casos, as enfiteuses, todas as suas chicanas? Por que consente que este maroto rústico lhe bata com a enxada suja, e não lhe arma um processo por lesões pessoais? Hum! É bem possível que esse sujeito tivesse sido um grande comprador de terras, com suas escrituras, hipotecas, multas, endossos e recuperações. Consistirá a multa das multas e a recuperação das recuperações em ficarmos com a bela cabeça assim cheia de tão bonito lodo? Não lhe arranjaram seus fiadores, com as fianças duplas, mais espaço do que o de seus contratos? Os títulos de suas propriedades não caberiam em seu caixão; não obterão os herdeiros mais do que isso?[129]

Talvez Vinicius de Moraes tenha composto a música "testamento" com a ressaca provocada pelos textos shakespearianos,[130], mas as composições "testamento", de Nelson Angelo com Milton Nascimento, e "testamento de partideiro", de Arlindo Cruz e Sombrinha, certamente não o foram. Ao contrário da composição de Vinicius, revelam outra faceta do ato testamentário: seu aspecto existencial. "Um dia joguem minhas cinzas na corrente desse rio e plantem meu adubo na semente de meu filho",[131] extrai-se daquela

---

[127] SHAKESPEARE, *op. cit.*, Ato IV, Cena III, 2015.

[128] *Idem.*

[129] *Idem.*

[130] "Você que só ganha pra juntar / O que é que há? diz pra mim / O que é que há? / Você vai ver um dia / Em que fria você vai entrar / Por cima uma laje / Embaixo a escuridão / É fogo, irmão! / É fogo, irmão! / Pois é amigo, como se dizia antigamente / O buraco é mais embaixo / E você com todo o seu baú / Vai ficar por lá na mais total solidão / Pensando à beça que não levou / Nada do que juntou, só seu terno de cerimônia / Que fossa hein meu chapa, que fossa / Você que não para pra pensar / Que o tempo é curto e não para de passar / Você vai ver um dia, que remorso!" MORAES, Vinicius de. Testamento. *In*: MORAES, Vinicius de; TOQUINHO. *Toquinho e Vinicius – 1971*. Gravadora RGE, 1971. Formato LP (1971) e CD (2001).

[131] "Um dia joguem minhas cinzas / Na corrente desse rio / E plantem meu adubo / Na semente de meu filho / Cuidem bem de minha esposa / Do amigo, do ninho / E do presente que foi prometido / Pro ano seguinte / Na reserva desse índio / Clamo forte por clareira / Soprem meus sentidos / Pela vida que descubro / Cuidem bem de minha casa / Tão cheia,

canção. Já desta: "pra minha mulher deixo amor, sentimento, (...); e para os meus filhos deixo um bom exemplo, (...). Deixo como herança, força de vontade, (...), quem semeia amor, deixa sempre saudade (...)".[132]

O pedido de ter suas cinzas jogadas na corrente de um rio é disposição testamentária claramente existencial e expressamente autorizada pelo ordenamento brasileiro. Já os escritos contidos em um testamento como aconselhamentos, depoimentos e declarações para pessoas queridas, apesar de não terem, à primeira vista, eficácia jurídica,[133] revelam como o ato de testar pode ser instrumento de expressão da personalidade.

Estudos da *Therapeutic Jurisprudence*, linha metodológica interdisciplinar que analisa os possíveis reflexos psicológicos do

---

meninos / Tome conta de aquilo tudo / Em que acredito / Juntem todas minhas cinzas / Ao poema desse rio / E plantem meu adubo / Na semente de meu povo / Cuidem bem de minha esposa / Do amigo, do ninho / E do presente que foi prometido / Pro ano seguinte / Na reserva desse índio / Clamo forte por um rio / Soprem meus sentidos / Pela vida de meu filho / Cuidem bem de minha casa / Tão cheia, meninos / Tome conta de aquilo tudo / Em que acredito / E juntem todas minhas cinzas / Ao poema desse povo" ANGELO, Nelson; NASCIMENTO, Milton. Testamento. *In*: NASCIMENTO, Milton. Clube da Esquina 2. Gravadora: EMI-Odeon, 1978. Formato LP (1978) e CD (1988/2007).

[132] "Pra minha mulher deixo amor, sentimento, na paz do Senhor / E para os meus filhos deixo um bom exemplo, na paz do Senhor / Deixo como herança, força de vontade, na paz do Senhor / Quem semeia amor, deixa sempre saudade, na paz do Senhor / Pros meus amigos deixo meu pandeiro, na paz do Senhor / Honrei meus pais e amei meus irmãos, na paz do Senhor / Aos fariseus não deixarei dinheiro de jeito nenhum, na paz do Senhor / É mas pros falsos amigos deixo o meu perdão, na paz do Senhor / O sambista não precisa ser membro da academia / Ao ser natural em sua poesia o povo lhe faz imortal / O sambista não precisa ser membro da academia / Ao ser natural em sua poesia o povo lhe faz imortal / E se houver tristeza que seja bonita, bonita demais, na paz do Senhor / Pois tristeza feia o poeta não gosta, na paz do Senhor / Um surdo marcando no som da cuíca, na paz do Senhor / A viola pergunta mais não tem resposta, na paz do Senhor / Quem rezar por mim que o faça sambando, sambando no pé, na paz do Senhor / Porque um bom samba é forma de oração, na paz do Senhor / Um bom partideiro só chora versando, na paz do Senhor / Tomando com a mão a batida de limão, dá um limão aí, na paz do Senhor/ (...) / Eu sou o Sombrinha lá de São Vicente, na paz do Senhor / Que deixa a viola e o cavaco contente, na paz do Senhor / Eu sou o Arlindinho lá de Piedade, na paz do Senhor / Esbanjo no banjo pra deixar saudade, na paz do Senhor / Sou Leci Brandão nasci em Madureira, na paz do Senhor / Mais o meu coração eu deixei na Mangueira, na paz do Senhor / (...) / Desculpe Candeia do papo contrário, na paz do Senhor/ Mas ainda é cedo pro nosso inventário, na paz do Senhor". CANDEIA. Testamento de Partideiro. *In*: CRUZ, Arlindo; NUNIS, Montgomery Ferreira (Sombrinha); BRANDÃO, Leci. *Casa de Samba*. Gravadora Polygram, 1996. Formato CD.

[133] Código Civil, Art. 1.881: "Toda pessoa capaz de testar poderá, mediante escrito particular seu, datado e assinado, fazer disposições especiais sobre o seu enterro, sobre esmolas de pouca monta a certas e determinadas pessoas, ou, indeterminadamente, aos pobres de certo lugar, assim como legar móveis, roupas ou jóias, de pouco valor, de seu uso pessoal".

fenômeno jurídico, corroboram esse entendimento. Mark Glover,[134] que aplicou a *Therapeutic Jurisprudence* ao direito das sucessões, concluiu que o processo de planejamento sucessório pode ser uma experiência inquietante, uma vez que os autores da herança devem contemplar a sua mortalidade. Mas a análise também sugere que planejar a própria sucessão e enfrentar a inevitabilidade da morte pode ter muitas recompensas psicológicas. Deveras, o planejamento sucessório é uma maneira pela qual é dada à pessoa uma oportunidade de reconciliação pessoal com a morte.[135] Nesse sentido:

> A morte é um momento de reencontro com a nossa própria humanidade. E aí talvez o testamento venha a desempenhar a sua função mais relevante: ser um legado que deixamos para os que ficam depois de nós. Não um legado apenas patrimonial, mas um legado existencial. O testamento pode, afinal, cumprir uma vocação cara ao direito civil constitucional: ser uma espécie de ajuste de contas com a eternidade. Talvez a partir dessa perspectiva, tenhamos de começar a construir um direito de sucessões realmente preocupado com o que interessa. Claro, preocupado com o patrimônio. Mas o fato é que podemos construir um novo direito civil de sucessões.[136]

À vista disso, sustenta-se aqui a natureza dúplice do testamento,[137] o que significa dizer que ele comporta situações

---

[134] GLOVER, Mark. A therapeutic jurisprudential framework of estate planning. *Seattle UL Rev.*, v. 35, p. 427, 2011. Para aprofundamento, ver também: GLOVER, Mark. The Therapeutic Function of Testamentary Formality. *U. Kan. L. Rev.*, v. 61, p. 139, 2012; GLOVER, Mark. *The Solemn Moment*: Expanding Therapeutic Jurisprudence Throughout Estate Planning. 2015. Disponível em: https://sites.suffolk.edu/lawreview/2015/02/21/the-solemn-moment-expanding-therapeutic-jurisprudence-throughout-estate-planning/. Acesso em: 21 jan. 2021.

[135] No original: "A therapeutic jurisprudential analysis reveals that the estateplanning process can be an unsettling experience because testators must contemplate their own mortality. But the analysis also suggests that completing an estate plan and 'facing the inevitability of death can have many psychological rewards.' Indeed, the 'estate planning' experience is one way the client can be helped in his personal reconciliation to death.' Several aspects of the estate-planning processes contribute to the overall therapeutic nature of the testamentary experience, including the doctrine of testamentary freedom, the counsel of an estateplanning attorney, the ritualistic nature of the will-execution ceremony, and the opportunity for testamentary self-expression" (GLOVER, Mark. A therapeutic jurisprudential framework of estate planning. *Seattle UL Rev.*, v. 35, p. 427, 2011).

[136] CORTIANO-JR., Eroulths; EHRHARDT-JR., Marcos; CATALAN, Marcos Jorge. O direito civil constitucional e a pandemia. *Revista Brasileira de Direito Civil*, v. 26, p. 255, 2020.

[137] Ana Carolina Brochado Teixeira e Carlos Nelson Konder explicam as dificuldades decorrentes de uma classificação dicotômica entre situações jurídicas existenciais e patrimoniais: "A dificuldade, neste ponto, todavia, é a própria distinção entre situações

subjetivas concomitantemente existenciais e patrimoniais e, principalmente, que o próprio exercício do direito de testar reveste-se de caráter existencial.[138]

---

existenciais e patrimoniais, bem como o critério para fazê-lo. A princípio essa separação padece de certa obviedade quando se pensa na contraposição propriedade, crédito, empresa *versus* direitos da personalidade e direitos de família, de modo que, nesses casos, o objeto ou o interesse presente na situação jurídica – análise que se busca em um primeiro momento – satisfaz o intérprete. (...). No entanto, a grande dificuldade acontece quando o interesse, fundamento justificativo da situação, envolve os dois aspectos com graus similares de intensidade, pois a situação 'pode ser patrimonial, existencial, ou às vezes, um e outro juntos, já que algumas situações são instrumentos para realização de interesses existenciais ou pessoais'" (TEIXEIRA, Ana Carolina Brochado; KONDER, Carlos Nelson. Situações jurídicas dúplices: controvérsias na nebulosa fronteira entre patrimonialidade e extrapatrimonialidade *In*: TEPEDINO, Gustavo; FACHIN, Luiz Edson (org.). *Diálogos sobre Direito Civil*. Rio de Janeiro: Renovar, 2012).

[138] "La Costituzione, se da un lato riconosce la proprietà privata, dall'altro ne consente la trasmissione a causa di morte, anche per mezzo del testamento, strumento di autonomia del quale ciascuno può servisi per realizzare la propria personalità. La personalità individuale, esaltata dalla Carta constituzionale, è suscetibile di trovare sviluppo esclusivamente ove siano dati mezzi a tal fine idonei; e fra questi vi è il testamento, capace di regolare interessi diversi, anche di carattere non patrimoniale". Tradução livre: "Se por um lado a Constituição reconhece a propriedade privada, por outro permite sua transmissão por morte, por meio do testamento, instrumento de autonomia que todos podem usar para realizar a própria personalidade. A personalidade individual, exaltada pela Carta Constitucional, só pode desenvolver-se quando os meios adequados para tal fim são proporcionados; e entre esses está o testamento, capaz de regular interesses diversos, incluindo os de natureza não patrimonial" (PROTO, Massimo. Successione testamentaria e princípi constituzionali. *In*: SESTA, Michele; CUFFARO, Vicenzo (a cura di). *Persona, famiglia e successioni nela giurisprudenza constituzionale*. Napoli: Edizioni Scientifiche Italiane, 2006. p. 831).

CAPÍTULO 2

CAPACIDADE TESTAMENTÁRIA ATIVA: O EXERCÍCIO DO DIREITO DE TESTAR COMO FORMA DE AUTODETERMINAÇÃO

2.1 Capacidade testamentária: uma capacidade específica vinculada à capacidade negocial

No direito brasileiro não temos capacidade e, sim, capacidades. De um lado, temos a capacidade de direito, também chamada de capacidade de atribuição ou capacidade de gozo, e, de outro, capacidade de exercício, capacidade de obrar ou, ainda, como preferimos, capacidade de atuação.[139]

O conceito de capacidade de direito está intimamente ligado a dois outros, basilares de toda teoria geral do direito: o conceito jurídico de pessoa e o de sujeito de direito, que, embora relacionados, não se confundem.

Diz-se pessoa o ser humano nascido com vida ou o ente juridicamente reconhecido como predisposto à aquisição de direitos e à contração de deveres. A essa aptidão em abstrato, qualificadora da pessoa, dá-se o nome de capacidade de direito. Capacidade de direito é, portanto, personalidade.[140]

---

[139] A preferência será justificada em nota de rodapé adiante.
[140] "Capacidade de direito e personalidade são o mesmo" (PONTES DE MIRANDA, Francisco Cavalcanti. *Tratado de direito privado*. 3. ed. Rio de Janeiro: Borsoi, 1972. v. 1. p. 209).

Sujeito de direito, por sua vez, é o termo de determinada relação jurídica ou situação jurídica subjetiva, ou seja, é a titularidade. Enquanto a acepção jurídica de pessoa é notoriamente abstrata, a de sujeito de direito desce um degrau da abstração designando a posição ocupada (por uma pessoa) quando da incidência de uma norma jurídica com a consequente formação de um fato jurídico.[141] Destarte, o ser pessoa é pressuposto lógico do ser sujeito de direito, de modo que "rigorosamente, só se devia tratar das pessoas, depois de se tratar dos sujeitos de direito; por que ser pessoa é apenas ter a possibilidade de ser sujeito de direito. Ser sujeito de direito é estar na posição de titular de direito".[142]

Capacidade de direito toda pessoa tem. Sem embargo, nem sempre será capaz de determinar, com a sua própria conduta, a produção de efeitos jurídicos. Isso porque o direito pode exigir, para produção de efeitos de determinados atos, requisitos específicos, derivados, geralmente, do estado civil da pessoa (diga-se: individual, familiar e político). Nesse sentido, diz-se capacidade de atuação[143] a aptidão genérica para prática pessoal de atos tendentes

---

[141] Em outras palavras, a pessoa é o elemento subjetivo do suporte fático sobre o qual incidirá a norma, formando a relação jurídica em que terá titularidade. Afinal: "A personalidade é a possibilidade de se encaixar em suportes fáticos, que, pela incidência das regras jurídicas, se tornem fatos jurídicos" (*Ibidem*, p. 207).

[142] *Idem*. Pontes de Miranda critica a falta de precisão ao se igualar pessoa e sujeito de direito, atentando ao fato de que, historicamente, houve pessoa antes que houvesse direitos. Contudo, pondera que – apesar de a personalidade em si não ser direito e sim a qualidade de estar nas relações jurídicas como sujeito de direito – a edição de regras jurídicas de cuja incidência resulta a personalidade criou direito de personalidade, isto é, direito de ser reconhecido como pessoa. Assim, muito embora personalidade seja proposição "ser capaz de direito" da qual decorre que "ser sujeito de direito é possível", a atual admissão da existência de direitos inatos (como o direito de personalidade) faz com que a possibilidade seja quanto aos restantes, uma vez que aqueles serão necessários (*Ibidem*, p. 207-220).

[143] Preferimos a terminologia "capacidade de atuação", pois, como pondera Paulo de Tarso Barbosa Duarte, "A capacidade de fato ou de exercício nada rigorosamente tem com o exercício de direitos, dizendo exclusivo respeito à prática pessoal de atos tendentes à aquisição, modificação ou transmissão de direitos" (DUARTE, Paulo de Tarso Barbosa de. *Apostila de Direito Civil I*. Disponibilização exclusiva aos alunos da Pontifícia Universidade Católica de Campinas, s.d.). A nomenclatura "capacidade de exercício" contribui para equívocos na matéria, propagando a ideia de que a ausência da capacidade de exercício acarreta impossibilidade do exercício de direitos. Bom exemplo, ilustrativo da imprecisão do sentido propagado pela expressão "capacidade de exercício", está no direito a alimentos da criança e do adolescente. Embora não tenha a criança e o adolescente a capacidade de exercício, são eles que exercem o direito à prestação alimentar, derivado do dever de sustento dos pais. A obrigação alimentar, prestada seja *in natura*, seja em pecúnia, possui evidente caráter econômico. Por outro lado, por se destinar ao atendimento das necessidades básicas do alimentante, também desempenha papel existencial. O valor percebido a título de alimentos é (ou ao menos deve ser) destinado ao custeio das

à aquisição, modificação, transmissão ou extinção de situações jurídicas subjetivas.¹⁴⁴

A capacidade de atuação comporta múltiplas subdivisões, referenciadas por Marcos Bernardes de Mello, inspirado pela doutrina lusitana de José Oliveira Ascensão, como capacidades específicas.¹⁴⁵ Encontrar uma definição exata para as capacidades específicas em seu conjunto é difícil empreitada. Pontes de Miranda, que se vale do termo "capacidade de obrar", não se arrisca, explica o que são listando suas espécies e excluindo delas os fatos jurídicos *stricto sensu*, pois, segundo ele, a capacidade para produção de fato jurídico *stricto sensu* é capacidade mesmo de direito.¹⁴⁶ Para o autor, a conceituação está intimamente ligada à classificação dos fatos jurídicos e, por essa razão, "nem seria de se esperar unanimidade de conceituação, diante da falta de classificação rigorosa dos fatos jurídicos, especialmente dos atos jurídicos".¹⁴⁷ Sem pretensão de exatidão, as capacidades específicas referem-se à aptidão para que

---

necessidades básicas do alimentante, sendo ele, nesse sentido, o sujeito a exercer o direito. Contudo, a ausência de capacidade de atuação limita esse exercício em alguma medida, haja vista a impossibilidade de ele, exclusivamente pela própria manifestação, transmitir, modificar ou renunciar ao direito. Desse modo, conclui-se que a falta de capacidade de atuação limita, mas, por vezes, não impede por completo o exercício de direitos. Diante da confusão gerada pela expressão "capacidade de exercício", poder-se-ia optar pelo termo de que se vale Pontes de Miranda, "capacidade de obrar". Entretanto, a palavra "obrar" tem sentido depreciativo em algumas regiões brasileiras, justificando a adoção, aqui, de "capacidade de atuação".

¹⁴⁴ DUARTE, Paulo de Tarso Barbosa de. *Apostila de Direito Civil I*. Disponibilização exclusiva aos alunos da Pontifícia Universidade Católica de Campinas, s.d.

¹⁴⁵ MELLO, Marcos Bernardes de. *Teoria do fato jurídico*: plano da eficácia. 20. ed. São Paulo: Saraiva, 2014. v.1. p. 114.

¹⁴⁶ No sentido de que as ações humanas consideradas fatos jurídicos *stricto sensu* são decorrência necessária da natureza humana, isto é, do próprio fato de ser pessoa. Assim, considerando seu entendimento de ser capacidade de direito sinônimo de personalidade, exclui os fatos jurídicos *stricto sensu* da noção de capacidade de obrar, pois, como aclara: "a capacidade fato jurídico *stricto sensu* (nascer, atingir a x idade, comer) não a capacidade de obrar; é capacidade mesmo de direito" (PONTES DE MIRANDA, *op. cit.*, 1972. v. 1, p. 211).

¹⁴⁷ *Ibidem*, p. 213. No mesmo sentido, Marcos Bernardes de Mello afirma: "Essas espécies de capacidade são distas entre si, tanto porque dizem respeito a fatos jurídicos diferentes, tanto porque seus suportes facticos têm pressupostos próprios. As pessoas físicas, por exemplo, têm ilimitada capacidade de praticar ato-fato jurídico da espécie ato real, não na têm, porém, as pessoas jurídicas, uma vez que conduta humana avolitiva constitui elemento essencial de seu suporte factico. As pessoas jurídicas têm ilimitada capacidade negocial e de ato jurídico *stricto sensu*; as pessoas físicas nascem incapazes e põem assim permanecer por toda a vida, se lhes falta sanidade mental. Por este motivo, devem ser examinadas separadamente (...)" (MELLO, Marcos Bernardes de. *Teoria do fato jurídico*: plano da eficácia. 20. ed. São Paulo: Saraiva, 2014. v. 1. p. 122).

a própria conduta componha suportes fáticos eficientes de certos fatos jurídicos *lato sensu*.

Pondera-se que a presença da capacidade específica não implicará necessária eficiência do suporte fático, pois a capacidade não é o único fator que reverbera no plano da eficácia, por isso trata-se de uma aptidão genérica. Da mesma forma, a incapacidade não é óbice absoluto para produção de efeitos e, por vezes, atos praticados por quem não tinha a capacidade específica para aquilo serão eficazes. A ausência de capacidade não compromete necessariamente a idoneidade da conduta para integração do suporte fático e consequente existência do fato jurídico. Pelo contrário, a ausência de capacidades específicas pode ter implicações diversas nos três planos (existência, validade e eficácia).

As capacidades específicas são muitas, dentre elas pode-se citar a capacidade para prática de ato-fato jurídico, capacidade para prática de ato jurídico *stricto sensu*, capacidade de manifestar vontade que entre no mundo jurídico como negócio jurídico (capacidade negocial), capacidade de cometer atos ilícitos, capacidade para testemunhar, enfim, há uma série de capacidades específicas, que vão do direito público ao direito privado, por meio das quais se estabelecem os atributos necessários para que uma pessoa possa praticar determinado ato.[148]

Ao presente trabalho importa a capacidade para testar, corriqueiramente denominada pela doutrina como "capacidade testamentária ativa" (no direito romano: *facção ativa*),[149] em contraposição ao que se convencionou chamar de "capacidade testamentária passiva", essa última concernente à possibilidade de se adquirir por testamento.

No segmento da capacidade testamentária ativa, há quem a subdivida em absoluta – referente à proibição legal de dispor por

---

[148] Segundo Pontes de Miranda "Capacidade de obrar é: a) capacidade de praticar ato-fato jurídico; b) de praticar atos jurídicos *stricto sensu*; c) a de manifestar vontade que entre no mundo dos fatos como negócio jurídico (capacidade negocial); d) a de praticar atos ilícitos relativos e de praticar atos ilícitos absolutos (capacidade delitual)" (PONTES DE MIRANDA, *op. cit.*, 1972. v. 1, p. 211). Já Marcos Bernardes de Mello apresenta rol exemplificativo de capacidades específicas, dividindo-as entre as de direito privado material, direito público material e direito formal (MELLO, Marcos Bernardes de. *Teoria do fato jurídico*: plano da eficácia. 20. ed. São Paulo: Saraiva, 2014. v. 1., p. 115).

[149] BEVILAQUA, Clóvis. *Direito das Sucessões*. Rio de Janeiro: Editora Rio, 1983. p. 191.

testamento em favor de quem quer que seja – e relativa – quando a lei impede que se teste em favor de certa e determinada pessoa,[150] como faz o Art. 1.801 do Código Civil. Contudo, a dita "capacidade testamentária ativa relativa" trata-se, em verdade, de caso de legitimidade.

Isso porque, enquanto a capacidade determina a condição genérica para constituição de um fato jurídico *lato sensu*, a legitimidade diz respeito à condição particular. Logo, tendo em vista que as hipóteses de impossibilidade trazidas pelo Art. 1.801 do Código Civil aludem a elementos circunstanciais e relacionais entre as partes de uma situação individualizada, conclui-se que, tecnicamente, trata-se de legitimidade.[151]

Sendo assim, ante a impropriedade terminológica da expressão "capacidade testamentária ativa relativa", revela-se descabida a bipartição da capacidade testamentária ativa, motivo pelo qual adotar-se-á, aqui, simplesmente, "capacidade testamentária ativa" como sinônimo de "capacidade para testar" e "capacidade testamentária ativa absoluta".

A matéria é regulada implicitamente, a capacidade para testar é regra, sendo reconhecida a todos que não sejam excluídos pelo

---

[150] ITABAIANA DE OLIVEIRA, Arthur Vasco. *Tratado de Direito das Sucessões*. 4. ed. São Paulo: Max Limonad, 1952. v. 2. p. 402.

[151] Para Guilherme Calmon Nogueira da Gama: "Nos dias contemporâneos, sob a influência do direito processual civil, o melhor tratamento jurídico sobre o tema é de apenas considerar a noção de incapacidade como representativa da antiga incapacidade testamentária absoluta, reservando a ilegitimidade para os casos em que é proibida a disposição testamentária em favor de pessoa indicada na própria lei diante de alguma circunstância de fato considerada relevante para fins de proteção de determinados valores e bens jurídicos" (GAMA, Guilherme Calmon Nogueira da. A capacidade para testar, para testemunhar e para adquirir por testamento. *In*: PEREIRA, Rodrigo da Cunha; HIRONAKA, Giselda Maria Fernanda Novaes (coord.). *Direito das sucessões*. 2. ed. Belo Horizonte: Del Rey, 2007. p. 203). Pontes de Miranda esclarece que o termo "capacidade testamentária ativa relativa" é usado também para designar a possibilidade de dispor de alguma parte do patrimônio ou de testar por determinado tipo testamentário, em todo caso, segundo ele, a terminologia é inadequada: "Fala-se em incapacidade testamentária ativa relativa para distingui-las dos casos dos Art. 1.627 – e seria: a) a de usar de certas formas testamentárias; b) de dispor de alguma parte do patrimônio; c) a de testar em favor de certas pessoas. Mas é estender a situações heterogêneas a noção de capacidade. A primeira circunstância é exigência legal: tanto não é relativa a capacidade, que pode ter de reger-se pela *lex loci* em vez da *lex patrie*. A segunda é respeito ao direito dos herdeiros legítimos, oriundo da organização da família dentro do tempo. A terceira é o rechaço, a impressão, o verso, o reflexo da incapacidade testamentária passiva: mais interessa ao testado que ao testador. Falar em incapacidade testamentária ativa, no sentido da letra c), seria optar por injustificável terminologia, que o Código Civil Art. 1.719, à semelhança do italiano e do espanhol, refugou" (PONTES DE MIRANDA, Francisco Cavalcanti. *Tratado dos testamentos*. Leme: BH Editora e distribuidora, 2005. v. 1. p. 98-99).

Art. 1.860 do Código Civil,[152] dispositivo que impede que testem, além dos incapazes, aqueles que não tenham, no ato de fazê-lo, "pleno discernimento".

Nota-se que a capacidade geral para prática de atos jurídicos *lato sensu* (ou capacidade civil) é requisito da capacidade testamentária, o que é lógico, por ser o testamento um negócio jurídico. Acontece que a teoria das capacidades foi profundamente alterada pelo Estatuto das Pessoas com Deficiência, assim, é imperioso que essas alterações sejam previamente apresentadas, antes de exploração minuciosa da capacidade testamentária ativa.

2.2 Capacidade civil e curatela após o estatuto das pessoas com deficiência e o código de processo civil de 2015

2.2.1 Capacidade civil após o EPD

O Estatuto da Pessoa com Deficiência (Lei nº 13.146/15) foi aprovado em 2015 com o intuito de ampliar a aplicabilidade da Convenção dos Direitos das Pessoas com Deficiência (CDPD), cujos fundamentos, indispensáveis para a compreensão da sistemática do direito civil contemporâneo, foram expostos no capítulo 2.

O referido diploma alterou a redação do Art. 3º do Código Civil, de maneira a considerar absolutamente incapazes apenas os menores de 16 anos. Revogou, portanto, os incisos II e III, que aludiam, respectivamente, aos que, por enfermidade ou deficiência mental, não tivessem o necessário discernimento para a prática dos atos da vida civil e os que, mesmo por causa transitória, não pudessem exprimir sua vontade.

Quanto à incapacidade relativa, o EPD também modificou a redação do Art. 4º do Código Civil, excluindo do inciso II "os que, por deficiência mental, tenham o discernimento reduzido" e modificando o inciso III que passou a ter redação ligada à

---

[152] "Art. 1.860. Além dos incapazes, não podem testar os que, no ato de fazê-lo, não tiverem pleno discernimento".

possibilidade de exprimir vontade e não ao "desenvolvimento mental". Em síntese:[153]

Quadro 1 – Incapacidade civil antes e após a Lei nº 13.146/15

Código Civil antes da Lei 13.146/15	Código Civil após a Lei 13.146/15
Art. 3º São absolutamente incapazes de exercer pessoalmente os atos da vida civil:	Art. 3º São absolutamente incapazes de exercer pessoalmente os atos da vida civil os menores de 16 (dezesseis) anos.
I – os menores de dezesseis anos;	
II – os que, por enfermidade ou deficiência mental, não tiverem o necessário discernimento para a prática desses atos;	
III – os que, mesmo por causa transitória, não puderem exprimir sua vontade.	
Art. 4º São incapazes, relativamente a certos atos, ou à maneira de os exercer:	Art. 4º São incapazes, relativamente a certos atos ou à maneira de os exercer:
I – os maiores de dezesseis e menores de dezoito anos;	I – os maiores de dezesseis e menores de dezoito anos;
II – os ébrios habituais, os viciados em tóxicos, e os que, por deficiência mental, tenham o discernimento reduzido;	II – os ébrios habituais e os viciados em tóxico;
III – os excepcionais, sem desenvolvimento mental completo;	III – aqueles que, por causa transitória ou permanente, não puderem exprimir sua vontade;
IV – os pródigos.	IV – os pródigos.
Parágrafo único. A capacidade dos índios será regulada por legislação especial.	Parágrafo único. A capacidade dos indígenas será regulada por legislação especial.

Fonte: elaboração própria.

A alteração foi recebida de maneira diversa pela doutrina. Os defensores do Estatuto recorrem ao argumento de que ele está em plena consonância com a Convenção de Direitos da Pessoa com Deficiência, que dispõe em seu Art. 12 que os Estados Partes

---

[153] Destaque feito nas partes que sofreram alterações.

"reconhecerão que as pessoas com deficiência gozam de capacidade legal em igualdade de condições com as demais pessoas em todos os aspectos da vida" e que "tomarão medidas apropriadas para prover o acesso de pessoas com deficiência ao apoio que necessitarem no exercício de sua capacidade legal".[154]

A capacidade de direito e a capacidade de atuação não se confundem. A capacidade de direito já era plenamente reconhecida no Brasil às pessoas com deficiência, por meio do artigo primeiro do Código Civil que dispõe que "toda pessoa é capaz de direitos e deveres na ordem civil"; nesse sentido a antiga sistemática não estava em desacordo com a CDPD. Acontece que a Convenção determina o reconhecimento dessa capacidade "a todos os aspectos da vida", e mais: determina que as pessoas com deficiência tenham apoio para que exercitem seus direitos. Ou seja, a Convenção tem em mira também a capacidade de atuação.

Jacqueline Lopes Pereira,[155] com supedâneo em Amita Dhanda, esclarece que prevalecem três formas de regular a capacidade nas codificações ocidentais de direito civil. Pela primeira delas, *status approach*, a deficiência equivale diretamente à incapacidade, sem consideração do grau de capacidade cognitiva. Por seu turno, pela *outcome approach*, há um juízo de razoabilidade sobre o autogoverno do sujeito, a partir do qual designa-se terceiro que venha a tomar decisões substitutivas das suas. Esse era o enfoque do Código Civil de 1916 e da redação original do Código Civil de 2002. A CDPD consagra a *functional approach* que garante a liberdade de escolha das pessoas para tomada de decisões juridicamente aceitas, garantindo-lhes um sistema de apoios que supere os obstáculos para o exercício de sua capacidade, fitando a viabilização do exercício pessoal de direitos.

Nesse sentido, a incapacidade negocial absoluta não se coaduna com o mandamento da CDPD, pois, em razão dela, a pessoa

---

[154] Tartuce afirma que o EPD revolucionou a teoria das incapacidades e que, ao arrepio de alguns juristas, não só é constitucional, como "excessivamente constitucional", em função do *status* da Convenção (TARTUCE, Flávio. O Estatuto da Pessoa com Deficiência e a capacidade testamentária ativa. *In*: MENEZES, Joyceane Bezerra (org.). *Direito das pessoas com deficiência psíquica e intelectual nas relações privadas*. Rio de Janeiro: Processo, 2016. p. 468).

[155] PEREIRA, Jacqueline Lopes. *Tomada de Decisão Apoiada*: a ampliação das liberdades da pessoa com deficiência psíquica ou intelectual em escolhas que geram efeitos jurídicos. Curitiba: Juruá, 2019.

tem de ser representada, o que obstaculiza a possibilidade da gestão pessoal de vários aspectos de sua vida civil. Por outro lado, a Convenção não exclui a possibilidade de que as pessoas com deficiência recebam apoio para o exercício de direitos, como ocorre quando são assistidas por serem consideradas relativamente incapazes.[156]

Estão certos os críticos do Estatuto ao se atentarem ao fato de que os Art.s 3º e 4º do Código Civil só regulam uma capacidade específica, a de praticar atos jurídicos *lato sensu*, de modo que sua colocação como relativamente ou absolutamente incapazes não os impedia de uma série de outras condutas juridicamente reconhecidas, como a de praticar ato-fato jurídico ou a de obrigar-se por fato jurídico indenizatório.

Entretanto, é por meio da prática de atos jurídicos *lato sensu* que se exerce a grande maioria dos direitos, inclusive aqueles por meio dos quais é possível se autodeterminar. A impossibilidade de gerir o próprio patrimônio e praticar, pessoalmente, negócios jurídicos, como a compra e venda, por exemplo, nessas palavras apresentadas, parece algo de impacto talvez não muito relevante para a autodeterminação. Mas por intermédio do exercício desse direito patrimonial posso decidir desde onde, quando e com quem quero cortar meu cabelo até para quem quero deixar meu patrimônio após minha morte. O exercício do direito ao lazer, da liberdade de ir e vir, o próprio acesso a alimentos e necessidades da vida, tudo isso depende em grande medida do exercício de um direito patrimonial.

Alguns desses atos, indispensáveis para a vida cotidiana, quando praticados por incapazes, já tinham sua validade reconhecida, todavia a possibilidade de que concretamente os pratiquem sujeita-se a um anterior acesso a recursos, que pode ser impedido por quem os represente ou assista. Para atos existenciais, como o casamento e

---

[156] A própria curatela é considerada uma espécie de apoio mais intenso, se comparada a outros mecanismos de apoio, como a tomada de decisões apoiada: "Pela lógica da CDPD e do EPD defere-se igual capacidade a todos. Na hipótese de a pessoa necessitar de apoio ao exercício de sua capacidade, a Sociedade e o Estado devem lhe disponibilizar uma rede de apoio que envolve desde o mero auxílio informal (Art. 7º, CDPD) até aqueles tipos específicos como a Tomada de Decisão Apoiada e a curatela, esta última constituindo um mecanismo de apoio mais intenso" (MENEZES, Joyceane Bezerra de; TEIXEIRA, Ana Carolina Brochado. Desvendando o conteúdo da capacidade civil a partir do Estatuto da Pessoa com Deficiência. *Pensar: Revista de Ciências Jurídicas*, 2016. Disponível em: https://periodicos.unifor.br/rpen/article/view/5619/0. Acesso em: 3 mar. 2020).

o reconhecimento de paternidade, era indispensável a capacidade civil, ou seja, defender a antiga sistemática sob o argumento de que a capacidade civil é apenas uma das muitas capacidades específicas e, assim sendo, sua ausência não limita totalmente a capacidade de atuação é impertinente por ignorar que os atos jurídicos *lato sensu* constituem a relevante classe dos fatos jurídicos *lato sensu*.

Pela nova redação do Código Civil, a deficiência *per si* foi desvinculada da incapacidade; a aptidão para exprimir vontade, por sua vez, passou de causa incapacitante absoluta para relativa. Assim como qualquer outra, a pessoa com deficiência pode estar impossibilitada, transitória ou permanentemente, de exprimir sua vontade e, por esse motivo, ser considerada incapaz. A alteração rompe com o estereótipo de que a deficiência, pura e simplesmente, compromete a expressão da vontade. "Em outras palavras, não cabe a discriminação, vale para ela o princípio de que a plena capacidade se presume e a incapacidade deve ser cabalmente comprovada",[157] realizando o princípio da *"in dubio pro capacitas"*, proclamado por Joyceane Menezes como princípio cardeal da Convenção.[158,159]

A aptidão para manifestação de vontade esteve e continua à base da teoria da capacidade. Ocorre que, agora, a única hipótese de incapacidade *ipso iure* é a derivada da idade,[160] e inclusive ela mantém relação com essa aptidão:

---

[157] ABREU, Célia Barbosa. A curatela sob medida: notas interdisciplinares sobre o Estatuto das Pessoas com Deficiência. *In*: MENEZES, Joyceane Bezerra (org.). *Direito das pessoas com deficiência psíquica e intelectual nas relações privadas*. Rio de Janeiro: Processo, 2016. p. 557.

[158] MENEZES, Joyceane Bezerra de. O direito protetivo no Brasil após a convenção sobre a proteção da pessoa com deficiência: impactos do novo CPC e do estatuto da pessoa com deficiência. *Civilistica.com*, Rio de Janeiro, a. 4, n. 1, p. 6, jan.-jun. 2015. Disponível em: http://civilistica.com/o-direito-protetivo-no-brasil/. Acesso em: 17 fev. 2018.

[159] Nesse ínterim, a própria manutenção dos ébrios habituais e viciados em tóxico, no Art. 4º, merece ter sua constitucionalidade questionada, visto que são reconhecidos como pessoas com transtornos mentais, conforme atenta Célia Abreu: "(...) se a *mens legislatoris* era também a de afastar o estigma sobre as pessoas com transtorno mental, não faz sentido a manutenção dos ébrios habituais e viciados em tóxico no dispositivo, como relativamente incapazes. Afinal, não se tem dúvida de que estes, de acordo com o CID 10 (Classificação Internacional de Doenças) e o DSM-5 (Manual Diagnóstico e Estatístico de Transtornos Mentais) são portadores de transtorno mental" (ABREU, Célia Barbosa. A curatela sob medida: notas interdisciplinares sobre o Estatuto das Pessoas com Deficiência. *In*: MENEZES, Joyceane Bezerra (org.). *Direito das pessoas com deficiência psíquica e intelectual nas relações privadas*. Rio de Janeiro: Processo, 2016. p. 559).

[160] Observa-se um movimento doutrinário de revisão dessa concepção, buscando dar maior autonomia às crianças e aos adolescentes, principalmente em relação às decisões existenciais. Nesse sentido, recomenda-se: COLOMBO, Maici Barboza dos Santos.

Tal fixação de idade (...) apenas é expediente para se tornar quantitativo o qualitativo (método de sub-rogação aproximativa R. von Jhering, Der Besitzwillwe, 150). O pensar, o querer e a consciência do dever e da responsabilidade que se atribuem a idade sem se saber quando se fortalecem suficientemente, não poderiam ficar à mercê de perícias, à verificação *in casu*. Daí cada sistema jurídico ter adotado quantitativo a que ligue o qualitativo da maturidade.[161]

Logo, quem alega que o Estatuto revolucionou a teoria das capacidades despreza que o verdadeiro cerne da teoria sempre esteve na aptidão para exprimir vontade e que essa aptidão permanece como seu sustentáculo. O que houve foi um aprimoramento da redação que agora se reporta diretamente à impossibilidade de expressar a vontade como causa incapacitante, sem se desviar evocando a deficiência, ainda que, eventualmente, a impossibilidade de exprimir vontade dela decorra, isto é, seja sua causa remota.

Além disso, o termo "discernimento" foi intencionalmente abandonado, afinal, o que é discernimento? Essa expressão de conteúdo aberto contribui para restrições arbitrárias ao exercício de direitos. Enquanto a vontade deriva de um processo individual de avaliação pessoal do "querer" segundo as percepções e as crenças próprias de cada um, o discernimento é verificado a partir de um juízo comparativo entre o modo de pensar de um sujeito e um padrão abstrato de "homem médio". Dessa forma, condicionar o reconhecimento da capacidade a presença de discernimento significa negá-la a quem resiste em pensar segundo as formas pré-estabelecidas; a esse respeito:

> É também um problema de sensibilidade: intervir sobre a psique apenas porque o sujeito manifesta sintomas de, por assim dizer, anormalidade é arbitrário (além de perigoso) e pode apresentar-se como instrumento de repressão a atuar uma mudança das ideias do paciente, fazendo violência

---

Emancipação civil do adolescente sob a perspectiva civil-constitucional. 2019. 138 f. Dissertação (Mestrado em Direito Civil) – Faculdade de Direito, Universidade do Estado do Rio de Janeiro, Rio de Janeiro, 2019; COPI, Lygia Maria. *Recusa a tratamento médico por adolescentes pacientes terminais*: do direito à morte com dignidade e autonomia à insuficiência do regime das incapacidades. 2016. 141 f. Dissertação (Mestrado em Direito das Relações Sociais) – Faculdade de Direito, Universidade Federal do Paraná. Curitiba, 2016.

[161] PONTES DE MIRANDA, Francisco Cavalcanti. *Tratado de direito privado*. 3. ed. Rio de Janeiro: Borsoi, 1972. v. 2, p. 248.

sobre as suas convicções. A história da loucura é frequentemente a história dos livres pensadores, dos indivíduos que não são bem vistos pela sociedade, destinados a ficarem excluídos; de maneira que é errado negar à loucura, e de forma absoluta, a função expressiva de uma verdade diversa e anticonformista, às vezes destinada a se tornar a verdade de amanhã. O caráter relativo e histórico da normalidade na vida social deve induzir a um maior respeito às excentricidades do homem e, portanto, a garanti-lo contra as intervenções tendentes a deixá-lo conforme ao modelo dos maiores ou ao modelo proposto pelo político.[162]

Aspecto polêmico levantado pelo Estatuto foi desconsiderar situações mais extremas, de quem não apresenta condição alguma de se autogovernar e encontra-se completamente impossibilitado de exprimir vontade (como pessoas em coma ou acometidas por doenças psíquicas graves). Para essas pessoas, o mecanismo da assistência oferecido pelo ordenamento é inexequível, seria necessária a representação. Além disso, questiona-se como ficam os negócios jurídicos por elas praticados. Anteriormente, por serem consideradas absolutamente incapazes, a nulidade do negócio impedia a produção de qualquer efeito. Atualmente, com a passagem dessa hipótese ao rol das incapacidades relativas, o negócio será anulável, desde que praticado após a decretação da curatela.

A doutrina favorável à mudança aduz que, ao tornar a impossibilidade de exprimir vontade uma hipótese de incapacidade relativa, o legislador reitera a finalidade da CDPD e do EPD de privilegiar e estimular o menor vestígio de autonomia que se possa vislumbrar no caso concreto e de romper a raiz do estigma da deficiência:

> De qualquer modo na incapacidade absoluta reside uma forma de discriminação que finda o Estatuto. A referência expressa no Art. 3º do Código Civil à enfermidade ou deficiência mental induz presumir que em tais casos não há "normalmente" discernimento, situação que de fato nem sempre ocorre e que gera infindáveis discussões periciais, sempre em prejuízo daquele que tem suas "faculdades mentais" questionadas.

---

[162] PERLINGIERI, Pietro. *Perfis do direito civil*. Tradução de Maria Cristina de Cicco. Rio de Janeiro: Renovar, 1999. p. 162.

Para este, ainda que venha a ser considerado "apto" para a prática de atos da vida civil, restará sempre o estigma da "anormalidade".[163]

Por mais legítimo que seja estimular a autonomia, é inegável a desproteção ocasionada às pessoas com nenhuma condição de expressar vontade. A doutrina de Pontes de Miranda fornece subsídios teóricos valiosos ao desafio em comento. Para ele, a vontade é relevante para a existência do negócio jurídico, contudo não a vontade na acepção corrente das teorias voluntaristas. A vontade é importante enquanto intenção negocial, o comportamento que integra o negócio jurídico é mais que manifestação de vontade, é manifestação intencionalmente dirigida à constituição de um negócio jurídico.[164]

Nesse sentido, quem está em um leilão, por exemplo, e tem seu braço compulsoriamente levantado por outrem não constituirá negócio jurídico algum, tendo em vista que faltou intencionalidade de constituir negócio. Igualmente, quem interpreta, em uma peça teatral, uma compra e venda ou o sonâmbulo que manifesta vontade não darão ensejo ao nascimento de negócio jurídico, pois é ausente a intencionalidade.[165] A teoria de Pontes de Miranda mostra-se como uma ótima opção para o problema da eficácia dos negócios jurídicos praticados por pessoas acometidas por doenças severas. Zeno Veloso já propôs solução à questão nela baseado, segundo o jurista:

> Para ser nulo ou anulável, é preciso que o negócio jurídico exista. A inexistência é uma categoria jurídica autônoma. Como adverte o doutíssimo Pontes de Miranda, o problema de ser ou nãoser, no direito como em todos os ramos do conhecimento, é o problema liminar. (...) Sem que tenha havido manifestação de vontade, o negócio não apresenta um requisito essencial, inafastável para que tivesse ingresso no mundo jurídico. Era o *nec ullus* do direito romano clássico. Não é nem que seja ruim ou péssimo o que se apresenta; é nada, nenhum.

---

[163] BARBOZA, Heloisa Helena; ALMEIDA, Vitor. A capacidade à luz do Estatuto da Pessoa com Deficiência. *In*: MENEZES, Joyceane Bezerra (org.). *Direito das pessoas com deficiência psíquica e intelectual nas relações privadas*. Rio de Janeiro: Processo, 2016. p. 261.

[164] PONTES DE MIRANDA, Francisco Cavalcanti. *Tratado de direito privado*. 3. ed. Rio de Janeiro: Borsoi, 1972. v. 1, p. 154.

[165] PONTES DE MIRANDA, Francisco Cavalcanti. *Tratado de direito privado*. Atualizado por Marcos Bernardes de Mello e Marcos Ehrhardt Jr. São Paulo: Revista dos Tribunais, 2012. v. 3, p. 59.

(...) negócio inexistente é aquele em que falta elemento material, um requisito orgânico para a sua própria constituição. Há déficit de elemento fundamental para a formação do negócio. Não se trata de ele ter nascido com má formação; trata-se de ele não se ter formado. Na inexistência – apesar da aparência material – o que falta é um elemento vital, o próprio requisito essencial (objeto, forma, consentimento) para a configuração do negócio.[166,167]

O manuseio dos três planos ponteanos conjugado à ideia de intencionalidade como um elemento essencial ao negócio jurídico torna possível a solução apresentada por Zeno Veloso, que, inclusive, vem sendo acatada pela doutrina.[168]

2.2.2 O novo perfil da curatela: o verdadeiro transformador da teoria das capacidades

Justamente por influência desse ideal de promoção da capacidade, a disciplina da curatela foi também reformada pelo Estatuto da Pessoa com Deficiência e o novo Código de Processo Civil (CPC), impactando profundamente a teoria das capacidades. Apesar disso, as mudanças não provocaram tanto alvoroço na doutrina como a mudança da redação dos artigos 3º e 4º do Código Civil.

A antiga acepção de curatela como instrumento que permite "dirigir a pessoa", como apresentada por Clovis Beviláqua, para quem a curatela é o "encargo público, conferido, por lei, para dirigir

---

[166] VELOSO, Zeno. *Estatuto da Pessoa com Deficiência*: uma nota crítica. Postado por Professor Flávio Tartuce – Direito Civil. 17 maio 2016. Disponível em: http://professorflaviotartuce.blogspot.com/2016/05/estatuto-da-pessoa-com-deficiencia-uma.html. Acesso em: 6 fev. 2018.

[167] A esse respeito: VELOSO, Zeno. Nulidade e inexistência. In: CASSETTARI, Christiano (coord.). *10 anos de vigência do Código Civil brasileiro de 2002: estudos em homenagem ao professor Carlos Alberto Dabus Maluf*. São Paulo: Saraiva, 2013. p. 192-204.

[168] Por exemplo: KONDER, Cíntia Muniz de Souza. A celebração de negócios jurídicos por pessoas consideradas absolutamente capazes pela Lei nº 13.146 de 2015, mas que não possuem o necessário discernimento para os atos civis por doenças da mente: promoção da igualdade perante a lei ou ausência de proteção? In: BARBOZA, Heloisa Helena; MENDONÇA, Bruna Lima; ALMEIDA; Vitor de Azevedo (coord.). *O Código Civil e o Estatuto da Pessoa com Deficiência*. Rio de Janeiro: Processo, 2017. p. 172; PEREIRA, Jacqueline Lopes; MATOS, Ana Carla Harmatiuk. Avanços e retrocessos ao sentido de capacidade legal: panorama prospectivo sobre decisões existenciais de pessoas com deficiência. *Pensar: Revista de Ciências Jurídicas*, p. 11, 2018.

a pessoa e administrar os bens dos maiores que por si só não possam fazê-lo",[169] deve ser prontamente rechaçada. Em relação a isso, a Convenção privilegia a autonomia das pessoas com deficiência, adotando o modelo funcional de capacidade (*functional approach*), de modo que, mesmo quando sujeito à assistência ou à representação, sua vontade deverá ser levada em consideração e o curador "deverá buscar tratamento e apoio apropriados à conquista da autonomia pelo interdito".[170]

Do mesmo modo, em consonância com a Convenção, o EPD estabelece que "a curatela afetará tão somente os atos relacionados aos direitos de natureza patrimonial e negocial".[171] A limitação da curatela aos direitos patrimoniais tem origem na percepção de que os direitos existenciais compõem uma dimensão importante do ser e são essencialmente personalíssimos. Por isso, não podem ser exercidos por "representação" ou "assistência" e não faz sentido, em relação a eles, a divisão entre capacidade de gozo e exercício, pois a determinação de incapacidade de exercício acarreta a negativa de gozo.[172]

Porém, o Estatuto novamente negligencia as situações extremas ao impedir que a curatela se aplique a situações existenciais sem excepcionar a regra aos casos em que curatelado não tenha condições de exercer seus direitos existenciais e cuidar de

---

[169] BEVILÁQUA, Clóvis. *Código Civil dos Estados Unidos do Brasil Comentado*. 8. ed. Rio de Janeiro: Imprenta, 1950. p. 401.

[170] Conforme estabelece o novo Código de Processo Civil: "Art. 758. O curador deverá buscar tratamento e apoio apropriados à conquista da autonomia pelo interdito".

[171] "Art. 85. A curatela afetará tão somente os atos relacionados aos direitos de natureza patrimonial e negocial. §1º A definição da curatela não alcança o direito ao próprio corpo, à sexualidade, ao matrimônio, à privacidade, à educação, à saúde, ao trabalho e ao voto".

[172] "A limitação expressa do Estatuto da Pessoa com Deficiência não deveria causar espanto, pois os direitos relativos à personalidade e seu exercício são personalíssimos e intransferíveis por sua natureza. Sobressai quanto a esses direitos a incompatibilidade estrutural em relação aos direitos subjetivos patrimoniais, cuja disjunção entre titularidade e exercício, fundada na capacidade de exercício (de fato) e direito (de gozo), respectivamente, permite a transmissão da atuação a terceiros, por via da representação" (COLOMBO, Maici Barboza dos Santos. Limitação da Curatela aos atos patrimoniais: reflexões sobre a pessoa com deficiência intelectual e a pessoa que não pode se exprimir. *In*: BARBOZA, Heloisa Helena; MENDONÇA, Bruna Lima; ALMEIDA; Vitor de Azevedo (coord.). *O Código Civil e o Estatuto da Pessoa com Deficiência*. Rio de Janeiro: Processo, 2017. p. 254).

si, impondo-se, para preservação de sua integridade, assistência pessoal.[173]

Há outros desafios atualmente presentes no campo da curatela, derivados principalmente de um descuido legislativo.[174] Explica-se: o novo Código de Processo Civil (CPC/15) foi publicado em 17 de março de 2015 e revogou normas do Código Civil alteradas pelo EPD (Lei nº 13.146/15). O EPD foi aprovado apenas depois do CPC/15 e sua publicação se deu em 7 de julho de 2015, contudo, enquanto a *vacatio legis* do EPD teve duração de 180 dias, a do CPC/15 foi estipulada em um ano. Consequentemente, inovações relevantes introduzidas pelo EPD têm sua permanência no ordenamento questionada, e, segundo o site oficial do planalto, constam como revogadas.[175]

Entre as normas revogadas, destaca-se aqui a possibilidade de a própria pessoa promover a curatela (autocuratela), acrescentada pelo EPD ao Art. 1.768 do Código Civil, desconsiderando a revogação do artigo pelo CPC/15.

Não obstante, a mais significativa alteração foi a determinação, pelo EPD, de que a curatela será uma medida extraordinária, excepcional e temporária, além de proporcional às necessidades

---

[173] Juristas defensores do estatuto reconhecem essa lacuna e propõem que em casos excepcionais a curatela seja estendida às questões existenciais. Cita-se, por exemplo: ABREU, Célia Barbosa. A curatela sob medida: notas interdisciplinares sobre o Estatuto das Pessoas com Deficiência. *In*: MENEZES, Joyceane Bezerra (org.). *Direito das pessoas com deficiência psíquica e intelectual nas relações privadas*. Rio de Janeiro: Processo, 2016. p. 558; BARBOZA, Heloisa Helena; ALMEIDA, Vitor. A capacidade à luz do Estatuto da Pessoa com Deficiência. *In*: MENEZES, Joyceane Bezerra (org.). *Direito das pessoas com deficiência psíquica e intelectual nas relações privadas*. Rio de Janeiro: Processo, 2016. p. 265; COLOMBO, Maici Barboza dos Santos. Limitação da Curatela aos atos patrimoniais: reflexões sobre a pessoa com deficiência intelectual e a pessoa que não pode se exprimir. *In*: BARBOZA, Heloisa Helena; MENDONÇA, Bruna Lima; ALMEIDA; Vitor de Azevedo (coord.). *O Código Civil e o Estatuto da Pessoa com Deficiência*. Rio de Janeiro: Processo, 2017. p. 262; COHEN, Fernanda; MULTEDO, Renata Vilela. Medidas efetivas e apropriadas: uma proposta de interpretação sistemática do Estatuto da Pessoa com Deficiência. *In*: BARBOZA, Heloisa Helena; MENDONÇA, Bruna Lima; ALMEIDA; Vitor de Azevedo (coord.). *O Código Civil e o Estatuto da Pessoa com Deficiência*. Rio de Janeiro: Processo, 2017. p. 229.

[174] Tartuce afirma ter ocorrido verdadeiro "atropelamento legislativo" (TARTUCE, Flávio. O Estatuto da Pessoa com Deficiência e a capacidade testamentária ativa. *In*: MENEZES, Joyceane Bezerra (org.). *Direito das pessoas com deficiência psíquica e intelectual nas relações privadas*. Rio de Janeiro: Processo, 2016. p. 465).

[175] BRASIL. *Lei nº 10.406, de 10 de janeiro de 2002*. Institui o Código Civil. Casa Civil. Brasília, DF, 10 jan. 2022. Disponível em: http://www.planalto.gov.br/ccivil_03/leis/2002/L10406.htm. Acesso em: 2 mar. 2020.

e às circunstâncias do caso concreto.[176] Nesse sentido, Cohen e Multedo ponderam:

> Não há dúvida que a Convenção de Nova York pretendeu exterminar a visão dicotômica da capacidade que dominava os sistemas jurídicos. A questão da capacidade vinha – e vem até então – sendo um dos grandes exemplos de triunfo da estrutura sobre a função dos institutos jurídicos, o que é prejudicial à realização de seus objetivos. No anseio de classificar entre capacidade e incapacidade, adotava-se uma lógica excessivamente binária, sem as nuances presentes na realidade. Houve avanços nesse aspecto, mas ainda não se atingiu o plano ideal de tratamento da curatela e da interdição como instrumentos promocionais no contexto das incapacidades. Esses institutos só serão funcionais se construídos "sob medida" para cada caso concreto.[177]

A ideia de que a curatela deve ser proporcional às circunstâncias do caso concreto era sustentada por alguns juristas antes mesmo da vigência do Estatuto e do novo CPC. Por esse entendimento, o hoje revogado Art. 1.772 do Código Civil, ao possibilitar a curatela parcial apenas aos sujeitos previstos no Art. 1767, III e IV, beneficiando vulneráveis específicos, feria o princípio da isonomia, devendo ser estendida a qualquer um que dela pudesse se beneficiar.[178] A tese foi consolidada pela doutrina na VI Jornada de Direito Civil do Conselho de Justiça Federal, resultando no enunciado 574, segundo o qual:

A decisão judicial de interdição deverá fixar os limites da curatela para todas as pessoas a ela sujeitas, sem distinção, a fim de resguardar os direitos fundamentais e a dignidade do interdito (Art. 1.772).[179]

---

[176] "Art. 84 (...) §3º A definição de curatela de pessoa com deficiência constitui medida protetiva extraordinária, proporcional às necessidades e às circunstâncias de cada caso, e durará o menor tempo possível". "Art. 85 (...) §2º A curatela constitui medida extraordinária, devendo constar da sentença as razões e motivações de sua definição, preservados os interesses do curatelado".

[177] COHEN, Fernanda; MULTEDO, Renata Vilela. Medidas efetivas e apropriadas: uma proposta de interpretação sistemática do Estatuto da Pessoa com Deficiência. *In*: BARBOZA, Heloisa Helena; MENDONÇA, Bruna Lima; ALMEIDA; Vitor de Azevedo (coord.). *O Código Civil e o Estatuto da Pessoa com Deficiência*. Rio de Janeiro: Processo, 2017. p. 228.

[178] ABREU, Célia Barbosa. A curatela sob medida: notas interdisciplinares sobre o Estatuto das Pessoas com Deficiência. *In*: MENEZES, Joyceane Bezerra (org.). *Direito das pessoas com deficiência psíquica e intelectual nas relações privadas*. Rio de Janeiro: Processo, 2016. p. 547.

[179] BRASIL. Conselho de Justiça Federal. *Enunciado nº 574*. Disponível em: http://www.cjf.jus.br/enunciados/enunciado/645. Acesso em: 3 ago. 2018.

O novo perfil da curatela é confirmado pelo Código de Processo Civil de 2015, que, ao tratar do procedimento de interdição,[180] assim dispõe:

> Art. 755. Na sentença que decretar a interdição, o juiz:
> I – nomeará curador, que poderá ser o requerente da interdição, e fixará os limites da curatela, segundo o estado e o desenvolvimento mental do interdito;
> II – considerará as características pessoais do interdito, observando suas potencialidades, habilidades, vontades e preferências.

À vista disso, afirma-se hoje que a curatela é "sob medida"[181] e que – visando a proteger o sujeito na exata medida de sua vulnerabilidade e preservar sua autonomia tanto quanto possível – será decretada a partir de análise da pessoa concreta (e não de categorias abstratas), por sentença que detalhará sua extensão, com o amparo de equipe interdisciplinar, entrevista ao interditando e laudo pericial detalhado.[182]

Na medida em que a deficiência *per si* é retirada das hipóteses arroladas no Art. 4º do CPC, o EPD, ao referir-se à curatela sob medida, cria norma heterotópica aplicável não apenas às pessoas com deficiência, mas a todos aqueles submetidos à curatela, entendimento que ganha força com o já citado Art. 755 do Código de Processo Civil.

---

[180] A palavra "interdição" vem sendo rechaçada pela doutrina civilista crítica sob o fundamento de não existirem, hoje, hipóteses de incapacidade absoluta. Além disso, nesta linha, a curatela, quando necessária, será específica. Todavia, o Código de Processo Civil usa o termo, de modo que há quem compreenda a interdição como o procedimento processual por meio do qual se estabelece a curatela.

[181] Cf. ABREU, Célia Barbosa. A curatela sob medida: notas interdisciplinares sobre o Estatuto das Pessoas com Deficiência. *In*: MENEZES, Joyceane Bezerra (org.). *Direito das pessoas com deficiência psíquica e intelectual nas relações privadas*. Rio de Janeiro: Processo, 2016. p. 545.

[182] "Por isso, a Lei Brasileira da Inclusão da Pessoa com Deficiência (Estatuto da Pessoa com Deficiência) teve o cuidado de determinar que a equipe multidisciplinar estivesse presente. Primeiro, porque o critério médico já foi abandonado pela Convenção da ONU. Não se define pessoa com deficiência apenas pelo aspecto médico. É necessário entender o tema à luz das barreiras, do ambiente da pessoa, tudo diante da análise das várias facetas do problema. E, por isso, a equipe multidisciplinar. O assistente social, o médico, o terapeuta ocupacional. Todos esses devem estar presentes quando da entrevista. E não se trata, repetimos, de faculdade. É dever legal" (ARAUJO, Luiz Alberto David; RUZYK, Carlos Eduardo Pianovski. A perícia multidisciplinar no processo de curatela e o aparente conflito entre o Estatuto da Pessoa com Deficiência e o código de processo civil: reflexões metodológicas à luz da teoria geral do direito. *Revista de Direitos e Garantias Fundamentais*, v. 18, n. 1, p. 241, 2017. Disponível em: http://sisbib.emnuvens.com.br/direitosegarantias/article/view/867. Acesso em: 17 fev. 2018).

Para Nevares e Schreiber, a transformação é fruto do reconhecimento da insuficiência de uma tutela jurídica dirigida a um destinatário inteiramente abstrato, segundo eles:

> A noção abstrata de sujeito de direito, construída pela Modernidade como categoria unitária e generalista, na qual todos se encaixariam indistintamente, vem sendo gradativamente substituída pela tutela da pessoa, compreendida em caráter concreto, acompanhada de sua inevitável multiplicidade.[183]

O novo cenário criado com o EPD e o CPC coloca em dúvida a teoria clássica da capacidade, sobretudo no que diz respeito às capacidades específicas. Vimos no primeiro tópico que, ao lado da capacidade de direito, reconhece-se a existência de uma série de capacidades específicas, entendidas como uma aptidão genérica para prática de determinados atos, aos quais cada uma delas diz respeito.

Pelo atual regramento em que a curatela é parcial e "sob medida" à pessoa, questiona-se se ainda é possível conceituar as capacidades específicas como uma "aptidão genérica". Parece-nos que, atualmente, no que diz respeito à capacidade civil, não cumpre indagar sobre sua genérica aptidão – o sistema deixou de ser binário e com isso extinguiu as generalidades –, mas sim sobre sua capacidade concreta que, quando limitada, tem sua abrangência estabelecida por sentença de modo individualizado.

A despeito da promessa de um novo mundo para as pessoas com deficiência mental leve ou moderada, o Estatuto, se interpretado literalmente, potencializa a situação de vulnerabilidade das pessoas com deficiência mental grave, as mais necessitadas de tutela diferenciada.[184] Além disso, o atropelamento legislativo do Código de Processo Civil ao Estatuto da Pessoa com Deficiência fragiliza o próprio reconhecimento de alguns de seus dispositivos.

---

[183] NEVARES, Ana Luiza Maia; SCHREIBER, Anderson. Do sujeito à pessoa: uma análise da incapacidade civil. *In*: TEPEDINO, Gustavo; TEIXEIRA, Ana Carolina Brochado; ALMEIDA, Vitor (coord.). *O Direito Civil entre o sujeito e a pessoa*: estudos em homenagem ao professor Stefano Rodotà. Belo Horizonte: Fórum, 2016. A esse respeito, também são fundamentais as reflexões de FACHIN, *op. cit.*, 2012.

[184] COHEN, Fernanda; MULTEDO, Renata Vilela. Medidas efetivas e apropriadas: uma proposta de interpretação sistemática do Estatuto da Pessoa com Deficiência. *In*: BARBOZA, Heloisa Helena; MENDONÇA, Bruna Lima; ALMEIDA; Vitor de Azevedo (coord.). *O Código Civil e o Estatuto da Pessoa com Deficiência*. Rio de Janeiro: Processo, 2017. p. 229.

Diante de suas lacunas e obscuridades, duas são as posturas possíveis: resistir às mudanças e pedir pela volta da antiga sistemática ou aceitá-las buscando uma forma de manusear o novo aparato legislativo sem que isso provoque maior vulnerabilização das pessoas que se busca proteger.

Da compreensão de que a nova legislação representa em si mesma uma evolução – por ser fruto de um processo de luta, refletir as demandas levantadas pelas próprias pessoas com deficiência e romper com os estigmas produzidos pelos modelos moral e médico – parece-nos que a postura democraticamente mais adequada é a segunda.[185]

Adotando essa linha e sensíveis à necessidade de se buscar soluções compatíveis com as diferentes situações, Fernanda Cohen e Renata Vilela Multedo valem-se da repetitiva menção, pela Convenção, à adoção de medidas "efetivas" e "apropriadas", pelos Estados partes, na promoção de seus objetivos. Elas propõem que os direitos não sejam conferidos à pessoa com deficiência "a qualquer custo", mas sim que sejam garantidos por meio de medidas que "efetivem seu exercício, quando possível, e que também sejam apropriadas ao caso concreto".[186]

Por efetivas, entendem ser "importante que qualquer atitude tomada seja feita com um claro propósito, dentro de uma real possibilidade de se trazer benefícios ao vulnerável envolvido".[187] E por apropriadas, que "devem ser essas compatíveis com a realidade de cada caso sob pena de serem inadequadas".[188]

---

[185] "O grande desafio do intérprete, portanto, para além de açodadas críticas ou homenagens ao texto frio da lei, é transformar o impulso legislativo, incorporando à legalidade constitucional, em instrumentos de promoção da liberdade sem que a busca da autonomia pudesse acabar por representar ameaça à integridade psicofísica do portador de deficiência, cuja tutela há de ser prioritária como expressão do princípio da dignidade da pessoa humana." (TEPEDINO, Gustavo; DONATO, Milena. Personalidade e capacidade na legalidade constitucional. In: MENEZES, Joyceane Bezerra (org.). *Direito das pessoas com deficiência psíquica e intelectual nas relações privadas*. Rio de Janeiro: Processo, 2016. p. 244).

[186] COHEN, Fernanda; MULTEDO, Renata Vilela. Medidas efetivas e apropriadas: uma proposta de interpretação sistemática do Estatuto da Pessoa com Deficiência. In: BARBOZA, Heloisa Helena; MENDONÇA, Bruna Lima; ALMEIDA; Vitor de Azevedo (coord.). *O Código Civil e o Estatuto da Pessoa com Deficiência*. Rio de Janeiro: Processo, 2017. p. 231.

[187] *Idem*.

[188] *Idem*.

Com efeito, as medidas a serem tomadas – seja pelo poder judiciário, executivo ou legislativo – devem ter um propósito: trazer um benefício potencial ao vulnerável e ser compatíveis à especificidade do caso. É claro o propósito do EPD de romper com o estigma discriminatório e buscar beneficiar as pessoas com deficiência pelo respeito às suas potencialidades e pelo reconhecimento conferido à sua existência e aos atos por elas praticados.

Não obstante, as medidas só serão apropriadas enquanto compatíveis com as especificidades do caso concreto e, haja vista defluir da Convenção o mandamento de que sejam as medidas adotadas apropriadas, eventual medida inapropriada será inconstitucional. Logo, tem-se que situações excepcionais demandam soluções diferenciadas.

Ademais, a assimilação de que estrutura e função compõem as categorias jurídicas e de que a função informará a estrutura, fazendo com que ela se molde de maneira a realizar a função, permite afastar toda interpretação que, na prática, implique resultado diverso do almejado pelo EPD e pela CDPD.[189,190]

A partir dessa postura hermenêutica, pode-se concluir que não há óbice para que a curatela se aplique a situações existenciais quando o curatelado não tiver condições de exercer seus direitos existenciais e cuidar de si, impondo-se, para preservação de sua integridade, assistência pessoal.[191] Da mesma forma, não se des-

---

[189] Segundo Perlingieri, o fato jurídico, isto é, o resultado da atuação do ordenamento sobre determinada *fattiespecie* concreta, é composto por estrutura e função. A função trata-se da síntese dos efeitos essenciais perseguidos, que, contudo, pode não coincidir com aqueles escolhidos pelas partes, já que ela deve atender à sua subjacente natureza atribuída pelo ordenamento, visto que o fenômeno jurídico não é apenas descritivo. A estrutura, por sua vez, diz respeito ao conjunto de elementos necessários à produção de certos efeitos (*fattiespecie* jurídica ou suporte fático); mas não só, agregam-se a ela os elementos necessários à realização de sua função, assim, a estrutura depende da concreta relação que se busca constituir (Cf. PERLINGIERI, Pietro. *Perfis do direito civil*. Tradução de Maria Cristina de Cicco. Rio de Janeiro: Renovar, 1999. p. 103).

[190] "O intérprete deve ficar atento à interpretação funcional para que as normas não entrem em contradição com seus próprios fins" (COHEN, Fernanda; MULTEDO, Renata Vilela. Medidas efetivas e apropriadas: uma proposta de interpretação sistemática do Estatuto da Pessoa com Deficiência. In: BARBOZA, Heloisa Helena; MENDONÇA, Bruna Lima; ALMEIDA; Vitor de Azevedo (coord.). *O Código Civil e o Estatuto da Pessoa com Deficiência*. Rio de Janeiro: Processo, 2017. p. 229).

[191] Esse é o entendimento de diversos juristas, dentre os quais: ABREU, Célia Barbosa. A curatela sob medida: notas interdisciplinares sobre o Estatuto das Pessoas com Deficiência. *In*: MENEZES, *op. cit.*, 2016, p. 558; BARBOZA; ALMEIDA. *In*: MENEZES, Joyceane

carta a hipótese de representação quando essa for a medida que se vislumbrar mais adequada ao caso concreto, como na hipótese de pessoa em estado vegetativo.[192,193]

Vários juristas têm proposto soluções moderadas às obscuridades do Estatuto, valendo-se de uma interpretação sistemática e teleológica do ordenamento.

No concernente à permanência da autocuratela, por exemplo, Stolze sustenta que a conclusão adequada é que o Art. 747 do CPC/15 vigorará com o inciso acrescido pelo EPD ao revogado dispositivo do antigo CPC, ressaltando o grande esforço hermenêutico que será exigido dos juristas.[194] Por sua vez, Elpídio Donizetti[195] traz contribuição interessante ao debate; segundo ele, a autointerdição é admitida com a conferência de amplitude máxima aos Arts. 79, §1º e 80 do EPD.[196] Sua construção é especialmente relevante, pois

---

Bezerra (org.). *Direito das pessoas com deficiência psíquica e intelectual nas relações privadas*. Rio de Janeiro: Processo, 2016. p. 265; COLOMBO, Maici Barboza dos Santos. Limitação da Curatela aos atos patrimoniais: reflexões sobre a pessoa com deficiência intelectual e a pessoa que não pode se exprimir. *In*: BARBOZA, Heloisa Helena; MENDONÇA, Bruna Lima; ALMEIDA; Vitor de Azevedo (coord.). *O Código Civil e o Estatuto da Pessoa com Deficiência*. Rio de Janeiro: Processo, 2017. p. 262; COHEN; MULTEDO *In*: BARBOZA, Heloisa Helena; MENDONÇA, Bruna Lima; ALMEIDA; Vitor de Azevedo (coord.). *O Código Civil e o Estatuto da Pessoa com Deficiência*. Rio de Janeiro: Processo, 2017. p. 229.

[192] "(...) tem se afirmado que não mais existe a interdição total, o que se teria, em realidade, seria uma 'curatela de maior extensão' aos casos graves (...). Isto parece um eufemismo, eis que em tais situações estes indivíduos terão que ser representados, sem mencionar que a Lei nº 13.146/2015 não revogou o Art. 9º do Código Civil, o qual no seu inciso III faz menção ao registro da interdição 'absoluta' ou relativa" (ABREU, Célia Barbosa. A curatela sob medida: notas interdisciplinares sobre o Estatuto das Pessoas com Deficiência. *In*: MENEZES, Joyceane Bezerra (org.). *Direito das pessoas com deficiência psíquica e intelectual nas relações privadas*. Rio de Janeiro: Processo, 2016. p. 559).

[193] Compartilham desse entendimento, entre outros: MENEZES, Joyceane Bezerra. O novo instituto da Tomada de Decisão Apoiada: instrumento de apoio ao exercício da capacidade civil da pessoa com deficiência instituído pelo Estatuto da Pessoa com Deficiência – Lei Brasileira de Inclusão (Lei nº 13.146/2015). *In*: MENEZES, Joyceane Bezerra (org.). *Direito das pessoas com deficiência psíquica e intelectual nas relações privadas*. Rio de Janeiro: Processo, 2016. p. 607; ABREU, Célia Barbosa. A curatela sob medida: notas interdisciplinares sobre o Estatuto das Pessoas com Deficiência. *In*: MENEZES, Joyceane Bezerra (org.). *Direito das pessoas com deficiência psíquica e intelectual nas relações privadas*. Rio de Janeiro: Processo, 2016. p. 559.

[194] GANGLIANO, Pablo Stolze. É o fim da interdição? *Portal Jus*, 9 fev. 2016. Disponível em: https://pablostolze.jus.com.br/publicacoes. Acesso em: 2 fev. 2018.

[195] DONIZETTI, Elpídio. *Curso didático de Direito Processual Civil*. São Paulo: Grupo Gen Editora Atlas, 2016. p. 1058.

[196] "Art. 79. O poder público deve assegurar o acesso da pessoa com deficiência à justiça, em igualdade de oportunidades com as demais pessoas, garantindo, sempre que requeridos, adaptações e recursos de tecnologia assistiva.

sua conclusão não decorre da afirmação de que a norma revogada produzirá efeitos, ignorando o aspecto formal da produção legislativa. Diversamente, decorre de uma hermenêutica alinhada aos fins do EPD e ao sentido interno do ordenamento.[197]

Em síntese, os desafios não são poucos e o êxito, tanto do Estatuto como da Convenção, depende de verdadeiro empenho dos juristas em buscar alternativas que garantam a efetividade da legislação, sem o seu desvirtuamento. Em matéria de capacidade e curatela, a tarefa será garantir proteção sem dizimar a liberdade, buscando a modulação de seus efeitos por uma hermenêutica verdadeiramente comprometida com as nuances do caso concreto, em que a pressa por desfechos rápidos não atropele a possibilidade de decisões circunscritas às factuais potencialidades do curatelado.

2.3 Capacidade testamentária ativa

Há, como visto, "uma capacidade especial para testar".[198] A capacidade para fazer testamento é modalidade de capacidade específica referente à aptidão genérica de uma pessoa para elaboração de testamento válido. É prerrogativa das pessoas físicas, não há de se cogitar de capacidade testamentária das pessoas jurídicas, porquanto, em relação a elas, é estranho, sob esse aspecto, o fenômeno sucessório.[199]

---

§1º A fim de garantir a atuação da pessoa com deficiência em todo o processo judicial, o poder público deve capacitar os membros e os servidores que atuam no Poder Judiciário, no Ministério Público, na Defensoria Pública, nos órgãos de segurança pública e no sistema penitenciário quanto aos direitos da pessoa com deficiência.
Art. 80. Devem ser oferecidos todos os recursos de tecnologia assistiva disponíveis para que a pessoa com deficiência tenha garantido o acesso à justiça, sempre que figure em um dos polos da ação ou atue como testemunha, partícipe da lide posta em juízo, advogado, defensor público, magistrado ou membro do Ministério Público".

[197] A mesma abordagem tem BANDEIRA, Paula Greco. Notas sobre a autocuratela e o Estatuto da Pessoa com Deficiência. *In*: MENEZES, Joyceane Bezerra (org.). *Direito das pessoas com deficiência psíquica e intelectual nas relações privadas*. Rio de Janeiro: Processo. 2016.

[198] VENOSA, Sílvio de Salvo. Comentários ao Código Civil brasileiro. *In*: ALVIN, Arruda; ALVIN, Thereza (coord.). *Comentários ao código civil brasileiro*. V. XVI. São Paulo: Forense, 2008. p. 227.

[199] GOMES, Orlando. *Sucessões*. 11. ed. Rio de Janeiro: Forense, 2001. p. 87. Pontes de Miranda investiga o porquê de as pessoas jurídicas não testarem: "Por que não testam as pessoas jurídicas? Não será por não poderem dispor. Contratam, doam, alienam. Dispõe sobre o próprio destino dos bens, no caso de extinção, imagens da morte física. Será por que

Podem testar todos os que não forem proibidos por lei – *omnes testamentum facere possunt qui non prohibentur* –, capacidade é a regra, e incapacidade a exceção.[200] A técnica legislativa de regulamentar de maneira implícita a matéria levou a doutrina a afirmar ser o direito testamentário regido pelo princípio da *"in dubio pro capacitate"*.[201] E, de fato, o estímulo da capacidade no âmbito do direito testamentário é particularmente pertinente, dada a ausência de prejuízo que o exercício do direito de testar pode acarretar a quem o exerce, por ter o ato eficácia apenas *causa mortis*.[202]

Anteriormente ao Código Civil de 1916, as Ordenações Filipinas, responsáveis pela disciplina do direito sucessório brasileiro da época, proibiam de testar o homem menor de 14 anos e a mulher menor de 12, bem como os "furiosos", "mentecaptos" de nascimento ou qualquer um que carecesse de juízo por doença ou outro motivo. Com o advento do Código Beviláqua, alterações tímidas tiveram lugar. O Art. 1.627,[203] atinente à capacidade testamentária, reproduzia as causas de incapacidade absoluta daquela legislação[204] – isto é, menores de 16 anos, loucos de todos os gêneros e surdos que não pudessem expressar vontade, deixando de

---

a personalidade delas só se justifica pelo fim socialmente útil que lhes dá a ficção legal? Testar supõe morte: portanto, ultrapasse ao fim. Será por que, perpétuas, não poderiam testar; e, temporárias, o fim é previsto? Tudo isto cairia em especulação. As pessoas jurídicas não testam porque, na determinação histórica, o testamento serviu à pessoa física, na transmissão religiosa-política, político jurídica, jurídico-econômica, e o direito vigente não se desprendeu do conceito de morte física, realista, no definir o testamento" (PONTES DE MIRANDA, Francisco Cavalcanti. *Tratado dos testamentos*. Leme: BH Editora e distribuidora, 2005. v. 1. p. 96).

[200] MAXIMILIANO, Carlos. *Direito das sucessões*. 4. ed. Rio de Janeiro: Freitas Bastos, 1958. v. 1. p. 355.

[201] VELOSO, Zeno. *Direito Civil*: temas. Belém: Associação dos Notários e Registradores do Pará, 2018. p. 138.

[202] RODRIGUES, Silvio. *Direito Civil*. 25. ed. Aatualizada por Zeno Veloso. São Paulo: Saraiva, 2002. v. 7. p. 147.

[203] "Art. 1.627. São incapazes de testar:
I – os menores de 16 (dezesseis) anos;
II – os loucos de todo o gênero;
III – os que, ao testar, não estejam em seu perfeito juízo;
IV – os surdos-mudos, que não puderem manifestar a sua vontade".

[204] "Todo ato jurídico pressupõe, para sua validade, agente capaz (Cód. Civil Art. 82). No Art. 1.627 insiste o legislador na mesma idéia, tornando a repetir: são incapazes de testar: I) os menores de dezesseis anos; II) os loucos de todo gênero; III) os que, ao testar, não estejam em seu perfeito juízo; IV) os surdos-mudos que não puderem manifestar a sua vontade" (MONTEIRO, Washington de Barros. *Curso de Direito Civil*: Direito das Sucessões. 17. ed. São Paulo: Saraiva, 1981. p. 105).

fora apenas os ausentes assim declarados por juiz – e censurava também o testamento de quem não estivesse em seu juízo perfeito no momento do ato.

À semelhança das normativas pretéritas, o Código Civil de 2002, em seu Art. 1.860, *caput*, impede que testem os incapazes e os que não tenham, no momento do ato, pleno discernimento. Contudo, o Código Civil faz referência genérica aos incapazes, abandonando a tradição de reprodução literal das causas incapacitantes absolutas e sem deixar claro se alude exclusivamente aos absolutamente incapazes ou também aos relativamente incapazes.[205]

Sob a égide do Código Civil de 1916, os relativamente incapazes não eram presumidamente destituídos de capacidade testamentária. A indistinção do legislador de 2002 foi alvo de críticas, para Zeno Veloso, "trata-se de um equívoco, e gravíssimo, que precisa ser corrigido, com urgência".[206]

Por isso, há quem defenda que o dispositivo seja interpretado restritivamente, admitindo-se a capacidade testamentária de todos que, não sendo absolutamente incapazes, tenham pleno discernimento quando do ato de testar.[207] Até porque, como bem salienta Sílvio Rodrigues, ao justificar a capacidade testamentária atribuída aos menores púberes: "devendo o testamento produzir efeito após a morte do testador, tal ato, em rigor, não lhe pode resultar prejudicial, não havendo, portanto, razão para incidir a regra sobre a incapacidade, cujo sentido protetivo constitui sua única justificativa".[208]

Avançando no raciocínio, Ana Luiza Maia Nevares complementa:

> Por esta razão, nesta sede, é preciso que se faça uma interpretação restritiva, excluindo da incapacidade testamentária ativa os relativamente

---

[205] COELHO, Camila Aguileira. O impacto do Estatuto da Pessoa com Deficiência no Direito das Sucessões. In: BARBOZA, Heloisa Helena; MENDONÇA, Bruna Lima; ALMEIDA; Vitor de Azevedo (coord.). *O Código Civil e o Estatuto da Pessoa com Deficiência*. Rio de Janeiro: Processo, 2017. p. 329.

[206] VELOSO, Zeno. Parte especial: do direito das sucessões: da sucessão testamentária; do inventário e da partilha (Art.s 1.857 a 2.027). In: AZEVEDO, Antônio Junqueira (coord.). *Comentário ao Código Civil*. São Paulo: Saraiva, 2003. v. 21, p. 30.

[207] RODRIGUES, Silvio. *Direito Civil*. 25. ed. Atualizada por Zeno Veloso. São Paulo: Saraiva, 2002. v. 7, p. 147.

[208] Idem.

incapazes, já que a mesma tolerância quanto aos maiores de 16 anos, indicada por Silvio Rodrigues, deve ser estendida para aqueles.[209]

Vale também resgatar a lição de Clóvis Beviláqua de que "sendo as incapacidades exceções, não comportam interpretações ampliativas, senão sob a medida da mais prudente circunspeção".[210]

Por outro lado, pode-se argumentar que o parágrafo único, ao excepcionar a regra, permitindo testar os maiores de 16 anos, encerra qualquer dúvida, pois, afastar apenas uma das causas incapacitantes relativas é forte indicativo que o legislador do Código Civil de 2002 referia-se tanto aos absolutamente, quanto aos relativamente incapazes, do contrário, o parágrafo único seria desnecessário.[211]

Sendo assim, apesar de compartilharmos do entendimento de que deva ser atribuída interpretação restritiva ao Art. 1.860, é forçoso apreciar o dispositivo também a partir da premissa dos que caminham em sentido diverso, defendendo ser igualmente aplicável aos relativamente incapazes.

Nota-se que opção legislativa, por fazer referência genérica aos incapazes, acabou, despretensiosamente, evitando o surgimento de uma antinomia no ordenamento: tivesse o legislador listado as causas incapacitantes, da alteração do sistema das capacidades, não se poderia inferir incontestável alteração da capacidade testamentária. Seria necessário um esforço hermenêutico para sustentar que, por uma interpretação sistemática do ordenamento, as hipóteses de capacidade testamentária deveriam ser interpretadas segundo novo sistema das capacidades.

---

[209] NEVARES, Ana Luiza Maia. *A função promocional do testamento*. Rio de Janeiro: Renovar, 2009. p. 321.

[210] BEVILÁQUA, Clóvis. *Direito das Sucessões*. Rio de Janeiro: Editora Rio, 1983, p. 192.

[211] Para James Oliveira: "O Art. 1.860 do Código Civil considera incapaz para o ato de testar, além daqueles que se encontram nas hipóteses de incapacidade dos arts. 3º e 4º, os que não tiverem pleno discernimento" (OLIVEIRA, James Eduardo. *Código Civil anotado e comentado*: doutrina e jurisprudência. 2. ed. Rio de Janeiro: Grupo Gen Editora Forense, 2010. p. 1693). Segundo Flávio Tartuce: "Tratando dos requisitos específicos de capacidade testamentária ativa, enuncia o Art. 1.860 do CC/2002 que além dos incapazes, tratados pelos arts. 3º e 4º do Código Civil, não podem testar os que, no ato de fazê-lo, não tiverem pleno discernimento" (TARTUCE, Flávio. O Estatuto da Pessoa com Deficiência e a capacidade testamentária ativa. *In*: MENEZES, Joyceane Bezerra (org.). *Direito das pessoas com deficiência psíquica e intelectual nas relações privadas*. Rio de Janeiro: Processo, 2016. p. 484). Pondera, no entanto, Tartuce que, após o EPD, esse entendimento merece ser revisto, considerando incapaz de testar apenas os menores de 16 anos e os que não tiverem, no momento do ato, pleno discernimento.

Cumpre, então, empreender exame do Art. 1.860 pautado na redação atual dos Arts. 3º e 4º do Código Civil e à luz dos pressupostos para releitura do direito sucessório testamentário, sobretudo a premissa de necessidade de promoção da capacidade, a fim de conferir interpretação promocional ao dispositivo. Para tanto, a crítica direcionada à separação entre pessoa *versus* sujeito de direito e capacidade *versus* personalidade tem especial relevância, pois, como aponta Guilherme da Gama,

> No segmento da sucessão testamentária, em particular no que tange aos temas da personalidade e da capacidade, é vital o trabalho de compreensão do conceito de personalidade sob o prisma de valor objetivo, (...). A partir de tal premissa, será possível solucionar várias controvérsias envolvendo o tratamento especial que o ordenamento jurídico apresenta no campo da capacidade testamentária do pródigo, do menor entre 16 e 18 anos, por exemplo (...).[212]

E não é só: o estudo da capacidade testamentária ativa transcende a avaliação do Art. 1.860. O alcance expressivo da temática fica evidente na discussão dos intervalos lúcidos e ganha em complexidade com a problematização da capacidade testamentária ativa para disposições de caráter existencial. Assim sendo, este tópico iniciará com a análise da 1.ª e 2.ª parte do Art. 1.860 e então prosseguirá para os demais pontos.

2.3.1 As hipóteses de incapacidade negocial e a capacidade testamentária em tempos de curatela sob medida (Art. 1.860, 1ª parte)

A partir do EPD, são, hoje, absolutamente incapazes apenas os menores de 16 anos, destituídos, portanto, de capacidade testamentária. Já como relativamente incapazes, temos i) os maiores de 16 e menores de 18 anos, ii) os ébrios habituais e os viciados em tóxicos, iii) aqueles que por causa transitória ou permanente não puderem exprimir sua vontade e iv) os pródigos.

---

[212] GAMA, Guilherme Calmon Nogueira da. A capacidade para testar, para testemunhar e para adquirir por testamento. *In*: PEREIRA; HIRONAKA, *op. cit.*, 2007, p. 201.

Seguindo a orientação de que o Art. 1.860 deve ser interpretado restritivamente, a limitação à capacidade testamentária ativa estará restrita aos menores de 16 anos e àqueles que no ato de testar não tiverem pleno discernimento para fazê-lo.

Se, contudo, for adotado entendimento de que o Art. 1.860 exige como requisito à capacidade testamentária plena capacidade civil – negando-a, portanto, a quem seja absoluta ou relativamente incapaz –, não se deve disso extrair a conclusão precipitada de que em todas as hipóteses incapacitantes do Art. 4º estará a pessoa impedida de testar imperiosa investigação individual de cada uma delas.

De antemão, exclui-se do rol dos incapacitados para testar a exceção do parágrafo único do Art. 1.860. A concessão de capacidade testamentária aos menores púberes é prática reiterada desde as Ordenações Filipinas e se justifica pelo caráter personalíssimo do ato, que não comporta assistência.[213]

No direito romano, contudo, era facultado ao filho-família fazer doação *mortis causa*, mas não podia testar. Isso porque, como explica Pontes de Miranda, o testamento não era jurídico-econômico, e sim um fenômeno religioso-político, consistente na nomeação de sucessor na soberania do grupo familiar.[214] Atualmente, alguns ordenamentos

---

[213] "A assistência do tutor, para suprir o consentimento do menor, não se refere à testamentificação ativa, como se não refere ao depoimento do menor, pois o Cód. Civil não faz restrição quando autoriza o menor, com 16 anos ou mais, a fazer o seu testamento (Art. 1.627, nº I), ou a servir de testemunha (Art. 1.650, nº I), ou a depor em juízo (Art. 142, nº III). Se, da disposição do Art. 426, nº I, do Cód. Civil se concluísse pela assistência do tutor na testamentificação ativa do pupilo, forçoso seria concluir por esta mesma assistência nos depoimentos: não haveria maior absurdo que a intervenção do tutor no depoimento do pupilo" (ITABAIANA DE OLIVEIRA, Arthur Vasco. *Tratado de Direito das Sucessões*. 4. ed. São Paulo: Max Limonad, 1952. v. 2. p. 406).

Segundo as lições de Antonio Cicu, a emancipação e a capacidade testamentária são independentes. Portanto, fosse possível no ordenamento a emancipação do menor de 16, dela não decorreria a capacidade testamentária, e se o emancipado maior de 16 tivesse revogada a medida, subsistiria sua capacidade testamentária. Nesse sentido ele sustenta em referência ao direito italiano: "La capacità di testare conseguita col compimento dei 18 anni è independente dall'emancipazione che il minore può conseguire a 18 anni. Quindi non la consegue chi, anche prima dei 18 anni, sia emancipato per effecto del matrimonio, e non la perde l'emancipato di cui venga revocata l'emancipazione". Tradução livre: "A capacidade de fazer o teste aos 18 anos independe da emancipação que o menor possa atingir aos 18. Portanto, não se segue quem, mesmo antes dos 18 anos, é emancipado em virtude do casamento, e o emancipado cuja emancipação é revogada não a perde" (CICU, Antônio. *Testamento*. 2. ed. Milano: Giuffrè, 1951. p. 138).

[214] PONTES DE MIRANDA, Francisco Cavalcanti. *Tratado dos testamentos*. Leme: BH Editora e distribuidora, 2005. v. 1, p. 103.

optam pela testabilidade restrita do patrimônio do menor púbere,[215] outros, ainda, negam-lhe capacidade testamentária.[216]

Eduardo de Oliveira Leite entende como problemático o reconhecimento pelo direito brasileiro de capacidade testamentária ativa ao maior de 16 anos. Segundo ele,

> (...) o ideal seria aumentar a capacidade sucessória, nunca diminuí-la, garantindo maior responsabilidade, seriedade, maturidade a um ato que pode comprometer todo o futuro econômico do disponente que, ainda jovem, não pode aquilatar a extensão do ato praticado e os efeitos que daí podem ocorrer.[217]

Já para Silvio de Salvo Venosa, esse reconhecimento tem pouco efeito prático, pois são raros os casos de menores que testam, principalmente se considerarmos que na maioria das vezes ainda nem possuem patrimônio para dispor.[218]

Compartilhamos do posicionamento de Guilherme da Gama, que nos parece o mais alinhado com a metodologia civil-constitucional. O autor afirma que o tratamento normativo sobre a capacidade testamentária ativa do menor púbere encontra, atualmente, seu fundamento de validade na Constituição Federal. Segundo ele, a Carta Magna outorgar-lhes direitos fundamentais e individuais e, portanto, eles são dotados de autonomia privada que deve ser protegida e promovida na seara testamentária, "de maneira a concretizar a sua dignidade e igualdade material comparativamente

---

[215] O Código Civil Francês adota alternativa curiosa: "Art. 904 Le mineur, parvenu à l'âge de seize ans et non émancipé, ne pourra disposer que par testament, et jusqu'à concurrence seulement de la moitié des biens dont la loi permet au majeur de disposer". Tradução livre: "O menor, tendo completado dezesseis anos e não sendo emancipado, só pode dispor por testamento até a metade dos bens que a lei permite ao adulto dispor. O artigo prossegue excepcionando a regra para o caso do menor de idade ser convocado para uma guerra, circunstância na qual poderá dispor na mesma proporção permitida aos adultos." (RÉPUBLIQUE FRANÇAISE. *Légifrance*. Code Civil. Disponível em: https://www.legifrance.gouv.fr/codes/article_lc/LEGIARTI000006433642/2007-01-01#:~:text=Le%20mineur%2C%20parvenu%20%C3%A0%20l,permet%20au%20majeur%20de%20disposer. Acesso em: 9 out. 2020).

[216] É caso da legislação Peruana, no Art. 687 de seu Código Civil (Sistema Peruano de Información Jurídica. Disponível em: https://spij.minjus.gob.pe/spij-ext-web/detallenorma/H682684. Acesso em: 8 maio 2020).

[217] LEITE, Eduardo de Oliveira. *Comentários ao novo Código Civil*, volume XXI: do direito das sucessões. 4. ed. Rio de Janeiro: Forense, 2005. p. 323.

[218] VENOSA, Sílvio Salvo. *Direito Civil*: Sucessões. 18. ed. São Paulo: Grupo GEN, 2018. p. 229.

aos maiores de 18 anos, quando não existir elemento de *discrímen* razoável que enseje outro tipo de tratamento jurídico".[219]

A capacidade testamentária dos pródigos era inadmitida no regime das Ordenações Filipinas. Teixeira de Freitas reputava injusta tal inadmissão. Já Pontes de Miranda julgava acertadas as Ordenações, criticando o Código Civil de 1916 por possibilitar o testar incondicionado do pródigo. Segundo ele, a prodigalidade trata-se de indício de loucura, e sendo "mais loucura do que simples degeneração ou resultado de convivências, ao arguido de dissipar seus bens deve dar-se, não o curador para o patrimônio, porém a curatela dos loucos".[220] Carlos Maximiliano argumentava que o projeto Beviláqua fez bem em abolir "tal velharia", apesar do esforço retrógrado de alguns.[221] Contudo, na linha do pensamento de Pontes de Miranda, pondera que a prodigalidade pode ser uma forma de se manifestar a moléstia, situação na qual a pessoa seria impedida de testar não em função dela, e sim por causa da doença de que ela é o efeito.[222]

Apesar de o Código de 2002 mencionar o pródigo no rol dos relativamente incapazes, a doutrina contemporânea é concorde em outorgar capacidade testamentária a ele, sob o fundamento de que a interdição do pródigo somente diz respeito aos atos de disposição direta de bens, praticados em vida e capazes de reduzi-lo a um estado de penúria.[223] Ademais, a eficácia *causa mortis* do testamento impede que o ato de testar lhe acarrete prejuízo, e a sua família se encontra protegida pela legítima.[224] No nosso sentir, a razão assiste essa linha doutrinária.

---

[219] GAMA, Guilherme Calmon Nogueira da. A capacidade para testar, para testemunhar e para adquirir por testamento. *In*: PEREIRA; HIRONAKA, *op. cit.*, 2007, p. 205.

[220] PONTES DE MIRANDA, Francisco Cavalcanti. *Tratado de direito privado*. 3. ed. Rio de Janeiro: Borsoi, 1972. v. 56., p. 181; PONTES DE MIRANDA, Francisco Cavalcanti. *Tratado dos testamentos*. Leme: BH Editora e distribuidora, 2005. v. 1, p. 119.

[221] MAXIMILIANO, Carlos. *Direito das sucessões*. 4. ed. Rio de Janeiro: Freitas Bastos, 1958. v. 1. p. 376.

[222] *Idem*.

[223] TARTUCE, Flávio. O Estatuto da Pessoa com Deficiência e a capacidade testamentária ativa. *In*: MENEZES, Joyceane Bezerra (org.). *Direito das pessoas com deficiência psíquica e intelectual nas relações privadas*. Rio de Janeiro: Processo, 2016. p. 484.

[224] "Em relação aos pródigos, estes possuem plena capacidade para fazer testamento. Em que pese a não distinção do Art. 1.860 entre a incapacidade absoluta e relativa, o testamento só vai produzir efeitos após a morte do testador, não lhe acarretando, portanto, prejuízos.

Quanto às demais hipóteses, Zeno Veloso, antes mesmo da chegada do EPD, aduzia a premência de reforma do referido artigo para que não afastasse imediatamente a possibilidade de se admitir a capacidade testamentária dos ébrios habituais, viciados em tóxicos, excepcionais sem desenvolvimento mental completo e aqueles com discernimento mental reduzido.[225] Segundo ele, "não é qualquer anomalia cerebral, não é qualquer psicopatia, que exclui do indivíduo a capacidade testamentária".[226] Guilherme Gama dá razão a Zeno Veloso e completa:

> O fundamento da norma do Art. 1.860 do Código Civil em vigor, ao se referir aos incapazes para testar, é permitir que a pessoa do testador tenha condição de dispor sobre seus bens de maneira livre, consciente, com perfeita compreensão, entendimento e discernimento sobre o que está dispondo. Dessa maneira, não é possível considerar que toda enfermidade mental retire tais atributos da pessoa humana.[227]

Fato interessante que merece ser apresentado para demonstrar essa tendência antiga, criticada pela doutrina contemporânea, de taxar aprioristicamente o que é ou não enfermidade incapacitante, é a apresentação, na obra *Direito das Sucessões*, de Clóvis Beviláqua, de uma lista de doenças que supostamente comprometeriam a capacidade de testar,[228] à época vigia o Código Civil de 1916, que aludia aos "loucos de todos os gêneros".

Cumpre ponderar que o jurista não despreza a necessidade de perícia, segundo ele:

> (...) não cabe à jurisprudência, mas sim à psiquiatria, à psicopatologia, a determinação dessas entidades mórbidas e dêsses estados d'alma,

---

Além disso, a família do pródigo se encontra protegida pela reserva hereditária" (TEPEDINO, Gustavo; NEVARES, Ana Luiza Maia; MEIRELES, Rose Melo Vencelau. *Fundamentos do Direito Civil*: Direito das Sucessões. Rio de Janeiro: Forense, 2020. v. 7. p. 124). Entendimento sustentado por Ana Luiza Maia Nevares há tempos: NEVARES, Ana Luiza Maia. *A função promocional do testamento*. Rio de Janeiro: Renovar, 2009. p. 322.

[225] VELOSO, Zeno. Parte especial: do direito das sucessões: da sucessão testamentária; do inventário e da partilha (Art.s 1.857 a 2.027). In: AZEVEDO, Antônio Junqueira (coord.). *Comentário ao Código Civil*. São Paulo: Saraiva, 2003. v. 21. p. 29.

[226] Idem.

[227] GAMA, Guilherme Calmon Nogueira da. A capacidade para testar, para testemunhar e para adquirir por testamento. In: PEREIRA; HIRONAKA, *op. cit.*, 2007, p. 206.

[228] BEVILÁQUA, Clóvis. *Direito das Sucessões*. Rio de Janeiro: Editora Rio, 1983. p. 195-196.

sendo êste um dos assuntos em que o jurista necessita de invocarem seu auxílio, a perícia dos médicos legalistas ou dos alienistas.[229]

Todavia, entende que "não serão incabíveis algumas ligeiras indicações, colhidas nos especialistas, para esclarecimento de quem não possa facilmente consultar".[230] E, dito isso, expõe as doenças que, conforme Angiolo Filippi, alteram a integridade mental, tornando o indivíduo inapto para testar validamente, quais sejam: a) idiotismo e imbecilidade, b) imbecilidade moral, c) paranoia, d) melancolia, e) mania e acesso de furor maníaco transitório, f) paralisia geral, g) loucura circular ou de forma dupla, h) epilepsia, i) hístero-epilepsia e j) dipsomania (tendência periódica e irresistível à embriaguez).[231]

Similarmente, Ferreira Alves, com supedâneo na doutrina de Medicina Legal de Nina Rodrigues, aponta para a dificuldade de se encontrar uma expressão genérica a todos os casos de insanidade, pois segundo ele nem a "loucura", nem a "alienação" albergariam todas as hipóteses.[232] Apresenta as discussões que orbitavam no campo da psiquiatria da época, demonstrando a interdisciplinaridade indispensável em matéria de capacidade.

Nota-se como, tradicionalmente, o estado patogênico era a fonte direta da incapacidade, nas palavras de Caio Mario: "o estado patogênico gera a incapacidade, e esta é uma constante que invalida qualquer ato enquanto não obtida a cura definitiva, com o levantamento da incapacidade consequente".[233]

A CDPD rompe com essa vinculação discriminatória entre capacidade e deficiência e o advento do EPD põe, parcialmente, fim ao equívoco redacional a que se refere Zeno Veloso. Isso porque, sob sua vigência, não são mais incapazes os excepcionais sem desenvolvimento mental completo, nem aqueles que tiverem o discernimento mental reduzido. A deficiência, mesmo quando possa ser auferida como causa remota da incapacidade, não a determina por

---

[229] *Idem.*
[230] *Idem.*
[231] *Idem.*
[232] FERREIRA ALVEZ, Joaquim Augusto. *Manual do Código Civil Brasileiro*: do direito das sucessões. 2. ed. Rio de Janeiro: Jacintho Ribeiro dos Santos Editor, 1928. v. XIX. p. 60.
[233] PEREIRA, Caio Mário da Silva. *Instituições de Direito Civil*. 12. ed. Rio de Janeiro: Forense, 1999. v. 4. p. 99.

si só, é a impossibilidade de exprimir vontade que eventualmente a acarretará.

No concernente aos ébrios habituais e aos viciados em tóxicos, a controvérsia subsiste. Estariam eles impedidos de testar? Por uma visão estritamente legalista, certamente sim; mas, buscando o sentido interno do ordenamento, harmonizado e unificado pela axiologia constitucional, a solução é diversa.

Primeiramente, porque os ébrios habituais e viciados em tóxicos são, segundo a Classificação Internacional das Doenças (CID 10) e o Manual Diagnóstico e Estatístico de Transtornos Mentais (DSM 5), pessoas com transtornos mentais, sendo, por esse motivo, questionável a constitucionalidade do dispositivo que os presume relativamente incapazes.[234]

Em segundo lugar, porque, mesmo que se admita a constitucionalidade do inciso, sob o argumento de serem merecedores de tutela específica em função de sua vulnerabilidade, a tutela de qualquer vulnerabilidade tem a finalidade de preservar a dignidade da pessoa,[235] o que impõe preservar a autonomia e possibilitar a autodeterminação tanto quanto possível,[236] motivo pelo qual a curatela sob medida é hoje a regra.[237] Portanto, assim como ocorre

---

[234] ABREU, Célia Barbosa. A curatela sob medida: notas interdisciplinares sobre o Estatuto das Pessoas com Deficiência. *In*: MENEZES, Joyceane Bezerra (org.). *Direito das pessoas com deficiência psíquica e intelectual nas relações privadas*. Rio de Janeiro: Processo, 2016. p. 559.

[235] MARQUES, Cláudia Lima; MIRAGEM, Bruno. *O novo direito privado e a proteção dos vulneráveis*. 2. ed. São Paulo: Revista dos Tribunais, 2014. p. 120.

[236] "É que o novo sistema de capacidades instituído pela Convenção da ONU não se compraz de um regime de incapacidades que se baseie em uma *ratio* centrada em um conceito geral e abstrato, seja de incapacidade absoluta, seja de incapacidade relativa. A Convenção da ONU garante direitos, assegura o seu exercício e garante a busca das potencialidades da pessoa, como forma da expressão da dignidade da pessoa humana. Como afirmar, à luz desse princípio vetor, que uma pessoa pode ser catalogada como não sendo capaz para a prática de conduta alguma? Nem de ir à padaria, conversar com as pessoas, comprar um litro de leite e trazer para a casa. Talvez nessa rotina não arriscada, resida um orgulho muito grande dessa pessoa. Talvez ela consiga ver nessa atividade, um motivo de respeito e de inclusão social: ela é a dona dessa atividade. Ela é capaz disso!" (ARAUJO, Luiz Alberto David; RUZYK, Carlos Eduardo Pianovski. A perícia multidisciplinar no processo de curatela e o aparente conflito entre o Estatuto da Pessoa com Deficiência e o código de processo civil: reflexões metodológicas à luz da teoria geral do direito. *Revista de Direitos e Garantias Fundamentais*, v. 18, n. 1, p. 233, 2017. Disponível em: http://sisbib.emnuvens.com.br/direitosegarantias/article/view/867. Acesso em: 17 fev. 2018.).

[237] ABREU, Célia Barbosa. A curatela sob medida: notas interdisciplinares sobre o Estatuto das Pessoas com Deficiência. *In*: MENEZES, Joyceane Bezerra (org.). *Direito das pessoas com deficiência psíquica e intelectual nas relações privadas*. Rio de Janeiro: Processo, 2016. p. 547.

com os incapacitados de exprimir vontade, perquirir a capacidade testamentária dos ébrios habituais ou viciados em tóxicos sob curatela demanda a análise da singular sentença que a instituiu.

Em outras palavras, não se pode concluir que, presente a curatela dos contemplados pelos incisos II e III, estará o curatelado incapacitado de testar. A incapacidade relativa hoje não é mais um modelo abstrato, abrangendo a capacidade negocial como um todo; diversamente, ela abarca apenas os atos negociais específicos que o curatelado se revelou incapaz de praticar.[238] Destarte, o juiz determinará a curatela especificando seu alcance e limite de forma detalhada, e, somente se expressamente determinar, a incapacidade testamentária poderá ser aduzida.[239]

Entretanto, questiona-se: caso a sentença que institui a curatela seja omissa em relação à capacidade testamentária, deve-se entender por sua presença ou ausência? Gustavo Tepedino, Ana Luiza Maia Nevares e Rose Melo Vencelau Meireles, fornecendo leitura promocional ao Art. 1.860, sustentam que a capacidade testamentária ativa seja interpretada como fora da limitação da curatela. Segundo eles:

> De fato, a capacidade testamentária ativa deve ser interpretada como fora do horizonte da limitação da curatela estabelecida no *caput* do artigo 85 da Lei nº 13.146/15. Afinal, o ato de testar, por ser ato *causa mortis*, não ocasiona prejuízo ao curatelado, pressupondo a higidez da cognição afetiva e a compreensão de sua natureza. A rigor, o discernimento para testar tem dimensão diversa daquela necessária para alienar, hipotecar ou contratar, por sua diferente repercussão na vida dos agentes. Apesar de aparente contradição com o citado *caput* do artigo 85 da Lei nº

---

[238] "Esse novo conceito conglobante de capacidade legal não é mais pautado em uma abstração conceitual, mas, sim, em um juízo concreto sobre as potencialidades da pessoa humana. A concreta capacidade para realizar atos quotidianos, que a ela sejam meios de inclusão e coexistência social passa a informar o substrato da capacidade, que não mais é centrada na seara de um conceitualismo abstrato" (ARAUJO; RUZYK, *op. cit.*, 2017, p. 232. Disponível em: http://sisbib.emnuvens.com.br/direitosegarantias/article/view/867. Acesso em: 17 fev. 2018).

[239] "Assim, os ébrios habituais, os viciados em tóxico, e os que, por deficiência mental, tenham discernimento reduzido (CC/02, Art. 4º, II), bem como os excepcionais, sem desenvolvimento mental completo (CC/02, Art. 4º, III), poderão estar na regra geral do Art. 1.860, sendo-lhes negada a capacidade testamentária ativa apenas se houver ausência do pleno discernimento no momento da elaboração do ato de última vontade. Aliás, a própria curatela limitada dos relativamente incapazes, consoante o disposto no Art. 1.772, poderá vedar a capacidade testamentária ativa" (NEVARES, Ana Luiza Maia. *A função promocional do testamento*. Rio de Janeiro: Renovar, 2009. p. 321-322).

13.146/15, a interpretação ora exposta privilegia o objetivo da lei de inclusão da pessoa com deficiência.²⁴⁰

Seguimos o posicionamento dos autores, em respeito ao princípio *in dubio pro capacitas* que rege tanto a CDPD²⁴¹ como o direito testamentário.²⁴² Vale resgatar mais uma vez, para concluir, os ensinamentos de Ana Luiza Maia Nevares:

> Realmente, deve-se sempre presumir a capacidade, que só deverá ser restringida em casos excepcionais. Para a concretização da dignidade da pessoa humana, deve-se buscar ao máximo a capacidade para agir, segundo os ditames da liberdade e da responsabilidade, devendo a capacidade ser justificada não só pela pessoa do agente, como também pela seara na qual a autonomia privada é exercida.²⁴³

Observa-se, atualmente, tentativas, por potenciais herdeiros do testador, de dificultar o exercício do seu direito de testar, sobretudo em relação a idosos que reivindicam por autonomia e liberdade.²⁴⁴ Inibir o exercício de legítimo direito do testador sob o

---

²⁴⁰ *Ibidem*, p. 124.
²⁴¹ MENEZES, Joyceane Bezerra de. O direito protetivo no Brasil após a convenção sobre a proteção da pessoa com deficiência: impactos do novo CPC e do estatuto da pessoa com deficiência. *Civilistica.com*, Rio de Janeiro, a. 4, n. 1, jan.-jun./2015, p. 6. Disponível em: http://civilistica.com/o-direito-protetivo-no-brasil/. Acesso em: 17 fev. 2018.
²⁴² VELOSO. *In*: PEREIRA; HIRONAKA, *op. cit.*, 2007, p. 138.
²⁴³ NEVARES, *op. cit.*, 2009, p. 322.
²⁴⁴ A título ilustrativo: "RECURSO DE APELAÇÃO CIVIL – AÇÃO ANULATÓRIA DE TESTAMENTO – ALEGAÇÃO DE AUSÊNCIA DE PLENA HIGIDEZ MENTAL DA TESTADORA – AUSÊNCIA DE PROVAS A DEMONSTRAR QUE, APESAR DA AVANÇADA IDADE E DE EVENTUAL ENFERMIDADE FÍSICA, A TESTADORA NÃO POSSUÍA O DISCERNIMENTO NECESSÁRIO PARA TESTAR – SUSPEIÇÃO OU IMPEDIMENTO DAS TESTEMUNHAS TESTAMENTÁRIAS NÃO COMPROVADA – TESTAMENTO VÁLIDO – SENTENÇA MANTIDA – RECURSO DESPROVIDO. 1. A capacidade para testar é presumida, tornando-se indispensável prova robusta de que efetivamente o testador não se encontrava em condições de exprimir, livre e conscientemente, sua vontade acerca do próprio patrimônio ao tempo em que redigido o testamento. 2. Não havendo prova efetiva, robusta e segura que dê certeza e amparo à conclusão de que a testadora, ao manifestar sua vontade testamentária, não tinha capacidade para fazê-lo, deve prevalecer a presunção de capacidade e higidez mental. 3. Não comprovada a suspeição ou o impedimento das testemunhas testamentárias, não há falar em invalidade do testamento público" (BRASIL. Tribunal de Justiça do Mato Grosso. *AC nº 00095097520148110003 MT*. Relator Desembargador Joao Ferreira Filho, julgado em 9.7.2019, Primeira Câmara de Direito Privado, publicado em 15.7.2019). Consta no acórdão: "Afirma, por fim, que a idade avançada e as condições físicas e psicológicas da testadora impediam a livre manifestação acerca da disponibilização de seu patrimônio, asseverando que 'a (prova da) sanidade mental da testadora, em razão da idade avançada e seu estado de saúde, deveria ter sido exigida

pretexto de proteção à família mostra-se como prática desalinhada à agenda constitucional de promoção da capacidade, até porque os herdeiros necessários são protegidos por instituto próprio, a quota legitimária.[245]

É preciso desestimular a tendência de buscar "proteger" excessivamente o ato testamentário de modo a obstaculizá-lo sobremaneira. No âmbito testamentário, as formalidades

---

pelo Serviço Notarial, que lavrou o Termo de Testamento'. (...) Conforme prescreve o Art. 1.857 do Código Civil, "Toda pessoa capaz pode dispor, por testamento, da totalidade dos seus bens, ou de parte deles, para depois de sua morte", estabelecendo ainda os Art.s 1.860 e 1.861 do mesmo Código que, além "dos incapazes, não podem testar os que, no ato de fazê-lo, não tiverem pleno discernimento", e que a "incapacidade superveniente do testador não invalida o testamento, nem o testamento do incapaz se valida com a superveniência da capacidade", ou seja, a capacidade testamentária ativa é aferida no ato da lavratura do testamento, sendo irrelevante eventual incapacidade superveniente. Por outro lado, a enfermidade ou a idade avançada do testador não influenciam na capacidade para testar, a não ser que afetem seu pleno discernimento para o ato".
Cita-se também: "DIREITO CIVIL E PROCESSUAL CIVIL. SUCESSÕES. AÇÃO DECLARATÓRIA DE NULIDADE DE TESTAMENTO CELEBRADO EM OUTUBRO DE 1999, BENEFICIANDO O IRMÃO DO TESTADOR. SENTENÇA DE IMPROCEDÊNCIA. ACERTO. Inconformismo da autora. Alegação de incapacidade de testar não comprovada. Inexistência de vício de vontade do testador. A capacidade para testar exige mais do que a simples capacidade civil, porquanto dependente também da presença de pleno discernimento, nos termos do Art. 1860 do Código Civil. O fato de o testador ser portador de câncer no cérebro não significa incapacidade para os atos da vida civil. Tabelião do Registro Civil, dotado de fé pública, que afirma no registro do documento contestado que o testador se encontrava lúcido e firme na decisão de testar em favor do irmão. Rompimento do testamento não caracterizado. Parte autora que não se desincumbiu do ônus da prova, nos termos do Art. 373, I do CPC/15. Recurso a que se nega provimento." (BRASIL. Tribunal de Justiça do Rio de Janeiro. *APL nº 01823653920088190001*. Relator Desembargador Lindolpho Morais Marinho, julgado em 19.7.2016, Décima Sexta Câmara Cível, publicado em 22.7.2016). Em seu voto, o Relator pondera: "O fato de o testador ser portador de câncer no cérebro não significa incapacidade para os atos da vida civil".

[245] Vale menção às reflexões de Pontes de Miranda sobre o atual fundamento da quota necessária. Aqui, nos atemos a citar sua conclusão: "Historicamente, ficaram-no o elemento da injúria ao *officium pietatis*, protegendo os filhos contra os pais impiedosos e, às vezes, tresloucados, sem os caracteres da loucura nulificadora dos atos jurídicos (*nulidade de testamento*), mas sem que precisemos do *color insaniae* ou de qualquer remédio com esta base, e o dado germânico, ético jurídico, da comunhão familiar, que o regime de bens mais usado, também de fonte germânica, e as medidas calcadas na posse da família ainda guardam (...). A quota disponível continua a exercer a função de mediadora entre os dois princípios: liberdade do proprietário dos bens e direito dos descendentes (e ascendentes) à sucessão. Ainda que o testador não tenha o fito de contemplar estranhos, concede-se-lhe dispor com mais plasticidade e, talvez, justiça. A igualdade de mérito dos filhos constituíra noção *a priori*, causadora de males, pela indiferença da lei aos diferentes valores sociais dos herdeiros. Um, pródigo, improdutivo; outro, eficaz orientado, útil aos seus e ao homem. O tribuno de Favart via, na quota disponível, meio de conciliar todos os interesses, os da sociedade e os da família com os da amizade e do reconhecimento" (PONTES DE MIRANDA, Francisco Cavalcanti. *Tratado dos testamentos*. Leme: BH Editora e distribuidora, 2005. v. 4, p. 79).

e solenidades exigidas ao ato cumprem o papel de garantir a autenticidade e espontaneidade da vontade manifestada. Quanto à incapacidade, indaga-se: qual a sua função? O direito deve assegurar a todos o exercício de direitos em igualdade de condições, portanto restrições a esse exercício só se justificam com o intuito protetivo, e, ressalta-se, protetivo do sujeito que tem tolhida sua capacidade. Aliás, o ideal, em virtude da adoção do modelo da *functional approach*, é o fornecimento de medidas de apoio ao exercício dessa capacidade, sendo sua limitação medida de *ultima ratio*.

2.3.2 O requisito do "pleno discernimento" no momento do ato (2ª parte do Art. 1.860)

A segunda parte do Art. 1.860 do Código Civil faz referência ao "pleno discernimento" como requisito adicional à capacidade testamentária. O legislador adota como parâmetro da capacidade, além da capacidade negocial, o concreto discernimento no momento do ato. Assim, mesmo que não submetida à curatela, a pessoa sem discernimento no ato de testar realizará testamento inválido, em função da ausência de capacidade testamentária ativa.[246]

Embora a impossibilidade de exprimir vontade (Art. 4º, inciso III do CC) seja uma hipótese incapacitante aparentemente correspondente à exigência de pleno "discernimento" a que faz menção o Art. 1.860 do CPC, o artigo importa na medida em que, por ele, infere-se que a ausência de decisão judicial pretérita sobre a incapacidade não obsta à invalidade do ato.[247]

Esse fato é especialmente relevante, considerando-se que a impossibilidade de exprimir vontade deixou de ser hipótese de incapacidade absoluta para se tornar hipótese de incapacidade relativa. Desse modo, a depender da natureza jurídica que atribuímos à sentença que institui a curatela (constitutiva ou declaratória),[248] a ausência de decisão judicial pretérita culminaria

---

[246] VELOSO. *In*: PEREIRA; HIRONAKA, *op. cit.*, 2007, p. 141.
[247] VELOSO, Zeno. *Direito Civil*: temas. Belém: Associação dos Notários e Registradores do Pará, 2018. p. 138.
[248] "Como já se pronunciou o Supremo Tribunal de Justiça, a incapacidade é uma situação de fato que é levada ao conhecimento do Poder Judiciário via requerimento de interdição de

na validade do ato praticado por aquele que – embora fora de suas faculdades mentais ao testar – não estava sob curatela. E não é só, o dispositivo é útil também nos casos em que, embora instituída a curatela, a sentença é omissa quanto à capacidade testamentária, que será então presumida.[249]

Ocorre que a ausência de capacidade no momento do ato deverá ser comprovada por quem a alega. Além disso, segundo Ferreira Alves, acompanhado por Affonso Dionysio, Pontes de Miranda e Pinto Ferreira, ainda que o tabelião declare que o testador lhe pareceu são de entendimento, poderá ser atacado o testamento pela prova da ausência de discernimento.[250] Essa verificação sumária e imediata não induz a evidência da plena capacidade mental.[251] Tampouco será lícito ao tabelião suspender o ato alegando a ausência de capacidade do testador, sob pena de alçá-lo à condição de juiz.[252]

Nesse contexto, os mesmos desafios envolvendo a dita culpa mortuária[253] são pertinentes ao campo da capacidade testamentária. O testador, já ausente no mundo terreno, poderá ter a validade de seu ato contestada sem que possa sequer se defender, evidenciando a importância da presunção relativa de validade.

Em virtude dessa inevitável incerteza sobre o posterior reconhecimento da capacidade do testador, sugere-se que, vislumbrando

---

alguém para prática de atos civis, gerando efeito *ex nunc* para terceiros" (ABREU, Célia Barbosa. A curatela sob medida: notas interdisciplinares sobre o Estatuto das Pessoas com Deficiência. *In*: MENEZES, Joyceane Bezerra (org.). *Direito das pessoas com deficiência psíquica e intelectual nas relações privadas*. Rio de Janeiro: Processo, 2016. p. 560).

[249] Em respeito ao princípio do *in dubio pro capacitas*. Cf. NEVARES, *op. cit.*, 2009, p. 322.

[250] FERREIRA ALVEZ, Joaquim Augusto. *Manual do Código Civil Brasileiro*: do direito das sucessões. 2. ed. Rio de Janeiro: Jacintho Ribeiro dos Santos Editor, 1928. v. XIX. p. 60. "A loucura, sendo um fato, pode ser provada por testemunhas, ainda que o testador tenha certificado no testamento que o testador se encontrava em seu perfeito juízo, pois que os tabeliões, não têm competência para constatar autenticamente o estado mental dos testadores" (GAMA, Affonso Dioysio. *Tratado teórico e prático de testamentos*. 3. ed. Rio de Janeiro: Freitas Bastos, 1953. p. 31). "Notário não é perito médico-legal: não poderia ter plena fé o que a respeito dissesse" (PONTES DE MIRANDA, *op. cit.*, 2005, v. 1, p. 112). "As afirmativas do notário constituem plena presunção do direito, porém provas contrárias podem destruir tais afirmativas" (FERREIRA, Luís Pinto. *Tratado das heranças e dos testamentos*. 2. ed. São Paulo: Saraiva, 1990. p. 201).

[251] PEREIRA, Caio Mário da Silva. *Instituições de Direito Civil*. 12. ed. Rio de Janeiro: Forense, 1999. v. 4. p. 99.

[252] *Idem*.

[253] MADALENO, Rolf. A concorrência sucessória e o trânsito processual: a culpa mortuária. *Revista brasileira de direito de família*, v. 7, n. 29, p. 144-151, abr./maio 2005.

motivos para ter sua capacidade testamentária posteriormente desacreditada, o testador resguarde o ato por meio de ação declaratória de capacidade testamentária ou laudo médico, deixando prova de capacidade previamente constituída.[254]

No mais, o Projeto de Lei nº 3.799/2019 (Anexo I), de autoria da senadora Soraya Thronicke em parceria com o Instituto Brasileiro de Direito das Famílias e das Sucessões (IBDFAM), propõe a substituição do termo "pleno discernimento", alterando o Art. 1.860 para que passe a viger com a seguinte redação: "Além dos absolutamente incapazes, não podem testar os que não estiverem em condições de expressar sua vontade de forma livre e consciente, no momento do ato",[255] em atenção às críticas envolvendo a expressão, apresentadas no item 3.2.1.

Deveras, merece reflexão a pertinência da manutenção de uma limitação da capacidade testamentária pautada no "discernimento".

A afirmação de Perlingieri de que a história da loucura está intimamente relacionada à história dos livres pensadores[256] tem respaldo científico. Matéria publicada pela *Revista Galileu*, na qual foi consultada a pesquisadora de Havard Shelly Carson, explica a relação entre "loucura" e genialidade, revelando ser a linha divisória entre elas mais tênue do que se imaginava.

Segundo a matéria, as pessoas criativas caminham entre o normal e o anormal, encontrando impulsos e ideias capazes de gerar conteúdos diferenciados. Muitas das doenças da psique apresentam o sintoma da desinibição cognitiva, isto é, a tendência de prestar atenção a coisas que normalmente seriam ignoradas ou filtradas por parecerem irrelevantes. A inteligência excepcional pode ser útil, mas sem a cognição não consegue ser original e surpreendente.

---

[254] Pontes de Miranda propunha solução similar, segundo ele, "as partes interessadas podem requerer ao juízo competente o urgente exame da sanidade, a fim de não se suspeitar do testamento (...)" (PONTES DE MIRANDA, *op. cit.*, 2005, v. 1, p. 110).

[255] BRASIL. Senado Federal. *Projeto de Lei nº 3799, de 2019*. Altera o Livro V da Parte Especial da Lei nº 10.406, de 10 de janeiro de 2002, e o Título III do Livro I da Parte Especial da Lei nº 13.105, de 16 de março de 2015, para dispor sobre a sucessão em geral, a sucessão legítima, a sucessão testamentária, o inventário e a partilha. 02.02.2022. Aguardando Designação do Relator. Disponível em: https://www25.senado.leg.br/web/atividade/materias/-/materia/137498. Acesso em: 20 jan. 2020.

[256] PERLINGIERI, Pietro. *Perfis do direito civil*. Tradução de Maria Cristina de Cicco. Rio de Janeiro: Renovar, 1999. p. 162.

Os "gênios" agregam à sua máxima inteligência o conceito de desinibição.[257] A desinibição cognitiva potencializada por algumas patologias psicológicas contribui, portanto, com a genialidade. As pessoas com esquizofrenia, por exemplo, são bombardeadas com informações que talvez pudessem ser "filtradas".[258]

Vicent Van Gogh, célebre pintor do movimento pós-impressionista, sofria de depressão, bipolaridade, alucinações e epilepsia. Em maio de 1889, ele mesmo pede ao irmão que o interne. Vai para o Hospital de Saint-Rémy-de-Provance e transforma seu quarto em um ateliê, produz mais de 200 quadros e centenas de desenhos, entre eles "A Noite Estrelada" (1889).[259]

Imaginemos que Van Gogh, hoje, no contexto jurídico brasileiro, faça testamento, após entrar com pedido de autocuratela, dispondo sobre o destino de suas obras. Seria pertinente negar a validade das disposições sob o argumento de incapacidade quando, ironicamente, a doença que o impossibilita faticamente de manifestar vontade é também a responsável pela genialidade de suas obras?

O exemplo demonstra a complexidade que envolve a temática. Entendemos imperiosa a preservação da capacidade tanto quanto possível, e, eventualmente, a modulação dos efeitos de possível invalidade do ato, nos termos que serão no próximo tópico apresentados.

2.4 Capacidade testamentária ativa para disposições existenciais

O Código Civil de 2002, embora erigido sob a ordem Constitucional vigente, reproduz a mentalidade patrimonialista do antigo

---

[257] JULIO, Rennan A. A linha entre a loucura e a genialidade é mais tênue do se imaginava. *Revista Galileu*, 31 out. 2014. Disponível em: https://revistagalileu.globo.com/Ciencia/noticia/2014/10/linha-entre-loucura-e-genialidade-e-mais-tenue-do-que-se-imaginava.html#:~:text=E%20 segundo%20uma%20pesquisadora%20de,surpreendente%E2%80%9D%2C%20conta%20 Shelly%20Carson. Acesso em: 15 out. 2020.

[258] "Matemático, esquizofrênico e paranoico, John Forbes Nash é um gênio. Reconhecido mundialmente por ganhar o Nobel de matemática, o estudioso também acredita que aliens o recrutaram para salvar o mundo. E sobre isso, Forbes disse: "As minhas ideias sobrenaturais vieram da mesma maneira que as matemáticas. Por isso, decidi levar as duas igualmente a sério" (*Idem*).

[259] FRAZÃO, Dilva. Vincent van Gogh. *Ebiografia*. Última atualização em 28 maio 2021. Disponível em: https://www.ebiografia.com/van_gogh/. Acesso em: 15 out. 2020.

Código. O anteprojeto do qual se originou data da década de 70 e, portanto, como pondera Fachin, suas "asas foram construídas para voar ventos soprados do passado".[260] Daí, não é de se surpreender que o Código Civil – embora reconheça a possibilidade de o testamento ocupar-se de questões não patrimoniais[261] – apresente pouquíssimos dispositivos que versem sobre disposições testamentárias de caráter existencial.[262] Outrossim, vislumbra-se a hipótese de patrimonial e existencial se entrelaçarem, como ocorre, por exemplo, no campo dos direitos autorais.

Acontece que a Constituição de 1988, ao colocar como princípio fundante da república a dignidade da pessoa humana, impõe que as situações jurídicas existenciais e patrimoniais inclinem-se à realização da pessoa. Assim, a lógica patrimonialista cede lugar a uma nova ordem humanista e solidarista, que deve conduzir a interpretação do direito para que se possa compatibilizar a codificação à axiologia constitucional, superando as tensões criativas decorrentes dessa convivência.[263]

As mudanças trazidas pelo EPD e pela CDPD refletem-se igualmente nesse campo. Aliás, sustenta-se que as disposições testamentárias de natureza existencial sejam as mais afetadas pela nova configuração do ordenamento. Tanto isso é verdade que, mesmo com a curatela, a pessoa mantém preservada sua capacidade de deliberação sobre questões existenciais (Arts. 6º e 85º do EPD).[264]

Por essa razão, convém questionar se a pessoa submetida à curatela, ainda que a sentença tenha determinado sua incapacidade

---

[260] FACHIN, Luiz Edson. *Direito Civil*: sentidos, transformações e fim. 3. ed. Rio de Janeiro: Renovar, 2012. p. 47.

[261] "Art. 1857 (...) §2º São válidas as disposições testamentárias de caráter não patrimonial, ainda que o testador somente a elas se tenha limitado".

[262] "O sistema sucessório previsto no Código Civil está baseado no princípio da patrimonialidade, tendo sido criado na esteira das doutrinas individualistas e voluntaristas que marcaram as codificações dos séculos XVIII e XIX e baseava-se no reconhecimento do direito à propriedade como instrumento de liberdade e na exaltação máxima da vontade. Assim, pouca é a atenção destinada aos interesses existenciais do testador que podem estar contidos no testamento" (COELHO, Camila Aguileira. O impacto do Estatuto da Pessoa com Deficiência no Direito das Sucessões. In: BARBOZA, Heloisa Helena; MENDONÇA, Bruna Lima; ALMEIDA; Vitor de Azevedo (coord.). *O Código Civil e o Estatuto da Pessoa com Deficiência*. Rio de Janeiro: Processo, 2017. p. 332).

[263] PERLINGIERI, *op. cit.*, 1999, p. 45.

[264] Vide capítulo 3, tópico 3.2.

testamentária, tem resguardado o direito de lavrar testamento com disposições exclusivamente existenciais.

A esse propósito, Coelho entende que sim, mesmo havendo impedimento à realização de testamento sobre direitos patrimoniais, subsiste a possibilidade de testamento sobre direitos existenciais.[265] Em reforço à sua opinião, sopesa que, em todo caso, deverá ser avaliado o concreto grau de discernimento do testador, inclusive na hipótese de o ato versar apenas sobre interesses existenciais.[266] Nessa esteira, antes mesmo da CDPD, Ana Luiza Maia Nevares argumentava:

> (...) é preciso analisar a capacidade testamentária ativa segundo as duas perspectivas apontadas, a saber, interesses patrimoniais e interesses existenciais. Ante estes últimos, tendo em vista referir-se a aspectos essenciais do desenvolvimento da pessoa, a análise da incapacidade do testador deverá contar com uma cautela ainda maior diante da dignidade da pessoa humana, não bastando uma interpretação restritiva do Art. 1.860 do Código Civil, mas sim uma análise do caso concreto, com vistas a identificar o necessário discernimento para a prática do ato, ainda que o testador seja menor de 16 (dezesseis) anos ou enfermo mental.[267]

Segundo a autora – apesar de o Código já prever uma capacidade testamentária mais ampla para o testamento em comparação com outros atos, bem como apesar de a interpretação restritiva do Art. 1.860 do Código Civil, para excluir desse os relativamente incapazes, em presença de disposições testamentárias de conteúdo não patrimonial – é preciso analisar a questão diante do sistema de capacidades como um todo, que merece exame crítico.[268] E, de fato, a doutrina tem se mostrado cada vez mais consciente da importância de se garantir a autodeterminação sobre aspectos existenciais, inclusive para as crianças e adolescentes.[269]

---

[265] COELHO, Camila Aguileira. O impacto do Estatuto da Pessoa com Deficiência no Direito das Sucessões. *In*: BARBOZA, Heloisa Helena; MENDONÇA, Bruna Lima; ALMEIDA; Vitor de Azevedo (coord.). O Código Civil e o Estatuto da Pessoa com Deficiência. Rio de Janeiro: Processo, 2017. p. 333.

[266] *Ibidem*, p. 337.

[267] NEVARES, *op. cit.*, 2009, p. 322.

[268] *Idem*, p. 322.

[269] Sobre a discussão sugere-se: TEIXEIRA, Ana Carolina Brochado. Autonomia existencial. *Revista Brasileira de Direito Civil – RBDCilvil*, Belo Horizonte, v. 16, p. 75-104, abr./jun. 2018.

O apelo compulsivo à liberdade da pessoa não pode, contudo, fazer com que se admita o abandono do sujeito ao alvedrio de suas (tantas vezes restritas) faculdades.[270] Destarte, aduz a doutrina ser possível, em situações excepcionais, estender a curatela também ao exercício de direitos existenciais.[271] À vista disso, poder-se-ia afirmar que, nessa hipótese, o curatelado teria sua capacidade testamentária ativa totalmente dizimada.

A partir do caminho aberto pelo raciocínio de Eduardo Nunes de Souza e Rodrigo da Guia,[272] acompanhado por Ana Carolina Brochado Teixeira e Lívia Teixeira Leal,[273] argumenta-se que, em situações como a em comento, poderá o magistrado decretar a invalidade total ou parcial do testamento, preservando o que se revelar adequado e não prejudicial ao seu melhor interesse.[274] Em

---

[270] BARBOZA; ALMEIDA. A capacidade à luz do Estatuto da Pessoa com Deficiência. In: MENEZES, Joyceane Bezerra (org.). Direito das pessoas com deficiência psíquica e intelectual nas relações privadas. Rio de Janeiro: Processo, 2016. p. 269.

[271] Vide capítulo 3, tópico 3.3.2.

[272] Cf. SOUZA, Eduardo Nunes de; SILVA, Rodrigo da Guia. Autonomia, discernimento e vulnerabilidade: estudo sobre as invalidades negociais à luz do novo sistema das incapacidades. Civilistica.com. Rio de Janeiro, a. 5, n. 1, 2016. Disponível em: http://civilistica.com/autonomia-discernimento-e-vulnerabilidade/. Acesso em: 17 fev. 2019.

[273] Ana Carolina Brochado Teixeira e Lívia Teixeira Leal caminham na mesma direção: "No caso do sistema das invalidades, deve o intérprete modular a nulidade ou a anulação do ato diante da situação concretamente analisada, verificando o grau de vulnerabilidade e discernimento em concreto da pessoa com deficiência intelectual ou psíquica no momento de praticar o ato. Deve-se, ainda, verificar se o ato e seus efeitos atendem ou não aos valores do ordenamento, realizando-se um controle de merecimento de tutela. Em outras palavras: cabe ao intérprete, diante de cada situação individualmente considerada, verificar se a pessoa com deficiência possuía condições para o exercício de sua autonomia, ou seja, se possuía discernimento para a prática daquele ato em específico, e se os efeitos desse ato se encontram em consonância com os valores resguardados pelo ordenamento jurídico, quais sejam: a proteção da parte vulnerável e a promoção, em condições de igualdade, do exercício dos direitos e das liberdades fundamentais pelas pessoas com deficiência, visando à sua inclusão social e cidadania, como previsto pelo Art. 1º do EPD" (TEIXEIRA, Ana Carolina Brochado; LEAL, Lívia Teixeira. Controle valorativo dos atos de autonomia praticados por pessoas com deficiência intelectual ou psíquica. Pensar, v. 25, n. 4, 2020).

[274] Para tanto, será necessária uma alteração de posicionamento do Superior Tribunal de Justiça que já se manifestou pela mitigação do sistema de nulidades no campo testamentário, mas desde que não pairem dúvidas sobre a capacidade do testador: "PROCESSUAL CIVIL. DIREITO CIVIL. AGRAVO REGIMENTAL NO RECURSO ESPECIAL. NULIDADE DE TESTAMENTO. PRETERIÇÃO DE FORMALIDADE LEGAL. VÍCIOS FORMAIS INCAPAZES DE COMPROMETER A HIGIDEZ DO ATO OU POR EM DÚVIDA A VONTADE DO TESTADOR. SÚMULA Nº 7/STJ. 1. A análise da regularidade da disposição de última vontade (testamento particular ou público) deve considerar a máxima preservação do intuito do testador, sendo certo que a constatação de vício formal, por si só, não deve ensejar a invalidação do ato, máxime se demonstrada a capacidade mental do testador, por ocasião do ato, para livremente dispor de seus bens. Precedentes do STJ. 2. O recurso

síntese, os autores sustentam ser possível que um ato em princípio inválido seja reputado parcial ou totalmente válido pelo julgador, desde que reste demonstrado, a partir de juízo de merecimento de tutela dos interesses envolvidos, que a alteração das regras gerais da invalidade conduzirá a uma maior compatibilidade com a axiologia do sistema:

> Em matéria de invalidade dos atos jurídicos, a necessidade de uma análise funcional e dinâmica implica que a valoração dos efeitos concretamente produzidos por certos atos (em princípio) inválidos possa justificar um tratamento jurídico diferenciado em relação ao abstrato regime previsto para a nulidade ou a anulabilidade negocial, à luz de um juízo de merecimento de tutela dos valores e interesses concretamente

---

especial não comporta o exame de questões que impliquem revolvimento do contexto fático-probatório dos autos, a teor do que dispõe a Súmula nº 7/STJ. 3. No caso concreto, o Tribunal de origem, com suporte em ampla cognição das provas produzidas nos autos, assentou, de modo incontroverso, que a escritura pública de testamento reflete as disposições de última vontade do testador. 4. Agravo regimental desprovido" (BRASIL. Superior Tribunal de Justiça. *AgRg no REsp nº 1073860 PR*. Relator Ministro Antonio Carlos Ferreira, Quarta Turma, julgado em 21.3.2013, publicado em 1.4.2013).
"RECURSO ESPECIAL. DIREITO CIVIL. AÇÃO DE ANULAÇÃO DE TESTAMENTO PÚBLICO. FORMALIDADES LEGAIS. PREVALÊNCIA DA VONTADE DO TESTADOR. REEXAME DE PROVA. IMPOSSIBILIDADE. SÚMULA Nº 7/STJ. OFENSA AO ART. 535 DO CPC NÃO CONFIGURADA. HONORÁRIOS ADVOCATÍCIOS. MODIFICAÇÃO EM RAZÃO DA REFORMA DA SENTENÇA DE PROCEDÊNCIA. POSSIBILIDADE. AUSÊNCIA DE OFENSA AOS ART. 460 E 515 DO CPC. 1. Em matéria testamentária, a interpretação deve ser voltada no sentido da prevalência da manifestação de vontade do testador, orientando, inclusive, o magistrado quanto à aplicação do sistema de nulidades, que apenas não poderá ser mitigado, diante da existência de fato concreto, passível de ensejar dúvida acerca da própria faculdade que tem o testador de livremente dispor acerca de seus bens, o que não se faz presente nos autos. 2. A verificação da nulidade do testamento, pela não observância dos requisitos legais de validade, exige o revolvimento do suporte fático probatório da demanda, o que é vedado pela Súmula nº 07/STJ. 3. Inocorrência de violação ao princípio da unidade do ato notarial (Art. 1632 do CC/16). 4. Recurso especial desprovido" (BRASIL. Superior Tribunal de Justiça. *REsp nº 753.261 SP*. Relator Ministro Paulo de Tarso Sanseverino, Terceira Turma, julgado em 23.11.2010, publicado em 05.4.2011).
"AGRAVO INTERNO. AÇÃO DE ANULAÇÃO DE TESTAMENTO CERRADO. INOBSERVÂNCIA DE FORMALIDADES LEGAIS. REEXAME DE PROVA. SÚMULA 7/STJ. I – A questão da nulidade do testamento pela não observância dos requisitos legais à sua validade, no caso, não prescinde do reexame do acervo fático-probatório carreado aos autos, o que é vedado em âmbito de especial, em consonância com o enunciado 7 da Súmula desta Corte. II – Em matéria testamentária, a interpretação deve ter por fim o intuito de fazer prevalecer a vontade do testador, a qual deverá orientar, inclusive, o magistrado quanto à aplicação do sistema de nulidades, que apenas não poderá ser mitigado diante da existência de fato concreto, passível de colocar em dúvida a própria faculdade que tem o testador de livremente dispor de seus bens, o que não se faz presente nos autos. Agravo provido" (BRASIL. Superior Tribunal de Justiça. *AgRg no Ag nº 570.748 SC*. Relator Ministro Castro Filho, Terceira Turma, julgado em 10.04.2007, DJ 04.06.2007, p. 340).

envolvidos. Compreendidas as causas legais de invalidade como juízo abstrato feito pelo legislador sobre os prováveis efeitos a serem produzidos por certos atos, parece lógico concluir que esse juízo pode e deve ser completado em concreto pelo intérprete, a quem se autoriza afastar em parte ou no todo as consequências ordinárias da nulidade ou da anulabilidade se identificar interesse merecedor de tutela que fundamentadamente o justifique.[275]

Sendo assim, preservar ao máximo a vontade manifestada parece ser o mais adequado no concernente a interesses existenciais. Isso porque os direitos existenciais e de personalidade são emanações do próprio ser, de modo que impossibilitar seu gozo implica negar o reconhecimento do sujeito como pessoa.[276] Até a quem está em um estado de insanidade latente resta a liberdade de aceitar ou não a condição anunciada.[277] Já dizia Fernando Pessoa: "ter a liberdade de ser inconsciente".[278]

Em coerência com o elucidado, a solução derivada da proposta de Nunes e Silva evita que o testamento seja imediatamente invalidado e permite que subsistam as disposições existenciais condizentes com seu melhor interesse, reconhecendo-se a capacidade da pessoa e, ao mesmo tempo, protegendo-a, visto que afasta efeitos

---

[275] SOUZA, Eduardo Nunes de; SILVA, Rodrigo da Guia. Autonomia, discernimento e vulnerabilidade: estudo sobre as invalidades negociais à luz do novo sistema das incapacidades. *Civilistica.com*. Rio de Janeiro, a. 5, n. 1, p. 7, 2016. Disponível em: http://civilistica.com/autonomia-discernimento-e-vulnerabilidade/. Acesso em: 17 fev. 2019.

[276] COLOMBO, Maici Barboza dos Santos. Limitação da Curatela aos atos patrimoniais: reflexões sobre a pessoa com deficiência intelectual e a pessoa que não pode se exprimir. *In*: BARBOZA, Heloisa Helena; MENDONÇA, Bruna Lima; ALMEIDA; Vitor de Azevedo (coord.). *O Código Civil e o Estatuto da Pessoa com Deficiência*. Rio de Janeiro: Processo, 2017. p. 254.

[277] Vale insistir nas palavras de Perlingieri, já transcritas: "É também um problema de sensibilidade: intervir sobre a psique apenas porque o sujeito manifesta sintomas de, por assim dizer, anormalidade é arbitrário (além de perigoso) e pode apresentar-se como instrumento de repressão a atuar uma mudança das ideias do paciente, fazendo violência sobre as suas convicções. A história da loucura é frequentemente a história dos livres pensadores, dos indivíduos que não são bem vistos pela sociedade, destinados a ficarem excluídos; de maneira que é errado negar à loucura, e de forma absoluta, a função expressiva de uma verdade diversa e anticonformista, às vezes destinada a se tornar a verdade de amanhã. O caráter relativo e histórico da normalidade na vida social deve induzir a um maior respeito às excentricidades do homem e, portanto, a garanti-lo contra as intervenções tendentes a deixá-lo conforme ao modelo dos maiores ou ao modelo proposto pelo político" (PERLINGIERI, *op. cit.*, 1999, p. 162).

[278] PESSOA, Fernando. *Livro do desassossego*: por Bernardo Soares. 2. ed. São Paulo: Brasiliense, 1986. p. 169.

a ela danosos do exercício de sua autonomia, os quais, no campo testamentário, são significativamente reduzidos em função da eficácia *post mortem* do ato.

Reconhecemos a dificuldade de avaliar o que será preservado e o que será desconsiderado da vontade, manifestado por um testador sem capacidade testamentária reconhecida. Contudo, defendemos ser a sua história de vida subsídio para identificação de quais seus valores, concepções e ideais, servindo de baliza para o reconhecimento da validade das disposições que sejam coerentes com essa história e que reflitam inequivocamente a *persona* do testador, construída progressivamente por ele ao longo de sua vida.

2.5 Princípio *pro capacitate* e os intervalos lúcidos

A concepção jurídica de que a pessoa com doença psíquica poderia apresentar momentos de lucidez vem do Código de Justiniano, foi passada aos povos europeus e reconhecida pelo direito brasileiro à época das Ordenações Filipinas.[279] No período, era o entendimento majoritário, sendo o alemão Thomasio voz solitária a sustentar o contrário.[280]

No direito pré-codificado, os lúcidos intervalos eram reconhecidos não apenas em sede de capacidade testamentária,[281] como também na esfera da capacidade geral. Os intervalos lúcidos não suspendiam a curadoria, mas, nas palavras de Maurício Requião, barravam temporariamente a sua eficácia, que seria plenamente restituída tão logo se encerrasse o período de sanidade.[282]

Clóvis Beviláqua foi crítico dos sistemas que desconsideravam os intervalos lúcidos. Para o jurista, essa opção é manifestamente ilógica, "porque ou os períodos de remissão e lucidez reestabelecem o equilíbrio mental e com êle a capacidade e, então, cabe mantê-la

---

[279] PONTES DE MIRANDA, *op. cit.*, 2005, v. 1.
[280] *Idem.*
[281] Livro 4º Título 81 e Consolidação das Leis Civis Art. 995.
[282] REQUIÃO, Maurício. As mudanças na capacidade e a Inclusão da tomada de decisão apoiada a partir do Estatuto da Pessoa com Deficiência. *Revista de Direito Civil Contemporâneo*, v. 6, p. 37-54, jan./mar. 2016. Disponível em: https://escolasuperior.mppr.mp.br/arquivos/File/Marina/deficiencia5.pdf. Acesso em: 14 out. 2020.

aos interditos, ou assim não acontece e não se justifica a atribuição dela aos não interditos".[283]

Todavia, conforme ensinava Ferreira Alves, os intervalos lúcidos não são uma tranquilidade superficial, uma remissão acidental e passageira à perda da razão. Preciso é que o intervalo lúcido seja uma completa volta da razão, dissipando essa as ilusões e os erros.[284] Na dúvida, se o testamento foi feito em um momento lúcido, valia a regra do bom senso das disposições.[285]

Alguns autores sustentam que a doutrina dos lúcidos intervalos provém da concepção teológica das doenças mentais de que o demônio ou o diabo abandonava o corpo da pessoa durante os intervalos lúcidos,[286] explicação que se revela plausível e conectada ao antigo modelo moral da deficiência.[287]

Essa ideia, contudo, perdeu espaço com o desenvolvimento da medicina-legal, que veio a demonstrar a dificuldade de separar os lúcidos intervalos dos estados de atuação das doenças psíquicas.[288] Para Tito Prates, a extrema dificuldade de exame e prova desses intervalos, máxime quando a constatação é muito posterior ao ato, explicam, em sua opinião, a feliz iniciativa, à época do Código Civil de 1916, em romper com a tradição de reconhecimento do lúcido intervalo.[289] Por sua vez, Pontes de Miranda, comentando a alteração da legislação codificada, afirma não haver momentos lúcidos: "a vida do louco constitui, para lei, escuridade contínua, sem relâmpagos de consciência jurídica. Porém, a continuidade iluminada do são reconhece manchas escuras. Daí falar-se nos que, ao testar, não estejam em seu perfeito juízo".[290] Caio Mário entende não haver espaço para a reabertura da questão na doutrina brasileira,[291] mas dele discordamos.

Um sistema que tem um diploma de natureza constitucional determinando a promoção da autonomia e a criação de mecanismos

---

[283] BEVILÁQUA, op. cit., 1983, p. 199.
[284] FERREIRA ALVEZ, op. cit., 1928, v. XIX, p. 73.
[285] Idem.
[286] FERREIRA, op. cit., 1990, p. 198; MAXIMILIANO, op. cit., 1958, v. 1, p. 365.
[287] Vide capítulo 2, tópico 2.4.1.
[288] FERREIRA, op. cit., 1990, p. 198.
[289] FONSECA, op. cit., 1928, p. 52.
[290] PONTES DE MIRANDA, op. cit., 2005, v. 1.
[291] PEREIRA, op. cit., 1999, v. 4, p. 99.

de apoio ao exercício da capacidade não pode negar aos que desejam, em intervalos de lucidez, exercerem pessoalmente seus direitos. Por isso, é imperiosa a retomada da tese dos intervalos lúcidos.

Na Argentina, a pessoa, ainda que declarada incapaz, pode testar em intervalos lúcidos que sejam suficientemente certos para assegurar que fez cessar a doença.[292]

No México, a pessoa sob curatela que deseja testar em intervalos de lucidez deve requerer judicialmente. O juiz, então, nomeia dois médicos que avaliam o testador e emitem parecer sobre seu estado psíquico. Reconhecida sua capacidade, prossegue-se para feitura do testamento, que deverá ser público, com todas as formalidades dessa espécie. Ao final, todos os participantes do processo testamentário, inclusive os médicos, atestam que o testador conservou sua capacidade durante o ato e o assinam.[293]

---

[292] "Art. 2467. Es nulo el testamento o, en su caso, la disposición testamentaria: (...) d) Por haber sido otorgado por persona judicialmente declarada incapaz. Sin embargo, ésta puede otorgar testamento en intervalos lúcidos que sean suficientemente ciertos como para asegurar que la enfermedad ha cesado por entonces" (Sistema Argentino de Información Jurídica. Codigo civil y comercial de la nacion. Ley nº 26.994. InfoLEG – Información Legislativa. Disponível em: http://servicios.infoleg.gob.ar/infolegInternet/anexos/235000-239999/235975/texact.htm#4. Acesso em: 8 maio 2020). Tradução livre: "O testamento ou, se for caso, a disposição testamentária, é nula: (...) d) Por ter sido feito por pessoa judicialmente declarada incapaz. No entanto, ela pode fazer testamento em intervalos de lucidez que sejam certos o suficiente para garantir que a doença já tenha cessado".

[293] "Artículo 1307. Es válido el testamento hecho por un demente en un intervalo de lucidez, con tal de que al efecto se observen las prescripciones siguientes.
Artículo 1308. Siempre que un demente pretenda hacer testamento en un intervalo de lucidez, el tutor y en defecto de éste, la familia de aquél, presentará por escrito una solicitud al Juez que corresponda. El Juez nombrará dos médicos, de preferencia especialistas en la materia, para que examinen al enfermo y dictaminen acerca de su estado mental. El Juez tiene obligación de asistir al examen del enfermo, y podrá hacerle cuantas preguntas estime convenientes, a fin de cerciorarse de su capacidad para testar.
Artículo 1309. Se hará constar en acta formal el resultado del reconocimiento.
Artículo 1310. Si éste fuere favorable, se procederá desde luego a la formación de testamento ante Notario Público, con todas las solemnidades que se requieren para los testamentos públicos abiertos.
Artículo 1311. Firmarán el acta, además del Notario y de los testigos, el Juez y los médicos que intervinieron para el reconocimiento, poniéndose al pie del testamento, razón expresa de que durante todo el acto conservó el paciente perfecta lucidez de juicio, y sin este requisito y su constancia, será nulo el testamento.
Artículo 1312. Para juzgar de la capacidad del testador se atenderá especialmente al estado en que se halle al hacer el testamento" (CÁMARA DE DIPUTADOS DEL CONGRESO DE LA UNIÓN. Disponível em: http://www.diputados.gob.mx/LeyesBiblio/pdf/2_270320.pdf. Acesso em: 8 maio 2020).
Tradução livre: "Art. 1307 – É válido o testamento do 'demente' no intervalo de lucidez, desde que observadas as seguintes prescrições.

A solução mexicana à problemática dos intervalos lúcidos é elogiável, pois, além de garantir o exercício do direito de testar daqueles que estão sob curatela, o faz de modo a evitar futuras contestações sobre sua capacidade. Apesar de a necessidade de requerimento judicial soar, à primeira vista, como uma medida burocrática, considerando que o tabelião não tem competência e expertise para constatar o efetivo estado do testador,[294] a intervenção judicial com amparo de equipe médica acaba por resguardar o ato.

Parece-nos, portanto, que o tratamento jurídico dos intervalos lúcidos é passível de revisão, garantindo à pessoa o exercício de sua capacidade, que não deve ser tolhida injustificadamente, sobretudo quando comprovada sua lucidez, ainda que transitória. Sugere-se medidas de apoio em sentido amplo, como o acompanhamento médico, para o fim de assegurar a capacidade do testador no momento do ato.

2.6 Capacidade testamentária e tomada de decisão apoiada

2.6.1 A tomada de decisão apoiada

Destinada a concretizar a determinação, presente no Art. 12 da CDPD, de que "os Estados Partes tomarão medidas apropriadas para prover o acesso de pessoas com deficiência ao apoio que

---

Art. 1308. Sempre que o 'demente' pretender fazer testamento em intervalo de lucidez, o tutor ou, na falta desse, a família do primeiro, deve apresentar requerimento por escrito ao Juiz competente. O juiz indicará dois médicos, de preferência especialistas na área, para examinar o paciente e avaliar seu estado mental. O juiz é obrigado a comparecer ao exame do paciente, podendo fazer-lhe as perguntas que julgar convenientes, a fim de se certificar de sua capacidade para testar.
Art. 1309. O resultado do reconhecimento será lavrado em ata.
Art. 1310. Se for favorável o parecer, logo se procederá à formação de um testamento perante o Notário Público, com todas as solenidades exigidas nos testamentos públicos.
Art. 1311. Assinarão a ata, além do Notário e das testemunhas, o Juiz e os médicos que intervieram pelo reconhecimento da capacidade, fazendo constar expressamente ao final do testamento que ao longo do ato o paciente conservou perfeita lucidez, e sem essa exigência e sua prova, o testamento será nulo.
Art. 1312. Para avaliar a capacidade do testador, será atendido o estado em que se encontre ao fazer o testamento"
[294] Vide capítulo 3, item 3.3.2.

necessitarem no exercício de sua capacidade legal", o Art. 116 do EPD criou a tomada de decisão apoiada (TDA), incluindo no Código Civil o Art. 1.783-A.

Segundo o referido dispositivo, a tomada de decisão apoiada consiste no processo segundo o qual a pessoa com deficiência "elege pelo menos 2 (duas) pessoas idôneas, com as quais mantenha vínculos e que gozem de sua confiança, para prestar-lhe apoio na tomada de decisão sobre atos da vida civil, fornecendo-lhes os elementos e informações necessários para que possa exercer sua capacidade".

O pedido de apoio será formulado pela pessoa a ser apoiada (§2º),[295] tratando-se, portanto, de processo de jurisdição voluntária;[296] com indicação expressa dos apoiadores (§2º); mediante apresentação de termo em que constem os limites do apoio a ser oferecido e os compromissos dos apoiadores, bem como o prazo de vigência do acordo (§1º).[297]

A tomada de decisão apoiada distingue-se da curatela por ser uma faculdade de quem sente necessidade de amparo, revogável a qualquer momento (§9º),[298] e por conservar a plena capacidade do apoiado. Enquanto a curatela destina-se à proteção de quem tem sua capacidade restringida, a TDA cria condições ao exercício da plena capacidade do apoiado[299] e, por isso, "já nasce diferenciada".[300]

---

[295] "Art. 1.783-A. (...). §2º O pedido de tomada de decisão apoiada será requerido pela pessoa a ser apoiada, com indicação expressa das pessoas aptas a prestarem o apoio previsto no caput deste artigo".

[296] MENEZES Joyceane Bezerra. O novo instituto da Tomada de Decisão Apoiada: instrumento de apoio ao exercício da capacidade civil da pessoa com deficiência instituído pelo Estatuto da Pessoa com Deficiência – Lei Brasileira de Inclusão (Lei nº 13.146/2015). In: MENEZES, Joyceane Bezerra (org.). Direito das pessoas com deficiência psíquica e intelectual nas relações privadas. Rio de Janeiro: Processo, 2016. p. 618.

[297] "Art. 1.783-A. (...). §1º Para formular pedido de tomada de decisão apoiada, a pessoa com deficiência e os apoiadores devem apresentar termo em que constem os limites do apoio a ser oferecido e os compromissos dos apoiadores, inclusive o prazo de vigência do acordo e o respeito à vontade, aos direitos e aos interesses da pessoa que devem apoiar".

[298] "Art. 1.783-A. (...). §9º A pessoa apoiada pode, a qualquer tempo, solicitar o término de acordo firmado em processo de tomada de decisão apoiada".

[299] ALMEIDA, Vitor. Autonomia da pessoa com deficiência e tomada de decisão apoiada: alcance, efeitos e fins. In: TEPEDINO, Gustavo; MENEZES, Joyceane Bezerra (coord.). Autonomia privada, liberdade existencial e direitos fundamentais. Belo Horizonte: Fórum, 2019. p. 442.

[300] BARBOZA; ALMEIDA. A capacidade à luz do Estatuto da Pessoa com Deficiência. In: MENEZES, Joyceane Bezerra (org.). Direito das pessoas com deficiência psíquica e intelectual nas relações privadas. Rio de Janeiro: Processo, 2016. p. 268.

O apoiador não será parte nos negócios praticados pelo apoiado; diversamente, atuará como "coadjuvante",³⁰¹ "esclarecendo e colaborando no processo de formação da vontade".³⁰² Contudo, o papel do apoiador não se confunde com um conselho amigo; ele tem responsabilidade jurídica de zelar pela proteção do apoiado e prestar contas; do contrário, seria desvirtuar a TDA em verdadeiro palpite institucionalizado.³⁰³

Nessa senda, em caso de divergência entre os apoiadores e o apoiado quanto ao risco ou ao prejuízo que a celebração de determinado negócio jurídico implicará ao apoiado, os apoiadores têm o dever de levar a questão ao juiz para que ele, ouvindo o Ministério Público, decida sobre a questão.³⁰⁴

---

³⁰¹ ALMEIDA, Vitor. Autonomia da pessoa com deficiência e tomada de decisão apoiada: alcance, efeitos e fins. *In*: TEPEDINO, Gustavo; MENEZES, Joyceane Bezerra (coord.). *Autonomia privada, liberdade existencial e direitos fundamentais*. Belo Horizonte: Fórum, 2019. p. 442.

³⁰² *Ibidem*, p. 443.

³⁰³ "Importa ressaltar que a figura do apoiador não se confunde com o papel do amigo a quem se consulta ou a quem se requer opinião. Não se trata da institucionalização de um palpite, pois os apoiadores ocupam um papel mais institucional na prestação do suporte à pessoa apoiada. Uma vez que aceitem o encargo, terão a responsabilidade de zelar pelos interesses da pessoa no exercício de sua capacidade legal relativamente ao que for objeto do apoio. Exercerão, na síntese de Rosenvald, os deveres de proteção cooperação e de informação; e estarão sujeitos à responsabilidade e ao dever de prestação de contas" (MENEZES, Joyceane Bezerra. O novo instituto da Tomada de Decisão Apoiada: instrumento de apoio ao exercício da capacidade da pessoa com deficiência instituído pelo Estatuto da Pessoa com Deficiência – Lei Brasileira de Inclusão (Lei nº 13.146/2015). *In*: MENEZES, Joyceane Bezerra (org.). *Direito das pessoas com deficiência psíquica e intelectual nas relações privadas*. Rio de Janeiro: Processo, 2016. p. 621).

³⁰⁴ "Se o apoiador entender que determinado negócio jurídico pode trazer riscos e prejuízos relevantes ao apoiado e, nisso houver discordância entre ambos, deverá informar ao juiz que deflagrará as providências necessárias, inclusive, para suspender a realização do negócio. O pressuposto para tanto é apenas o de que a matéria objeto do negócio jurídico questionado se ache no âmbito do apoio requerido. Se o apoiado a incluiu no objeto da TDA, é porque sabia da necessidade de suporte naquela área" (MENEZES, Joyceane Bezerra. O novo instituto da Tomada de Decisão Apoiada: instrumento de apoio ao exercício da capacidade civil da pessoa com deficiência instituído pelo Estatuto da Pessoa com Deficiência – Lei Brasileira de Inclusão (Lei nº 13.146/2015). *In*: MENEZES, Joyceane Bezerra (org.). Direito das pessoas com deficiência psíquica e intelectual nas relações privadas. Rio de Janeiro: Processo, 2016. p. 620). Nesse ponto, Jacqueline Lopes Pereira faz crítica assertiva: "constata-se outro desafio e uma incongruência do sistema de apoio com uma ideia de liberdade positiva da pessoa com deficiência, já que a palavra final sobre qual manifestação de vontade deverá prevalecer constituirá uma decisão heterônoma, sendo que as preferências principais a serem levadas em consideração deveriam ser as da pessoa apoiada. Percebe-se que há traços de uma perspectiva de avaliação do resultado da escolha em um raciocínio que se aproxima do parâmetro da substituição da vontade (*outcome approach*), não adotado pela CDPD" (PEREIRA, Jacqueline Lopes. *Tomada de Decisão Apoiada*: a ampliação das liberdades da pessoa com deficiência psíquica ou intelectual em escolhas que gerem efeitos jurídicos. Curitiba: Juruá, 2019. p. 145).

Acontece que, como a tomada de decisão apoiada não compromete a plena capacidade do sujeito, os negócios jurídicos celebrados, mesmo que sem apoio, serão válidos, mormente pelo fato de o Código não impor o registro do termo de apoio no Cartório de Registros.[305]

Há quem sustente, contudo, que, ciente a contraparte da existência do apoio ou patente o comprometimento da capacidade do apoiado, o negócio jurídico poderá ser declarado inválido por descumprimento da boa-fé objetiva.[306]

Porém, entendimento contrário vem a ser reforçado pelo fato de serem as causas de invalidade matéria de ordem pública, não comportando interpretação analógica ou extensiva. Tanto é verdade que o Art. 171 do Código Civil, ao arrolar algumas hipóteses de anulabilidade, dispõe serem também anuláveis os "casos expressamente declarados na lei", ratificando a indispensabilidade de manifestação legislativa.

De outra parte, quanto ao entendimento de ser possível a invalidação do negócio jurídico celebrado na ausência de apoio, por força da boa-fé, há de se reconhecer a existência de motivação razoável; trata-se de tentativa de atribuir algum efeito ao §5º do Art. 1.783-A, que assim determina:

> §5º Terceiro com quem a pessoa apoiada mantenha relação negocial pode solicitar que os apoiadores contra-assinem o contrato ou acordo, especificando, por escrito, sua função em relação ao apoiado.

Ora, se o Código possibilita a solicitação de contra-assinatura, esse ato de "contra-assinar" há de ter um efeito, afinal, *verba cum effectu sunt accipienda*. Entretanto, de tal constatação não decorre, por certo, a invalidade do negócio celebrado sem apoio. A conclusão da necessidade de manifestação legislativa para provocar a

---

[305] MENEZES, Joyceane Bezerra. O novo instituto da Tomada de Decisão Apoiada: instrumento de apoio ao exercício da capacidade civil da pessoa com deficiência instituído pelo Estatuto da Pessoa com Deficiência – Lei Brasileira de Inclusão (Lei nº 13.146/2015). *In*: MENEZES, Joyceane Bezerra (org.). Direito das pessoas com deficiência psíquica e intelectual nas relações privadas. Rio de Janeiro: Processo, 2016. p. 623.

[306] ALMEIDA, Vitor. Autonomia da pessoa com deficiência e tomada de decisão apoiada: alcance, efeitos e fins. *In*: TEPEDINO, Gustavo; MENEZES, Joyceane Bezerra (coord.). *Autonomia privada, liberdade existencial e direitos fundamentais*. Belo Horizonte: Fórum, 2019. p. 446.

invalidade em nada se altera pela percepção de que algum efeito deve ter o §5º.

Sem qualquer pretensão de tratamento conclusivo sobre tão delicada questão, o que se pode extrair com certeza de toda essa discussão é o fato de a construção legislativa da TDA buscar salvaguardar a manifestação de vontade do apoiado, evitando questionamentos sobre sua capacidade e zelando pela produção de efeitos de suas escolhas.

Outro aspecto controvertido, que tangencia a tomada de decisão apoiada, é seu cabimento ou não para prática de atos existenciais. A intepretação que tem prevalecido é a de que nada obsta a que abranja tanto os atos patrimoniais quanto os existenciais.[307] Em primeiro lugar, porque a lei usa a expressão "atos da vida civil",[308] e, em segundo, porque a concreta vulnerabilidade da pessoa pode demandar o auxílio para o gozo de direitos eminentemente existenciais,[309] como se verifica na hipótese de pessoa com memória de curto prazo comprometida que requer o apoio para o consumo dos medicamentos diários.

Apesar de as dúvidas suscitadas pela nova figura jurídica,[310] certo é que a tomada de decisão apoiada constitui alternativa intermediária[311] que possibilita a livre tomada de decisão pelo

---

[307] "(...) a tomada de decisão apoiada já nasce vocacionada à preservação da autodeterminação da pessoa com deficiência, com fins de manutenção do seu pleno estado de capacidade de agir, sendo, inclusive, um remédio plasmado prioritariamente para o apoio das situações existênciais, (...). Trata-se, permita-se repisar, de instituto promotor da autonomia e dignidade da pessoa com deficiência, sem amputar demasiadamente sua vontade e escolhas existenciais e patrimoniais" (BARBOZA; ALMEIDA. A capacidade à luz do Estatuto da Pessoa com Deficiência. *In*: MENEZES, Joyceane Bezerra (org.). *Direito das pessoas com deficiência psíquica e intelectual nas relações privadas*. Rio de Janeiro: Processo, 2016. p. 269). Opinião reiterada por Vitor Almeida (*In*: TEPEDINO; MENEZES, *op. cit.*, 2019, p. 445) e compartilhada também por Menezes (*In*: MENEZES, Joyceane Bezerra (org.). *Direito das pessoas com deficiência psíquica e intelectual nas relações privadas*. Rio de Janeiro: Processo, 2016. p. 615).

[308] ALMEIDA, Vitor. Autonomia da pessoa com deficiência e tomada de decisão apoiada: alcance, efeitos e fins. *In*: TEPEDINO, Gustavo; MENEZES, Joyceane Bezerra (coord.). *Autonomia privada, liberdade existencial e direitos fundamentais*. Belo Horizonte: Fórum, 2019. p. 445.

[309] BARBOZA; ALMEIDA. A capacidade à luz do Estatuto da Pessoa com Deficiência. *In*: MENEZES, Joyceane Bezerra (org.). *Direito das pessoas com deficiência psíquica e intelectual nas relações privadas*. Rio de Janeiro: Processo, 2016. p. 269.

[310] Tratou com excelência sobre os pontos controvertidos que permeiam a tomada de decisão apoiada: PEREIRA, *op. cit.*, 2019.

[311] "Coloca-se como alternativa intermediária para aquelas pessoas que estão situadas entre as que ostentam integral aptidão para o exercício autônomo e independente da vida civil e aquelas que carecem de curatela pelo fato de não possuírem o discernimento necessário

apoiado, amparado por mecanismo de apoio que não compromete sua plena capacidade, mas viabiliza seu exercício, promovendo a emancipação do sujeito, concretizando sua dignidade e celebrando o modelo da *functional approach*.[312]

2.6.2 Capacidade testamentária ativa de quem está sob tomada de decisão apoiada

A pessoa em acordo de tomada de decisão apoiada é plenamente capaz, de modo que não restam dúvidas quanto à sua capacidade testamentária, desde que presente também, no momento do ato de testar, o pleno discernimento, elemento complementar exigido pelo Código Civil.[313]

A grande questão é a de saber se é possível que o termo de apoio estabeleça o suporte para prática de atos de disposições *causa mortis* ou outros atos, de natureza existencial, aptos a integrarem testamento ou codicilo. Isso porque o testamento é negócio jurídico personalíssimo e, portanto, não pode ser celebrado mediante assistência ou representação. Mas e mediante apoio?

Por se tratar de alteração legislativa relativamente recente, pouco material é encontrado sobre a intersecção do EPD com o direito testamentário; foram encontrados apenas três artigos, de autoria de Flávio Tartuce,[314] Joyceane Menezes com Ana Beatriz

---

à compreensão e avaliação das coisas e circunstâncias que lhes cercam com bom senso e clareza" (MENEZES, Joyceane Bezerra. O novo instituto da Tomada de Decisão Apoiada: instrumento de apoio ao exercício da capacidade civil da pessoa com deficiência instituído pelo Estatuto da Pessoa com Deficiência – Lei Brasileira de Inclusão (Lei nº 13.146/2015). *In*: MENEZES, Joyceane Bezerra (org.). *Direito das pessoas com deficiência psíquica e intelectual nas relações privadas*. Rio de Janeiro: Processo, 2016. p. 616).

[312] A intenção é "inaugurar um sistema protetivo-emancipatório de apoio no qual a pessoa preserva a sua condição de sujeito com a possibilidade de uma vida independente, valendo-se de algum suporte, se assim necessitar e na medida do que realmente precisar" (MENEZES, Joyceane Bezerra. O novo instituto da Tomada de Decisão Apoiada: instrumento de apoio ao exercício da capacidade civil da pessoa com deficiência instituído pelo Estatuto da Pessoa com Deficiência – Lei Brasileira de Inclusão (Lei nº 13.146/2015). *In*: MENEZES, Joyceane Bezerra (org.). *Direito das pessoas com deficiência psíquica e intelectual nas relações privadas*. Rio de Janeiro: Processo, 2016. p. 607).

[313] Vide capítulo 3, item 3.3.2.

[314] TARTUCE, Flávio. O Estatuto da Pessoa com Deficiência e a capacidade testamentária ativa. *In*: MENEZES, Joyceane Bezerra (org.). *Direito das pessoas com deficiência psíquica e intelectual nas relações privadas*. Rio de Janeiro: Processo, 2016.

Lopes[315] e Camila Aguileira Coelho.[316] Essa última não enfrenta a problemática de ser ou não possível testar mediante apoio; os demais dão resposta afirmativa à questão.

Menezes e Lopes justificam suas conclusões alegando que "como os apoiadores não integram o negócio celebrado, no caso do testamento, não há que se falar em comprometimento do caráter personalíssimo do ato".[317] Segundo elas, "o fato do apoio não compromete a higidez e integridade dessa vontade".[318] Argumentam ser hoje "(...) possível – até recomendável em certos casos – que a elaboração do testamento seja feita como auxílio ou apoio, em sentido amplo, de um profissional especializado na matéria, a fim de diminuir, ou mesmo extinguir, as chances de ineficácia testamental".[319]

As premissas às quais recorrem as autoras – *i)* os apoiadores não integram o negócio celebrado, *ii)* o testamento é personalíssimo e *iii)* é possível e recomendável a orientação jurídica – são as mesmas suscitadas neste trabalho. No entanto, se tais premissas teóricas são verdadeiras, é distinta a conclusão delas derivada.

Decerto que a própria doutrina tradicional reconhece tratar--se o testamento de negócio jurídico personalíssimo, legalmente amparado por uma série de formalidades destinadas a salvaguardar a vontade fidedigna do testador, blindando sua elaboração de ingerências que possam comprometê-la ou influenciá-la.[320]

O apoiador atua, nas palavras de Vitor Almeida, "esclarecendo e colaborando no processo formativo da vontade".[321] Nesse sentido, embora tenha como vocação preservar a vontade do apoiado,

---

[315] MENEZES, Joyceane Bezerra; LOPES, Ana Beatriz Lima Pimentel. A sucessão testamentária da pessoa com deficiência intelectual e psíquica. In: TEIXEIRA, Daniele Chaves (coord.). *Arquitetura do planejamento sucessório*. Belo Horizonte: Fórum, 2019.

[316] COELHO, Camila Aguileira. O impacto do Estatuto da Pessoa com Deficiência no Direito das Sucessões. In: BARBOZA, Heloisa Helena; MENDONÇA, Bruna Lima; ALMEIDA; Vitor de Azevedo (coord.). *O Código Civil e o Estatuto da Pessoa com Deficiência*. Rio de Janeiro: Processo, 2017.

[317] MENEZES, Joyceane Bezerra; LOPES, Ana Beatriz Lima Pimentel. A sucessão testamentária da pessoa com deficiência intelectual e psíquica. In: TEIXEIRA, Daniele Chaves (coord.). *Arquitetura do planejamento sucessório*. Belo Horizonte: Fórum, 2019. p. 167.

[318] *Idem.*

[319] *Idem.*

[320] Por todos: PEREIRA, *op. cit.*, 1999, v. 4, p. 95.

[321] ALMEIDA, Vitor. Autonomia da pessoa com deficiência e tomada de decisão apoiada: alcance, efeitos e fins. In: TEPEDINO, Gustavo; MENEZES, Joyceane Bezerra (coord.). *Autonomia privada, liberdade existencial e direitos fundamentais*. Belo Horizonte: Fórum, 2019. p. 443.

privilegiando ao máximo a participação, afigura-se como um entremeio do que, no campo testamentário, deve ser exclusivamente individual. Por isso, argumenta-se que o apoio é incompatível com a natureza personalíssima do negócio.

Inclusive Menezes e Lopes, embora sustentem que o apoio não desnaturaliza a qualidade personalíssima do ato, concordam que ele "se aplica auxiliando no processo de construção volitiva".[322] Contudo, por anteceder à formação do negócio, entendem não comprometer a natureza personalíssima do testamento.

Reside aí o ponto de divergência: o "personalíssimo", extraído do Art. 1.858 do Código Civil, pretende, simplesmente, assegurar que o testamento seja formalmente pessoal ou, diversamente, intenta preservar a autenticidade da manifestação de vontade de maneira mais ampla, abarcando também seu processo constitutivo?

Quem se vale da anterioridade do apoio à formação do negócio jurídico para auferir a incolumidade do testamento parte de uma concepção estática dele, como se fosse fruto de uma vontade repentina, nascida contemporaneamente com a manifestação que determina a sua existência.

Em sentido contrário ao raciocínio pautado na visão estática, a complexidade do processo formativo da vontade e dos negócios jurídicos levou parte da doutrina a propor a revisitação do instituto por uma perspectiva dinâmica.[323] Anderson Schereiber, crítico da omissão legislativa quanto às negociações preliminares, constata que a lógica binária de "proposta e contraproposta", presente no Código Civil, acarreta um afastamento da realidade e uma incompreensão de como, de fato, se dá a maioria dos processos formativos dos contratos, elaborados pela conformação de manifestações de vontade recíprocas e simultâneas.[324]

No direito comparado, registra-se que a Suíça, assimilando a complexidade do processo de formação e manifestação da vontade,

---

[322] MENEZES, Joyceane Bezerra; LOPES, Ana Beatriz Lima Pimentel. A sucessão testamentária da pessoa com deficiência intelectual e psíquica. *In*: TEIXEIRA, Daniele Chaves (coord.). *Arquitetura do planejamento sucessório*. Belo Horizonte: Fórum, 2019. p. 166.

[323] Cf. SILVA, Clovis Veríssimo do Couto e. *A obrigação como processo*. São Paulo: Bushatsky, 1976.

[324] SCHREIBER, Anderson. *Equilíbrio contratual e dever de renegociar*. São Paulo: Saraiva, 2018. p. 282.

divide a capacidade em duas fases, uma intelectual e outra volitiva. A primeira diz respeito à capacidade de compreender e avaliar determinada situação concreta, bem como a habilidade do sujeito de saber lidar com a oposição a suas escolhas. Já a segunda surge após o processo de desenvolvimento da vontade e consiste em sua livre manifestação.[325]

Embora o testamento seja negócio jurídico unilateral, observa-se que a análise estática também prevalece na construção doutrinária pertinente à sua formação. Contudo, a vontade consubstanciada em um testamento não é fruto de um instante, mas de um percurso reflexivo, de tal forma que não basta proteger a pessoalidade do momento de exteriorização da vontade para garantir sua natureza personalíssima; é necessário preservar a pessoalidade de todas as etapas que antecedem a manifestação, por estarem inseridas em um amplo processo constitutivo da vontade.

---

[325] "In altro modo, si può dire che tale capacità sia contraddistinta da due momenti: una fase intellettuale e una volitiva. La fase e l'elemento intellettuale della capacità di discernimento (ovvero la sua componente cognitiva) consiste nella presa di coscienza della persona, ovvero nella sua capacità di comprendere e di valutare una certa situazione concreta, di comprendere l'informazione che gli è stata fornita, nonché il senso, l'opportunità e i possibili effetti della propria scelta. Insieme a questa comprensione, si formerà nel soggetto una motivazione a decidere e lo sviluppo di una sua, propria e conseguente volontà. Il momento volitivo (ovvero il suo elemento volontario) si pone in una fase temporale successiva al processo di sviluppo della volontà e consiste nella manifestazione libera di questa volontà, pur in presenza di pressioni esterne da parte di chi non concorda pienamente con la decisione presa e a cui il soggetto sa resistere. Si ritiene, infatti, che fra le caratteristiche della capacità di discernimento debba esserci anche l'abilità del soggetto di sapersi opporre alle sollecitudini esterne che dovrebbero spingerlo a modificare la propria volontà, mantenuta salda." Tradução livre: "De outro modo, podemos dizer que tal capacidade se distingue por dois momentos: uma fase intelectual e uma volitiva. A fase e o elemento intelectual da capacidade de discernimento (isto é, seu componente cognitivo) consistem na tomada de consciência da pessoa, ou na sua capacidade de compreender e avaliar determinada situação concreta, compreender as informações que lhe foram fornecidas, bem como o significado, a oportunidade e os possíveis efeitos de sua escolha. Junto desse entendimento, uma motivação será formada no sujeito para decidir e o desenvolvimento de uma sua própria e consequente vontade. O momento volitivo (ou seu elemento voluntário) surge em uma fase temporal sucessiva ao processo do desenvolvimento da vontade e consiste na livre manifestação dessa vontade, mesmo na presença de pressões externas por parte daquele que não concorda plenamente com a decisão tomada e qual o sujeito pode resistir. Acredita-se, de fato, que entre as características da capacidade de discernimento também deve haver a capacidade do sujeito de saber se opor às solicitudes externas que deveriam levá-lo a modificar sua própria vontade, mantida firme" (CROCETTA, Christian. L'autonomia decisionale del minore di fronte al trattamento medico: un confronto fra i sistemi giuridiciitaliano e svizzerop. *Comparazione e Diritto Civile*, Salermo, p. 5, mar. 2015. Disponível em: http://www.comparazionedirittocivile.it/prova/files/crocetta_autonomia.pdf. Acesso em: 10 ago. 2018).

Por outro lado, mostra-se pertinente admitir que o apoiador se certifique da capacidade do apoiado, submetendo ao juiz a controvérsia sobre sua capacidade ou não para testar, porém nunca questionando ou visando a interferir no conteúdo de sua manifestação. Isso, é claro, se houver abertura no termo de apoio para tanto.

Caio Mario esclarece que não contraria a natureza personalíssima do testamento a participação indireta em sua feitura, como ocorre com o aconselhamento jurídico ou o auxílio do notário em sua redação.[326] Nota-se que, nesses casos, a participação indireta do notário com o ato é simplesmente a instrumentalização da manifestação de uma vontade pessoal já formada. Até nos casos de aconselhamento jurídico, o papel do advogado conselheiro deve ser o de esclarecer os exatos efeitos da manifestação de vontade intentada ou de orientar de qual forma a manifestação deve-se dar para que os efeitos perseguidos pelo testador sejam, seguramente, alcançados. Assim, até quando há participação indireta, ela tem lugar para garantir o êxito da manifestação autêntica de vontade.

Por conseguinte, deverá o apoiador orientar o apoiado a procurar orientação jurídica. Assim, garantirá o melhor interesse do apoiado, na medida em que ele ficará imune de eventuais influências em sua vontade, mas terá o apoio técnico necessário para manifestá-la de forma idônea.

A solução transpõe para o direito testamentário algo similar ao "consentimento informado", presente nas discussões sobre tomadas de decisão pertinentes à saúde e à integridade física da pessoa com deficiência, mas que, conforme esclarece Eduardo Silva, consiste em um amplo e geral dever de informar "presente em diversos ramos do direito, e mostra-se mais forte diante de situações que podem ser prejudiciais ao patrimônio dos indivíduos (...)".[327]

Ao orientar o apoiado a procurar orientação jurídica, estimula-se a prática consciente do ato de testar, que ocorrerá mediante prévio esclarecimento das exatas implicações da manifestação

---

[326] PEREIRA, *op. cit.*, 1999, v. 4, p. 95.
[327] SILVA, Eduardo Freitas Horácio da Silva. Consentimento informado das pessoas com deficiência mental: a necessária compatibilização entre a Convenção de Direitos da Pessoa com Deficiência e a Lei Brasileira de Inclusão. *In*: BARBOZA, Heloisa Helena; MENDONÇA, Bruna Lima; ALMEIDA, Vitor de Azevedo (coord.). *O Código Civil e o Estatuto da Pessoa com Deficiência*. Rio de Janeiro: Processo, 2017. p. 305.

pretendida.³²⁸ Nesse diapasão, o papel do jurista que orientará a pessoa em TDA será informar quais as consequências jurídicas de sua manifestação de vontade e assegurar que essa manifestação seja exteriorizada da forma adequada à produção dos efeitos desejados, ou seja, será a garantia de acessibilidade, entendida como a compreensão adequada dos efeitos da manifestação pretendida para que possa decidir se quer de fato fazê-la e sob quais termos.³²⁹

Entretanto, uma vez que a produção jurídica tem admitido o apoio para a prática de atos testamentários, cumpre avaliar quais as implicações desse posicionamento majoritário.

Primeiramente, é oportuno relembrar os Arts. 1.801 e 1.802 do Código Civil que assim dispõem:

> Art. 1.801. Não podem ser nomeados herdeiros nem legatários:
> I – a pessoa que, a rogo, escreveu o testamento, nem o seu cônjuge ou companheiro, ou os seus ascendentes e irmãos;
> II – as testemunhas do testamento;
> III – (...);
> IV – o tabelião, civil ou militar, ou o comandante ou escrivão, perante quem se fizer, assim como o que fizer ou aprovar o testamento.
> Art. 1.802. São nulas as disposições testamentárias em favor de pessoas não legitimadas a suceder, ainda quando simuladas sob a forma de contrato oneroso, ou feitas mediante interposta pessoa.
> Parágrafo único. Presumem-se pessoas interpostas os ascendentes, os descendentes, os irmãos e o cônjuge ou companheiro do não legitimado a suceder.

Os artigos transcritos, como leciona James Eduardo Oliveira,³³⁰ objetivam blindar a liberdade de testar, recusando interferências

---

³²⁸ Uma vez informado e esclarecido, o sujeito "tem condições de manifestar sua vontade e se manifestar diante de uma situação" (*ibidem*, p. 306). Nessa circunstância, não há interferência no processo formativo da vontade; estará limitado o advogado à prestação de orientação jurídica, o que, como bem asseveram Menezes e Lopes, não deixa de ser um "apoio em sentido amplo" (MENEZES, Joyceane Bezerra; LOPES, Ana Beatriz Lima Pimentel. A sucessão testamentária da pessoa com deficiência intelectual e psíquica. *In*: TEIXEIRA, Daniele Chaves (coord.). *Arquitetura do planejamento sucessório*. Belo Horizonte: Fórum, 2019. p. 168.

³²⁹ SILVA, Eduardo Freitas Horácio da. Consentimento informado das pessoas com deficiência mental: a necessária compatibilização entre a Convenção de Direitos da Pessoa com Deficiência e a Lei Brasileira de Inclusão. *In*: BARBOZA, Heloisa Helena; MENDONÇA, Bruna Lima; ALMEIDA; Vitor de Azevedo (coord.). *O Código Civil e o Estatuto da Pessoa com Deficiência*. Rio de Janeiro: Processo, 2017. p. 306.

³³⁰ OLIVEIRA, James Eduardo. *Código Civil anotado e comentado*: doutrina e jurisprudência. 2. ed. Rio de Janeiro: Grupo Gen-Editora Forense, 2010. p. 1647.

ilegítimas e impondo a nulidade de toda disposição testamentária que indique benefício a quem, por proximidade com o testador e potencial interesse, poderia tentar influenciá-lo, aproveitando-se de sua posição privilegiada.

Tamanha foi a preocupação do legislador com a vontade genuína do testador que decretou a nulidade, inclusive, das disposições em favor do cônjuge, companheiro ou parentes de primeiro e segundo grau do ilegitimado a suceder, ou, ainda, de qualquer pessoa interposta. Outrossim, a nulidade das cláusulas testamentárias em favor das pessoas referidas no parágrafo único do Art. 1.802 decorre de presunção *juris et de jure*, não admitindo prova em contrário.[331]

Portanto, tendo em vista que o legislador demonstrou a importância de impedir que pessoas próximas ao testador se beneficiassem do testamento,[332] argumenta-se que – caso se admita o apoio para prática testamentária – se deva interpretar o Art. 1.801 de forma extensiva, aplicando-o ao apoiador. Assim, ter-se-iam como nulas as disposições testamentárias em benefício do apoiador ou de pessoa que se revele a ele interposta.

Todavia, por mais adequada que pareça uma interpretação extensiva que abarque o apoiador, sua aferição encontrará óbice de parte da doutrina que sustenta ser a interpretação restritiva a única aplicável ao Art. 1.801, como faz José Almeida:[333]

> O art.1.798 trouxe regra geral, a favor da possibilidade de herdar. Assim, os demais dispositivos do novo código, que obstam esse direito, devem ser tidos por excepcionais e, por isso, não admitem interpretação extensiva ou aplicação da analogia. Na dúvida, outrossim, há que se optar pela capacidade sucessória.

---

[331] MONTEIRO, Washington de Barros. *Curso de Direito Civil*. Atualizado por Ana Cristina de Barros Monteiro França Pinto. 35. ed. São Paulo: Saraiva, 2001. v. 6. p. 48.

[332] Em países do *commom law* que admitem o *trust*, a confiança construtiva (*constructive trust*), desempenha-se papel similar, impedindo que nas relações de *trust* o *trustee* (pessoa que ocupa o cargo de confiança) extraia qualquer benefício de sua posição. Essa vedação reflete a peculiar natureza jurídica e a base da responsabilidade de um *trustee*. Na tomada de decisão apoiada, igualmente, a confiança é a base da relação, justificando regras e interpretações jurídicas que coíbam a extração de vantagens da posição ocupada pelo apoiador (Cf. WATTERSON, Stephen. Gain-Based Remedies for Civil Wrongs in England and Wales. In: HONDIUS, Ewoud; JANSSEN, André (org.). *Disgorment of Profits*: Gain-Based Remedies throughout the World. Springer: Cham, 2015. p. 29-70).

[333] ALMEIDA, José Luiz Gavião de. Direito das sucessões, sucessão em geral, sucessão legítima: artigos 1.784 a 1.856. In: AZEVEDO, Álvaro Vilaça. *Código civil comentado*. São Paulo: Atlas, 2003. v. 18, p. 113.

Menezes e Lopes, apesar de assentirem com o apoio do testador, afirmam, com ressalva, inclinação ao posicionamento de que o apoiador não poderá ser contemplado pelo testamento.³³⁴ Tartuce, por sua vez, é omisso na questão.³³⁵

O Art. 1.900, inciso I, do Código Civil estabelece serem nulas as disposições que "institua[m] herdeiro ou legatário sob a condição captatória de que este disponha, também por testamento, em benefício do testador, ou de terceiro". Esse mecanismo de proteção da vontade do testador, designado pela doutrina de captação dolosa, revela-se como possível remédio alternativo às tentativas de influência indevida na vontade manifestada pelo testador, que pode ser de grande valia se admitida a possibilidade de se testar mediante apoio. O problema, contudo, é a prova de que houve captação de vontade, além do fato de nem toda influência à vontade do testador se operar de modo doloso.

Diante do quadro exposto, constatou-se que, embora seja discutível a compatibilidade do apoio com a natureza personalíssima do testamento, a escassa produção científica a respeito tem admitido o apoio para a prática testamentária. Contudo, essa admissão suscita a dúvida, ainda não devidamente enfrentada, sobre a legitimidade dos apoiadores para sucederem por testamento.

2.7 Testamento de ulisses: (in)capacidade testamentária para revogação do testamento

Ulisses, protagonista da Odisseia de Homero, após receber de Cícero prenúncio dos perigos que o aguardavam em alto mar, dentre os quais o canto irresistível das sereias, orienta a tripulação que tampe seus ouvidos e o amarre no mastro, mantendo-o preso ainda que implorasse por soltura. Essa estratégia permitiu que sobrevivessem à passagem pela ilha das sereias.

---

³³⁴ MENEZES, Joyceane Bezerra; LOPES, Ana Beatriz Lima Pimentel. A sucessão testamentária da pessoa com deficiência intelectual e psíquica. *In*: TEIXEIRA, Daniele Chaves (coord.). *Arquitetura do planejamento sucessório*. Belo Horizonte: Fórum, 2019. p. 168.

³³⁵ Cf. TARTUCE, Flávio. O Estatuto da Pessoa com Deficiência e a capacidade testamentária ativa. *In*: MENEZES, Joyceane Bezerra (org.). *Direito das pessoas com deficiência psíquica e intelectual nas relações privadas*. Rio de Janeiro: Processo, 2016.

Em analogia a esse evento da mitologia discute-se hoje o "contrato de Ulisses", que, conforme explica Fernando Araujo, trata-se do:

> (...) pacto mediante o qual uma pessoa se vincula, por tempo determinado ou em circunstâncias especificadas, e sem dependência de uma contraprestação específica, a acatar a vontade de outrem (o beneficiário) tal como ela é manifestada num determinado momento, em detrimento do ulterior arrependimento do beneficiário (expresso nas circunstâncias especificadas) ou da vontade declarada, pelo beneficiário, de antecipar o termo do contrato, ou de rescindi-lo.336

O contrato de Ulisses foi construído dentro do âmbito de conexão do direito com a medicina, possuindo, em sua acepção originária, aplicação aos casos de doenças mentais crônicas e cíclicas, que geram intervalos de lucidez entre crises, como transtorno bipolar e esquizofrenia.[337] Ele visa a proteger o paciente da psicose, antecipando o seu consentimento para tratamento futuro e bloqueando sua recusa posterior, quando se encontrar em situação de crise ou prestes a nela ingressar.[338]

O objeto do presente estudo é o testamento, não a relação médico-paciente. Do contrato de Ulisses pretende-se conduzir à temática da revogabilidade do testamento. A regra da revogabilidade do testamento é aceita sem muito questionamento, como dogma verdadeiramente cristalizado,[339] até pela expressa determinação legal de sua revogabilidade.[340] Todavia, nada impede que seja questionada a pertinência de opção legislativa.

---

[336] ARAUJO, Fernando. O contrato Ulisses – I: o pacto antipsicótico. *Revista Jurídica Luso Brasileira*, v. 3, n. 2, p. 165, 2017.

[337] DIAS, Eduardo Rocha; SILVA JUNIOR, Geraldo Bezerra. Autonomia das pessoas com transtorno mental, diretivas antecipadas psiquiátricas e contrato de Ulisses. In: TEPEDINO, Gustavo; MENEZES, Joyceane Bezerra (coord.). *Autonomia privada, liberdade existencial e direitos fundamentais*. Belo Horizonte: Fórum, 2019. p. 139.

[338] *Idem*.

[339] "*Ambulatoria usque ad vitae supremum extitum a voluntas defuncti* – é hoje da essência do testamento, tal como se cristalizou. Através dos tempos, a revogabilidade. Assim como são nulas as cláusulas derrogatórias de futuros testamentos, as que dizem irrevogável o que se fez, assim são nulas as *poenae* que se prometem aos beneficiários para o caso de revogação" (PONTES DE MIRANDA, *op. cit.*, 2005, v. 5, p. 18).

[340] Art. 1.858. O testamento é ato personalíssimo, podendo ser mudado a qualquer tempo.

De antemão, cumpre assinalar que a capacidade testamentária é requisito para revogação do testamento, motivo pelo qual o presente item foi inserido neste capítulo.

A revogabilidade do testamento é justificada no fato de que, sendo o testamento um negócio jurídico de última vontade, só poderia ser essencialmente revogável e sempre reversível em face de vontade posterior. Entretanto, questiona-se: em situações excepcionais poderíamos reconhecer um "testamento de Ulisses"? Um testamento ou talvez disposições testamentárias específicas, irrevogáveis em certas circunstâncias por força de vontade anteriormente manifestada nesse sentido?[341]

A título exemplificativo: a pessoa bipolar ou esquizofrênica expressa ser irrevogável seu testamento se não elaborado de determinado modo por ela descrito, um modo que garanta sua lucidez ao revogá-lo. Outra situação hipotética ilustrativa da proposta é a pessoa diagnosticada com Alzheimer, que, prevendo a possibilidade de se esquecer de algumas pessoas queridas, faz disposições testamentárias determinando que sejam tidas como irrevogáveis na eventualidade de delas se esquecer.

Permitir o testamento de Ulisses em casos excepcionais como os narrados é respeitar a autodeterminação. Natércia Sampaio Siqueira reporta-se ao "homem freudiano", que constrói uma narrativa sobre si a partir de suas identificações primárias, história familiar e afetos cotidianos.[342] Se a pessoa é resultado de suas identificações e sujeito da própria narrativa, cabe a ela valorar seus atos a partir de seus referenciais. Por isso, é tão delicado intervir na psique e, também por isso, é indispensável que, em matéria de capacidades, respeitemos a manifestação de cada um sobre suas potencialidades e limites.

A figura da autocuratela[343] materializa perfeitamente essa ideia, bem como a tomada de decisão apoiada, que depende do

---

[341] O reconhecimento de paternidade é exceção.
[342] SIQUEIRA, Natércia Sampaio. A capacidade nas democracias contemporâneas: fundamentos axiológicos da Convenção de Nova York. In: MENEZES, Joyceane Bezerra (org.). *Direito das pessoas com deficiência psíquica e intelectual nas relações privadas*. Rio de Janeiro: Processo, 2016. p. 53.
[343] Como visto no capítulo 2, houve atropelamento legislativo entre EPD e CPC/2015. Dentre as normas revogadas, destaca-se aqui a possibilidade de a própria pessoa promover a curatela (autocuratela), acrescentada pelo EPD ao Art. 1.768 do Código Civil, desconsiderando a

requerimento do apoiado. Nesse sentido, a cláusula de irrevogabilidade seria mais uma medida em que se atribuiria à própria pessoa a faculdade de influenciar na determinação da sua (in)capacidade.

Sugere-se que, estando sob tomada de decisão apoiada, subordinem a revogação do testamento à manifestação de seus apoiadores de que estavam com a doença controlada. A ausência de apoio, como visto, não obsta a celebração de negócios jurídicos válidos, sendo assim, a solução proposta não garante a presunção de invalidade do negócio revocatório. Contudo, apesar disso, a falta de aval dos apoiadores poderá ser interpretada como indicativo de que o testador não estava em seu juízo perfeito, enquadrando-se na segunda parte do Art. 1.860, que subordina a capacidade testamentária à aptidão para manifestar vontade *in concreto*, no momento do ato.

Deveras, conforme observação relevante de Pontes de Miranda, a modificabilidade, por autorregramento da vontade, dos tipos legais dos negócios jurídicos unilaterais, não é tão fácil, tão pertinente, tão permitida, como a modificabilidade dos tipos legais dos negócios jurídicos bilaterais.[344] Porém, é exagerada a afirmação de que para os negócio jurídicos unilaterais rege o princípio de que os tipos legais não podem ser modificados.[345]

A rigidez dos negócios jurídicos unilaterais é usualmente atribuída ao fato de eles influírem no patrimônio de terceiros, impondo regramento estrito que salvaguarde os interesses alheios. Entretanto, o argumento é, para Pontes de Miranda, inadmissível, visto que os negócios jurídicos unilaterais, em princípio, só atingem a esfera jurídica de terceiro para lhes dar direito, pretensão, ação ou exceção.[346]

O testamento escapa à lógica geral dos negócios jurídicos unilaterais, pois a rigidez de seu regramento decorre da necessidade de proteger o próprio testador, e não terceiros. Tanto que, para ele,

---

revogação do artigo pelo CPC/15. A despeito desse descuido legislativo, a doutrina tem defendido a possibilidade da autocuratela. Sugere-se resgatar o item 2.2.2.

[344] PONTES DE MIRANDA, Francisco Cavalcanti. *Tratado de direito privado*. 3. ed. Rio de Janeiro: Borsoi, 1972. v. 31, p. 30.
[345] *Idem*.
[346] *Ibidem*, p. 31.

a revogabilidade é regra, não exceção, constatação que reforça a pertinência de flexibilizar a revogabilidade do testamento quando, desejando se proteger de si mesmo, essa for a vontade do próprio testador. Nota-se que a irrevogabilidade, assim como a revogabilidade, assume um papel protetivo; a diferença é que o destinatário da medida protetiva passa a ter postura ativa de decidir o mecanismo que julga pertinente para sua proteção, evitando-se intervenções paternalistas por parte do Estado.

CAPÍTULO 3

PASSADO, PRESENTE E FUTURO DO FORMALISMO TESTAMENTÁRIO

A doutrina brasileira é contundente ao afirmar ser o testamento ato formal e solene. Pelas palavras de Clóvis Beviláqua, as formas testamentárias são "a vestimenta com que se exterioriza o pensamento nas disposições de última vontade, achando-se com ele tão intimamente unidas a ponto de não se poderem separar juridicamente".[347] Além disso, as exigências legais ao testamento são ditas substanciais, *ad solemnitatem*, e não simplesmente *ad probationem*. A omissão de uma delas, em qualquer espécie de testamento, torna-o nulo[348] ou, para uns mais radicais, impede que ele se aperfeiçoe, sendo caso de inexistência.[349]

Forma e formalidades são conceitos distintos, embora correlacionados. O primeiro é o modo que a lei marca como sendo meio idôneo para a exteriorização da vontade. O segundo é o conjunto de exigências de ordem formal cuja inobservância torna o ato inábil a produzir seus efeitos.[350] Qualificar o testamento como formal e

---

[347] BEVILÁQUA, *op. cit.*, 1983, p. 209.
[348] ITABAIANA DE OLIVEIRA, Arthur Vasco. *Tratado de Direito das Sucessões*. 4. ed. São Paulo: Max Limonad, 1952. v. 2. p. 433; GAMA, Affonso Dioysio. *Tratado teórico e prático de testamentos*. 3. ed. Rio de Janeiro: Freitas Bastos, 1953. p. 18; NONATO, Orosimbo. *Estudos sobre sucessão testamentária*. Rio de Janeiro: Forense, 1957. v. 1. p. 198.
[349] "O seu característico de ato solene e formal impede que vigore o testamento sem observância cabal e pontualíssima das formalidades que a lei o cerca. Impede até que ele se constitua e se perfeiçoe. O caso será de inexistência do ato: sem as formalidades que se integram como elementos seus conceituais, abortício se torna ele, e frustro e larvário" (NONATO, *op. cit.*, 1957, v. 1, p. 201). Na doutrina contemporânea: RIZZARDO, Arnaldo. *Direito das sucessões*. 4. ed. Rio de Janeiro: GEN/Forense, 2008. p. 235.
[350] NONATO, *op. cit.*, 1957, v. 1, p. 199.

solene significa dizer, respectivamente, que ele somente é admitido por uma das formas expressamente previstas em lei e desde que atendidos os requisitos essenciais exigidos para essas formas.[351] Já a expressão "formalismo" é empregada em sentido amplo, abarcando, geralmente, ambos os aspectos.

As diversas formas testamentárias conhecidas no mundo podem ser divididas segundo os critérios de participação de tabelião revestindo o ato de fé pública, confidencialidade do conteúdo do testamento e grau de solenidade.

Os ordenamentos jurídicos geralmente contemplam alguns tipos testamentários com um nível de solenidade maior, disponíveis a todo tempo, e outras formas, menos solenes, para circunstâncias excepcionais, como a iminência de morte do testador. No Brasil, aqueles são designados testamentos ordinários, e estes testamentos especiais. Atualmente, são previstos os testamentos ordinários público, cerrado e particular, e os testamentos especiais marítimo, aeronáutico, militar e hológrafo. O testamento hológrafo, embora localizado no capítulo destinado ao testamento particular, juntamente aos tipos ordinários, trata-se de modalidade excepcional, enquadrando-se, portanto, na classe dos testamentos especiais.[352]

No concernente ao aspecto da confidencialidade, o testamento é secreto quando seu conteúdo é de conhecimento exclusivo do testador – ou, no máximo, também da pessoa que escreveu a seu rogo –, sem a necessidade de leitura para testemunhas ou para o tabelião. O testamento confidencial é corriqueiramente designado de fechado, em contraposição ao dito aberto. Aqui, o único tipo testamentário ordinário secreto é o testamento cerrado, que, ainda assim, é público quanto à sua existência. Vários países aceitam o

---

[351] Idem.
[352] O Projeto de Lei nº 3.799/2019 (Anexo I) propõe a revogação dos testamentos especiais, mantendo apenas o testamento hológrafo, sob o argumento de que "todas as situações que poderiam contemplar já são atendidas pelo testamento hológrafo feito em situação de emergência" (BRASIL. Senado Federal. *Projeto de Lei nº 3799, de 2019*. Altera o Livro V da Parte Especial da Lei nº 10.406, de 10 de janeiro de 2002, e o Título III do Livro I da Parte Especial da Lei nº 13.105, de 16 de março de 2015, para dispor sobre a sucessão em geral, a sucessão legítima, a sucessão testamentária, o inventário e a partilha. 02.02.2022. Aguardando Designação do Relator. Disponível em: https://www25.senado.leg.br/web/atividade/materias/-/materia/137498. Acesso em: 20 jan. 2020).

testamento particular hológrafo[353] como forma ordinária, porém não é o caso do Brasil.

Por fim, a depender da modalidade testamentária, requer-se a participação de tabelião que dê fé pública ao ato. No testamento público, o notário certifica o conteúdo do testamento e a sua existência. Por seu turno, no testamento cerrado, o oficial público cumpre a função de endossar documento secreto atestando conter a vontade do testador, sem dela tomar conhecimento.

Os tipos testamentários conhecidos variam pouco, a partir de uma mistura dos aspectos apresentados. Fora disso, interessante inovação da legislação mexicana prevê uma nova forma testamentária: o testamento público simplificado.[354] Por meio do testamento

---

[353] Exemplos de países que aceitam o testamento particular hológrafo: Peru (Código Civil peruano, Art. 707), México (Código Civil mexicano, Art. 1550) e Paraguai (Código Civil paraguaio, Art. 2637).

[354] "CAPITULO III Bis
Testamento Público Simplificado
Artículo 1549 Bis–. Testamento público simplificado es aquél que se otorga ante notario respecto de un inmueble destinado o que vaya a destinarse a vivienda por el adquirente en la misma escritura que consigne su adquisición o en la que se consigne la regularización de un inmueble que lleven a cabo las autoridades del Distrito Federal o cualquier dependencia o entidad de la Administración Pública Federal, o en acto posterior, de conformidad con lo siguiente:
I – Que el precio del inmueble o su valor de avalúo no exceda del equivalente a 25 veces el salario mínimo general vigente en el Distrito Federal elevado al año, al momento de la adquisición. En los casos de regularización de inmuebles que lleven a cabo las dependencias y entidades a que se refiere el párrafo anterior, no importará su monto;
II – El testador instituirá uno o más legatarios con derecho de acrecer, salvo designación de sustitutos. Para el caso de que cuando se llevare a cabo la protocolización notarial de la adquisición en favor de los legatarios, éstos fueren incapaces y no estuvieren sujetos a patria potestad o tutela, el testador también podrá designarles un representante especial que firme el instrumento notarial correspondiente cuenta de los incapaces;
III – Si hubiere pluralidad de adquirentes del inmueble cada copropietario podrá instituir uno o más legatarios respecto de su porción. Cuando el testador estuviere casado bajo el régimen de sociedad conyugal, su cónyuge podrá instituir uno o más legatarios en el mismo instrumento, por la porción que le corresponda. En los supuestos a que se refiere este artículo no se aplicará lo dispuesto por el artículo 1296 de este Código;
IV – Los legatarios recibirán el legado con la obligación de dar alimentos a los acreedores alimentarios, si los hubiere, en la proporción que el valor del legado represente en la totalidad del acervo hereditario de los bienes del autor de la sucesión;
V – Los legatarios podrán reclamar directamente la entrega del inmueble y no le serán aplicables las disposiciones de los artículos 1713, 1770 y demás relativos de este Código; y
VI – Fallecido el autor de la sucesión, la titulación notarial de la adquisición por los legatarios, se hará en los términos del artículo 876-Bis del Código de Procedimientos Civiles para el Distrito Federal" (CÁMARA DE DIPUTADOS DEL CONGRESO DE LA UNIÓN. Disponível em: http://www.diputados.gob.mx/LeyesBiblio/pdf/2_270320.pdf. Acesso em: 8 maio 2020).

público simplificado o testador transfere, necessariamente, um imóvel, destinado à moradia de um ou mais legatários, que podem ter a obrigação de prestar alimentos na proporção do bem recebido a beneficiários estabelecidos pelo testador. Logo, o testamento público simplificado é original, por vincular uma forma testamentária a um conteúdo específico.

Registra-se, também, que existe uma linha divisória clara entre as jurisdições de *civil law* e as de *common law* ou sistemas mistos. No primeiro caso, tem-se normalmente à disposição testamentos feitos perante notário e a forma hológrafa; no último, a vontade testemunhada é geralmente a única opção.[355]

3.1 Origem, evolução e flexibilização do formalismo testamentário

No direito ocidental, prevalece o princípio da liberdade das formas, isto é, a exigência de forma específica é excepcional, requer expressa determinação legal.[356] No entanto, há pelo menos um ato para o qual os sistemas ocidentais estabelecem requisitos de forma, e esse ato é o testamento.[357] O direito ocidental bebeu em fontes

---

[355] REID, Kenneth G. C.; WAAL, Marius J.; ZIMMERMANN, Reinhard. Testamentary Formalities in Historical and Comparative Perspective. *In*: REID, Kenneth G. C.; WAAL, Marius J.; ZIMMERMANN, Reinhard. *Comparative Succession Law*: Volume I: Testamentary Formalities, págs. 432-471. Oxford: OUP Oxford, 2011. p. 462. Disponível em: http://search.ebscohost.com/login.aspx?direct=true&db=nlebk&AN=784617&lang=pt-br&site=ehost-live. Acesso em: 11 nov. 2020.

[356] No direito brasileiro, estabelece o Código Civil: "Art. 107. A validade da declaração de vontade não dependerá de forma especial, senão quando a lei expressamente a exigir". Esclarece Pontes de Miranda que a "liberdade de escolha das categorias jurídicas não foi o que se conheceu nos primeiros tempos: a autonomia da vontade não foi a regra; o direito *ob singulorum utilitatem* veio depois, quebradas as linhas rígidas do direito material e do direito formal, que incidiam cogentemente, desde o formalismo dos atos necessários ao conteúdo dos tipos precisos de atos jurídicos. Muitos séculos passaram até que se pudesse tornar o direito mais supletivo do que cogente. Então, a lei – principalmente a lei privada – conteve mais regras dispositivas e interpretativas do que cogentes, ou se satisfez com o mínimo de regras jurídicas cogentes" (PONTES DE MIRANDA, Francisco Cavalcanti. *Tratado de direito privado*. 3. ed. Rio de Janeiro: Borsoi, 1972. v. 1, p. 56).

[357] REID; WAAL; ZIMMERMANN. Testamentary Formalities in Historical and Comparative Perspective. *In*: REID, Kenneth G. C.; WAAL, Marius J.; ZIMMERMANN, Reinhard. *Comparative Succession Law*: Volume I: Testamentary Formalities. Oxford: OUP Oxford, 2011. p. 433. Disponível em: http://search.ebscohost.com/login.aspx?direct=true&db=nlebk&AN=784617&lang=pt-br&site=ehost-live. Acesso em: 11 nov. 2020.

romanas, o que justifica a imposição de formalidade ao testamento, pois já em Roma o ato era solene.³⁵⁸

No direito romano, o desenvolvimento das formalidades foi bastante dinâmico.³⁵⁹ Em suma, três propriedades básicas permaneceram estáveis: testemunhas eram necessárias para validade do ato, o testamento deveria começar pela indicação de um herdeiro com o uso de palavras determinadas e certos parentes próximos deveriam ser explicitamente mencionados, sendo nomeados como herdeiros ou deserdados.³⁶⁰

Antes mesmo que o desenvolvimento legal dos testamentos atingisse seu ápice na era clássica, os romanos abandonaram algumas velhas formas. Thomas Rüfner descreve como o elemento central do *testamentum per aes et libram* e o ritual *mancipatio* perderam o sentido no período clássico e como no período pós-clássico formas alternativas de manifestação de vontade *post mortem* foram introduzidas.³⁶¹

Apesar de os primeiros sinais de flexibilização do direito romano, a impressão dominante no direito moderno era da complexidade desnecessária das formalidades testamentárias. À vista disso, a doutrina, considerando as regras romanas como severas, desenvolve um "contraprincípio" segundo o qual os testamentos, em caso de dúvida, deveriam ser considerados válidos, na presunção de que as formalidades necessárias tinham sido cumpridas (*in dubio pro testamento*);³⁶² esse entendimento subsiste

---

[358] Sobre as formalidades no direito romano: RUFNER, Thomas. Testamentary Formalities in Roman Law. *In*: REID, Kenneth G. C.; WAAL, Marius J.; ZIMMERMANN, Reinhard. *Comparative Succession Law*: Volume I: Testamentary Formalities. Oxford: OUP Oxford, 2011. p. 1-26. Disponível em: http://search.ebscohost.com/login.aspx?direct=true&db=nlebk&AN=784617&lang=pt-br&site=ehost-live. Acesso em: 11 nov. 2020.

[359] RUFNER, Thomas. Testamentary Formalities in Roman Law. *In*: REID, Kenneth G. C.; WAAL, Marius J.; ZIMMERMANN, Reinhard. *Comparative Succession Law*: Volume I: Testamentary Formalities. Oxford: OUP Oxford, 2011. Disponível em: http://search.ebscohost.com/login.aspx?direct=true&db=nlebk&AN=784617&lang=pt-br&site=ehos, p. 25.

[360] *Idem*.

[361] *Ibidem*, p. 5.

[362] JANSEN, Nils. Testamentary Formalities in Early Modern Europe. *In*: REID, Kenneth G. C.; WAAL, Marius J.; ZIMMERMANN, Reinhard. *Comparative Succession Law*: Volume I: Testamentary Formalities. Oxford: OUP Oxford, 2011. Disponível em: http://search.ebscohost.com/login.aspx?direct=true&db=nlebk&AN=784617&lang=pt-br&site=ehost-live. Acesso em: 11 nov. 2020.

atualmente.³⁶³ Segundo Nils Jansen, isso permitiu aos juristas do direito moderno lidarem de forma flexível com as ambiguidades dos requisitos formais, de modo que a qualificação das formalidades testamentárias como "solenidades" parece mais uma "fachada doutrinária", em reprodução das fontes romanas, do que uma premissa irrefutável.³⁶⁴

A bem da verdade, o princípio do *in dubio pro testamento* não foi construção tão inovadora. O próprio direito romano consagrou o *favor testamenti*, com jurisprudência empenhada em fazer o possível para salvar o testamento.³⁶⁵ O esforço de flexibilização das formalidades, tanto para os modernos quanto para os romanos, reside no mesmo fato: o desejo de concretizar a intenção do testador, seja para privilegiar a autonomia privada, valor fundamental daqueles, seja em função da importância das disposições *mortis causa* para a textura social de Roma.³⁶⁶

O direito privado latino-americano está, por influência da colonização espanhola e portuguesa, profundamente enraizado no *ius commune* europeu que, por sua vez, é de raiz romana. De acordo com Jan Peter Schmidt, depois da luta bem-sucedida por independência no início do século XIX, os países colonizados, almejando se emanciparem do legado ibérico, afirmaram sua soberania pela promulgação de códigos civis.³⁶⁷ No entanto, no que diz respeito às regras sobre testamentos, os países recém-independentes não apenas deram continuidade ao regime existente,

---

³⁶³ VELOSO, Zeno. *Direito Civil*: temas. Belém: Associação dos Notários e Registradores do Pará, 2018. p. 138.

³⁶⁴ JANSEN, Nils. Testamentary Formalities in Early Modern Europe. *In*: REID, Kenneth G. C.; WAAL, Marius J.; ZIMMERMANN, Reinhard. *Comparative Succession Law*: Volume I: Testamentary Formalities. Oxford: OUP Oxford, 2011. Disponível em: http://search.ebscohost.com/login.aspx?direct=true&db=nlebk&AN=784617&lang=pt-br&site=ehos, p. 37.

³⁶⁵ LEITE, *op. cit.*, 2005, p. 314.

³⁶⁶ REID; WAAL; ZIMMERMANN. Testamentary Formalities in Historical and Comparative Perspective. *In*: REID, Kenneth G. C.; WAAL, Marius J.; ZIMMERMANN, Reinhard. *Comparative Succession Law*: Volume I: Testamentary Formalities. Oxford: OUP Oxford, 2011. p. 462. Disponível em: http://search.ebscohost.com/login.aspx?direct=true&db=nlebk&AN=784617&lang=pt-br&site=ehost-live. Acesso em: 11 nov. 2020.

³⁶⁷ SCHMIDT, Jan Peter. Testamentary Formalities in Latin America with particular reference to Brazil. *In*: REID, Kenneth G. C.; WAAL, Marius J.; ZIMMERMANN, Reinhard. *Comparative Succession Law*: Volume I: Testamentary Formalities. Oxford: OUP Oxford, 2011. Disponível em: http://search.ebscohost.com/login.aspx?direct=true&db=nlebk&AN=784617&lang=pt-br&site=ehost-live. Acesso em: 11 nov. 2020, p. 97.

mas até certo ponto o fizeram ainda mais fielmente: enquanto a Espanha, por exemplo, adotou testamentos hológrafos no século XIX, sob a influência francesa, a Argentina foi o único país latino-americano a fazê-lo naquela época.[368] Além disso, o Brasil manteve o regramento das Ordenações do Reino herdado de Portugal por um bom tempo, posterior, inclusive, à própria reforma da legislação civil portuguesa.[369]

No contexto nacional, o Código Civil de 2002 buscou reduzir algumas formalidades, tal como o número de testemunhas exigidas aos tipos testamentários. Em sede jurisprudencial, igualmente se nota uma flexibilização das formalidades,[370] movimento iniciado

---

[368] *Idem*.

[369] A esse respeito, Orlando Gomes afirma sobre o pretérito Código Civil: "Interessante insistir na observação de que as Ordenações compiladas para o reino de Portugal tiveram vida mais longa e influência mais decisiva no Brasil. Em 1867, Portugal organizou o seu Código Civil, à base do projeto elaborado pelo Visconde Seabra. (...) Essa tradição foi mais respeitada no Brasil, não havendo exagero na proposição de que o Código Civil brasileiro constitui, em pleno século XX, uma expressão muito mais fiel da tradição jurídica lusitana do que a que pode representar o próprio Código Civil português promulgado cerca de cinquenta anos antes" (GOMES, Orlando. *Raízes históricas do Código Civil*. São Paulo: Martins Fontes, 2003).

[370] Segundo o Superior Tribunal de Justiça: as "formalidades não podem ser consagradas de modo exacerbado, pois a sua exigibilidade deve ser acentuada ou minorada em razão da preservação dos dois valores a que elas se destinam – razão mesma de ser do testamento –, na seguinte ordem de importância: a primeira, para assegurar a vontade do testador, que já não mais poderá, após o seu falecimento, por óbvio, confirmar a sua vontade ou corrigir distorções, nem explicitar o seu querer que possa ter sido expresso de forma obscura ou confusa; a segunda, para proteger o direito dos herdeiros, sobretudo dos seus filhos" (BRASIL. Superior Tribunal de Justiça. REsp nº 302.767 PR. Relator Ministro Cesar Asfor Rocha, Quarta Turma, julgado em 5.6.2001, DJ 24.9.2001, p. 313). Outros exemplos não faltam: "TESTAMENTO CERRADO. ESCRITURA A ROGO. NÃO IMPORTA EM NULIDADE DO TESTAMENTO CERRADO O FATO DE NÃO HAVER SIDO CONSIGNADO, NA CÉDULA TESTAMENTÁRIA, NEM NO AUTO DE APROVAÇÃO, O NOME DA PESSOA QUE, A ROGO DO TESTADOR, O DATILOGRAFOU. INEXISTÊNCIA, NOS AUTOS, DE QUALQUER ELEMENTO PROBATÓRIO NO SENTIDO DE QUE QUALQUER DOS BENEFICIÁRIOS HAJA SIDO O ESCRITOR DO TESTAMENTO, OU SEU CÔNJUGE, OU PARENTE SEU. EXEGESE RAZOÁVEL DOS ARTIGOS 1638, I, E 1719, I, COMBINADOS, DO CÓDIGO CIVIL. ENTENDE-SE CUMPRIDA A FORMALIDADE DO ARTIGO 1638, XI, DO CÓDIGO CIVIL, SE O ENVELOPE QUE CONTÉM O TESTAMENTO ESTÁ CERRADO, COSTURADO E LACRADO, CONSIGNANDO O TERMO DE APRESENTAÇÃO SUA ENTREGA AO MAGISTRADO SEM VESTÍGIO ALGUM DE VIOLAÇÃO. RECURSO ESPECIAL NÃO CONHECIDO. (BRASIL. Superior Tribunal de Justiça. REsp nº 228 MG. Relator Ministro Athos Carneiro, Quarta Turma, julgado em 14.8.1989, DJ.4.12.1989, p. 17884). RECURSO ESPECIAL. TESTAMENTO PARTICULAR. VALIDADE. ABRANDAMENTO DO RIGOR FORMAL. RECONHECIMENTO PELAS INSTÂNCIAS DE ORIGEM DA MANIFESTAÇÃO LIVRE DE VONTADE DO TESTADOR E DE SUA CAPACIDADE MENTAL. REAPRECIAÇÃO PROBATÓRIA. INADMISSIBILIDADE. SÚMULA Nº 7/STJ. I – A reapreciação das provas que nortearam o acórdão hostilizado é vedada nesta Corte, à luz do enunciado 7 da Súmula do Superior Tribunal de Justiça. II – Não há falar em

nulidade do ato de disposição de última vontade (testamento particular), apontando-se preterição de formalidade essencial (leitura do testamento perante as três testemunhas), quando as provas dos autos confirmam, de forma inequívoca, que o documento foi firmado pelo próprio testador, por livre e espontânea vontade, e por três testemunhas idôneas, não pairando qualquer dúvida quanto à capacidade mental do *de cujus*, no momento do ato. O rigor formal deve ceder ante a necessidade de se atender à finalidade do ato, regularmente praticado pelo testador. Recurso especial não conhecido, com ressalva quanto à terminologia" (BRASIL. Superior Tribunal de Justiça. *REsp nº 828.616 MG*. Relator Ministro Castro Filho, Terceira Turma, julgado em 5.9.2006, DJ 23.10.2006, p. 313).

"CIVIL. TESTAMENTO PÚBLICO. VÍCIOS FORMAIS QUE NÃO COMPROMETEM A HIGIDEZ DO ATO OU PÕEM EM DÚVIDA A VONTADE DA TESTADORA. NULIDADE AFASTADA. SUMULA Nº 7-STJ. I. Inclina-se a jurisprudência do STJ pelo aproveitamento do testamento quando, não obstante a existência de certos vícios formais, a essência do ato se mantém íntegra, reconhecida pelo Tribunal estadual, soberano no exame da prova, a fidelidade da manifestação de vontade da testadora, sua capacidade mental e livre expressão. II. "A pretensão de simples reexame de prova não enseja recurso especial" (Súmula nº 7/STJ). III. Recurso especial não conhecido" (BRASIL. Superior Tribunal de Justiça. *REsp nº 600.746 PR*. Relator Ministro Aldir Passarinho Junior, Quarta Turma, julgado em 20.5.2010, publicado em 15.6.2010).

"RECURSO ESPECIAL. DIREITO CIVIL. AÇÃO DE ANULAÇÃO DE TESTAMENTO PÚBLICO. FORMALIDADES LEGAIS. PREVALÊNCIA DA VONTADE DO TESTADOR. REEXAME DE PROVA. IMPOSSIBILIDADE. SÚMULA Nº 7/STJ. OFENSA AO ART. 535 DO CPC NÃO CONFIGURADA. HONORÁRIOS ADVOCATÍCIOS. MODIFICAÇÃO EM RAZÃO DA REFORMA DA SENTENÇA DE PROCEDÊNCIA. POSSIBILIDADE. AUSÊNCIA DE OFENSA AOS ART. 460 E 515 DO CPC. 1. Em matéria testamentária, a interpretação deve ser voltada no sentido da prevalência da manifestação de vontade do testador, orientando, inclusive, o magistrado quanto à aplicação do sistema de nulidades, que apenas não poderá ser mitigado, diante da existência de fato concreto, passível de ensejar dúvida acerca da própria faculdade que tem o testador de livremente dispor acerca de seus bens, o que não se faz presente nos autos. 2. A verificação da nulidade do testamento, pela não observância dos requisitos legais de validade, exige o revolvimento do suporte fático probatório da demanda, o que é vedado pela Súmula nº 07/STJ. 3. Inocorrência de violação ao princípio da unidade do ato notarial (Art. 1632 do CC/16). 4. Recurso especial desprovido" (BRASIL. Superior Tribunal de Justiça. *REsp nº 753.261 SP*. Relator Ministro Paulo de Tarso Sanseverino, Terceira Turma, julgado em 23.11.2010, publicado em 5.4.2011).

"CIVIL. PROCESSUAL CIVIL. RECURSO ESPECIAL. TESTAMENTO. FORMALIDADES LEGAIS NÃO OBSERVADAS. NULIDADE. 1. Atendido os pressupostos básicos da sucessão testamentária – i) capacidade do testador; ii) atendimento aos limites do que pode dispor e; iii) lídima declaração de vontade – a ausência de umas das formalidades exigidas por lei, pode e deve ser colmatada para a preservação da vontade do testador, pois as regulações atinentes ao testamento têm por escopo único, a preservação da vontade do testador. 2. Evidenciada, tanto a capacidade cognitiva do testador quanto o fato de que testamento, lido pelo tabelião, correspondia, exatamente à manifestação de vontade do *de cujus*, não cabe então, reputar como nulo o testamento, por ter sido preterida solenidades fixadas em lei, porquanto o fim dessas – assegurar a higidez da manifestação de vontade do *de cujus* –, foi completamente satisfeita com os procedimentos adotados. 3. Recurso não provido" (BRASIL. Superior Tribunal de Justiça. *REsp nº 1677931 MG*. Relatora Ministra Nancy Andrighi, Terceira Turma, julgado em 15.8.2017, publicado em 22.8.2017).

"CIVIL. PROCESSUAL CIVIL. PROCEDIMENTO DE JURISDIÇÃO VOLUNTÁRIA DE CONFIRMAÇÃO DE TESTAMENTO. FLEXIBILIZAÇÃO DAS FORMALIDADES EXIGIDAS EM TESTAMENTO PARTICULAR. POSSIBILIDADE. CRITÉRIOS. VÍCIOS MENOS GRAVES, PURAMENTE FORMAIS E QUE NÃO ATINGEM A SUBSTÂNCIA DO ATO DE DISPOSIÇÃO. LEITURA DO TESTAMENTO NA PRESENÇA DE TESTEMUNHAS

na França, com os trabalhos de Josserand, que levou o Brasil, no Supremo Tribunal Federal,[371] em 1942, a se manifestar pela primeira vez sobre o abrandamento das formalidades.[372] Apesar dessa tendência, Eduardo Leite de Oliveira afirma que o *favor testamenti*, conhecido pelos romanos, é aplicado com excessiva e injustificável cautela pelas gerações atuais.[373] Para Giselda Hironaka: "as formalidades que cercam a facção dos testamentos (...) são tantas e de tanto preciosismo que esta bem pode ser também uma causa a afastar de nós, brasileiros, a decisão de testar".[374] Por sua vez, Zeno Veloso defende que "deve ser evitado, com todo o vigor, o

EM NÚMERO INFERIOR AO MÍNIMO LEGAL. INEXISTÊNCIA DE VÍCIO GRAVE APTO A INVALIDAR O TESTAMENTO. AUSÊNCIA, ADEMAIS, DE DÚVIDAS ACERCA DA CAPACIDADE CIVIL DO TESTADOR OU DE SUA VONTADE DE DISPOR. FLEXIBILIZAÇÃO ADMISSÍVEL. DIVERGÊNCIA JURISPRUDENCIAL. AUSÊNCIA DE COTEJO ANALÍTICO. 1. Ação distribuída em 22.04.2014. Recurso especial interposto em 08.07.2015 e atribuídos à Relatora em 15.09.2016. 2. O propósito recursal é definir se o vício formal consubstanciado na leitura do testamento particular apenas a duas testemunhas é suficiente para invalidá-lo diante da regra legal que determina que a leitura ocorra, ao menos, na presença de três testemunhas. 3. A jurisprudência desta Corte se consolidou no sentido de que, para preservar a vontade do testador, são admissíveis determinadas flexibilizações nas formalidades legais exigidas para a validade do testamento particular, a depender da gravidade do vício de que padece o ato de disposição. Precedentes. 4. São suscetíveis de superação os vícios de menor gravidade, que podem ser denominados de puramente formais e que se relacionam essencialmente com aspectos externos do testamento particular, ao passo que vícios de maior gravidade, que podem ser chamados de formais-materiais porque transcendem a forma do ato e contaminam o seu próprio conteúdo, acarretam a invalidade do testamento lavrado sem a observância das formalidades que servem para conferir exatidão à vontade do testador. 5. Na hipótese, o vício que impediu a confirmação do testamento consiste apenas no fato de que a declaração de vontade da testadora não foi realizada na presença de três, mas, sim, de somente duas testemunhas, espécie de vício puramente formal incapaz de, por si só, invalidar o testamento, especialmente quando inexistentes dúvidas ou questionamentos relacionados à capacidade civil do testador, nem tampouco sobre a sua real vontade de dispor dos seus bens na forma constante no documento. 6. A ausência de cotejo analítico entre o acórdão recorrido e os julgados colacionados como paradigma impede o conhecimento do recurso especial interposto pela divergência jurisprudencial. 7. Recurso especial parcialmente conhecido e, nessa extensão, provido" (BRASIL. Superior Tribunal de Justiça. REsp nº 1583314 MG. Relatora Ministra Nancy Andrighi, Terceira Turma, julgado em 21.8.2018, publicado em 23.8.2018).

[371] Supremo Tribunal Federal (1942): "As nulidades das declarações de última vontade só devem ser decretadas em face de evidentes provas de postergação da lei; simples defeitos de forma não podem valer para invalidar a vontade clara e expressa do testador" (BRASIL. Supremo Tribunal Federal. RT nº 143/330. *Revista dos Tribunais*, n. 143, p. 330, 1943).

[372] Essa é a constatação de LEITE, *op. cit*, 2005, p. 312.

[373] *Ibidem*, p. 314.

[374] HIRONAKA, Giselda Maria Fernandes Novaes. A forma como foi disciplinada a sucessão testamentária em nosso país é um obstáculo para a maior utilização do ato de última vontade no Brasil? *Revista Jurídica Luso-Brasileira*, ano 3, n. 1, p. 413-422, 2017. Disponível em: http://www.egov.ufsc.br/portal/sites/default/files/2017_01_0413_0422.pdf. Acesso em: 7 fev. 2018.

excesso de formalidades, a abundância de solenidades, o ritualismo abusivo, num romantismo tardio, que determina grandes prejuízos e complica a prática do negócio jurídico de última vontade".[375]

3.2 Do formalismo inócuo à funcionalização das formalidades

Parcela significativa da doutrina advoga pela necessidade de revisão do direito sucessório, de maneira geral e no campo testamentário. Decerto, chegou a hora de modernizar o direito sucessório com a incorporação dos recursos tecnológicos hoje disponíveis:

> (...) na quadra em que vivemos, no que se convencionou chamar de sociedade da informação, onde tais recursos são amplamente admitidos como meio de prova em quaisquer instâncias, não seria mais aceitável desconhecê-los como instrumentos válidos de elaboração do testamento.[376]

Contudo, "sem perder a segurança proporcionada pelas formalidades testamentárias".[377] Para tanto, é fundamental perquirir quais são as funções das formalidades, pois a sua simplificação não deve significar o esvaziamento de sua razão de ser.

A despeito dos requisitos para elaboração de um testamento variarem bastante a depender do país e dos tipos testamentários, há ampla concordância quanto aos propósitos principais das formalidades.[378] Entende-se que longe de representar um obstáculo à

---

[375] VELOSO, *op. cit.*, 2018, p. 334.

[376] Exposição de motivos do Projeto de Lei nº 3799, de 2019 (BRASIL. Senado Federal. *Projeto de Lei nº 3799, de 2019*. Altera o Livro V da Parte Especial da Lei nº 10.406, de 10 de janeiro de 2002, e o Título III do Livro I da Parte Especial da Lei nº 13.105, de 16 de março de 2015, para dispor sobre a sucessão em geral, a sucessão legítima, a sucessão testamentária, o inventário e a partilha. 02.02.2022. Aguardando Designação do Relator. Disponível em: https://www25.senado.leg.br/web/atividade/materias/-/materia/137498. Acesso em: 20 jan. 2020).

[377] *Idem*.

[378] REID; WAAL; ZIMMERMANN. Testamentary Formalities in Historical and Comparative Perspective. *In*: REID, Kenneth G. C.; WAAL, Marius J.; ZIMMERMANN, Reinhard. *Comparative Succession Law*: Volume I: Testamentary Formalities. Oxford: OUP Oxford, 2011. p. 468. Disponível em: http://search.ebscohost.com/login.aspx?direct=true&db=nlebk&AN=784617&lang=pt-br&site=ehost-live. Acesso em: 11 nov. 2020.

faculdade de testar, o formalismo vale como garantia e salvaguarda dessa faculdade,[379] segundo Orosimbo Nonato:

> A incontendível importância do ato testamentário, o ser ele o depósito de uma vontade que, por não ter outro modo de expressão, mais respeitável se torna, e mais benemérita de obediência; os grandes interesses de ordem material e moral que encerra; a circunstância de ter aplicação quando, pela morte do testador, impossível dilucidar-lhe o vero sentido, com uma interpretação pessoal autêntica, tudo isso inculca uma precaução maior da conta para que o testamento, cintado de cautelas, possa representar o testemunho inequívoco, irrecusável do defunto (...).[380]

No mesmo sentido, para Zeno Veloso:

> As formalidades que a lei prescreve para o testamento demonstram o interesse em garantir a veracidade desse negócio jurídico de tamanha relevância. A escravidão de forma, neste ato de última vontade, que regula e prevê relações jurídicas para o tempo em que o testador já não existe, é a libertação da ideia do pensamento e da vontade, por meio da certeza, da segurança e da garantia de sua autenticidade. O formalismo, no caso, não vem para complicar, burocratizar ou constranger, mas para salvaguardar, preservar e proteger a facção testamentária.[381]

Por outro lado, impedir sua flexibilização quando seu fim foi alcançado de outras maneiras é reduzi-la a uma "totalidade recolhida em si", não legitimada pelos fins externos.[382] Forçoso é resgatar a lição do mestre Pietro Perlingieri de que todo "como" do direito tem sempre um "porquê" juridicamente relevante, que se extrai não da previsão da "sanção" nulidade, mas do necessário fundamento da previsão normativa:[383] "individuar esse fundamento é indispensável para proceder a uma interpretação que não seja separada da sua valoração".[384]

Assume também relevo a ritualística do testamento: a partir da análise pela perspectiva da *Therapeutic Jurisprudence* conclui-se

---

[379] NONATO, *op. cit.*, 1957, v. 1, p. 198.
[380] *Idem.*
[381] VELOSO, *op. cit.*, 2018, p. 334.
[382] PERLINGIERI, *op. cit.*, 1999, p. 296.
[383] *Idem.*
[384] *Ibidem*, 297.

que a natureza ritualística das formalidades afeta positivamente o bem-estar psicológico do testador de várias maneiras, dentre as quais, pelo reconhecimento, por ele, da importância e do significado jurídico de se elaborar um testamento.[385] O que não implica negar a necessidade de flexibilização das formalidades, ao contrário, mudanças são bem-vindas, desde que se preserve as funções das formalidades e da ritualística testamentária.[386]

Por isso, o processo de modernização do direito testamentário deve fitar a manutenção das garantias proporcionadas pelas formalidades tendo em vista seu caráter funcional. Esse processo deve recolher as exigências obsoletas da lei; contemplando meios alternativos de se alcançar o fim protetivo almejado e ampliando a acessibilidade. Nesse sentido, Reid, Waal e Zimmerman[387] apontam sete "virtudes" que a lei deveria – idealmente – promover em matéria de formalidades testamentárias. O rol de atributos proposto pelos autores, a seguir exposto, é um bom parâmetro de avaliação do conjunto das formalidades testamentárias em cada uma das suas modalidades e pode servir de bússola para proposição de reformas à legislação atual. São elas:

(1) Virtude preventiva, uma vez que as formalidades cumprem o papel de proteger os testadores contra si mesmos, alertando-os sobre a importância do que está sendo feito. Essa virtude, apesar de levantada por diversos doutrinadores, precisa ser fomentada com parcimônia, sob pena de promoção de um paternalismo desmensurado;

(2) Virtude protetora contra coerção ou influência indevida por parte daqueles que auxiliam na elaboração do testamento ou contra a fraude daqueles que querem forjar ou forçar uma manifestação de vontade. Esse aspecto busca garantir que o testamento represente a voz autêntica do testador;

---

[385] GLOVER, Mark. The Therapeutic Function of Testamentary Formality. *U. Kan. L. Rev.*, v. 61, p. 159, 2012.

[386] *Ibidem*, p. 175.

[387] REID; WAAL; ZIMMERMANN. Testamentary Formalities in Historical and Comparative Perspective. *In*: REID, Kenneth G. C.; WAAL, Marius J.; ZIMMERMANN, Reinhard. *Comparative Succession Law*: Volume I: Testamentary Formalities. Oxford: OUP Oxford, 2011. p. 468. Disponível em: http://search.ebscohost.com/login.aspx?direct=true&db=nlebk&AN=784617&lang=pt-br&site=ehost-live. Acesso em: 11 nov. 2020.

(3) Virtude facilitadora da lei, de ser facilmente aplicável, clara e objetiva, sem exigências desnecessárias ou armadilhas aos desavisados. Quando falha nessa virtude, a legislação pode obstaculizar até a expressão mais cristalina de intenção testamentária;
(4) Virtude do baixo custo, pois o preço pode ser um entrave ao exercício do direito de testar;
(5) Virtude do sigilo potencial, caso o testador não queira compartilhar o conteúdo do testamento e, por vezes, sua própria existência;
(6) Virtude da descoberta, pertinente à presença de método confiável para encontrá-lo;
(7) Virtude da clareza, ou seja, o conteúdo do testamento deve ser claro e fiel aos desejos do testador e a legislação deve contribuir para isso.

Em certa medida, essas virtudes são difíceis de conciliar. Se um testamento é secreto, pode não ser capaz de ser descoberto; se for barato, pode não proteger o testador; se for simples de usar, pode ter pouco valor preventivo. É óbvio que essas tensões podem ter implicações no nível de formalidades exigido pela lei. De modo simplista, pode-se dizer que quatro das virtudes (preventiva, protetora, descoberta, clareza) defendem um nível relativamente alto de formalidade, e três (facilitadora, baixo custo, sigilo potencial), um nível mais baixo.[388]

Além disso, há um caráter positivo no princípio da liberdade das formas, primordial para uma leitura crítica das formalidades: ele também é expressão da liberdade de iniciativa, concedendo à(s) parte(s) a escolha de uma das formas permitidas em lei.[389] A pessoa pode ter interesses relevantes por uma ou outra forma, como o de manter o conteúdo sigiloso com o testamento cerrado, ou ter

---

[388] *Idem.*

[389] "A liberdade da forma, ela também é expressão da liberdade de iniciativa, reside não tanto na norma que dita a forma legal e a nulidade do ato na hipótese de sua ausência (...), quanto naquela que concede à parte ou às partes a escolha da forma (...), regulando esta última nas *fattiespecie* negociais com pluralidade de formas (escolhendo – quando for permitido – uma entre as formas possíveis ou excluindo uma delas), seja naquelas com forma indefinida. A liberdade da forma assume um caráter não somente negativo, mas de interesse positivo a ser concretizado em negócios ou cláusulas negociais que tendem a regulamentar a forma" (PERLINGIERI, *op. cit.*, 1999, p. 297).

a segurança de que será descoberto, propiciada pelo testamento público, ou, ainda, entre outros, o de gastar pouco, optando pelo testamento particular.

Por isso, ao revisar as formalidades, é importante pensar em como proporcionar a todos acesso às diferentes formas, garantindo a liberdade de iniciativa e tutelando o interesse do testador por essa ou aquela forma testamentária. Hoje, pessoas com deficiência sensorial, analfabetos, falantes de língua estrangeira e pessoas impossibilitadas – transitória ou permanentemente – de escrever são excluídas de algumas modalidades de testamento ou, até mesmo, quando esses fatores se agregam em um mesmo sujeito, completamente impedidas de testar.

Ao se trabalhar as formalidades em cada um dos tipos testamentários, as sete virtudes ideais da lei serão sopesadas, conjuntamente à necessidade de promover acessibilidade aos diferentes tipos testamentários, sempre a partir de uma leitura funcional da forma.[390]

Neste capítulo, verificaremos i) qual é o estado das formalidades testamentárias no Brasil, buscando, sempre que possível, uma análise comparativa com outras ordens jurídicas, sobretudo latino-americanas – tendo em vista o plano de fundo histórico comum que nos une, bem como a realidade econômica e social mais próxima – e ii) como as formalidades podem ser revistas para promover maior acessibilidade ao direito de testar.

3.3 Formalidades nos testamentos ordinários

3.3.1 Testamento público

O procedimento para elaboração do testamento público é estabelecido pelos Arts. 1.864 a 1.867 do Código Civil. O testador declara sua intenção ao notário, ou seu substituto legal, que registrará em seu livro de notas. Lavrado o instrumento, deve ser lido pelo

---

[390] "A forma pode ser relacionada a um ou mais perfis, cumulativamente ou alternativamente, segundo a *ratio* da norma que a estabelece. Individuar este fundamento é indispensável para proceder a uma interpretação que não seja separada de sua valoração" (*ibidem*, p. 295).

tabelião ao testador e a duas testemunhas. Preferindo, o testador pode lê-lo, ele mesmo, aos demais participantes do ato. Em seguida, o documento é por todos assinado.

Se no Código de 1916 o testamento público era marcado por excessivo rigorismo, no Código Reale ganhou maior flexibilidade e operacionalidade,[391] apesar de a dinâmica já estar obsoleta tendo em vista o rápido desenvolvimento tecnológico desde então.

3.3.1.1 Testemunhas

O Código Civil de 1.916 exigia a presença de cinco testemunhas; o Código atual reduziu a duas, assim como é na Itália,[392] Peru,[393] Argentina[394] e França.[395] Esse último país dispensa a presença das testemunhas desde que dois notários participem do ato.[396] O Brasil, nesse aspecto, é menos exigente se comparado à maioria dos países latino-americanos: no Paraguai,[397] Uruguai,[398]

---

[391] LEITE, *op. cit.*, 2004, p. 200.

[392] Em todos os casos em que o testador não consiga ler, o número de testemunhas aumenta para quatro (BRAUN, Alexandra. Testamentary Formalities in Italy. *In*: REID, Kenneth G. C.; WAAL, Marius J.; ZIMMERMANN, Reinhard. *Comparative Succession Law*: Volume I: Testamentary Formalities. Oxford: OUP Oxford, 2011. p. 132. Disponível em: http://search.ebscohost.com/login.aspx?direct=true&db=nlebk&AN=784617&lang=pt-br&site=ehost-live. Acesso em: 11 nov. 2020).

[393] Art. 696 do Código Civil peruano (SISTEMA PERUANO DE INFORMACIÓN JURÍDICA. Disponível em: https://spij.minjus.gob.pe/spij-ext-web/detallenorma/H682684. Acesso em: 8 maio 2020)

[394] Art. 2479 do Código Civil argentino (SISTEMA ARGENTINO DE INFORMACIÓN JURÍDICA. Codigo civil y comercial de la nacion. Ley nº 26.994. InfoLEG – Información Legislativa. Disponível em: http://servicios.infoleg.gob.ar/infolegInternet/anexos/235000-239999/235975/texact.htm#4. Acesso em: 8 maio 2020).

[395] PINTENS, Walter. Testamentary Formalities in France and Belgium. *In*: REID, Kenneth G. C.; WAAL, Marius J.; ZIMMERMANN, Reinhard. *Comparative Succession Law*: Volume I: Testamentary Formalities, págs. 51-70. Oxford: OUP Oxford, 2011, pág. 62. ISBN 9780199696802. Disponível em: http://search.ebscohost.com/login.aspx?direct=true&db=nlebk&AN=784617&lang=pt-br&site=ehost-live. Acesso em: 11 nov. 2020.

[396] PINTENS, Walter. Testamentary Formalities in France and Belgium. *In*: REID, Kenneth G. C.; WAAL, Marius J.; ZIMMERMANN, Reinhard. *Comparative Succession Law*: Volume I: Testamentary Formalities. Oxford: OUP Oxford, 2011. p. 62. Disponível em: http://search.ebscohost.com/login.aspx?direct=true&db=nlebk&AN=784617&lang=pt-br&site=ehost-live. Acesso em: 11 nov. 2020.

[397] Art. 2639 do Código Civil paraguaio (BIBLIOTECA E ARCHIVO CENTRAL DEL CONGRESO DE LA NASION. Disponível em: https://www.bacn.gov.py/leyes-paraguayas/528/ley-n-1183-codigo-civil-v-parte-libro-quinto. Acesso em: 8 maio 2020).

[398] Art. 793 do Código Civil uruguaio (PARALMENTO DEL URUGUAY. Disponível em: https://

Chile,[399] Bolívia,[400] Costa Rica[401] e Colômbia,[402] três testemunhas devem participar do ato.

Alguns países exigem testemunhas apenas na excepcionalidade de o testador não poder ler ou escrever. No México, testemunhas são facultativas, em regra, e duas são obrigatórias quando o testador não puder assinar.[403] Na Espanha, são requisitadas duas somente caso o testador não saiba ler, escrever ou se o testador ou o tabelião solicitarem.[404] Por fim, na Alemanha, se o testador não puder ver, ouvir ou falar adequadamente, uma testemunha ou um segundo notário são necessários ao ato.[405]

Considerando que o Brasil não aceita o testamento hológrafo como tipo ordinário, questiona-se se a opção por dispensar testemunhas, caso participem do ato dois notários, ou exigi-las apenas na circunstância de ser o testador cego, surdo ou analfabeto, seria uma boa alternativa.

---

parlamento.gub.uy/sites/default/files/CodigoCivil2010-02.pdf?width=800&height=600&hl=en_US1&iframe=true&rel=nofollow. Acesso em: 8 maio 2020).

[399] Art. 1014 do Código Civil chileno (BIBLIOTECA DEL CONGRESO NACIONAL DE CHILE. Disponível em: https://www.bcn.cl/leychile/navegar?idNorma=172986&idParte=8717776. Acesso em: 8 maio 2020).

[400] Art. 1132 Do Código Civil boliviano (REDE IBEROAMERICANA DE COOPERAÇÃO JURÍDICA INTERNACIONAL. Disponível em: https://iberred.org/sites/default/files/codigocivilbolivia.pdf. Acesso em: 8 maio 2020).

[401] Art. 583 do Código Civil da Costa Rica (REDE IBEROAMERICANA DE COOPERAÇÃO JURÍDICA INTERNACIONAL. Disponível em: https://iberred.org/sites/default/files/codigo_civil_costa_rica.pdf. Acesso em: 8 maio 2020). Contudo, se o próprio testador escreve o testamento, o número de testemunhas exigidas é reduzido para dois.

[402] Art. 1070 do Código Civil colombiano (CONGRESO DE LA REPÚBLICA DE COLOMBIA. Disponível em: http://www.secretariasenado.gov.co/senado/basedoc/codigo_civil.html. Acesso em: 8 maio 2020).

[403] Art. 1513 do Código Civil mexicano (CÁMARA DE DIPUTADOS DEL CONGRESO DE LA UNIÓN. Disponível em: http://www.diputados.gob.mx/LeyesBiblio/pdf/2_270320.pdf. Acesso em: 8 maio 2020).

[404] LAPUENTE, Sergio Camara. Testamentary Formalities in Spain. *In*: REID, Kenneth G. C.; WAAL, Marius J.; ZIMMERMANN, Reinhard. *Comparative Succession Law*: Volume I: Testamentary Formalities. Oxford: OUP Oxford, 2011. p. 79. Disponível em: http://search.ebscohost.com/login.aspx?direct=true&db=nlebk&AN=784617&lang=pt-br&site=ehost-live. Acesso em: 11 nov. 2020.

[405] ZIMMERMANN, Reinhard. Testamentary Formalities in Germany. *In*: REID, Kenneth G. C.; WAAL, Marius J.; ZIMMERMANN, Reinhard. *Comparative Succession Law*: Volume I: Testamentary Formalities. Oxford: OUP Oxford, 2011. p. 210. Disponível em: http://search.ebscohost.com/login.aspx?direct=true&db=nlebk&AN=784617&lang=pt-br&site=ehost-live. Acesso em: 11 nov. 2020.

3.3.1.2 Testador que não sabe ou não pode assinar

A assinatura é um elemento indispensável a todos os tipos testamentários, acontece que, por algum motivo, permanente ou transitório, pode o testador estar impossibilitado de assinar. Para esses casos, estabelece o Código Civil que "se o testador não souber, ou não puder assinar, o tabelião ou seu substituto legal assim o declarará, assinando, neste caso, pelo testador, e, a seu rogo, uma das testemunhas instrumentárias".[406]

A legislação não determina expressamente qual a consequência jurídica para o caso do testador, sabendo assinar, declarar falsamente que não o sabe. Na Argentina, há menção específica que será hipótese de invalidade.[407] Tampouco impõe que o motivo da impossibilidade de assinar conste no ato, como fazem os Códigos do Paraguai,[408] da Argentina[409] e da Bolívia.[410]

No México, onde não é, em regra, exigida a participação de testemunhas no testamento público, o fato de o testador não poder assinar torna necessária a participação de duas.[411] Além disso, de modo idêntico ao que dispõe a lei da Bolívia,[412] estabelece que as digitais do testador deverão ser impressas quando a assinatura for a rogo.[413]

---

[406] Art. 1.865 do Código Civil brasileiro.
[407] Art. 2480 do Código Civil argentino (SISTEMA ARGENTINO DE INFORMACIÓN JURÍDICA. Codigo civil y comercial de la nacion. Ley nº 26.994. InfoLEG – Información Legislativa. Disponível em: http://servicios.infoleg.gob.ar/infolegInternet/anexos/235000-239999/235975/texact.htm#4. Acesso em: 8 maio 2020).
[408] Art. 2645 do Código Civil paraguaio (BIBLIOTECA E ARCHIVO CENTRAL DEL CONGRESO DE LA NASION. Disponível em: https://www.bacn.gov.py/leyes-paraguayas/528/ley-n-1183-codigo-civil-v-parte-libro-quinto. Acesso em: 8 maio 2020).
[409] Art. 2480 do Código Civil argentino (SISTEMA ARGENTINO DE INFORMACIÓN JURÍDICA. Codigo civil y comercial de la nacion. Ley nº 26.994. InfoLEG – Información Legislativa. Disponível em: http://servicios.infoleg.gob.ar/infolegInternet/anexos/235000-239999/235975/texact.htm#4. Acesso em: 8 maio 2020).
[410] Art. 1132 Do Código Civil boliviano (REDE IBEROAMERICANA DE COOPERAÇÃO JURÍDICA INTERNACIONAL. Disponível em: https://iberred.org/sites/default/files/codigocivilbolivia.pdf Acesso em: 8 maio 2020).
[411] Art. 1513 e 1514 do Código Civil mexicano (CÁMARA DE DIPUTADOS DEL CONGRESO DE LA UNIÓN. Disponível em: http://www.diputados.gob.mx/LeyesBiblio/pdf/2_270320.pdf. Acesso em: 8 maio 2020).
[412] Art. 1132 Do Código Civil boliviano (REDE IBEROAMERICANA DE COOPERAÇÃO JURÍDICA INTERNACIONAL. Disponível em: https://iberred.org/sites/default/files/codigocivilbolivia.pdf. Acesso em: 8 maio 2020).
[413] Art. 1514 do Código Civil mexicano (CÁMARA DE DIPUTADOS DEL CONGRESO DE LA UNIÓN. Disponível em: http://www.diputados.gob.mx/LeyesBiblio/pdf/2_270320.pdf. Acesso em: 8 maio 2020).

3.3.1.3 Língua estrangeira

Atualmente é vedado que o testamento público seja feito em língua estrangeira. O Brasil parece estar defasado nesse ponto se comparado a outros países.

No Paraguai, se o testador não falar espanhol, dois intérpretes participarão do ato para traduzir suas disposições. O testamento é escrito nos dois idiomas e as testemunhas devem conhecer ambas as línguas.[414]

No Uruguai, quem se expressa claramente em outro idioma e o escreve pode testar na forma pública, apresentando ao notário o seu testamento por escrito, assinado com letra própria, o qual é lido perante dois intérpretes e três testemunhas que conheçam a sua língua. Os intérpretes providenciam tradução fiel do testamento verbalizado, que é incorporada ao registro juntamente ao original.[415]

---

[414] "Art. 2646. Si el testador no pudiere expresarse en español, se requerirá la presencia de dos intérpretes que harán la traducción de sus disposiciones al español, y el testamento, en tal caso, deberá escribirse en los dos idiomas. Los testigos deben entender uno y otro idioma". Tradução livre: "Art. 2646. Se o testador não puder se expressar em espanhol, será exigida a presença de dois intérpretes que traduzirão as suas disposições para o espanhol, devendo o testamento, neste caso, ser redigido em ambas as línguas. As testemunhas devem compreender as duas línguas" (BIBLIOTECA E ARCHIVO CENTRAL DEL CONGRESO DE LA NASION. Disponível em: https://www.bacn.gov.py/leyes-paraguayas/528/ley-n-1183-codigo-civil-v-parte-libro-quinto. Acesso em: 8 maio 2020).

[415] "799. Quien no conozca el castellano, pero se exprese claramente en otro idioma y lo escriba, podrá otorgar testamento abierto en la siguiente forma: Presentará al Escribano el pliego que contenga su testamento, en el papel de la clase que corresponda al protocolo, firmado de su puño y letra, cuya presentación la hará ante dos intérpretes y tres testigos que conozcan su idioma. Los intérpretes harán su traducción fiel; y transmitida al testador en presencia de los testigos y del Escribano, si aquél no tuviese observación que hacer, la suscribirá juntamente con los traductores y testigos. El Escribano levantará, a continuación de la traducción, acta de haber presenciado lo ocurrido, la que será firmada por los concurrentes y después de rubricadas por el Escribano cada una de las fojas del testamento original y traducción lo incorporará todo al Registro de Protocolizaciones". Tradução livre: "799. Quem não conhece espanhol, mas se expressa com clareza em outro idioma e o escreve, pode outorgar testamento aberto da seguinte forma: apresentará ao Tabelião Público o documento contendo seu testamento, no papel da classe que corresponda ao protocolo, assinado com caligrafia própria, que será apresentado a dois intérpretes e três testemunhas que conheçam a sua língua. Os intérpretes farão com que sua tradução seja fiel; e transmitido ao testador na presença das testemunhas e do Notário Público, se não tiver qualquer observação a fazer, assina-o juntamente com os tradutores e as testemunhas. Após a tradução, o Tabelião irá lavrar ata certificando ter testemunhado o ocorrido, que será assinada pelos demais e rubricada pelo Tabelião, cada uma das páginas do testamento original e da tradução incorporarão o Registro de Protocolizações" (PARALMENTO DEL URUGUAY. Disponível em: https://parlamento.gub.uy/sites/default/files/CodigoCivil2010-02.pdf?width=800&height=600&hl=en_US1&iframe=true&rel=nofollow. Acesso em: 8 maio 2020).

O procedimento para que se teste publicamente no México em língua estrangeira é similar ao do Uruguai, com a diferença de que lá basta um tradutor, e se o testador não souber ou não puder ler, ele ditará o testamento ao intérprete em seu idioma.[416] Na Costa Rica, exige-se dois tradutores, porém o testamento também pode ser ditado.[417]

Na Argentina, se o testador declarar ignorar o espanhol, apresentará minuta em língua estrangeira a partir da qual a escritura será redigida, no idioma nacional, por tradutor público ou, na falta, por intérprete aceito em cartório. Ambos os instrumentos devem ser adicionados ao protocolo e os outorgantes podem exigir que o notário autentique um instrumento original em língua estrangeira, desde que consista em tradução feita por tradutor público, ou intérprete por ele aceito.[418]

---

[416] "Artículo 1518 – Cuando el testador ignore el idioma del país, si puede, escribirá su testamento, que será traducido al español por el intérprete a que se refiere el artículo 1503. La traducción se transcribirá como testamento en el respectivo protocolo y el original, firmado por el testador, el intérprete y el notario, se archivará en el apéndice correspondiente del notario que intervenga en el acto. Si el testador no puede o no sabe escribir, el intérprete escribirá el testamento que dicte aquél y leído y aprobado por el testador, se traducirá al español por el intérprete que debe concurrir al acto; hecha la traducción se procederá como se dispone en el párrafo anterior. Si el testador no puede o no sabe leer, dictará en su idioma el testamento al intérprete. Traducido éste, se procederá como dispone el párrafo primero de este artículo. En este caso el intérprete podrá intervenir, además, como testigo de conocimiento". Tradução livre: "Artigo 1518. Quando o testador ignorar a língua do país, se puder, escreverá o seu testamento, o qual será traduzido para o espanhol pelo intérprete a que se refere o artigo 1503. A tradução será transcrita como testamento no respectivo protocolo e o original, assinados pelo testador, pelo intérprete e pelo notário, serão arquivados no anexo correspondente do notário envolvido no ato. Se o testador não puder ou não souber escrever, ditará o seu testamento ao intérprete, lido e aprovado pelo testador, será traduzido para o espanhol pelo intérprete que deve assistir ao ato; feita a tradução, o procedimento será o previsto no parágrafo anterior. Se o testador não puder ou não souber ler, ele ditará o testamento ao intérprete em seu idioma. Traduzido, procederemos conforme previsto no primeiro parágrafo deste artigo. Nesse caso, o intérprete também pode intervir como testemunha de conhecimento" (CÁMARA DE DIPUTADOS DEL CONGRESO DE LA UNIÓN. Disponível em: http://www.diputados.gob.mx/LeyesBiblio/pdf/2_270320.pdf. Acesso em: 8 maio 2020).

[417] "Artículo 584. Para testar en lengua extranjera ante cartulario, se requiere la presencia de dos intérpretes elegidos por el testador, que traduzcan al castellano las disposiciones que éste dicte; para hacerlo entre testigos solamente, basta que éstos entiendan la lengua en que el testamento se escriba". Tradução livre: "Art. 584 – Para testar em língua estrangeira perante tabelião, é necessária a presença de dois intérpretes escolhidos pelo testador para traduzir para o espanhol as disposições que ele ditar; para fazê-lo apenas entre testemunhas, basta que compreendam a língua em que está escrito o testamento" (REDE IBEROAMERICANA DE COOPERAÇÃO JURÍDICA INTERNACIONAL. Disponível em: https://iberred.org/sites/default/files/codigo_civil_costa_rica.pdf. Acesso em: 8 maio 2020).

[418] "Artículo 302. Idioma. La escritura pública debe hacerse en idioma nacional. Si alguno de los otorgantes declara ignorarlo, la escritura debe redactarse conforme a una minuta

3.3.1.4 Pessoas com deficiência e analfabetos

Pelo Código Civil atual, conseguir se expressar verbalmente é um requisito indispensável para testar na forma pública, de modo que acabam excluídas da modalidade as pessoas com deficiência da fala. Por outro lado, o cego e o analfabeto só podem testar publicamente. Já o indivíduo inteiramente surdo, sabendo ler, lerá o seu testamento, e, se não o souber, designará quem o leia em seu lugar, presentes as testemunhas. Esse é o teor do Art. 1.866 do Código Civil vigente.

Atualmente, a pessoa surda, sabendo escrever e falar, pode testar por todas as formas testamentárias. Pelo Projeto de Lei nº 3.799/2019, no Art. 1.866, passaria a constar que "ao indivíduo inteiramente surdo só se permite o testamento público por escrito".[419] Ao que parece, o projeto não intenta impedir a pessoa surda de fazer testamento particular ou cerrado, o que pretende é garantir que seja escrito, e não gravado, quando feito na forma pública, pois, se aprovado, o testamento por sistema audiovisual será permitido. Entretanto, a redação proposta é ambígua.

---

firmada, que debe ser expresada en idioma nacional por traductor público, y si no lo hay, por intérprete que el escribano acepte. Ambos instrumentos deben quedar agregados al protocolo. Los otorgantes pueden requerir al notario la protocolización de un instrumento original en idioma extranjero, siempre que conste de traducción efectuada por traductor público, o intérprete que aquél acepte. En tal caso, con el testimonio de la escritura, el escribano debe entregar copia certificada de ese instrumento en el idioma en que está redactado". Tradução livre: "Idioma. A escritura pública deve ser feita no idioma nacional. Se algum dos outorgantes declarar ou ignorar, a escritura deverá ser lavrada de acordo com minuta assinada, a qual deverá ser redigida no idioma nacional por tradutor público e, caso não haja, por intérprete aceito em cartório. Ambos os instrumentos devem ser adicionados ao protocolo. Os outorgantes podem exigir que o notário autentique um instrumento original em língua estrangeira, desde que consista em tradução feita por tradutor público, ou intérprete por ele aceito. Nesse caso, com o testemunho da escritura, o notário público deve entregar cópia autenticada desse instrumento no idioma em que for lavrado" (SISTEMA ARGENTINO DE INFORMACIÓN JURÍDICA. Codigo civil y comercial de la nacion. Ley nº 26.994. InfoLEG – Información Legislativa. Disponível em: http://servicios.infoleg.gob.ar/infolegInternet/anexos/235000-239999/235975/texact.htm#4. Acesso em: 8 maio 2020).

[419] "Art. 1.866. Ao indivíduo inteiramente surdo só se permite o testamento público por escrito. Sabendo ler, lerá o seu testamento, e, se não o souber, designará quem o lei em seu lugar, presentes as testemunhas" (BRASIL. Senado Federal. *Projeto de Lei nº 3799, de 2019*. Altera o Livro V da Parte Especial da Lei nº 10.406, de 10 de janeiro de 2002, e o Título III do Livro I da Parte Especial da Lei nº 13.105, de 16 de março de 2015, para dispor sobre a sucessão em geral, a sucessão legítima, a sucessão testamentária, o inventário e a partilha. 02.02.2022. Aguardando Designação do Relator. Disponível em: https://www25.senado.leg.br/web/atividade/materias/-/materia/137498. Acesso em: 20 jan. 2020).

Zeno Veloso condena o Código Civil por não prever o testamento público da pessoa com deficiência da fala e, inspirado na legislação argentina[420] e paraguaia,[421] sugere que essa pessoa, "ao entregar a minuta ao tabelião, perante às duas testemunhas, escreveria que naquele escrito está seu testamento, pedindo ao notário que o redigisse no livro de notas".[422]

Nesses países, inclusive os surdos não oralizados podem testar publicamente. Todavia, no Paraguai, a pessoa com deficiência auditiva ou de fala deve, para tanto, saber escrever. Diversamente, na Alemanha e no Chile é possível que um intérprete de língua de

---

[420] "Artículo 2479. Requisitos. El testamento por acto público se otorga mediante escritura pública, ante el escribano autorizante y dos testigos hábiles, cuyo nombre y domicilio se deben consignar en la escritura. El testador puede dar al escribano sus disposiciones ya escritas o sólo darle por escrito o verbalmente las que el testamento debe contener para que las redacte en la forma ordinaria. En ningún caso las instrucciones escritas pueden ser invocadas contra el contenido de la escritura pública. Concluida la redacción del testamento, se procede a su lectura y firma por los testigos y el testador. Los testigos deben asistir desde el comienzo hasta el fin del acto sin interrupción, lo que debe hacer constar el escribano. A esta clase de testamento se aplican las disposiciones de los artículos 299 y siguientes". Tradução livre: "Art. 2.479. Requisitos. O testamento por ato público é outorgado por escritura pública, perante o notário autorizado e duas testemunhas habilitadas, cujo nome e endereço devem constar da escritura. O testador pode entregar ao notário as suas disposições já escritas ou apenas dar-lhe por escrito ou verbalmente as que o testamento deve conter para que possam ser redigidas da forma ordinária. Em nenhum caso, as instruções escritas podem ser invocadas contra o conteúdo da escritura pública. Concluída a redação do testamento, esse é lido e assinado pelas testemunhas e pelo testador. As testemunhas devem comparecer do início ao fim do ato sem interrupção, o que deve ser registrado em cartório por escrito. Aplica-se a esse tipo de testamento o disposto nos artigos 299 e seguintes" (SISTEMA ARGENTINO DE INFORMACIÓN JURÍDICA. Codigo civil y comercial de la nacion. Ley nº 26.994. InfoLEG – Información Legislativa. Disponível em: http://servicios.infoleg.gob.ar/infolegInternet/anexos/235000-239999/235975/texact.htm#4. Acesso em: 8 maio 2020).

[421] "Art.2640. El ciego podrá testar por acto público. No le será permitido al sordo, al mudo y al sordomudo que no sepan darse a entender por escrito. Si lo supieren, deberán ajustarse a lo que determina este Código.
Art.2641. El testador deberá manifestar verbalmente sus disposiciones al escribano, en presencia de los testigos del acto. En su defecto, le entregará un escrito firmado por él y declarando verbalmente, o si no hablare, bajo su firma, en presencia de los testigos del acto, que dicho escrito contiene su última voluntad". Tradução livre: "Art. 2640. O cego pode testar por ato público. Não o é permitido aos surdos, aos mudos e aos surdos-mudos que não saibam. Se souberem disso, devem cumprir o que este Código determina.
Art.2641. O testador deve manifestar verbalmente as suas disposições perante o notário público, na presença das testemunhas do ato. Na falta disso, entregará um documento por ele assinado e declarando verbalmente, ou se não falar, sob sua assinatura, na presença das testemunhas do ato, que o referido documento contém seu testamento" (BIBLIOTECA E ARCHIVO CENTRAL DEL CONGRESO DE LA NASION. Disponível em: https://www.bacn.gov.py/leyes-paraguayas/528/ley-n-1183-codigo-civil-v-parte-libro-quinto. Acesso em: 8 maio 2020).

[422] VELOSO, *op. cit.*, 2018, p. 344.

sinais participe do ato, solucionando o obstáculo da inaptidão para escrita do testador surdo e/ou com deficiência da fala.

De fato, a situação do surdo não oralizado analfabeto é bem delicada. No Brasil, é a hipótese em que a pessoa fica impossibilitada de testar por todas as formas testamentárias. A dificuldade é também experimentada em outros lugares. Na Espanha, a alternativa apoiada por algumas autoridades é o uso do testamento público, aberto, executado perante duas testemunhas e com a vontade do testador traduzida por intérpretes.[423]

Na Itália, em relação aos surdos, a lei notarial faz uma distinção entre quem sabe e quem não sabe ler. No primeiro caso, é necessário que não só o notário, mas também o testador surdo leia o testamento em voz alta, e que isso seja mencionado pelo notário no testamento. Na segunda, um intérprete de linguagem de sinais é designado para traduzir a vontade do testador. Os testadores com deficiência da fala ou surdos não oralizados devem ler o testamento e declarar por escrito que o fizeram e que coincide com as suas intenções. Se não souberem ler ou escrever, serão necessários dois intérpretes, a menos que uma das testemunhas possa se comunicar com o testador.

É interessante como, com a intenção de resguardar a vontade do testador, opções legislativas opostas são adotadas em diferentes países: enquanto no Brasil ao surdo não oralizado resta apenas o testamento cerrado, no Chile as pessoas com deficiência

---

[423] "Additional formalities may be needed for physically disabled people. If a testator is both deaf and unable to read, the witnesses read the will instead, in the presence of the notary and, if satisfied, declare that it is in accordance with the wishes expressed by the testator. Much more difficult is the case of those who are deaf mute if, in addition, they are unable to read or write. Holograph wills or closed wills are clearly out of the question, but some authorities support the use of an open notarial will executed before two witnesses and with the testator's wishes mediated by interpreters". Tradução livre: "Formalidades adicionais podem ser necessárias para pessoas com deficiência física. Se o testador for surdo e incapaz de ler, as testemunhas leem o testamento, na presença do notário e, se satisfeitas, declaram que está de acordo com a vontade expressa pelo testador. Muito mais difícil é o caso dos surdos-mudos se, além disso, não sabem ler nem escrever. Testamentos holográficos ou testamentos fechados estão claramente fora de questão, mas algumas autoridades apoiam o uso de um testamento notarial aberto executado perante duas testemunhas e com os desejos do testador mediados por intérpretes" (LAPUENTE, Sergio Camara. Testamentary Formalities in Spain. *In*: REID, Kenneth G. C.; WAAL, Marius J.; ZIMMERMANN, Reinhard. *Comparative Succession Law*: Volume I: Testamentary Formalities. Oxford: OUP Oxford, 2011, p. 80. Disponível em: http://search.ebscohost.com/login.aspx?direct=true&db=nlebk&AN=784617&lang=pt-br&site=ehost-live. Acesso em: 11 nov. 2020).

sensorial devem testar, necessariamente, pela forma pública, com o intermédio de intérpretes da linguagem de sinais,[424] ao menos que a desconheçam, caso em que o testamento cerrado será a alternativa viável.[425]

Quanto ao cego, o Art. 1.867 do Código Civil estabelece que a ele "só se permite o testamento público, que lhe será lido, em voz alta, duas vezes, uma pelo tabelião ou por seu substituto legal, e a outra por uma das testemunhas, designada pelo testador", redação idêntica à do Código Civil uruguaio.[426]

---

[424] "Art. 1019. El ciego, el sordo o el sordomudo que puedan darse a entender claramente, aunque no por escrito, sólo podrán testar nuncupativamente y ante escribano o funcionario que haga las veces de tal. En el caso del ciego, el testamento deberá leerse en voz alta dos veces: la primera por el escribano o funcionario, y la segunda por uno de los testigos elegido al efecto por el testador. Tratándose del sordo o del sordomudo, la primera y la segunda lectura deberán efectuarse, además, ante un perito o especialista en lengua de señas, quien deberá, en forma simultánea, dar a conocer al otorgante el contenido de la misma. Deberá hacerse mención especial de estas solemnidades en el testamento". Tradução livre: "Art. 1019. O cego, o surdo ou o surdo-mudo que se façam compreender com clareza, ainda que não por escrito, só podem testar nuncupativamente e perante notário ou funcionário que haja como tal. No caso de cegos, o testamento deve ser lido em voz alta duas vezes: a primeira pelo escrivão ou oficial e a segunda por uma das testemunhas escolhidas para tanto pelo testador. No caso de surdos ou surdos-mudos, a primeira e a segunda leituras devem ser realizadas também perante um perito ou especialista em língua gestual, que deve, simultaneamente, dar a conhecer ao outorgante o conteúdo dela. Deve-se fazer especial menção a estas solenidades no testamento" (BIBLIOTECA DEL CONGRESO NACIONAL DE CHILE. Disponível em: https://www.bcn.cl/leychile/navegar?idNorma=172986&idParte=8717776. Acesso em: 8 maio 2020).

[425] "Art. 1024. Cuando el testador no pudiere entender o ser entendido de viva voz, sólo podrá otorgar testamento cerrado. El testador escribirá de su letra, sobre la cubierta, la palabra testamento, o la equivalente en el idioma que prefiera, y hará del mismo modo la designación de su persona, expresando, a lo menos, su nombre, apellido y domicilio, y la nación a que pertenece; y en lo demás se observará lo prevenido en el artículo precedente". Tradução livre: "Art. 1024. Quando o testador não puder compreender ou ser compreendido de viva voz, só poderá conceder testamento cerrado. O testador escreverá de próprio punho, no invólucro, a palavra testamento, ou equivalente no idioma de sua preferência, e fará, do mesmo modo, a designação de sua pessoa, expressando, no mínimo, seu nome, sobrenome e endereço, e a nação a que pertence; e no mais, será observado o disposto no artigo anterior" (BIBLIOTECA DEL CONGRESO NACIONAL DE CHILE. Disponível em: https://www.bcn.cl/leychile/navegar?idNorma=172986&idParte=8717776. Acesso em: 8 maio 2020).

[426] "798. El ciego no puede hacer sino testamento abierto, el que será leído en voz alta dos veces: la primera por el Escribano y la segunda por uno de los testigos, elegido al efecto por el testador. Se hará mención especial de esta solemnidad en el testamento (artículo 833)". Tradução livre: "798. O cego só pode fazer testamento aberto, que será lido duas vezes em voz alta: a primeira pelo Tabelião e a segunda por uma das testemunhas, escolhido para tanto pelo testador. Far-se-á menção especial desta solenidade no testamento (artigo 833)" (PARALMENTO DEL URUGUAY. Disponível em: https://parlamento.gub.uy/sites/default/files/CodigoCivil2010-02.pdf?width=800&height=600&hl=en_US1&iframe=true&rel=nofollow. Acesso em: 8 maio 2020).

Sugere-se que a leitura dupla do testamento seja exigida sempre que o testador não consiga lê-lo ele mesmo, afinal parece ter essa imposição a finalidade de proteger a vontade do testador incapacitado de certificar, por si só, que o conteúdo escrito é o verbalizado na leitura. Conferir proteção especial a apenas um grupo, sob fundamento pertinente também a outros vulneráveis, fere o princípio constitucional da igualdade, por isso a segunda leitura deve ocorrer em caso de testador cego e analfabeto. Aliás, esse é o entendimento da legislação mexicana.[427]

O Projeto de Lei nº 3.799/2019 propõe a alteração do Art. 1.867 do Código Civil para tornar obrigatória a gravação do ato em sistema digital de som e imagem quando o testador for cego.[428]

Outrossim, vale reiterar que, em países tais quais Alemanha, México e Espanha, onde a participação de testemunhas é excepcional, o fato de uma pessoa com deficiência auditiva, de fala ou impossibilitada de escrever optar pelo testamento público torna necessária a participação de uma testemunha ou um segundo notário no ato. Já na Itália, em todos os casos em que o testador não consiga ler, o número de testemunhas aumenta de duas para quatro.[429]

3.3.2 Testamento particular

O testamento particular é aquele elaborado sem a participação de oficial público. Deve ser escrito, manualmente ou mediante processo mecânico, pelo testador e lido perante três testemunhas.

---

[427] "Artículo 1517. Cuando el testador sea ciego o no pueda o no sepa leer, se dará lectura al testamento dos veces: una por el notario, como está prescrito en el artículo 1512, y otra, en igual forma, por uno de los testigos u otra persona que el testador designe". Tradução livre: "Art. 1517. Quando o testador for cego ou não possa ou não saiba ler, o testamento será lido duas vezes: uma pelo notário, nos termos do artigo 1512, e outra, da mesma forma, por uma das testemunhas ou outra pessoa designada pelo testador" (CÁMARA DE DIPUTADOS DEL CONGRESO DE LA UNIÓN. Disponível em: http://www.diputados. gob.mx/LeyesBiblio/pdf/2_270320.pdf. Acesso em: 8 maio 2020).

[428] Anexo I (BRASIL. Senado Federal. *Projeto de Lei nº 3799, de 2019*. Altera o Livro V da Parte Especial da Lei nº 10.406, de 10 de janeiro de 2002, e o Título III do Livro I da Parte Especial da Lei nº 13.105, de 16 de março de 2015, para dispor sobre a sucessão em geral, a sucessão legítima, a sucessão testamentária, o inventário e a partilha. 02.02.2022. Aguardando Designação do Relator. Disponível em: https://www25.senado.leg.br/web/atividade/materias/-/materia/137498. Acesso em: 20 jan. 2020).

[429] Vide item 4.3.1.1.

Após o falecimento do testador, o testamento é publicado em juízo, os herdeiros legítimos são citados e as testemunhas convocadas para confirmá-lo. O parágrafo único do Art. 1.878 permite que a presença de uma testemunha garanta a confirmação do testamento.

As formalidades envolvidas no ato estão descritas nos Arts. 1.876 e seguintes do Código Civil. Na versão do Código Civil de 1916, e ainda na atual, o testamento particular está regulado com muita solenidade, excesso de requisitos e abundância de cautelas,[430] sobretudo na sua fase de execução.[431]

3.3.2.1 Testemunhas e confirmação do testamento

Três testemunhas são requisitadas no testamento particular, duas a menos do que a legislação pretérita. O Projeto de Lei nº 3.799/2019 propõe a redução para duas, igualando o número de testemunhas exigidas para o testamento público.[432]

No contexto latino-americano, o Brasil adotou um meio-termo diferente do que se observa de modo geral. De um lado, temos os países que optaram pelo testamento hológrafo, sem a obrigatoriedade de testemunhas, como é o caso do Peru,[433] México,[434] Argentina[435]

---

[430] LEITE, Eduardo de Oliveira. *Direito Civil Aplicado*: Direito das Sucessões. São Paulo: Revista dos Tribunais, 2004. p. 200.

[431] "No Brasil, a crítica maior que se poderia levantar diz respeito às exigências complementares que a legislação prevê para sua execução após a morte do testador" (*idem*).

[432] Anexo I (BRASIL. Senado Federal. *Projeto de Lei nº 3799, de 2019*. Altera o Livro V da Parte Especial da Lei nº 10.406, de 10 de janeiro de 2002, e o Título III do Livro I da Parte Especial da Lei nº 13.105, de 16 de março de 2015, para dispor sobre a sucessão em geral, a sucessão legítima, a sucessão testamentária, o inventário e a partilha. 02.02.2022. Aguardando Designação do Relator. Disponível em: https://www25.senado.leg.br/web/atividade/materias/-/materia/137498. Acesso em: 20 jan. 2020).

[433] Cf. Art. 707 do Código Civil peruano (SISTEMA PERUANO DE INFORMACIÓN JURÍDICA. Disponível em: https://spij.minjus.gob.pe/spij-ext-web/detallenorma/H682684. Acesso em: 8 maio 2020).

[434] Apesar de dispensar testemunhas, outras formalidades são necessárias, como a impressão digital do testador e a necessidade de depósito em arquivo geral dos notários. Cf. Arts. 1550 ss. do Código Civil mexicano (CÁMARA DE DIPUTADOS DEL CONGRESO DE LA UNIÓN. Disponível em: http://www.diputados.gob.mx/LeyesBiblio/pdf/2_270320.pdf. Acesso em: 8 maio 2020).

[435] Cf. Art. 2477 do Código Civil argentino (SISTEMA ARGENTINO DE INFORMACIÓN JURÍDICA. Codigo civil y comercial de la nacion. Ley nº 26.994. InfoLEG – Información Legislativa. Disponível em: http://servicios.infoleg.gob.ar/infolegInternet/anexos/235000-239999/235975/texact.htm#. Acesso em: 8 maio 2020).

e Paraguai.⁴³⁶ De outro, temos aqueles que exigem cinco, à semelhança do Código Civil de 1916, como ocorre no Chile,⁴³⁷ na Bolívia⁴³⁸ e na Colômbia.⁴³⁹ Na Costa Rica,⁴⁴⁰ quatro testemunhas são necessárias se o próprio testador escreve seu testamento e seis se for escrito por outrem.

No Brasil, as testemunhas do testamento particular desempenham função especialmente relevante, pois a execução do testamento fica subordinada à sua confirmação por pelo menos uma delas

---

⁴³⁶ É permitido que o testador resguarde o ato valendo-se de testemunhas e outros meios: "Art. 2637 – El testador puede, si lo juzgare más conveniente, hacer autoriza su testamento con testigos, ponerle su sello, o depositarlo en poder de un escribano, o usar de cualquiera otra medida que dé más seguridad de que es su última voluntad". Tradução livre: "Art. 2637 – O testador pode, se o julgar mais conveniente, autorizar seu testamento com testemunhas, colocar nele seu selo ou depositar em poder de tabelião, ou usar qualquer outra medida que dê mais segurança a sua última vontade" (BIBLIOTECA E ARCHIVO CENTRAL DEL CONGRESO DE LA NASION. Disponível em: https://www.bacn.gov.py/leyes-paraguayas/528/ley-n-1183-codigo-civil-v-parte-libro-quinto. Acesso em: 8 maio 2020).

⁴³⁷ Cf. Art. 1014 do Código Civil chileno (BIBLIOTECA DEL CONGRESO NACIONAL DE CHILE. Disponível em: https://www.bcn.cl/leychile/navegar?idNorma=172986&idParte=8717776. Acesso em: 8 maio 2020).

⁴³⁸ Excepcionalmente admite-se a presença de apenas três restemunhas: "Art. 1133. (TESTAMENTO ABIERTO, OTORGADO ANTE TESTIGOS SOLAMENTE). El testamento abierto otorgado sólo ante testigos, exige los requisitos siguientes: 1) Que sea otorgado en presencia de cinco testigos vecinos, y no pudiendo ser habidos en el lugar cinco, por lo menos tres testigos vecinos. (...)". Tradução livre: "Art. 1133. (TESTAMENTO ABERTO, OUTORGADO ANTE TESTEMUNHAS SOLENEMENTE). O testamento aberto outorgado apenas perante testemunhas requer os seguintes requisitos: 1) Que seja concedido na presença de cinco testemunhas vizinhas, não podendo haver no local cinco, pelo menos três testemunhas vizinhas. (...)" (REDE IBEROAMERICANA DE COOPERAÇÃO JURÍDICA INTERNACIONAL. Disponível em: https://iberred.org/sites/default/files/codigocivilbolivia.pdf. Acesso em: 8 maio 2020).

⁴³⁹' Na Colômbia, o testamento particular só é permitido caso não haja notário no local de sua feitura: "Artículo 1071. Testamento nuncupativo. En los lugares en que no hubiere notario o en que faltare este funcionario, podrá otorgarse el testamento solemne, nuncupativo, ante cinco testigos que reúnan las cualidades exigidas en este Código". Tradução livre: "Artigo 1071. Testamento nuncupativo. Nos locais onde não haja notário ou onde este oficial se encontre ausente, o testamento solene, nuncupativo, poderá ser executado perante cinco testemunhas que reúnam as qualidades exigidas neste Código" (CONGRESO DE LA REPÚBLICA DE COLOMBIA. Disponível em: http://www.secretariasenado.gov.co/senado/basedoc/codigo_civil.html. Acesso em: 8 maio 2020).

⁴⁴⁰ "Artículo 583. Puede otorgarse testamento abierto: (...). 2º. Ante cuatro testigos sin cartulario; si el testador lo escribe; o ante seis testigos, si el testador no lo escribe". Tradução livre: "Art. 583. Pode outorgar testamento aberto: (...). 2º. Diante de quatro testemunhas sem tabelião; se o testador escreve; ou perante seis testemunhas, se o testador não o escreve" (REDE IBEROAMERICANA DE COOPERAÇÃO JURÍDICA INTERNACIONAL. Disponível em: https://iberred.org/sites/default/files/codigo_civil_costa_rica.pdf. Acesso em: 8 maio 2020).

após a morte do testador. Sendo assim, quanto mais testemunhas participarem do ato, maior é a garantia de que o testamento será futuramente executado.

Por esse motivo, a proposta de diminuição do número de testemunhas deve ser avaliada com cautela. O testamento particular tem a facilidade de não exigir a participação de notário e ter baixo custo; em contrapartida, quem testa por essa forma pode não ter orientação jurídica especializada. Daí a distinta importância da dita "virtude facilitadora da lei"[441] para o testamento particular: a norma que produz armadilhas aos desavisados falha nessa função. Portanto, se a diminuição do número de testemunhas for levada a cabo, é recomendável, apesar de não ser obrigatório, que os advogados orientem o testador a providenciar um número maior de testemunhas, aumentando a segurança do ato, visto que o testamento deverá ser posteriormente confirmado.

Outro aspecto que merece consideração é a flexibilização do parágrafo único do Art. 1.878 do Código Civil, que dispõe que: "se faltarem testemunhas, por morte ou ausência, e se pelo menos uma delas o reconhecer, o testamento poderá ser confirmado, se, a critério do juiz, houver prova suficiente de sua veracidade". O Projeto de Lei nº 3.799/2019[442] tem o mérito de permitir o testamento por gravação audiovisual, contudo deixa intacto referido dispositivo. Argumenta-se que a gravação audiovisual em que apareçam as testemunhas, quando agregadas a outros meios de prova (assinatura digital, assinatura manuscrita, documento físico ou criptografado etc.), poderia suprir a ausência total de testemunhas no momento da confirmação, afinal a participação delas já estaria documentada na gravação.

---

[441] REID; WAAL; ZIMMERMANN. Testamentary Formalities in Historical and Comparative Perspective. *In*: REID, Kenneth G. C.; WAAL, Marius J.; ZIMMERMANN, Reinhard. *Comparative Succession Law*: Volume I: Testamentary Formalities. Oxford: OUP Oxford, 2011. p. 468. Disponível em: http://search.ebscohost.com/login.aspx?direct=true&db=nlebk&AN=784617&lang=pt-br&site=ehost-live. Acesso em: 11 nov. 2020.

[442] Anexo I (BRASIL. Senado Federal. *Projeto de Lei nº 3799, de 2019*. Altera o Livro V da Parte Especial da Lei nº 10.406, de 10 de janeiro de 2002, e o Título III do Livro I da Parte Especial da Lei nº 13.105, de 16 de março de 2015, para dispor sobre a sucessão em geral, a sucessão legítima, a sucessão testamentária, o inventário e a partilha. 02.02.2022. Aguardando Designação do Relator. Disponível em: https://www25.senado.leg.br/web/atividade/materias/-/materia/137498. Acesso em: 20 jan. 2020).

3.3.2.2 Escrita a rogo e testador que não sabe ou não pode assinar

O Art. 1.876 do Código Civil estabelece que o testamento particular pode ser escrito de próprio punho ou mediante processo mecânico e, em qualquer caso, deve ser assinado pelo testador. Nos demais dispositivos atinentes às formalidades do testamento particular, não há permissão de que ele seja escrito ou assinado a rogo, como acontece nas seções dos testamentos público e cerrado, levando a concluir que o silêncio do legislador foi eloquente e, por conseguinte, são inadmissíveis a escrita e assinatura a rogo nesse tipo testamentário. Esse é o entendimento da doutrina.[443]

Tomando como panorama a América Latina, o que se observa é que o Brasil segue caminho isolado: não prevê o testamento hológrafo dentre os tipos ordinários, contudo veda também a escrita e assinatura a rogo, diferentemente dos países que, como ele, optaram por impor a participação de testemunhas ao testamento particular. No Chile,[444] Bolívia,[445]

---

[443] LEITE, *op. cit.*, 2004, p. 200.

[444] "Art. 1015. Lo que constituye esencialmente el testamento abierto, es el acto em que el testador hace sabedores de sus disposiciones al escribano, si lo hubiere, y a los testigos. El testamento será presenciado en todas sus partes por el testador, por un mismo escribano, si lo hubiere, y por unos mismos testigos. (...) Art. 1018. Termina el acto por las firmas del testador y testigos, y por la del escribano, si lo hubiere. Si el testador no supiere o no pudiere firmar, se mencionará en el testamento esta circunstancia expresando la causa. Si se hallare alguno de los testigos en el mismo caso, otro de ellos firmará por él y a ruego suyo, expresándolo así". Tradução livre: "Art. 1015. O que constitui essencialmente o testamento aberto é o ato pelo qual o testador torna público ao notário, se houver, e às testemunhas suas disposições. O testamento será testemunhado em todas as suas partes pelo testador, pelo mesmo notário público, se houver, e pelas mesmas testemunhas. (...) Art. 1018. O ato se encerra com as assinaturas do testador e das testemunhas, e do tabelião, se houver. Se o testador não souber ou não puder assinar, essa circunstância será mencionada no testamento, informando a causa. Se alguma das testemunhas se enquadrar na mesma hipótese, outra delas assina por ela, a seu pedido, isso declarando" (BIBLIOTECA DEL CONGRESO NACIONAL DE CHILE. Disponível em: https://www.bcn.cl/leychile/navegar?idNorma=172986&idParte=8717776. Acesso em: 8 maio 2020).

[445] "Art. 1133. (TESTAMENTO ABIERTO, OTORGADO ANTE TESTIGOS SOLAMENTE). El testamento abierto otorgado sólo ante testigos, exige los requisitos siguientes: 1) Que sea otorgado en presencia de cinco testigos vecinos, y no pudiendo ser habidos en el lugar cinco, por lo menos tres testigos vecinos. 2) Que el testador, si no presentare escrito el documento, dicte personalmente las cláusulas en el acto a uno de los testigos o que un testigo lo escriba conforme a la voluntad del testador. 3) Que se observen las demás formalidades señaladas en el articulo precedente. Art. 1132. (...) 4) Que si el testador no sabe o no puede firmar, se deje constancia de este hecho y de la causa que le impide. 5) Que en

Costa Rica[446] e Colômbia,[447] onde se exige testemunhas no testamento particular, é permitida sua feitura a rogo. Já no Paraguai, Argentina, México e Peru, onde se dispensa testemunhas, não há essa previsão. Além disso, na Bolívia, quando assinado a rogo o testamento,

---

el caso precedente, firme por el otorgante otro testigo testamentario más, a ruego, y a falta de su firma se pongan las impresiones digitales del testador". Tradução livre: "Art. 1133. (TESTAMENTO ABERTO, OUTORGADO ANTE TESTEMUNHAS SOLENEMENTE). O testamento aberto outorgado apenas perante testemunhas requer os seguintes requisitos: 1) Que seja outorgado na presença de cinco testemunhas vizinhas, não podendo haver no local cinco, pelo menos três testemunhas. 2) Que o testador, se não apresentar o documento por escrito, dite pessoalmente as cláusulas no local a uma das testemunhas ou que uma testemunha as escreva de acordo com a vontade do testador. 3) Que sejam observadas as demais formalidades indicadas no artigo anterior. Art. 1132. (...) 4) Que se o testador não souber ou não puder assinar, fique registrado esse fato e a causa que o impede. 5) Que no caso anterior, outra testemunha testamentária assine pelo outorgante, a pedido, e na falta de sua assinatura sejam colocadas as impressões digitais do testador" (REDE IBEROAMERICANA DE COOPERAÇÃO JURÍDICA INTERNACIONAL. Disponível em: https://iberred.org/sites/default/files/codigocivilbolivia.pdf. Acesso em: 8 maio 2020).

[446] "Artículo 585. El testamento abierto necesita las siguientes formalidades: 1º. Debe ser fechado, con indicación del lugar, día y hora, mes y año en que se otorgue. 2º. Debe ser leído ante los testigos por el mismo testador o por la persona que éste indique o por el cartulario. El que fuere sordo y supiere leer, deberá leer su testamento; si no supiere deberá designar la persona que haya de leerlo en su lugar. 3º. Debe ser firmado por el testador, el cartulario y los testigos. Si el testador no supiere o no pudiere firmar, lo declarará así el mismo testamento. Por lo menos dos testigos en caso de testamento ante cartulario, y tres en el de testamento ante testigos solamente, deben firmar el testamento abierto; el testamento hará mención de los testigos que no firman y del motivo. Todas las formalidades del testamento serán practicadas en acto continuo". Tradução livre: "Art. 585. O testamento aberto requer as seguintes formalidades: 1º. Deve ser datado, com indicação do local, dia e hora, mês e ano em que é concedido. 2º. Deve ser lido perante as testemunhas pelo próprio testador ou por pessoa por ele indicada ou pelo tabelião. Quem é surdo e souber ler, deve ler o seu testamento; se não souber, deverá designar a pessoa que irá lê-lo em seu lugar. 3º. Deve ser assinado pelo testador, pelo tabelião e pelas testemunhas. Se o testador não souber ou não puder assinar, isso declarará em testamento. Pelo menos duas testemunhas no caso de testamento perante tabelião, e três no caso de testamento apenas perante testemunhas, devem assinar o testamento aberto; o testamento mencionará as testemunhas que não assinaram e o motivo. Todas as formalidades do testamento serão praticadas em ato contínuo" (REDE IBEROAMERICANA DE COOPERAÇÃO JURÍDICA INTERNACIONAL. Disponível em: https://iberred.org/sites/default/files/codigo_civil_costa_rica.pdf. Acesso em: 8 maio 2020).

[447] "Articulo 1075. <FINALIZACION DEL ACTO>. Termina el acto por las firmas del testador y testigos, y por la del notario, si lo hubiere. Si el testador no supiere o no pudiere firmar, se mencionará en el testamento esta circunstancia, expresando la causa. Si se hallare alguno de los testigos en el mismo caso, otro de ellos firmará por él, y a ruego suyo, expresándolo así". Tradução livre: "Art. 1075. <RESCISÃO DO ATO>. O ato se encerra com as assinaturas do testador e das testemunhas, e do notário, se houver. Se o testador não souber ou não puder assinar, essa circunstância será mencionada no testamento, informando a causa. Se alguma das testemunhas for encontrada no mesmo processo, outra delas assinará por ela, e a seu pedido, expressando-se assim" (CONGRESO DE LA REPÚBLICA DE COLOMBIA. Disponível em: http://www.secretariasenado.gov.co/senado/basedoc/codigo_civil.html. Acesso em: 8 maio 2020).

a impressão digital do testador deve ser aposta, e na Costa Rica o fato de ser escrito a rogo gera um incremento, de quatro para seis, do número de testemunhas necessárias.[448] No México, apesar de não ser prevista a escrita do testamento particular a rogo, a aposição de impressão digital é obrigatória para ampliar a segurança do ato.[449]

Recentemente, em julgado inovador, o Superior Tribunal de Justiça[450] entendeu pela validade de um testamento particular que,

---

[448] "Artículo 583. Puede otorgarse testamento abierto: (...). 2º. Ante cuatro testigos sin cartulario; si el testador lo escribe; o ante seis testigos, si el testador no lo escribe". Tradução livre: "Art. 583. Pode-se outorgar testamento aberto: (...). 2º. Diante de quatro testemunhas sem cartular; se o testador escreve; ou perante seis testemunhas, se o testador não o escrever." (REDE IBEROAMERICANA DE COOPERAÇÃO JURÍDICA INTERNACIONAL. Disponível em: https://iberred.org/sites/default/files/codigo_civil_costa_rica.pdf. Acesso em: 8 maio 2020).

[449] "Artículo 1553. El testador hará por duplicado su testamento ológrafo e imprimirá en cada ejemplar su huella digital. El original dentro de un sobre cerrado y lacrado, será depositado en el Archivo General de Notarías, y el duplicado también cerrado en un sobre lacrado y con la nota en la cubierta a que se refiere el artículo 1555, será devuelto al testador. Este podrá poner en los sobres que contengan los testamentos, los sellos, señales o marcas que estime necesarios para evitar violaciones". Tradução livre: "Art. 1553. O testador deve fazer seu testamento holográfico em duas vias e imprimir sua impressão digital em cada uma das cópias. O original em envelope fechado e lacrado, será depositado no Arquivo Geral dos Notários, sendo a segunda via também fechada em envelope lacrado e com a nota da capa a que se refere o artigo 1555, devolvida ao testador. Pode colocar nos envelopes que contenham os testamentos, os selos, sinais ou marcas que julgar necessários para evitar violações" (CÁMARA DE DIPUTADOS DEL CONGRESO DE LA UNIÓN. Disponível em: http://www.diputados.gob.mx/LeyesBiblio/pdf/2_270320.pdf. Acesso em: 8 maio 2020).

[450] "CIVIL E PROCESSUAL CIVIL. CONFIRMAÇÃO DE TESTAMENTO PARTICULAR ESCRITO POR MEIO MECÂNICO. OMISSÃO E OBSCURIDADE NO ACÓRDÃO RECORRIDO. INOCORRÊNCIA. QUESTÃO ENFRENTADA E PREQUESTIONADA. SUCESSÃO TESTAMENTÁRIA. AUSÊNCIA DE ASSINATURA DE PRÓPRIO PUNHO DO TESTADOR. REQUISITO DE VALIDADE. OBRIGATORIEDADE DE OBSERVÂNCIA, CONTUDO, DA REAL VONTADE DO TESTADOR, AINDA QUE EXPRESSADA SEM TODAS AS FORMALIDADES LEGAIS. DISTINÇÃO ENTRE VÍCIOS SANÁVEIS E VÍCIOS INSANÁVEIS QUE NÃO SOLUCIONA A QUESTÃO CONTROVERTIDA. NECESSIDADE DE EXAME DA QUESTÃO SOB A ÓTICA DA EXISTÊNCIA DE DÚVIDA SOBRE A VONTADE REAL DO TESTADOR. INTERPRETAÇÃO HISTÓRICO-EVOLUTIVA DO CONCEITO DE ASSINATURA. SOCIEDADE MODERNA QUE SE INDIVIDUALIZA E SE IDENTIFICA DE VARIADOS MODOS, TODOS DISTINTOS DA ASSINATURA TRADICIONAL. ASSINATURA DE PRÓPRIO PUNHO QUE TRAZ PRESUNÇÃO *JURIS TANTUM* DA VONTADE DO TESTADOR, QUE, SE AUSENTE, DEVE SER COTEJADA COM AS DEMAIS PROVAS. 1. Ação ajuizada em 26.01.2015. Recurso especial interposto em 02.06.2016 e atribuído à Relatora em 11.11.2016. 2. Os propósitos recursais consistem em definir se: (i) houve omissão relevante no acórdão recorrido; (ii) é válido o testamento particular que, a despeito de não ter sido assinado de próprio punho pela testadora, contou com a sua impressão digital. 3. Deve ser rejeitada a alegação de omissão, obscuridade ou contradição quando o acórdão recorrido se pronuncia, ainda que sucintamente, sobre as questões suscitadas pela parte, tornando prequestionada a matéria que se pretende ver examinada no recurso especial. 4. Em

a despeito de ter sido lavrado a rogo e não conter a assinatura da testadora, por causa de uma limitação física, contava com a sua impressão digital.

Em primeira instância, foi reconhecida a validade do testamento, baseando-se a decisão na ausência de vício formal grave e na suficiência dos depoimentos testemunhais para atestar a lucidez e a identidade da testadora. Contudo, a decisão foi reformada pelo Tribunal de Justiça de Minas Gerais sob o argumento de não terem sido preenchidos os requisitos de validade exigidos pelo Art. 1.876 do Código Civil.

A 2ª Seção do STJ, porém, deu provimento ao recurso interposto pela herdeira, declarando válido o testamento. Segundo a ministra Nancy Andrighi, relatora do caso, a regra segundo a qual a assinatura de próprio punho é requisito de validade do testamento

---

se tratando de sucessão testamentária, o objetivo a ser alcançado é a preservação da manifestação de última vontade do falecido, devendo as formalidades previstas em lei serem examinadas à luz dessa diretriz máxima, sopesando-se, sempre casuisticamente, se a ausência de uma delas é suficiente para comprometer a validade do testamento em confronto com os demais elementos de prova produzidos, sob pena de ser frustrado o real desejo do testador. 5. Conquanto a jurisprudência do Superior Tribunal de Justiça permita, sempre excepcionalmente, a relativização de apenas algumas das formalidades exigidas pelo Código Civil e somente em determinadas hipóteses, o critério segundo o qual se estipulam, previamente, quais vícios são sanáveis e quais vícios são insanáveis é nitidamente insuficiente, devendo a questão ser examinada sob diferente prisma, examinando-se se da ausência da formalidade exigida em lei efetivamente resulta alguma dúvida quanto à vontade do testador. 6. Em uma sociedade que é comprovadamente menos formalista, na qual as pessoas não mais se individualizam por sua assinatura de próprio punho, mas, sim, pelos seus tokens, chaves, logins e senhas, ID's, certificações digitais, reconhecimentos faciais, digitais e oculares e, até mesmo, pelos seus hábitos profissionais, de consumo e de vida captados a partir da reiterada e diária coleta de seus dados pessoais, e na qual se admite a celebração de negócios jurídicos complexos e vultosos até mesmo por redes sociais ou por meros cliques, o papel e a caneta esferográfica perdem diariamente o seu valor e a sua relevância, devendo ser examinados em conjunto com os demais elementos que permitam aferir ser aquela a real vontade do contratante. 7. A regra segundo a qual a assinatura de próprio punho é requisito de validade do testamento particular, pois, traz consigo a presunção de que aquela é a real vontade do testador, tratando-se, todavia, de uma presunção juris tantum, admitindo-se, ainda que excepcionalmente, a prova de que, se porventura ausente a assinatura nos moldes exigidos pela lei, ainda assim é aquela a real vontade do testador. 8. Hipótese em que, a despeito da ausência de assinatura de próprio punho do testador e do testamento ter sido lavrado a rogo e apenas com a aposição de sua impressão digital, não havia dúvida acerca da manifestação de última vontade da testadora que, embora sofrendo com limitações físicas, não possuía nenhuma restrição cognitiva. 9. O provimento do recurso especial por um dos fundamentos torna despiciendo o exame dos demais suscitados pela parte. Precedentes. 10. Recurso especial conhecido e provido" (BRASIL. Superior Tribunal de Justiça. REsp nº 1633254 MG. Relatora Ministra Nancy Andrighi, Segunda Seção, julgado em 11.3.2020, publicado em 18.3.2020).

particular, pois traz consigo a presunção de que aquela é a real vontade do testador, admite, excepcionalmente, prova de que, se porventura ausente a assinatura nos moldes exigidos pela lei, ainda assim era aquela a real vontade do testador, ou seja, trata-se de uma presunção *juris tantum*.

Apesar de esse precedente reconhecer a validade de testamento particular escrito a rogo e sem assinatura de próprio punho do testador, em momento nenhum ele afirma que em qualquer circunstância é permitido testar a rogo ou que a impressão digital substitui a assinatura. Pelo contrário, a decisão é enfática ao afirmar a necessidade de análise casuística. Além disso, o Superior Tribunal de Justiça já se manifestou também pela essencialidade da assinatura em testamento particular[451] e pela inadmissibilidade de assinatura a rogo nessa modalidade.[452]

---

[451] "RECURSO ESPECIAL. TESTAMENTO PARTICULAR. NEGATIVA DE PRESTAÇÃO JURISDICIONAL. ARTIGOS 458 E 535 DO CPC. NÃO OCORRÊNCIA. ATO JURÍDICO PERFEITO. OFENSA NÃO CONFIGURADA. ASSINATURA DO TESTADOR. REQUISITO ESSENCIAL DE VALIDADE. ABRANDAMENTO. IMPOSSIBILIDADE. 1. Cuida-se de procedimento especial de jurisdição voluntária consubstanciado em pedido de abertura e registro de testamento particular. 2. Cinge-se a controvérsia a determinar se pode subsistir o testamento particular formalizado sem todos os requisitos exigidos pela legislação de regência, no caso, a assinatura do testador e a leitura perante as testemunhas. 3. A jurisprudência desta Corte tem flexibilizado as formalidades prescritas em lei no tocante às testemunhas do testamento particular quando o documento tiver sido escrito e assinado pelo testador e as demais circunstâncias do autos indicarem que o ato reflete a vontade do testador. 4. No caso dos autos, o testamento é apócrifo, não sendo, portanto, possível concluir, de modo seguro, que o testamento redigido de próprio punho exprime a real vontade do testador. 5. Recurso especial provido" (BRASIL. Superior Tribunal de Justiça. REsp nº1444867 DF. Relator Ministro Ricardo Villas Bôas Cueva, Terceira Turma, julgado em 23.9.2014, publicado em 31.10.2014).

[452] "RECURSO ESPECIAL. TESTAMENTO PARTICULAR. PEDIDO DE CONFIRMAÇÃO, REGISTRO E CUMPRIMENTO. ASSINATURA DO TESTADOR. REQUISITO ESSENCIAL DE VALIDADE. ABRANDAMENTO. IMPOSSIBILIDADE. ASSINATURA A ROGO. INADMISSIBILIDADE. 1. Cuida-se de procedimento especial de jurisdição voluntária consubstanciado em pedido de confirmação, registro e cumprimento de testamento particular. 2. Cinge-se a controvérsia a determinar se pode subsistir o testamento particular formalizado sem todos os requisitos exigidos pela legislação de regência, no caso, a assinatura do testador. 3. A jurisprudência desta Corte tem flexibilizado as formalidades prescritas em lei no tocante às testemunhas do testamento particular quando o documento tiver sido escrito e assinado pelo testador e as demais circunstâncias dos autos indicarem que o ato reflete a vontade do testador. 4. No caso dos autos, além de o testamento não ter sido assinado pelo próprio testador, há fundada dúvida acerca da higidez da manifestação de vontade ali expressa. 5. Segundo a doutrina especializada, na confecção do testamento particular não se admite a assinatura a rogo. 6. Recurso especial não provido" (BRASIL. Superior Tribunal de Justiça. *REsp nº 1618754 MG*. Relatora Ministra Nancy Andrighi, Relator p/ Acórdão Ministro Ricardo Villas Bôas Cueva, Terceira Turma, julgado em 26.9.2017, publicado em 13.10.2017).

Portanto, apenas alteração legislativa reconhecendo a escrita e assinatura a rogo como alternativas do testamento particular proporcionará a segurança – tão perseguida em matéria sucessória – de que o testamento assim elaborado será com certeza válido.

O Projeto de Lei nº 3.799/2019 é omisso no ponto. Entretanto, permite que o testamento particular seja realizado em sistema de som e imagem, o que solucionaria a questão dos que não sabem ou não podem escrever e assinar, mas querem testar por essa modalidade.[453]

3.3.2.3 Língua estrangeira

A legislação determina que o testamento particular escrito em língua estrangeira será válido contanto que as testemunhas a compreendam.[454]

3.3.2.4 Pessoas com deficiência e analfabetos

Os analfabetos e as pessoas que não consigam (por doença ou incapacidade física) ou não saibam escrever são impedidas de fazer testamento particular. Como já abordado, alteração legislativa permitindo a escrita a rogo ou o testamento por vídeo tornaria acessível a essas pessoas a forma testamentária particular.

Quanto a surdos e/ou pessoas com deficiência da fala, questiona-se a pertinência de impedi-los de testarem por instrumento particular devido à validade do ato depender da leitura do testamento na presença de três testemunhas. Considerando ser permitido testar em língua estrangeira desde que as testemunhas compreendam a língua, e tendo em vista a existência da linguagem de libras com a qual eles se comunicam, por que os impedir de testar por testamento

---

[453] Anexo I. (BRASIL. Senado Federal. *Projeto de Lei nº 3799, de 2019*. Altera o Livro V da Parte Especial da Lei nº 10.406, de 10 de janeiro de 2002, e o Título III do Livro I da Parte Especial da Lei nº 13.105, de 16 de março de 2015, para dispor sobre a sucessão em geral, a sucessão legítima, a sucessão testamentária, o inventário e a partilha. 02.02.2022. Aguardando Designação do Relator. Disponível em: <https://www25.senado.leg.br/web/atividade/materias/-/materia/137498>. Acesso em: 20/01/2020).

[454] Cf. Código Civil brasileiro, Art. 1.880.

particular quando as testemunhas também compreenderem os sinais? Ora, empreendendo leitura teleológica desse permissivo legal, se a pessoa com deficiência da fala ou o surdo não oralizado, embora não consigam ler seu testamento verbalmente, puderem manifestar seu teor por sinais, compreensíveis para as testemunhas, é incoerente proclamar a invalidade do ato.

Na mesma linha de raciocínio, argumenta-se ser possível testar em *braile*. Atualmente, o cego conhecedor do alfabeto em *braile* é capaz de ler e escrever por computadores e impressoras adaptados a essa linguagem. Por isso, o cego com acesso a essas tecnologias consegue escrever, assinar e ler o documento por ele produzido. Qual o óbice, então, a que o cego faça testamento particular? À medida que se permite testamento em língua estrangeira,[455] proibi-lo em *braile* configura uma discriminação incompatível com a legalidade constitucional.[456]

No Peru, admite-se o testamento particular de pessoa com deficiência visual em *braile* ou por algum outro formato alternativo de comunicação. A técnica legislativa do uso de expressão aberta, como o termo "outro formato alternativo de comunicação", abre espaço para o uso de novas tecnologias de comunicação, presentes e futuras. Ao que parece, a expressão comporta até mesmo gravações audiovisuais. Além disso, determina a legislação peruana que cada página deve conter a impressão digital do testador e sua assinatura.[457]

---

[455] Cf. Código Civil brasileiro, Art. 1.871.

[456] Ao comentar sobre a cláusula geral da igualdade, Perlingieri acentua: "Esta cláusula, frequentemente, ao invés de ser orientada para a remoção dos obstáculos que de fato limitam a liberdade e igualdade do cidadão, é voltada à criação de novos obstáculos, faltando, a propósito, uma global e programática linha reformadora tendente a concretizar, realmente, o desenho global do ordenamento" (PERLINGIERI, *op. cit.*, 1999, p. 50).

[457] O Art. 707 do Código Civil peruano estabelece as formalidades do testamento cerrado remetendo ao Art. 699 quando o testador for pessoa com deficiência visual: "Artículo 707º. Formalidades. Son formalidades esenciales del testamento ológrafo, que sea totalmente escrito, fechado y firmado por el propio testador. Si lo otorgara una persona con discapacidad por deficiencia visual, deberá cumplirse con lo expuesto en el segundo párrafo del numeral 1 del Artículo 699º. Para que produzca efectos debe ser protocolizado, previa comprobación judicial, dentro del plazo máximo de un año contado desde la muerte del testador". Tradução livre: "Art. 707º. Formalidades. São formalidades essenciais do testamento holográfico, que seja integralmente redigido, datado e assinado pelo próprio testador. Se concedida por pessoa com deficiência visual, deve ser cumprido o disposto no segundo parágrafo do número 1 do artigo 699º. Para que tenha eficácia, deve ser formalizada prévia comprovação judicial, no prazo máximo de um ano a partir do falecimento do testador". "Artículo 699º. Las formalidades esenciales del testamento

3.3.3 Testamento cerrado

A outra forma de testamento que envolve a participação de um notário é o testamento cerrado, regulamentado pelos Art.s 1.868 a 1.875 do Código Civil. A sua realização compreende duas fases: a elaboração do testamento e a sua recepção em cartório. Assim, o conteúdo permanece secreto, pois o notário geralmente não prepara o documento[458] e as testemunhas participam apenas da fase de recepção. Por esse motivo, costuma-se dizer que o testamento cerrado tem a vantagem do segredo de seu conteúdo, própria do testamento hológrafo, atrelada à segurança do testamento público.[459]

Ao lado das vantagens, contudo, avultam-se os inconvenientes, como o risco de nulidade decorrente da redação privada do conteúdo das manifestações de vontade do testador e os perigos de anulação derivados da existência de um formalismo minucioso.[460]

---

cerrado son: 1. Que el documento en que ha sido extendido esté firmado en cada una de sus páginas por el testador, bastando que lo haga al final si estuviera manuscrito por él mismo, y que sea colocado dentro de un sobre debidamente cerrado o de una cubierta clausurada, de manera que no pueda ser extraído el testamento sin rotura o alteración de la cubierta. Tratándose de un testamento otorgado por una persona con discapacidad por deficiencia visual, podrá ser otorgado en sistema braille o utilizando algún otro medio o formato alternativo de comunicación, debiendo contar cada folio con la impresión de su huella dactilar y su firma, colocado dentro de un sobre en las condiciones que detalla el primer párrafo". Tradução livre: "Artigo 699º. São formalidades essenciais do testamento encerrado: (...) 1. Que o documento em que foi outorgado seja assinado em cada uma das suas folhas pelo testador, bastando que o faça ao final se for manuscrito por ele próprio, e seja colocado dentro de envelope devidamente fechado ou capa fechada, de forma que o testamento não possa ser extraído sem quebra ou alteração da capa. Tratando-se de testamento outorgado por pessoa com deficiência visual, poderá ser escrito em braile ou por algum outro meio ou formato alternativo de comunicação, cada página deverá conter sua impressão digital e sua assinatura, colocadas dentro de um invólucro nas condições detalhadas no primeiro parágrafo" (SISTEMA PERUANO DE INFORMACIÓN JURÍDICA. Disponível em: https://spij.minjus.gob.pe/spij-ext-web/detallenorma/H682684. Acesso em: 8 maio 2020).

[458] O Código Civil permite que o tabelião escreva o testamento cerrado a rogo do testador: "Art. 1.870. Se o tabelião tiver escrito o testamento a rogo do testador, poderá, não obstante, aprová-lo".

[459] "O testamento cerrado, também conhecido como secreto ou místico, é de origem romana. Místico significa secreto. Portanto, o testamento cerrado ou místico não é completamente secreto: ele o é mais que um testamento público porque seu conteúdo só é conhecido do testador; mas ele é menos secreto que um testamento hológrafo, já que sua existência é constatada por um ato notorial. (...) O testamento cerrado oferece as vantagens do testamento público e do testamento hológrafo sem apresentar os inconvenientes daquelas formas de testar" (LEITE, *op. cit.*, 2005, p. 356).

[460] *Ibidem*, p. 357.

3.3.3.1 Testemunhas

Duas testemunhas devem presenciar a entrega do testamento cerrado em cartório, mesmo número exigido na França[461] e na Itália[462] e três a menos do que no Código Civil de 1916. Chile,[463] Bolívia[464] e México[465] impõem a participação de três testemunhas. No Uruguai,[466] Paraguai[467] e Colômbia[468] são necessárias cinco. Já a Costa Rica,[469] seguindo a tradição espanhola,[470] dispensa as testemunhas.

---

[461] BRAUN, Alexandra. Testamentary Formalities in Italy. *In*: REID, Kenneth G. C.; WAAL, Marius J.; ZIMMERMANN, Reinhard. Comparative Succession Law: Volume I: Testamentary Formalities. Oxford: OUP Oxford, 2011. Disponível em: http://search.ebscohost.com/login.aspx?direct=true&db=nlebk&AN=784617&lang=pt-br&site=ehost-live. Acesso em: 11 nov. 2020.

[462] PINTENS, Walter. Testamentary Formalities in France and Belgium. *In*: REID, Kenneth G. C.; WAAL, Marius J.; ZIMMERMANN, Reinhard. *Comparative Succession Law*: Volume I: Testamentary Formalities. Oxford: OUP Oxford, 2011. Disponível em: http://search.ebscohost.com/login.aspx?direct=true&db=nlebk&AN=784617&lang=pt-br&site=ehos

[463] Cf. Art. 1023 do Código Civil chileno (BIBLIOTECA DEL CONGRESO NACIONAL DE CHILE. Disponível em: https://www.bcn.cl/leychile/navegar?idNorma=172986&idParte=8717776. Acesso em: 8 maio 2020).

[464] Cf. Art. 1127 do Código Civil boliviano (REDE IBEROAMERICANA DE COOPERAÇÃO JURÍDICA INTERNACIONAL. Disponível em: https://iberred.org/sites/default/files/codigocivilbolivia.pdf. Acesso em: 8 maio 2020).

[465] Cf. Art. 1524 do Código Civil mexicano (CÁMARA DE DIPUTADOS DEL CONGRESO DE LA UNIÓN. Disponível em: http://www.diputados.gob.mx/LeyesBiblio/pdf/2_270320.pdf. Acesso em: 8 maio 2020).

[466] Cf. Art. 801 do Código Civil uruguaio (PARALMENTO DEL URUGUAY. Disponível em: https://parlamento.gub.uy/sites/default/files/CodigoCivil2010-02.pdf?width=800&height=600&hl=en_US1&iframe=true&rel=nofollow. Acesso em: 8 maio 2020).

[467] Cf. Art. 2651 do Código Civil paraguaio (BIBLIOTECA E ARCHIVO CENTRAL DEL CONGRESO DE LA NASION. Disponível em: https://www.bacn.gov.py/leyes-paraguayas/528/ley-n-1183-codigo-civil-v-parte-libro-quinto. Acesso em: 08/05/2020).

[468] Cf. Art. 1078 do Código Civil colombiano (CONGRESO DE LA REPÚBLICA DE COLOMBIA. Disponível em: http://www.secretariasenado.gov.co/senado/basedoc/codigo_civil.html. Acesso em: 8 maio 2020).

[469] Cf. Art. 587 do Código Civil costa-riquenho (REDE IBEROAMERICANA DE COOPERAÇÃO JURÍDICA INTERNACIONAL. Disponível em: https://iberred.org/sites/default/files/codigo_civil_costa_rica.pdf. Acesso em: 8 maio 2020).

[470] LAPUENTE, Sergio Camara. Testamentary Formalities in Spain. *In*: REID, Kenneth G. C.; WAAL, Marius J.; ZIMMERMANN, Reinhard. *Comparative Succession Law*: Volume I: Testamentary Formalities. Oxford: OUP Oxford, 2011. Disponível em: http://search.ebscohost.com/login.aspx?direct=true&db=nlebk&AN=784617&lang=pt-br&site=ehost-live. Acesso em: 11 nov. 2020.

3.3.3.2 Entrega do testamento

A entrega do testamento cerrado em cartório deve ser feita pessoalmente pelo testador. No Brasil, é recorrente que os tabeliães, não podendo o testador comparecer pessoalmente ao cartório, dirijam-se até ele. Contudo, quando nem isso é viável – por ser o local de difícil acesso, por estar o testador viajando ou, ainda, por outros fatores – o testador resta impedido de testar pela modalidade.

Talvez seja hora de indagar o porquê da vedação da entrega do testamento por procuração. O simples fato de a entrega ser feita por outrem não macula o caráter personalíssimo do ato, pois as formalidades para o momento de elaboração do documento já cumprem o papel de assegurar a intangibilidade da vontade do testador. Se até o casamento, que é ato tão solene quanto o testamento, pode ser concretizado por procuração, qual a justificativa de impedir a entrega do documento por esse meio? No México, é permitido que a entrega e a retirada do testamento cerrado sejam feitas por procuração, a qual, entretanto, deverá ser outorgada por escritura pública.[471]

3.3.3.3 Testador que não sabe ou não pode assinar ou escrever

A assinatura, no testamento cerrado, é importante em dois momentos: quando da elaboração do testamento e na sua entrega para o cartorário perante as testemunhas. Em relação à primeira fase, o Código Civil permite que o testamento cerrado seja escrito por outra pessoa,

---

[471] "Artículo 1539. Pueden hacerse por procurador la presentación y depósito de que habla el artículo que precede, y en este caso, el poder quedará unido al testamento.
Artículo 1540. El testador puede retirar, cuando le parezca, su testamento; pero la devolución se hará con las mismas solemnidades que la entrega.
Artículo 1541. El poder para la entrega y para la extracción del testamento, debe otorgarse en escritura pública, y esta circunstancia se hará constar en la nota respectiva". Tradução livre: "Artigo 1539. A apresentação e o depósito a que se refere o artigo anterior podem ser feitos por procurador, sendo que, neste caso, a procuração acompanhará o testamento.
Artigo 1540. O testador poderá retirar, quando julgar conveniente, o seu testamento; mas a devolução será feita com as mesmas solenidades da entrega.
Art. 1541. O poder de entrega e extração do testamento, deve ser outorgado em escritura pública, sendo esta circunstância averbada na respectiva nota" (CÁMARA DE DIPUTADOS DEL CONGRESO DE LA UNIÓN. Disponível em: http://www.diputados.gob.mx/LeyesBiblio/pdf/2_270320.pdf. Acesso em: 8 maio 2020).

todavia determina que, ainda assim, deve ser assinado pelo testador.[472] Quanto à assinatura necessária na etapa de entrega do documento, ao tratar das formalidades dessa forma testamentária, a legislação é omissa sobre a possibilidade de que seja feita a rogo do testador.

Por mais estranho que possa parecer, a permissão de escrita a rogo – enquanto, por outro lado, é censurada a assinatura feita da mesma maneira – é, em certa medida, coerente, por se aproximar do tratamento conferido ao testamento particular, que guarda similaridade com o primeiro momento de execução do testamento cerrado. Muito embora seja vedada, no testamento particular, não só a assinatura a rogo, mas também a escrita do testamento por terceiro.

No tocante à possibilidade de assinatura a rogo no momento em que é cerrado e cosido o testamento, é incongruente a omissão legislativa. Se, por um lado, a primeira fase do testamento cerrado se aproxima do testamento particular e, consequentemente, torna compreensível a similitude das formalidades; por outro, a segunda etapa, em cartório, apresenta plano de fundo idêntico ao do testamento público (presença de tabelião com fé pública e duas testemunhas), motivo pelo qual é paradoxal a ausência de previsão de assinatura a rogo nessa etapa, uma vez que é prevista para o testamento público.[473]

A Costa Rica apresenta a mesma omissão legislativa brasileira, permite que o testamento seja escrito por terceiro segundo as declarações do testador, contudo exige a sua assinatura e não regulamenta a hipótese de impossibilidade dela, em nenhuma das fases de execução do testamento cerrado.[474] Já na Colômbia há

---

[472] "Art. 1.868. O testamento escrito pelo testador, ou por outra pessoa, a seu rogo, e por aquele assinado, será válido se aprovado pelo tabelião ou seu substituto legal, observadas as seguintes formalidades: (...) IV – que o auto de aprovação seja assinado pelo tabelião, pelas testemunhas e pelo testador".

[473] Código Civil brasileiro: "Art. 1.865. Se o testador não souber, ou não puder assinar, o tabelião ou seu substituto legal assim o declarará, assinando, neste caso, pelo testador, e, a seu rogo, uma das testemunhas instrumentárias".

[474] "Artículo 587. El testamento cerrado puede no ser escrito por el testador, pero debe estar firmado por él. Lo presentará en un sobre cerrado al notario público, quien extenderá una escritura en la cual hará constar que el testamento le fue presentado por el mismo testador, sus declaraciones sobre el número de hojas que contiene, si está escrito y firmado por él, y si tiene algún borrón, enmienda, entrerrenglonadura o nota. En el sobre, el notario consignará una razón indicadora de que contiene el testamento de quien lo presenta, el lugar, la hora y la fecha de otorgamiento de la escritura, así como el número, el tomo y la página del protocolo donde consta. El notario tomará las providencias necesarias para asegurar que el sobre esté cerrado de tal modo que se garantice su inviolabilidad. Tanto la escritura como la razón deben ser firmadas por el testador, el notario y dos testigos instrumentales. Concluida la diligencia, se devolverá el testamento al testador. Quienes no sepan leer ni escribir no pueden

lacuna quanto à possibilidade de assinatura a rogo na primeira fase, entretanto conta com expressa permissão para o momento em que o testamento é cerrado.[475]

---

hacer testamento cerrado". Tradução livre: "Art. 587. O testamento cerrado pode não ser escrito pelo testador, mas deve ser por ele assinado. Apresentá-lo-á em envelope lacrado ao tabelião, que redigirá escritura na qual indicará que o testamento lhe foi apresentado pelo próprio testador, as suas declarações quanto ao número de páginas que contém, se está escrito e assinado por ele, e se tem qualquer mancha, emenda, anotação nas entrelinhas ou nota. No envelope, o notário consignará uma razão indicadora de que contém o testamento de quem o apresenta, o local, a hora e a data de celebração da escritura, bem como o número, volume e página do protocolo em que consta. O notário tomará as providências necessárias para que o envelope seja fechado de forma a garantir a sua inviolabilidade. Tanto a escritura quanto a razão indicativa de seu conteúdo devem ser assinados pelo testador, pelo notário e por duas testemunhas instrumentais. Concluída a diligência, o testamento será devolvido ao testador. Aqueles que não sabem ler ou escrever não podem fazer um testamento fechado" (REDE IBEROAMERICANA DE COOPERAÇÃO JURÍDICA INTERNACIONAL. Disponível em: https://iberred.org/sites/default/files/codigo_civil_costa_rica.pdf. Acesso em: 8 maio 2020).

[475] "Articulo 1080. <ESENCIA DEL TESTAMENTO CERRADO>. Lo que constituye esencialmente el testamento cerrado es el acto en que el testador presenta al notario y los testigos una escritura cerrada, declarando de viva voz, y de manera que el notario y los testigos lo vean, oigan y entiendan (salvo el caso del artículo siguiente), que en aquella escritura se contiene su testamento. Los mudos podrán hacer esta declaración, escribiéndola a presencia del notario y los testigos. El testamento deberá estar firmado por el testador. La cubierta del testamento estará cerrada o se cerrará exteriormente, de manera que no pueda extraerse el testamento sin romper la cubierta. Queda al arbitrio del testador estampar un sello o marca, o emplear cualquier otro medio para la seguridad de la cubierta. El notario expresará sobre la cubierta, bajo el epígrafe testamento, la circunstancia de hallarse el testador en su sano juicio; el nombre, apellido y domicilio del testador y de cada uno de los testigos, y el lugar, día, mes y año del otorgamiento. Termina el otorgamiento por las firmas del testador, de los testigos y del notario, sobre la cubierta. Si el testador no pudiere firmar al tiempo del otorgamiento, firmará por él otra persona diferente de los testigos instrumentales, y si alguno o algunos de los testigos no supieren o no pudieren firmar, lo harán otros por los que no supieren o no pudieren hacerlo, de manera que en la cubierta aparezcan siempre siete firmas: la del testador, las de los cinco testigos y la del notario. Durante el otorgamiento estarán presentes, además del testador, un mismo notario y unos mismo testigos, y no habrá interrupción alguna sino en los breves intervalos en que algún accidente lo exigiere". Tradução livre: "Art. 1080. <ESSÊNCIA DO TESTAMENTO CERRADO>. O que constitui essencialmente um testamento cerrado é o ato em que o testador apresenta ao notário e às testemunhas um escrito cerrado, declarando em voz alta, e de forma que o notário e as testemunhas o vejam, ouçam e entendam (exceto no caso de artigo seguinte), que sua vontade está contida nesse escrito. Os mudos podem fazer essa declaração, escrevendo-a na presença do notário e das testemunhas. O testamento deve ser assinado pelo testador. O invólucro do testamento estará cerrado ou se cerrará externamente, de forma que o testamento não possa ser removido sem rompimento do invólucro. Fica a critério do testador adicionar um selo ou marca, ou usar qualquer outro meio para a segurança do invólucro. O notário exprimirá no invólucro, sob o título testamento, a circunstância de o testador estar em sã consciência; o nome, sobrenome e endereço do testador e de cada uma das testemunhas, e o local, dia, mês e ano da outorga. Termina a outorga com as assinaturas do testador, das testemunhas e do notário, sobre o invólucro. Se o testador não puder assinar no momento da outorga, outra pessoa que não as testemunhas instrumentais assinará por ele, e se uma ou mais das testemunhas não souberem ou não puderem assinar, outras o farão por aqueles que não sabem ou não o podem fazer, pelo que aparecem sempre na capa sete assinaturas: a do testador, a das cinco testemunhas e a do notário. Durante a outorga, além do testador, estarão presentes o mesmo notário e as mesmas testemunhas, não havendo interrupção senão nos breves intervalos em que algum imprevisto exija" (CONGRESO DE LA REPÚBLICA DE COLOMBIA. Disponível em: http://www.secretariasenado.gov.co/senado/basedoc/codigo_civil.html. Acesso em: 8 maio 2020).

As legislações do Paraguai,[476] do Uruguai[477] e do

---

[476] "Art. 2650. El testamento cerrado puede ser escrito en papel común por el testador u otra persona, a mano o a máquina, y deberá ser rubricado en todas sus hojas y firmado por el otorgante. Si el testador no pudiere firmar, deberá expresarse la causa y firmará una persona a ruego suyo. Son aplicables, en lo pertinente, a esta forma de testar las disposiciones relativas al testamento ológrafo.
Art. 2651. El testador presentará y entregará al escribano su testamento en un sobre o cubierta cerrado en presencia de cinco testigos domiciliados en el lugar, manifestando que dicho pliego contiene su testamento. El escribano dará fe de la presentación y entrega, extendiendo el acta en la cubierta del testamento, que firmarán con él, el testador y todos los testigos que puedan hacerlo. Por los que no lo hagan firmarán a ruego los otros testigos. No deberán ser menos de tres los que sepan firmar por sí mismos. Si el testador no pudiere hacerlo por algún impedimento sobreviniente, firmará por él otra persona". Tradução livre: "Art. 2650. O testamento cerrado pode ser escrito, a mão ou por máquina, em papel comum pelo testador ou outra pessoa, e deverá ser rubricado em todas as suas páginas e assinado pelo outorgante. Se o testador não puder assinar, a causa deve ser expressa e uma pessoa assinará a seu pedido. As disposições relativas ao testamento holográfico são aplicáveis, no que pertinentes, a esta forma de testamento.
Art. 2651. O testador apresentará e entregará ao notário público o seu testamento em envelope fechado, na presença de cinco testemunhas domiciliadas no local, declarando que dito documento contém o seu testamento. O tabelião atestará a apresentação e entrega, documentando o ato no invólucro do testamento, que será assinado por ele, pelo testador e todas as testemunhas que o possam fazer. Para aqueles que não o fizerem, as outras testemunhas assinarão a rogo. Não deve haver menos do que três que saibam assinar por si próprios. Se o testador não puder fazê-lo por impedimento superveniente, outra pessoa assinará por ele" (BIBLIOTECA E ARCHIVO CENTRAL DEL CONGRESO DE LA NASION. Disponível em: https://www.bacn.gov.py/leyes-paraguayas/528/ley-n-1183-codigo-civil-v-parte-libro-quinto. Acesso em: 8 maio 2020).

[477] "801. En el testamento solemne cerrado deben intervenir cinco testigos de los que tres al menos puedan firmar y un Escribano público. El testador deberá firmar sus disposiciones, sea que estén escritas de su mano o de la de otro a su ruego, salvo el caso del artículo 803. Cerrará y sellará el pliego que contenga sus disposiciones, o el papel que le sirva de cubierta; y lo presentará al Escribano y testigos, declarando que allí se contiene su última voluntad, escrita y firmada por él o escrita por otro, pero con la firma del testador. En el sobrescrito o cubierta del testamento, levantará el Escribano un acta en que conste la declaración expresada, firmándola el testador, el Escribano y todos los testigos que puedan hacerlo por sí y los cuales nunca serán menos de tres. Si el testador por impedimento que le sobrevenga, no pudiese firmar en el sobrescrito o cubierta, se hará mención de la declaración que haya hecho y de su ruego a uno de los testigos para que firme a su nombre. Por el testigo o testigos que no sepan o que no puedan hacerlo, firmará a ruego suyo y expresándolo así, cualquiera de los tres cuyas firmas son necesarias.
(...).
803. Los que saben leer, pero no escribir, o aunque sepan escribir no han podido firmar la expresión de su última voluntad inclusa en el pliego, deberán declarar, ante el Escribano y testigos, que la han leído y el motivo que han tenido para no firmarla". Tradução livre: "801. No testamento solene cerrado, devem intervir cinco testemunhas, das quais pelo menos três possam assinar, e um notário público. O testador deve assinar as suas disposições, quer sejam escritas por sua própria letra ou de outrem a seu pedido, salvo no caso do artigo 803. Fechará e selará a folha que as contém ou o papel que lhe sirva de invólucro; e apresentá-lo-á ao Tabelião Público e às testemunhas, declarando conter o seu último testamento, escrito e assinado por ele ou por outrem escrita, mas com sua assinatura. No texto sobrescrito ou na capa do testamento, o Tabelião deve lavrar um ato no qual conste a declaração expressa, assinada pelo testador, pelo Tabelião e por todas as testemunhas que o possam fazer por conta própria e que nunca será inferior a três. Se o testador, por impedimento que lhe ocorrer, não puder assinar no sobrescrito ou na capa, será feita menção à declaração que prestou e ao seu pedido a uma das testemunhas para que assine em seu nome. A testemunha ou testemunhas que não

México[478] permitem a assinatura a rogo em ambas as etapas do testamento cerrado, contanto que o testador consiga ler. No Paraguai, se o testamento foi escrito e assinado a rogo, no momento da entrega o testador deve declarar que o leu perante o tabelião e as testemunhas, e o motivo pelo qual não o assinou pessoalmente. No México, a pessoa que assinou o testamento em nome do testador precisa acompanhá-lo na solenidade da entrega em cartório, ocasião em que o testador declarará que aquela pessoa assinou em seu lugar, e esse mesmo sujeito assinará novamente em seu nome o envelope cerrado.

Além disso, a legislação mexicana traz outras formalidades peculiares. Se o testador, por motivo superveniente à escrita do testamento, necessitar que outrem assine por ele o auto de aprovação, essa pessoa será alguém para além das testemunhas; somente em situação de extrema urgência uma das testemunhas poderá assinar a rogo do testador.[479]

---

sabem ou não podem assinar, devem fazê-lo a rogo, assim declarando, qualquer dos três cujas assinaturas sejam necessárias.
(...)
803. Aqueles que sabem ler, mas não sabem escrever ou, mesmo que saibam escrever, não puderam assinar a disposição de sua última vontade constante do documento, devem declarar, perante o Tabelião Público e testemunhas, que o leram e a razão que tiveram para não assinar." (PARALMENTO DEL URUGUAY. Disponível em: https://parlamento.gub.uy/sites/default/files/CodigoCivil2010-02.pdf?width=800&height=600&hl=en_US1&iframe=true&rel=nofollow. Acesso em: 8 maio 2020).

[478] "Artículo 1522. El testador debe rubricar todas las hojas y firmar al calce del testamento; pero si no supiere o no pudiere hacerlo, podrá rubricar y firmar por él otra persona a su ruego.
Artículo 1523. En el caso del artículo que precede, la persona que haya rubricado y firmado por el testador, concurrirá con él a la presentación del pliego cerrado; en este acto, el testador declarará que aquélla persona rubricó y firmó en su nombre y ésta firmará en la cubierta con los testigos y el Notario". Tradução livre: "Art. 1522. O testador deve rubricar todas as folhas e assinar ao final do testamento; mas se ele não souber ou não puder, outra pessoa pode rubricar e assinar por ele a seu pedido.
Artigo 1523. No caso do artigo anterior, a pessoa que rubricar e assinar pelo testador assistirá com ele à apresentação da folha fechada; neste ato, o testador declarará que essa pessoa rubricou e assinou em seu nome e essa pessoa assinará na capa com as testemunhas e o Tabelião" (CÁMARA DE DIPUTADOS DEL CONGRESO DE LA UNIÓN. Disponível em: http://www.diputados.gob.mx/LeyesBiblio/pdf/2_270320.pdf. Acesso em: 8 maio 2020).

[479] "Artículo 1528. Si al hacer la presentación del testamento no pudiere firmar el testador, lo hará otra persona en su nombre y en su presencia, no debiendo hacerlo ninguno de los testigos.
Artículo 1529. Sólo en casos de suma urgencia podrá firmar uno de los testigos, ya sea por el que no sepa hacerlo, ya por el testador. El Notario hará constar expresamente esta circunstancia, bajo la pena de suspensión de oficio por tres años. (...)
Artículo 1533. El que sea sólo mudo o sólo sordo, puede hacer testamento cerrado con tal que esté escrito de su puño y letra, o si ha sido escrito por otro, lo anote así el testador, y firme la nota de su puño y letra, sujetándose a las demás solemnidades precisas para esta clase de testamentos". Tradução livre: "Artigo 1528. Se ao fazer a apresentação do testamento o testador não puder assinar, outra pessoa o fará em seu nome e na sua presença, e nenhuma das testemunhas o deve fazer.

Também contém regramento específico para as hipóteses de surdo, pessoa com deficiência da fala e surdo não oralizado que não possam escrever, desde que consigam ler, é claro. Quando apenas surdo ou apenas com deficiência da fala, permite-se que o testamento seja escrito a rogo, porém o testador deve escrever e assinar uma nota assim declarando. Diversamente, quando surdo e com deficiência da fala, o testamento deve ser pessoalmente escrito e assinado. Em ambos os casos, é aceita a assinatura a rogo no auto de aprovação.

3.3.3.4 Língua estrangeira

O Art. 1.871 do Código Civil permite que seja escrito em língua estrangeira o testamento cerrado.

3.3.3.5 Pessoas com deficiência e analfabetos

Consoante ao Art. 1.867 do Código Civil, "ao cego só se permite o testamento público". No que concerne ao testamento cerrado, a lei consigna que "não pode dispor de seus bens em testamento cerrado quem não saiba ou não possa ler",[480] permitindo a escrita mecânica "desde que seu subscritor numere e autentique, com a sua assinatura, todas as páginas".[481] Além disso, admite-se que seja escrito em língua estrangeira.

Como já se teve oportunidade de expor, ao ser trabalhado o testamento particular, o *braile* é uma forma de comunicação escrita disponível ao cego, que merece reconhecimento, sob pena de discriminação. A legislação peruana contempla o testamento cerrado

---

Art. 1529. Somente em casos de extrema urgência uma das testemunhas poderá assinar, seja por aquela que não sabe fazê-lo, seja pelo testador. O notário indicará expressamente essa circunstância, sob pena de suspensão de ofício por três anos. (...)
Artigo 1533. Aquele que for apenas mudo ou apenas surdo, pode fazer testamento cerrado, desde que escrito de próprio punho, ou se escrito por outrem, que assim declare o testador e assine a nota de próprio punho, sujeitando-se às demais solenidades exigidas para este tipo de testamento" (CÁMARA DE DIPUTADOS DEL CONGRESO DE LA UNIÓN. Disponível em: http://www.diputados.gob.mx/LeyesBiblio/pdf/2_270320.pdf. Acesso em: 8 maio 2020).

[480] Cf. Código Civil, Art. 1.872.
[481] Cf. Código Civil, Art. 1.868, §.

escrito em *braile*, impondo a aposição da impressão digital e assinatura do testador.[482]

O analfabeto também está expressamente impedido de elaborar testamento cerrado, isso porque só se permite a documentação escrita do negócio jurídico testamentário. No entanto, atualmente existem sistemas que captam a voz e a convertem em texto, bem como que leem o texto escrito. De mais a mais, o testamento gravado em arquivo audiovisual oportunizaria aos analfabetos acesso a essa forma testamentária. O Projeto de Lei nº 3.799/2019 prevê o testamento cerrado na forma gravada.[483]

Quanto ao surdo não oralizado, ele pode fazer testamento cerrado, contanto que o escreva todo, e o assine de sua mão, e que, ao entregá-lo ao oficial público, ante as duas testemunhas, escreva, na face externa do papel ou do envoltório, que aquele é o seu testa-

---

[482] "ARTÍCULO 699º. Las formalidades esenciales del testamento cerrado son: 1. Que el documento en que ha sido extendido esté firmado en cada una de sus páginas por el testador, bastando que lo haga al final si estuviera manuscrito por él mismo, y que sea colocado dentro de un sobre debidamente cerrado o de una cubierta clausurada, de manera que no pueda ser extraído el testamento sin rotura o alteración de la cubierta. Tratándose de un testamento otorgado por una persona con discapacidad por deficiencia visual, podrá ser otorgado en sistema braille o utilizando algún otro medio o formato alternativo de comunicación, debiendo contar cada folio con la impresión de su huella dactilar y su firma, colocado dentro de un sobre en las condiciones que detalla el primer párrafo. 2. Que el testador entregue personalmente al notario el referido documento cerrado, ante dos testigos hábiles, manifestándole que contiene su testamento. Si el testador es mudo o está imposibilitado de hablar, esta manifestación la hará por escrito en la cubierta". Tradução livre: "Artigo 699º. As formalidades essenciais do testamento cerrado são: 1. Que o documento em que foi redigido seja assinado em cada uma das suas páginas pelo testador, bastando que o faça no final se for manuscrito por ele, e que sejam colocados dentro de um envelope devidamente fechado ou de uma capa fechada, de forma que o testamento não possa ser extraído sem quebra ou alteração do invólucro. Tratando-se de testamento outorgado por pessoa com deficiência visual, poderá ser outorgado em braile ou por algum outro meio ou formato alternativo de comunicação, cada página deverá conter a sua impressão digital e sua assinatura, inserida nas condições detalhadas no primeiro parágrafo. 2. Que o testador entregue pessoalmente ao notário o referido documento fechado, perante duas testemunhas idôneas, declarando que contém o seu testamento. Se o testador estiver mudo ou incapaz de falar, essa declaração será feita por escrito na capa" (SISTEMA PERUANO DE INFORMACIÓN JURÍDICA. Disponível em: https://spij.minjus.gob.pe/spij-ext-web/detallenorma/H682684. Acesso em: 8 maio 2020).

[483] Anexo I. (BRASIL. Senado Federal. *Projeto de Lei nº 3799, de 2019*. Altera o Livro V da Parte Especial da Lei nº 10.406, de 10 de janeiro de 2002, e o Título III do Livro I da Parte Especial da Lei nº 13.105, de 16 de março de 2015, para dispor sobre a sucessão em geral, a sucessão legítima, a sucessão testamentária, o inventário e a partilha. 02.02.2022. Aguardando Designação do Relator. Disponível em: https://www25.senado.leg.br/web/atividade/materias/-/materia/137348. Acesso em: 20 jan. 2020).

mento, cuja aprovação lhe pede.[484] O fato de estar impossibilitado de escrever, quando, contudo, saiba ler, pode obstaculizar por completo seu direito de testar, pois não há permissão de assinatura a rogo para o testamento cerrado. Por isso, recomenda-se uma alteração legislativa inspirada na legislação mexicana, anteriormente apresentada, que aceite a assinatura a rogo do surdo não oralizado quando da aprovação do testamento em cartório.

Por fim, o testamento por gravação audiovisual, se admitido conjuntamente ao reconhecimento da linguagem de libras como forma de expressão válida ao campo testamentário, tornaria o direito de testar acessível à pessoa com deficiência da fala e ao surdo não oralizado analfabeto ou que por algum motivo alheio a suas vontades estejam impossibilitados de escrever.

---

[484] Cf. Art. 1.873 do Código Civil.

CAPÍTULO 4

NOVAS TECNOLOGIAS E TESTAMENTO

O desafio de determinar o que pode ou não ser considerado testamento válido é bem mais antigo do que pode parecer e revela-se com contornos, por vezes, um tanto quanto inusitados.[485] Na Itália, por exemplo, eclodiu debate doutrinário quanto à validade de testamentos escritos na parede de uma prisão. Lá, onde o testamento hológrafo é a modalidade de testamento particular existente, exige-se que o testamento seja apresentado a um notário para publicação logo após a morte do testador – algo que

---

[485] "Tension between the testamentary formalities and technology is nothing new. For example, many states adopted the Wills Act at a time when legal documents were generally handwritten. As a result, the first massmarketed typewriters in the 1860s raised questions about whether wills could include mechanically-produced text. Similarly, about three decades ago, the commercialization of cassette players and VCRs piqued interest in audio and video wills. In the 1983 case In re Estate of Reed, the Wyoming Supreme Court refused to enforce dispositive instructions that a testator had tape recorded and placed in a signed and sealed envelope. The justices reasoned that the choice to validate wills in unorthodox formats was "for the legislature to make." Tradução livre: "A tensão entre as formalidades testamentárias e a tecnologia não é novidade. Por exemplo, muitos estados adotaram a Lei Wills em uma época em que os documentos jurídicos geralmente eram escritos à mão. Como resultado, as primeiras máquinas de escrever comercializadas em massa na década de 1860 levantaram questões sobre se os testamentos poderiam incluir textos produzidos mecanicamente. Da mesma forma, cerca de três décadas atrás, a comercialização de leitores de cassetes e videocassetes despertou o interesse em testamentos de áudio e vídeo. Em 1983, Caso Em Re Estate of Reed, a Suprema Corte do Wyoming recusou-se a fazer cumprir as instruções de dispositivos que um testador gravou em fita e colocou em um envelope assinado e lacrado. Os juízes argumentaram que a escolha de validar testamentos em formatos não ortodoxos era "para ser feita pelo legislador." (HORTON, David. Tomorrow's Inheritance: The Frontiers of Estate Planning Formalism. *Boston College Law Review*, v. 539, 2017. Disponível em: https://lawdigitalcommons.bc.edu/bclr/vol58/iss2/4. Acesso em: 11 nov. 2020).

dificilmente é possível para uma parede,⁴⁸⁶ ao menos que ela seja fotografada ou algo do gênero.

Matéria publicada na revista britânica *Wired*,⁴⁸⁷ em tom cômico, sugere uma série de formas peculiares de testamento que aproveitem os avanços mais recentes da tecnologia. O testamento poderia ser publicado no *YouTube*, contudo o falecido não teria a garantia de um memorial amoroso, pois as pessoas poderiam avaliar sua morte em cinco estrelas. Sugere também a codificação de um aplicativo "Última Vontade & Testamento" para iPhone, que desafiasse os membros da família com uma série de jogos antes que eles pudessem reivindicar sua herança; o problema estaria em superar o processo de aprovação da Apple. Outra alternativa seria um teste do *Facebook* – "quão bem você conhecia a vovó antes dela falecer?" –, em que o "vencedor" teria o dinheiro. Ainda, propõe que a herança seja codificada em um aplicativo de realidade aumentada que exigiria que os herdeiros visitassem a casa do falecido, apontando seu aparelho para objetos, com *pop-ups* que indicassem quem fica com o quê. Por fim, se o testador estiver se sentindo realmente astuto, pode contratar um *botnet offshore* e distribuir seu dinheiro por meio de *spam* – os membros da família que forem relapsos o suficiente para responder recebem a herança, ou apenas aqueles que não responderem a ganham. Por mais distante da realidade que as propostas da *Wired* pareçam, elas demonstram o horizonte ampliado pelas novas tecnologias.

Pensando agora em um contexto já factível, o acesso à internet afetou a maioria dos aspectos da nossa vida diária. A sua onipresença conectou as pessoas de tal maneira que é possível mandar, receber e obter informações de qualquer lugar, a qualquer hora. Transações comerciais eletrônicas acontecem a todo instante, com o uso de assinaturas eletrônicas e outros meios de autenticação.

---

⁴⁸⁶ BRAUN, Alexandra. Testamentary Formalities in Italy. *In*: REID, Kenneth G. C.; WAAL, Marius J.; ZIMMERMANN, Reinhard. *Comparative Succession Law*: Volume I: Testamentary Formalities. Oxford: OUP Oxford, 2011. p. 127. Disponível em: http://search.ebscohost.com/login.aspx?direct=true&db=nlebk&AN=784617&lang=pt-br&site=ehost-live. Acesso em: 11 nov. 2020.

⁴⁸⁷ GEERE, Duncan. Death 2.0: The Future of Digital Wills. *Wired*, 11 fev. 2010. Disponível em: http://www.wired.co.uk/article/death-20-the-future-of-digital-wills; https://perma.cc/D2LM-HB78. Acesso em: 20 nov. 2020.

Esses negócios celebrados pela internet repercutem juridicamente, criando direitos e deveres entre as partes, tal qual um contrato executado pelo "método do papel e da caneta".[488] O pagamento de despesas e taxas, inclusive judiciais, é facilmente completo no ambiente virtual com a geração de boletos aptos a serem pagos com *internet banking*, por exemplo. Aliás, a maioria dos cartórios extrajudiciais aceita cartão de crédito e débito.

Nesse cenário, de um passado recente para cá, os tribunais do mundo afora vêm sendo impelidos a decidir se declarações de vontade testamentária feitas com o subsídio de novas tecnologias comportam reconhecimento. As hipóteses são diversas: possibilidade de utilização de assinaturas digitais, testamento armazenado em documento *Word*, escritos em letra cursiva com o uso de caneta eletrônica em *tablet*, entre outras.

Em certos locais, como alguns estados dos Estados Unidos, o testamento eletrônico é expressamente reconhecido e regulamentado. Todavia, a incorporação de novas tecnologias à dinâmica testamentária tem se dado, principalmente, pela via jurisprudencial com a adoção de dois caminhos argumentativos distintos:[489] a) atribuição de interpretação extensiva a expressões da lei, como "escritos" e "assinatura", que acaba por compreender que o ordenamento comporta a feitura de testamentos com a utilização das tecnologias e b) o reconhecimento da validade de testamentos

---

[488] BODDERY, Scott S. Electronic wills: drawing a line in the sand against their validity. *Real Property, Trust and Estate Law Journal*, v. 47, n. 1, p. 198, 2012.

[489] "Although scholarship on electronic wills remains limited, scholars and practitioners have suggested a variety of options for courts and legislatures dealing with electronic wills. These run the gamut from continuing to interpret wills as requiring a handwritten document, to creating a centralized database regulated by the government that would store all electronic wills, to using existing wills doctrines to authenticate electronic wills on a case-by-case basis, to laying out a statutory regime that would allow for presumptively valid electronic wills in some situations". Tradução livre: "Embora a bolsa de estudos sobre testamentos eletrônicos permaneça limitada, estudiosos e profissionais sugeriram uma variedade de opções para tribunais e legislaturas que lidam com testamentos eletrônicos. Esses vão desde continuar a interpretar testamentos como requerendo um documento manuscrito, para criar um banco de dados centralizado regulado pelo governo que armazenaria todos os testamentos eletrônicos, para usar doutrinas de testamentos existentes para autenticar testamentos eletrônicos em uma base caso a caso, estabelecendo um regime estatutário que permitiria testamentos eletrônicos presumivelmente válidos em algumas situações" (Chapter four: What Is an "Electronic Will"? Developments in the Law. *Havard Law Review*, p. 1791, 10 abr. 2018. Disponível em: https://harvardlawreview.org/2018/04/what-is-an-electronic-will/. Acesso em: 5 ago. 2020).

que, apesar de conterem vícios formais, cumpriram seu papel de atestar a autenticidade do testador. Nesse caso, ocorre uma análise casuística para se verificar se as finalidades das formalidades foram atingidas na circunstância, não se extrai da argumentação a viabilidade genérica de utilização das tecnologias como substitutas das formalidades. Nos países de *common law*, esse segundo caminho foi aberto pelo que se convencionou chamar de teoria erro inofensivo (*harmless error*), lançada nos idos da década de 70.[490]

Há de se mencionar, também, que estados da Austrália concedem aos magistrados o poder de dispensar o cumprimento das formalidades testamentárias para validação de testamentos em que seja nítida a vontade do testador de que o documento sob análise valha como sua última vontade.[491] Essa faculdade legislativa concedida ao magistrado (*dispensing power*) se diferencia da teoria do *hameless error* por ser mais abrangente, autorizando que, até na eventualidade de descumprimento absoluto das formalidades, o

---

[490] "Yet starting in the 1970s, a parade of scholars argued that slavish adherence to formality frustrates – rather than facilitates – a decedent's intent. These critics urged judges to read the Wills Act purposively, not textually. They explained that a document can be executed under circumstances that satisfy the statute's ambitions and yet defy its plain language. As these functionalists rose in the academy and took the helm of prominent law reform projects, their vision began to bear fruit. Within the last two decades, the Uniform Probate Code, the Restatement (Third) of Property, and ten American jurisdictions have adopted a novel rule called harmless error that empowers judges to enforce a failed attempt to make a will if there is clear and convincing evidence that a decedent wanted it to be effective".Tradução livre: "Ainda assim, começando na década de 1970, estudiosos argumentavam que a adesão servil à formalidade frustra – ao invés de facilitar – a intenção de um falecido. Esses críticos exortaram os juízes a ler o Wills Act propositalmente, não textualmente. Eles explicaram que um documento pode ser executado em circunstâncias que satisfaçam as ambições do estatuto e ainda desafiem sua linguagem simples. À medida que esses funcionalistas cresceram na academia e assumiram a direção de projetos de reforma legislativa proeminentes, sua visão começou a dar frutos. Nas últimas duas décadas, o Código Uniforme de Sucessões, a Reafirmação (Terceira) de Propriedade e dez jurisdições americanas adotaram uma nova regra chamada erro inofensivo, que dá poderes aos juízes para fazer cumprir uma tentativa fracassada de fazer um testamento se houver evidências claras e convincentes que um falecido queria que fosse eficaz" (HORTON, *op. cit.*, 2017). O artigo do Professor Langbein foi pioneiro na temática: LANGBEIN, John H. Substantial compliance with the Wills Act. *Harvard Law Review*, v. 88, n. 3, 1975. Disponível em: https://digitalcommons.law.yale.edu/cgi/viewcontent.cgi?article=1510&context=fss_papers. Acesso em: 25 nov. 2020.

[491] Sobre o assunto: LANGBEIN, John H. Excusing Harmless Errors in the Execution of Wills: a Report on Australia's Tranquil Revolution in Probate Law. *Columbia Law Review*, v. 87, n. 1, 1987. Disponível em: https://digitalcommons.law.yale.edu/cgi/viewcontent.cgi?article=1504&context=fss_papers. Acesso em: 25 nov. 2020. Ver também: WENDEL, Peter T. Wills Act Compliance and the Harmless Error Approach: Flawed Narrative Equaled Flawed Analysis. *Oregon Law Review*, v. 95, p. 337-396, 2016. Disponível em: https://core.ac.uk/download/pdf/84755542.pdf. Acesso em: 25 nov. 2020.

testamento seja considerado válido por exprimir comprovadamente a vontade do testador.

Atualmente, projetos legislativos que autorizam testamentos eletrônicos vêm sendo apresentados e aprovados nos países de *common law*. Parcela da doutrina, contudo, é expressamente contrária à admissão pela via legislativa dos testamentos eletrônicos.

Scott S. Boddery entende que as dificuldades ocasionadas pela introdução dos testamentos eletrônicos decorrem das incertezas intrínsecas a essas tecnologias mais do que da construção de uma legislação desenhada para se valer desses novos meios. Ademais, sustenta que o Estado não deve mudar seus códigos para que se adequem a cada nova tecnologia desenvolvida.[492]

De acordo com o autor, simplesmente porque nossa sociedade tornou-se acostumada com transações comerciais eletrônicas não significa que esses expedientes da era digital devam se incorporar a todos os campos das relações humanas.[493] Relações contratuais cotidianas são bem diferentes do planejamento sucessório de uma pessoa, que envolve sua palavra final sobre o destino de seus bens e a regulamentação de outras matérias. A execução de um testamento carrega um valor ritualístico que assegura que o testador não está agindo impulsivamente. A exigência de um requisito autenticador para conclusão do ato transmite ao testador a magnitude do que está a fazer, entretanto, se comparada com a cerimônia que envolve um testamento "físico", um reconhecimento biométrico, por exemplo, parece um tanto insubstancial.[494]

Por isso, segundo ele, a manutenção da teoria do erro inofensivo (*harmless error*) para validar, quando apropriado, documentos eletrônicos é uma solução mais eficiente do que expandir os códigos à incerta e vulnerável arena dos testamentos puramente eletrônicos.[495]

Para outros, a incorporação das tecnologias no direito testamentário é inevitável na era digital em que nos encontramos, o que torna imperioso que seja dado um tratamento uniforme aos

---

[492] BODDERY, *op. cit.*, 2012, p. 198.
[493] *Ibidem*, p. 199.
[494] *Ibidem*, p. 208.
[495] *Ibidem*, p. 211.

testamentos eletrônicos, empreitada na qual a doutrina cumpre papel fundamental, servindo de base ao legislativo e aos tribunais.[496] No Brasil, o Provimento nº 100 do Conselho Nacional de Justiça abriu a porta para os testamentos eletrônicos;[497] o Superior Tribunal de Justiça, há muito, adota a mesma linha argumentativa da teoria do erro inofensivo (*harmless error*), para validar testamentos com vícios formais,[498] e a pandemia do novo Coronavírus fez crescer no direito

---

[496] "The only remaining piece of the puzzle to make electronic wills work, then, is a systematic approach from courts and legislatures in regulating and interpreting them". Tradução livre: "A única peça faltante do quebra-cabeça para fazer os testamentos eletrônicos funcionarem, então, é uma abordagem sistemática dos tribunais e legislaturas para regulamentá-los e interpretá-los" (Chapter four: What Is an "Electronic Will"? Developments in the Law. *Havard Law Review*, p. 1811, 10 abr. 2018. Disponível em: https://harvardlawreview.org/2018/04/what-is-an-electronic-will/. Acesso em: 5 ago. 2020). Joseph Grant é um dos defensores da adoção pela via legislativa dos testamentos eletrônicos (GRANT, Joseph Karl. Shattering and moving beyond the Gutenberg Paradigm: the dawn of the electronic will. *University of Michigan Journal of Law Reform*, v. 42 n. 1, p. 105-139, 2008. Disponível em: https://repository.law.umich.edu/cgi/viewcontent.cgi?article=1246&context=mjlr. Acesso em: 5 ago. 2020).

[497] BRASIL. Conselho Nacional de Justiça. *Provimento nº 100, de 26 de maio de 2020*. Dispõe sobre a prática de atos notariais eletrônicos utilizando o sistema e-Notariado, cria a Matrícula Notarial Eletrônica-MNE e dá outras providências. Disponível em: https://atos.cnj.jus.br/atos/detalhar/3334. Acesso em: 6 jun. 2020.

[498] Cita-se, por exemplo, os seguintes julgados: "TESTAMENTO CERRADO. ESCRITURA A ROGO. NÃO IMPORTA EM NULIDADE DO TESTAMENTO CERRADO O FATO DE NÃO HAVER SIDO CONSIGNADO, NA CÉDULA TESTAMENTÁRIA, NEM NO AUTO DE APROVAÇÃO, O NOME DA PESSOA QUE, A ROGO DO TESTADOR, O DATILOGRAFOU. INEXISTÊNCIA, NOS AUTOS, DE QUALQUER ELEMENTO PROBATÓRIO NO SENTIDO DE QUE QUALQUER DOS BENEFICIÁRIOS HAJA SIDO O ESCRITOR DO TESTAMENTO, OU SEU CÔNJUGE, OU PARENTE SEU. EXEGESE RAZOÁVEL DOS ARTIGOS 1638, I, E 1719, I, COMBINADOS, DO CÓDIGO CIVIL. ENTENDE-SE CUMPRIDA A FORMALIDADE DO ARTIGO 1638, XI, DO CÓDIGO CIVIL, SE O ENVELOPE QUE CONTÉM O TESTAMENTO ESTÁ CERRADO, COSTURADO E LACRADO, CONSIGNANDO O TERMO DE APRESENTAÇÃO SUA ENTREGA AO MAGISTRADO SEM VESTÍGIO ALGUM DE VIOLAÇÃO. RECURSO ESPECIAL NÃO CONHECIDO" (BRASIL Superior Tribunal de Justiça. *REsp nº 228 MG*. Relator Ministro Athos Carneiro, Quarta Turma, julgado em 14.8.1989, DJ. 4.12.1989, p. 17884).
"RECURSO ESPECIAL. TESTAMENTO PARTICULAR. VALIDADE. ABRANDAMENTO DO RIGOR FORMAL. RECONHECIMENTO PELAS INSTÂNCIAS DE ORIGEM DA MANIFESTAÇÃO LIVRE DE VONTADE DO TESTADOR E DE SUA CAPACIDADE MENTAL. REAPRECIAÇÃO PROBATÓRIA. INADMISSIBILIDADE. SÚMULA Nº 7/STJ. I. A reapreciação das provas que nortearam o acórdão hostilizado é vedada nesta Corte, à luz do enunciado 7 da Súmula do Superior Tribunal de Justiça. II. Não há falar em nulidade do ato de disposição de última vontade (testamento particular), apontando-se preterição de formalidade essencial (leitura do testamento perante as três testemunhas), quando as provas dos autos confirmam, de forma inequívoca, que o documento foi firmado pelo próprio testador, por livre e espontânea vontade, e por três testemunhas idôneas, não pairando qualquer dúvida quanto à capacidade mental do *de cujus*, no momento do ato. O rigor formal deve ceder ante a necessidade de se atender à finalidade do ato, regularmente praticado pelo testador. Recurso especial não conhecido, com ressalva quanto à terminologia" (BRASIL. Superior Tribunal de Justiça. *REsp nº 828.616 MG*. Relator Ministro Castro Filho, Terceira Turma, julgado em 5.9.2006, DJ 23.10.2006, p. 313).
"CIVIL. TESTAMENTO PÚBLICO. VÍCIOS FORMAIS QUE NÃO COMPROMETEM A HIGIDEZ DO ATO OU PÕEM EM DÚVIDA A VONTADE DA TESTADORA. NULIDADE

AFASTADA. SÚMULA Nº 7-STJ. I. Inclina-se a jurisprudência do STJ pelo aproveitamento do testamento quando, não obstante a existência de certos vícios formais, a essência do ato se mantém íntegra, reconhecida pelo Tribunal estadual, soberano no exame da prova, a fidelidade da manifestação de vontade da testadora, sua capacidade mental e livre expressão. II. 'A pretensão de simples reexame de prova não enseja recurso especial' (Súmula nº 7/STJ). III. Recurso especial não conhecido" (BRASIL. Superior Tribunal de Justiça. *REsp nº 600.746 PR*. Relator Ministro Aldir Passarinho Junior, Quarta Turma, julgado em 20.5.2010, publicado em 15.6.2010)
"RECURSO ESPECIAL. DIREITO CIVIL. AÇÃO DE ANULAÇÃO DE TESTAMENTO PÚBLICO. FORMALIDADES LEGAIS. PREVALÊNCIA DA VONTADE DO TESTADOR. REEXAME DE PROVA. IMPOSSIBILIDADE. SÚMULA Nº 7/STJ. OFENSA AO ART. 535 DO CPC NÃO CONFIGURADA. HONORÁRIOS ADVOCATÍCIOS. MODIFICAÇÃO EM RAZÃO DA REFORMA DA SENTENÇA DE PROCEDÊNCIA. POSSIBILIDADE. AUSÊNCIA DE OFENSA AOS ART. 460 E 515 DO CPC. 1. Em matéria testamentária, a interpretação deve ser voltada no sentido da prevalência da manifestação de vontade do testador, orientando, inclusive, o magistrado quanto à aplicação do sistema de nulidades, que apenas não poderá ser mitigado, diante da existência de fato concreto, passível de ensejar dúvida acerca da própria faculdade que tem o testador de livremente dispor acerca de seus bens, o que não se faz presente nos autos. 2. A verificação da nulidade do testamento, pela não observância dos requisitos legais de validade, exige o revolvimento do suporte fático probatório da demanda, o que é vedado pela Súmula nº 07/STJ. 3. Inocorrência de violação ao princípio da unidade do ato notarial (Art. 1632 do CC/16). 4. Recurso especial desprovido" (BRASIL. Superior Tribunal de Justiça. *REsp nº 753.261/SP*. Relator Ministro Paulo de Tarso Sanseverino, Terceira Turma, julgado em 23.11.2010, publicado em 05.04.2011).
"CIVIL. PROCESSUAL CIVIL. RECURSO ESPECIAL. TESTAMENTO. FORMALIDADES LEGAIS NÃO OBSERVADAS. NULIDADE. 1. Atendido os pressupostos básicos da sucessão testamentária – i) capacidade do testador; ii) atendimento aos limites do que pode dispor e; iii) lídima declaração de vontade – a ausência de umas das formalidades exigidas por lei, pode e deve ser colmatada para a preservação da vontade do testador, pois as regulações atinentes ao testamento tem por escopo único, a preservação da vontade do testador. 2. Evidenciada, tanto a capacidade cognitiva do testador quanto o fato de que testamento, lido pelo tabelião, correspondia, exatamente, à manifestação de vontade do *de cujus*, não cabe, então, reputar como nulo o testamento, por ter sido preterida solenidades fixadas em lei, porquanto o fim dessas – assegurar a higidez da manifestação do *de cujus* –, foi completamente satisfeita com os procedimentos adotados. 3. Recurso não provido" (BRASIL. Superior Tribunal de Justiça. *REsp nº 1677931 MG*. Relatora Ministra Nancy Andrighi, Terceira Turma, julgado em 15.8.2017, publicado em 22.8.2017).
"CIVIL. PROCESSUAL CIVIL. PROCEDIMENTO DE JURISDIÇÃO VOLUNTÁRIA DE CONFIRMAÇÃO DE TESTAMENTO. FLEXIBILIZAÇÃO DAS FORMALIDADES EXIGIDAS EM TESTAMENTO PARTICULAR. POSSIBILIDADE. CRITÉRIOS. VÍCIOS MENOS GRAVES, PURAMENTE FORMAIS E QUE NÃO ATINGEM A SUBSTÂNCIA DO ATO DE DISPOSIÇÃO. LEITURA DO TESTAMENTO NA PRESENÇA DE TESTEMUNHAS EM NÚMERO INFERIOR AO MÍNIMO LEGAL. INEXISTÊNCIA DE VÍCIO GRAVE APTO A INVALIDAR O TESTAMENTO. AUSÊNCIA, ADEMAIS, DE DÚVIDAS ACERCA DA CAPACIDADE CIVIL DO TESTADOR OU DE SUA VONTADE DE DISPOR. FLEXIBILIZAÇÃO ADMISSÍVEL. DIVERGÊNCIA JURISPRUDENCIAL. AUSÊNCIA DE COTEJO ANALÍTICO. 1. Ação distribuída em 22/04/2014. Recurso especial interposto em 08/07/2015 e atribuídos à Relatora em 15/09/2016. 2. O propósito recursal é definir se o vício formal consubstanciado na leitura do testamento particular apenas a duas testemunhas é suficiente para invalidá-lo diante da regra legal que determina que a leitura ocorra, ao menos, na presença de três testemunhas. 3. A jurisprudência desta Corte se consolidou no sentido de que, para preservar a vontade do testador, são admissíveis determinadas flexibilizações nas formalidades legais exigidas para a validade do testamento particular, a depender da gravidade do vício de que padece o ato de disposição. Precedentes. 4. São suscetíveis de superação os vícios de menor gravidade, que podem ser denominados de puramente formais e que se relacionam essencialmente com aspectos externos do testamento particular, ao passo que vícios de maior gravidade,

brasileiro a defesa dos testamentos eletrônicos, por vídeo ou com uso de outros instrumentais contemporâneos.

Apesar dessas vozes entusiasmadas que ecoam na doutrina, poucos são os trabalhos brasileiros que se dedicaram a estudar com profundidade a interface do direito sucessório com as novas tecnologias. Registra-se a tese de doutoramento defendida, em 2014, por Ivanildo de Oliveira Filho, sobre formas de declaração de vontade na *internet*, com seção especialmente dedicada ao testamento digital.[499] Antes disso, em 2012, foi publicado o artigo "Testamento por meio eletrônico: é possível?",[500] na *Revista da Faculdade de Direito da Universidade Federal do Rio Grande do Sul*, de autoria de Ana Lúcia Feliciani. Mais recentemente, em 2019, Raphael Ribeiro apresentou tese de doutorado que propõe leitura crítica ao direito sucessório brasileiro, perpassando, entre outras coisas, as formalidades testamentárias e os testamentos eletrônicos.[501] Por fim, em 2020, Gustavo Neves publicou ensaio na *Revista de Famílias e Sucessões do IBDFAM* em suporte ao testamento por vídeo.[502] Após

---

que podem ser chamados de formais-materiais porque transcendem a forma do ato e contaminam o seu próprio conteúdo, acarretam a invalidade do testamento lavrado sem a observância das formalidades que servem para conferir exatidão à vontade do testador. 5. Na hipótese, o vício que impediu a confirmação do testamento consiste apenas no fato de que a declaração de vontade da testadora não foi realizada na presença de três, mas, sim, de somente duas testemunhas, espécie de vício puramente formal incapaz de, por si só, invalidar o testamento, especialmente quando inexistentes dúvidas ou questionamentos relacionados à capacidade civil do testador, nem tampouco sobre a sua real vontade de dispor dos seus bens na forma constante no documento. 6. A ausência de cotejo analítico entre o acórdão recorrido e os julgados colacionados como paradigma impede o conhecimento do recurso especial interposto pela divergência jurisprudencial. 7. Recurso especial parcialmente conhecido e, nessa extensão, provido." (BRASIL. Superior Tribunal de Justiça. *REsp nº 1583314 MG*. Relatora Ministra Nancy Andrighi, Terceira Turma, julgado em 21.8.2018, publicado em 23.8.2018).

[499] OLIVEIRA-FILHO, Ivanildo de Figueiredo Andrade de. *Forma da declaração de vontade na internet*: do contrato eletrônico ao testamento digital. 2014. 390 f. Tese (Doutorado em Direito) – Programa de Pós– Graduação em Direito, Centro de Ciências Jurídicas/Faculdade de Direito do Recife, Universidade Federal de Pernambuco, Recife, 2014. Disponível em: https://repositorio.ufpe.br/handle/123456789/11257. Acesso em: 15 jul. 2020).

[500] FELICIANI, Ana Lucia Alves. Testamento por meio eletrônico: é possível? *Revista da Faculdade de Direito da UFRGS*, n. 30, p. 27-53, 2012. Disponível em: https://core.ac.uk/download/pdf/303990813.pdf. Acesso em: 10 nov. 2020.

[501] RIBEIRO, Raphael Rego Borges. *O direito das sucessões e a Constituição Federal de 1988*: reflexão crítica sobre os elementos do fenômeno sucessório à luz da metodologia civil-constitucional. 2020. 351 f. Tese (Doutorado em Direito) – Programa de Pós-Graduação em Direito, Faculdade de Direito. Universidade Federal da Bahia, 2020. Disponível em: https://repositorio.ufba.br/ri/handle/ri/31687. Acesso em: 10 nov. 2020.

[502] NEVES, Gustavo Kloh Muller. Testamento em vídeo, corporificação de testamento em vídeo e disposição testamentária incidente em vídeo: leituras sob as óticas da instrumentalidade

a pandemia da Covid-19, somaram-se a essas vozes Ana Luiza Maia Nevares, com o artigo "Testamento virtual: ponderações sobre a herança digital e o futuro do testamento",[503] e os pesquisadores do Núcleo de Estudos em Direito Civil Constitucional (Virada de Copérnico) da Universidade Federal do Paraná, com estudo intitulado "Sociedade digital e as novas tendências do testamento: possibilidades e limites",[504] publicado na *Revista de Direito Privado*.

Nesta seção, será apresentado o potencial transformador das novas tecnologias ao direito testamentário com respaldo no que se tem no Brasil a respeito e com assistência de trabalhos norte-americanos. Nos Estados Unidos, o testamento eletrônico já é aceito em diversos estados e a discussão acadêmica sobre eles é mais antiga, tendo muito a contribuir ao presente trabalho.

Esclarece-se, desde logo, que a temática dos bens digitais não terá lugar nas páginas seguintes. A abordagem adotada é das tecnologias como substrato do testamento ou como substitutivas de algumas de suas formalidades. Os bens digitais estão na ordem do dia, contudo, explorá-los exigiria trabalho à parte, o qual já foi feito com primor pelas Professoras Ana Carolina Brochado e Livia Leal,[505] bem como pelo Professor Bruno Zampier.[506]

4.1 Assinatura

Os tipos testamentários ordinários têm em comum a exigência de assinatura do testador e dos demais participantes do ato. A função

---

das formas e da boa-fé objetiva no direito brasileiro. *Revista do IBDFAM*, n. 38, p. 51-66, mar./abr. 2020.

[503] NEVARES, Ana Luiza. Testamento virtual: ponderações sobre a herança digital e o futuro do testamento. *Civilistica.com*, Rio de Janeiro, ano 10, n. 1, 2021. Disponível em: https://civilistica.com/wp-content/uploads1/2021/05/Nevares-civilistica.com-a.10.n.1.2021.pdf. Acesso em: 10 maio 2021.

[504] COELHO, Camila Bottaro Sales; MARINHO-JR., Jânio Urbano; SOBRAL, Luciane. Sociedade digital e as novas tendências do testamento: possibilidades e limites. *Revista de Direito Privado*, v. 106, ano 21, p. 263-283. São Paulo: Ed. RT, out./dez. 2020.

[505] TEIXEIRA, Ana Carolina Brochado. LEAL, Lívia Teixeira. *Herança Digital*: Controvérsias e Alternativas. Indaiatuba: Editora Foco, 2021. LEAL, Livia Teixeira. *Internet e morte do usuário*: proposta para o tratamento post mortem do conteúdo inserido na rede. 2. ed. Rio de Janeiro: GZ Editora, 2020.

[506] ZAMPIER, Bruno. *Bens Digitais*: Cybercultura; Redes Sociais; E-mails; Músicas; Livros; Milhas; Aéreas; Moedas Virtuais. Indaiatuba: Editora Foco, 2020.

desempenhada pela assinatura vai além da identificação das partes, ela cumpre papel de autenticação. Por ser uma marca própria da pessoa, é um elemento probatório que permite a presunção (relativa) de que o testamento foi efetivamente forjado pela pessoa a que a assinatura se refere. Em outros termos, ela não apenas atesta quem é o autor do documento, mas ao mesmo tempo comprova o que está a declarar. Consequentemente, nos testamentos hológrafos (permitidos, no Brasil, apenas em situações excepcionais), ela é de descomunal importância, uma vez que o juiz não terá o depoimento testemunhal para subsidiar a convicção de que o testamento é, de fato, autêntico.

A questão que aqui se impõe é se caberia reconhecer como assinatura qualquer elemento que cumpra papel autenticador, ou se o termo "assinatura", expresso na legislação, deve ser interpretado apenas como marca identitária escrita. Entre os exemplos de elementos autenticadores temos impressão digital, escâner de retina, reconhecimento biométrico, facial ou de voz, assinatura eletrônica, assinatura digital, assinatura feita com caneta eletrônica etc.

Recentemente, o Superior Tribunal de Justiça[507] entendeu pela validade de testamento particular sem a assinatura do testador,

---

[507] "CIVIL E PROCESSUAL CIVIL. CONFIRMAÇÃO DE TESTAMENTO PARTICULAR ESCRITO POR MEIO MECÂNICO. OMISSÃO E OBSCURIDADE NO ACÓRDÃO RECORRIDO. INOCORRÊNCIA. QUESTÃO ENFRENTADA E PREQUESTIONADA. SUCESSÃO TESTAMENTÁRIA. AUSÊNCIA DE ASSINATURA DE PRÓPRIO PUNHO DO TESTADOR. REQUISITO DE VALIDADE. OBRIGATORIEDADE DE OBSERVÂNCIA, CONTUDO, DA REAL VONTADE DO TESTADOR, AINDA QUE EXPRESSADA SEM TODAS AS FORMALIDADES LEGAIS. DISTINÇÃO ENTRE VÍCIOS SANÁVEIS E VÍCIOS INSANÁVEIS QUE NÃO SOLUCIONA A QUESTÃO CONTROVERTIDA. NECESSIDADE DE EXAME DA QUESTÃO SOB A ÓTICA DA EXISTÊNCIA DE DÚVIDA SOBRE A VONTADE REAL DO TESTADOR. INTERPRETAÇÃO HISTÓRICO-EVOLUTIVA DO CONCEITO DE ASSINATURA. SOCIEDADE MODERNA QUE SE INDIVIDUALIZA E SE IDENTIFICA DE VARIADOS MODOS, TODOS DISTINTOS DA ASSINATURA TRADICIONAL. ASSINATURA DE PRÓPRIO PUNHO QUE TRAZ PRESUNÇÃO *JURIS TANTUM* DA VONTADE DO TESTADOR, QUE, SE AUSENTE, DEVE SER COTEJADA COM AS DEMAIS PROVAS. 1. Ação ajuizada em 26.01.2015. Recurso especial interposto em 02.06.2016 e atribuído à Relatora em 11.11.2016. 2. Os propósitos recursais consistem em definir se: (i) houve omissão relevante no acórdão recorrido; (ii) é válido o testamento particular que, a despeito de não ter sido assinado de próprio punho pela testadora, contou com a sua impressão digital. 3. Deve ser rejeitada a alegação de omissão, obscuridade ou contradição quando o acórdão recorrido se pronuncia, ainda que sucintamente, sobre as questões suscitadas pela parte, tornando prequestionada a matéria que se pretende ver examinada no recurso especial. 4. Em se tratando de sucessão testamentária, o objetivo a ser alcançado é a preservação da manifestação

mas com sua impressão digital. No acórdão, entretanto, apesar da ministra relatora mencionar os avanços da era digital, em momento nenhum afirma que se deva atribuir sentido ampliativo à "assinatura". Pelo contrário, o argumento é de que, a despeito do não cumprimento estrito da lei, é forçoso admitir a validade do testamento, por restar comprovada, no caso em concreto, a autenticidade do ato, ou seja, houve a aplicação da teoria do erro inofensivo (*harmless error*), ainda que não com essa nomenclatura.

Em 2003, o Tribunal do Tennessee apreciou um dos primeiros casos, *Taylor v. Holt*, envolvendo tecnologias e testamento nos Estados Unidos. Stephen Godfrey escreveu em um documento *Word* seu testamento e, ao final, chamou dois vizinhos para testemunhar o momento em que digitava, com uma fonte cursiva, seu nome ao final. Posteriormente, ele imprimiu o testamento e as duas testemunhas

---

de última vontade do falecido, devendo as formalidades previstas em lei serem examinadas à luz dessa diretriz máxima, sopesando-se, sempre casuisticamente, se a ausência de uma delas é suficiente para comprometer a validade do testamento em confronto com os demais elementos de prova produzidos, sob pena de ser frustrado o real desejo do testador. 5. Conquanto a jurisprudência do Superior Tribunal de Justiça permita, sempre excepcionalmente, a relativização de apenas algumas das formalidades exigidas pelo Código Civil e somente em determinadas hipóteses, o critério segundo o qual se estipulam, previamente, quais vícios são sanáveis e quais vícios são insanáveis é nitidamente insuficiente, devendo a questão ser examinada sob diferente prisma, examinando-se se da ausência da formalidade exigida em lei efetivamente resulta alguma dúvida quanto a vontade do testador. 6. Em uma sociedade que é comprovadamente menos formalista, na qual as pessoas não mais se individualizam por sua assinatura de próprio punho, mas, sim, pelos seus tokens, chaves, logins e senhas, ID's, certificações digitais, reconhecimentos faciais, digitais e oculares e, até mesmo, pelos seus hábitos profissionais, de consumo e de vida captados a partir da reiterada e diária coleta de seus dados pessoais, e na qual se admite a celebração de negócios jurídicos complexos e vultosos até mesmo por redes sociais ou por meros cliques, o papel e a caneta esferográfica perdem diariamente o seu valor e a sua relevância, devendo ser examinados em conjunto com os demais elementos que permitam aferir ser aquela a real vontade do contratante. 7. A regra segundo a qual a assinatura de próprio punho é requisito de validade do testamento particular, pois, traz consigo a presunção de que aquela é a real vontade do testador, tratando-se, todavia, de uma presunção *juris tantum*, admitindo-se, ainda que excepcionalmente, a prova de que, se porventura ausente a assinatura nos moldes exigidos pela lei, ainda assim era aquela a real vontade do testador. 8. Hipótese em que, a despeito da ausência de assinatura de próprio punho do testador e do testamento ter sido lavrado a rogo e apenas com a aposição de sua impressão digital, não havia dúvida acerca da manifestação de última vontade da testadora que, embora sofrendo com limitações físicas, não possuía nenhuma restrição cognitiva. 9. O provimento do recurso especial por um dos fundamentos torna despiciendo o exame dos demais suscitados pela parte. Precedentes. 10 Recurso especial conhecido e provido" (BRASIL. Superior Tribunal de Justiça. REsp nº 1633254 MG. Relatora Ministra Nancy Andrighi, Segunda Seção, julgado em 11.3.2020, publicado em 18.3.2020).

assinaram a cópia impressa.⁵⁰⁸ Poder-se-ia argumentar se tratar esse caso de importante precedente autorizador da assinatura eletrônica. Entretanto, a presença de testemunhas que assinaram o testamento impresso e presenciaram a assinatura por Taylor do documento são fatores que, quando apropriadamente salientados, evidenciam que a decisão foi uma aplicação da doutrina do erro inofensivo (*harmless error*), e não a legitimação da assinatura eletrônica em qualquer circunstância.⁵⁰⁹

Se ampliado o sentido de "assinatura", será preciso estabelecer o que pode ser considerado elemento autenticador. Uma gota de sangue derramada ao final do papel se enquadra nessa noção? A expressão é demasiadamente aberta. Por essa razão, o ideal seria uma alteração legislativa que taxasse quais elementos autenticadores geram, assim como a assinatura, presunção de autenticidade do ato; sem excluir a possibilidade de que outros elementos sejam reconhecidos pela aplicação, pelos tribunais, da teoria do erro inofensivo (*harmless error*).

A assinatura eletrônica é amplamente utilizada hoje em dia, talvez, por isso, seja a primeira alternativa que surge à mente ao se pensar em formas substitutivas da assinatura escrita. Assinatura eletrônica não é símbolo gráfico, não se confunde com a assinatura feita por caneta eletrônica em documento digital com tecnologia de *touch screen*. Os riscos que envolvem a assinatura feita com caneta eletrônica são um debate à parte. Diferentemente, a assinatura eletrônica é "código numérico ou alfanumérico de combinação de letras e números digitados no teclado, na tela do computador ou no *touch screen* do dispositivo móvel":⁵¹⁰

> A diferença entre assinatura manual e assinatura eletrônica é radical: são formas absolutamente distintas de registro de autoria. A assinatura manual é um traço gráfico que contém o nome por extenso da pessoa ou um sinal próprio, característico, personalíssimo, símbolo particular, que pode ser mais ou menos bem elaborado, dependendo da destreza

---

⁵⁰⁸ BODDERY, *op. cit.*, 2012, p. 202.
⁵⁰⁹ DE NICUOLO, Dan. The future of eletronic wills. *Bifocal*, v. 38, n. 5, p. 77, maio/jun. 2017. Disponível em: https://www.americanbar.org/content/dam/aba/administrative/law_aging/2017_mayjune_bifocal-1.pdf. Acesso em: 15 jul. 2020.
⁵¹⁰ OLIVEIRA-FILHO, *op. cit.*, 2014, p. 114.

gráfica ou da habilidade manual do autor da assinatura. A assinatura eletrônica, por sua vez, é composta por uma sequência de bits e permite a encriptação dos dados e da chave privada, de tal modo que a assinatura eletrônica sempre será a mesma, inalterável, enquanto a assinatura manual pode variar de grafia ou de representação dimensional.[511]

Para que seja segura, demanda a utilização de criptografia assimétrica. Documentos criptografados são recorrentes na era digital em que vivemos. Aplicando um algoritmo complexo em um texto, o programa embaralha o documento em uma sequência indecifrável. Uma vez criptografado, o documento se torna ilegível sem a solução algorítmica, isto é, sem a chave. O problema se desponta de como transmitir ao receptor individual do documento a chave sem risco de interceptação. A transmissão e o armazenamento manuais das chaves se tornam inviáveis diante da imensidão de documentos criptografados.[512] A solução encontrada, dita criptografia assimétrica, é a utilização de duas chaves, uma pública e outra secreta:

> A chave privada é de uso e domínio do titular da chave da assinatura a ser manejada por meio de um cartão inteligente, que necessita de uma leitora para processamento dos dados nele constantes e pode ser inserida nos teclados dos computadores. A chave pública pode ser divulgada amplamente, sendo certo que ambas as chaves públicas e privadas atuam conjuntamente, uma completando a outra. Assim, o remetente assina sua mensagem utilizando sua chave privada, que será recebida pelo destinatário, que utilizará a chave pública, verificando o reconhecimento da origem do ato.513

Combinado com a criptografia assimétrica, o certificado digital amplia a segurança das comunicações virtuais, atuando como uma espécie de terceiro de confiança de ambas as partes, que confere certeza ao destinatário de que quem assinou digitalmente o documento é efetivamente quem se diz ser.[514] Quando confirmada por certificado digital, a assinatura eletrônica é chamada de assinatura digital.

---

[511] *Idem.*
[512] BODDERY, *op. cit.*, 2012, p. 206.
[513] FELICIANI, *op. cit.*, 2012, p. 45.
[514] *Idem.*

Aplica-se à assinatura eletrônica a Medida Provisória nº 2.200-2,[515] que instituiu a Infraestrutura de Chaves Públicas Brasileiras (ICP-Brasil), com o condão de garantir a autenticidade, a integridade e a validade jurídica de documentos eletrônicos e a segurança de transações pelo meio virtual.[516] A Lei nº 14.063, de 23 de setembro de 2020, embora também contenha disposições sobre assinaturas eletrônicas, é aplicável apenas a atos e negócios jurídicos celebrados com entes públicos, sendo expressamente excluída sua incidência sobre a interação entre pessoas naturais ou entre pessoas jurídicas de direito privado. De todo modo, a lei traz conceitos úteis à temática, como as definições, em seu Art. 3º, de "autenticação", "assinatura eletrônica", "certificado digital" e "certificado digital ICP-Brasil":

> Art. 3º Para os fins desta Lei, considera-se:
> I – autenticação: o processo eletrônico que permite a identificação eletrônica de uma pessoa natural ou jurídica;
> II – assinatura eletrônica: os dados em formato eletrônico que se ligam ou estão logicamente associados a outros dados em formato eletrônico e que são utilizados pelo signatário para assinar, observados os níveis de assinaturas apropriados para os atos previstos nesta Lei;
> III – certificado digital: atestado eletrônico que associa os dados de validação da assinatura eletrônica a uma pessoa natural ou jurídica;
> IV – certificado digital ICP-Brasil: certificado digital emitido por uma Autoridade Certificadora (AC) credenciada na Infraestrutura de Chaves Públicas Brasileira (ICP-Brasil), na forma da legislação vigente.

---

[515] A lei se manteve em vigor mesmo após a aprovação da Emenda Constitucional 32, que determinou prazo de validade de 60 dias prorrogáveis para que as Medidas Provisórias se tornassem leis; dado que sua publicação foi anterior à data que a EC entrou em vigor (setembro de 2001).

[516] Sobre a MP nº 2.000-2, interessante a análise crítica de Ivanildo Oliveira Junior: "A norma específica de validade jurídica do certificado digital foi reconhecida no direito positivo brasileiro com enorme atraso, e por uma ordem de prioridade inversa ao interesse da sociedade e do mercado, quando o Poder Executivo decidiu disciplinar, em regime publicista, a emissão de certificados digitais para assinatura eletrônica de documentos informatizados. Para esse fim, foi editada a Medida Provisória nº 2.200/2001, que na sua segunda versão tornou-se definitiva, como lei em sentido formal e material, aproveitando-se do vácuo legislativo deixado pela Emenda Constitucional nº 32, de 2001. Por força da Medida Provisória nº 2.200/2001 o Governo Federal implantou a Infraestrutura de Chaves Públicas Brasileira – ICP-Brasil, atribuindo ao Instituto Nacional de Tecnologia da Informação – ITI, autarquia do Governo Federal, vinculada à Secretaria da Casa Civil da Presidência da República, o monopólio de autoridade-raiz para a emissão de certificados digitais no país" (OLIVEIRA-FILHO, op. cit., 2014, p. 114).

Em seguida diferencia as modalidades de assinatura eletrônica:

Art. 4º Para efeitos desta Lei, as assinaturas eletrônicas são classificadas em:
I – assinatura eletrônica simples:
a) a que permite identificar o seu signatário;
b) a que anexa ou associa dados a outros dados em formato eletrônico do signatário;
II – assinatura eletrônica avançada: a que utiliza certificados não emitidos pela ICP-Brasil ou outro meio de comprovação da autoria e da integridade de documentos em forma eletrônica, desde que admitido pelas partes como válido ou aceito pela pessoa a quem for oposto o documento, com as seguintes características:
a) está associada ao signatário de maneira unívoca;
b) utiliza dados para a criação de assinatura eletrônica cujo signatário pode, com elevado nível de confiança, operar sob o seu controle exclusivo;
c) está relacionada aos dados a ela associados de tal modo que qualquer modificação posterior é detectável;
III – assinatura eletrônica qualificada: a que utiliza certificado digital, nos termos do §1º do Art. 10 da Medida Provisória nº 2.200-2, de 24 de agosto de 2001.

Por fim, o parágrafo primeiro do Art. 4º esclarece que "a assinatura eletrônica qualificada é a que possui nível mais elevado de confiabilidade a partir de suas normas, de seus padrões e de seus procedimentos específicos".

No âmbito dos serviços de tabelionato, já são aceitos atos notariais eletrônicos,[517] respeitado o disposto no Provimento nº 100, de maio de 2020, da Corregedoria Nacional de Justiça. O provimento cria a "assinatura eletrônica notorizada"[518] e o "certificado digital

---

[517] Antes mesmo do Provimento nº 100, havia quem sustentasse a possibilidade do notário reconhecer firma eletrônica: "Ainda que não exista, no Brasil, lei autorizando o notário a atuar como terceiro fiduciário em negócios jurídicos eletrônicos, entende-se que essa competência já pode ser exercida por livre escolha das partes, ao transferir para o tabelião a função de autenticar a autoria e reconhecer a firma digital dos signatários eletrônicos" (ibidem, p. 296).

[518] "Art. 2º. Para fins deste provimento, considera-se: I. assinatura eletrônica notorizada: qualquer forma de verificação de autoria, integridade e autenticidade de um documento eletrônico realizada por um notário, atribuindo fé pública; (...)" (BRASIL. Conselho Nacional de Justiça. *Provimento nº 100, de 26 de maio de 2020*. Dispõe sobre a prática de atos notariais eletrônicos utilizando o sistema e-Notariado, cria a Matrícula Notarial Eletrônica-MNE e dá outras providências. Disponível em: https://atos.cnj.jus.br/atos/detalhar/3334. Acesso em: 6 jun. 2020).

notorizado",[519] a qualificação de "notorizado(a)" reveste essas categorias de fé pública, o equivalente da firma reconhecida nos documentos dotados de materialidade.[520]

Portanto, a assinatura eletrônica é aceita e regulada no país, o óbice para sua aplicação ao direito testamentário é que sua utilização pressupõe a admissão de testamentos eletrônicos.

Além da assinatura eletrônica, outras formas de autenticação são imagináveis (reconhecimento biométrico, facial, de voz etc.) e podem ser usadas em substituição da assinatura ou a ela agregadas, ampliando a proteção do ato.

Nevada foi o primeiro estado dos Estados Unidos a admitir e legislar sobre os testamentos eletrônicos. Extrai-se do Art. 1º do *Nevada Revised Statute* que um testamento eletrônico necessita, além da assinatura eletrônica do testador, de, no mínimo, um elemento autenticador, definido como:

> (a) "Authentication characteristic": a characteristic of a certain person that is unique to that person and that is capable of measurement and recognition in an electronic record as a biological aspect of or physical act performed by that person. Such a characteristic may consist of

---

[519] "Art. 2º. Para fins deste provimento, considera-se: (...) II. certificado digital notorizado: identidade digital de uma pessoa física ou jurídica, identificada presencialmente por um notário a quem se atribui fé pública; (...)" (BRASIL. Conselho Nacional de Justiça. *Provimento nº 100, de 26 de maio de 2020.* Dispõe sobre a prática de atos notariais eletrônicos utilizando o sistema e-Notariado, cria a Matrícula Notarial Eletrônica-MNE e dá outras providências. Disponível em: https://atos.cnj.jus.br/atos/detalhar/3334. Acesso em: 6 jun. 2020).

[520] "Quando o documento necessário à formação de determinado negócio jurídico não é assinado no modo presencial, isto é, quando as partes não estão presentes, frente a frente, sem que possam se identificar mutuamente, então o ordenamento jurídico disponibiliza para as partes interessadas o ato notarial de reconhecimento de firma. O ato de reconhecimento de firma sempre serviu e ainda serve para atestar, além da conformidade visual da assinatura, a data exata ou o marco cronológico em que certo documento foi assinado e assim passou a existir no mundo jurídico. Apesar de criticado como ato burocrático e resquício colonial, o reconhecimento de firma confere a assinatura da pessoa com aquela depositada nos registros do tabelionato, de modo que, a partir desse ato, o notário que reconheceu a firma passa a responder pela fidedignidade da assinatura e pela cronologia do ato.
Todavia, no mundo cibernético, como visto, a assinatura eletrônica é o modo principal de identificação das pessoas, e não sua assinatura manuscrita em papel. A pergunta que deve ser colocada, então, é: é possível o reconhecimento de firma eletrônica ou de assinatura digital? A resposta é positiva. O notário, como agente fiduciário e titular de fé pública, pode aceder a um sistema informático devidamente autorizado pelo seu responsável, e verificar a existência de um documento assinado eletronicamente e por quem aquele documento foi assinado, conforme o certificado digital que fica gravado no documento eletrônico" (OLIVEIRA-FILHO, *op. cit.*, 2014, p. 293).

a fingerprint, a retinal scan, voice recognition, facial recognition, a digitized signature521 or other authentication using a unique characteristic of the person.522

Há também elementos identitários a serem pensados para os testamentos materializados, a exemplo da impressão digital. No México, Peru e Bolívia, a impressão digital é exigida, em certas situações, para resguardar melhor a vontade testamentária.[523] Trata-se de um contrabalanceamento: quando a legislação é permissiva, aceitando, por exemplo, a assinatura a rogo em testamento particular, impõe, em contrapartida, a observância de uma formalidade a mais, qual seja, a aposição de impressão digital, que cumprirá a função da assinatura de próprio punho dispensada.

Um último ponto que merece menção é a hipótese de testamento escrito e assinado em *tablet* ou outro suporte digital que permita a escrita cursiva a partir do uso de uma caneta eletrônica. A legislação brasileira autoriza que os testamentos sejam escritos por processo eletrônico, portanto o principal obstáculo para sua validade estaria na assinatura. Na circunstância narrada, a assinatura, apesar de registrada digitalmente e não pela tinta de uma caneta, ou pelo carbono de um lápis grafite, ainda assim, é manuscrita, fato que opera em favor de sua admissão. Se a lei não estabelece qual suporte físico deve ter um testamento, por que, então, não poderia ser um *tablet*?

O Tribunal de Ohio, nos Estados Unidos, deparou-se com caso idêntico. No hospital, Javier Castro precisava de uma

---

[521] "(c) Digitized signature means a graphical image of a handwritten signature that is created, generated or stored by electronic means". Tradução livre: "(c) Assinatura digitalizada significa uma imagem gráfica de uma assinatura manuscrita que é criada, gerada ou armazenada por meios eletrônicos" (NEVADA REVISED STATUTE §133.085 (2013): WILLS NRS Nº 133.085 – ELECTRONIC WILL. Added to NRS by 2001, 2340. *Justia Us Law*, 2013. Disponível em: https://law.justia.com/codes/nevada/2013/chapter-133/statute-133.085/#:~:text=Nevada%20Revised%20Statutes-2013%20Nevada%20Revised%20 Statutes,NRS%20133.085%20%2D%20Electronic%20will.&text=Every%20person%20 of%20sound%20mind,of%20the%20testator%20s%20debts. Acesso em: 6 jun. 2020).

[522] Tradução livre: "(a) 'Característica de autenticação': uma característica de uma determinada pessoa que é única para essa pessoa e que é capaz de medição e reconhecimento em um registro eletrônico como um aspecto biológico ou ato físico realizado por essa pessoa. Essa característica pode consistir em uma impressão digital, uma varredura de retina, reconhecimento de voz, reconhecimento facial, uma assinatura digitalizada ou outra autenticação usando uma característica única da pessoa" (*idem*).

[523] Vide capítulo 3.

transfusão de sangue, mas a recusou por motivos religiosos. Javier discutiu a situação com seus irmãos e decidiu que queria fazer um testamento. Como nenhum deles tinha caneta ou papel, Albie, irmão de Javier, pegou o *tablet* Samsung que carregava consigo e abriu o aplicativo "*S Note*", em que se pode escrever com uma caneta eletrônica. Então, Javier ditou os termos do testamento para seu outro irmão, Miguel. Em seguida, o testamento foi lido e assinado por Javier, seus dois irmãos e seu sobrinho, que atuou como terceira testemunha. O *tablet* foi protegido por senha e mantido na posse de Albie. Quando do falecimento de Javier, o testamento foi impresso e as testemunhas atestaram que a cópia impressa era a versão exata do testamento assinado por ele. A Corte americana teve que responder: (a) se o testamento foi escrito; (b) se foi assinado; e (c) se era testamento válido. O tribunal, argumentando que a lei não exige que o testamento seja escrito em um meio específico, declarou válido o testamento.[524]

4.2 Presença geográfica e temporal das testemunhas

Enquanto o lavramento de uma escritura pública permite que as partes compareçam em cartório em momentos distintos para assiná-la, a construção doutrinária do direito testamentário afasta essa possibilidade. A unicidade do testamento é princípio clássico norteador do direito testamentário, do qual decorre que os participantes da solenidade testamentária devem estar simultaneamente presentes ao se cumprir as formalidades.

Na era digital, a ideia de presença comporta releitura em dois distintos aspectos, a presença geográfica e temporal. Para ilustrar os pontos, imaginemos as seguintes situações:
1) Hermano deseja testar na forma particular, então escreve seu testamento em um aplicativo que permite, com o suporte de tecnologia de *touch screen*, a feitura manuscrita, com sua letra cursiva. Entra em uma conferência virtual com três amigos, pela plataforma Zoom, compartilhando simultaneamente a tela do aplicativo em que escreveu seu

---

[524] HORTON, *op. cit.*, 2017, p. 541.

testamento para que as testemunhas possam acompanhar o momento em que o lê e o assina. Posteriormente à leitura, salva o documento e envia às testemunhas, que o assinam também com compartilhamento de tela. Coletadas todas as assinaturas, o testamento é impresso.

2) Agora suponhamos que o Hermano, ao invés de entrar em uma conferência virtual com as testemunhas, grave o momento em que escreve, lê e assina seu testamento. Em seguida, encaminha às testemunhas, uma após uma, sucessivamente, para que também registrem a ocasião durante a qual assistem o vídeo por ele encaminhado e assinam o testamento por meio do mesmo aplicativo de *touch screen*. Ao final, todos os vídeos dos momentos de assinatura são compilados em um único e o testamento, já por todos devidamente assinado, é impresso.

Em ambas as situações hipotéticas, completamente factíveis na atualidade, a ideia de presença geográfica é substituída por uma presença virtual, incorporada há muito pelo direito contratual.[525] Nessa linha, de acordo com o *Uniform Eletronic Wills Act*, modelo de legislação proposto pela *Uniform Law Comission* dos Estados Unidos, "presença eletrônica significa a relação de dois ou mais indivíduos em locais diferentes que se comunicam em tempo real como se estivessem fisicamente presentes no mesmo local".[526]

Na segunda, além de atualização da concepção de presença geográfica, altera-se a noção de presença simultânea, mas sem, contudo, impedir que as partes acompanhem todas as etapas de execução do testamento. Além disso, nos exemplos invocados, não se questiona a possibilidade de testamento eletrônico ou por vídeo, o documento permanece impresso e assinado de forma manuscrita, porém à distância.

---

[525] DELGADO, Mário. O testamento em vídeo como uma opção de lege lata. *Consultor Jurídico*, 28 jun. 2020. Disponível em: https://www.conjur.com.br/2020-jun-28/processo-familiar-testamento-video-opcao-lege-lata. Acesso em: 10 jul. 2020.

[526] Tradução livre de: "Electronic presence means the relationship of two or more individuals in different locations communicating in real time to the same extent as if the individuals were physically present in the same location" (UNIFORM LAW COMISSION. *Uniform Eletronic Wills Act*, p. 6, 2019. Disponível em: https://www.uniformlaws.org/HigherLogic/System/DownloadDocumentFile.ashx?DocumentFileKey=3b74160d-1525-2fe5-f3e5-6ee5dc416d3c&forceDialog=0. Acesso em: 10 jan. 2021).

Pode-se imaginar, ainda, uma terceira hipótese, em que uma das testemunhas não consegue comparecer presencialmente e, por isso, participa por videoconferência, assinando a rogo o documento final.

Mario Delgado observa que "o comparecimento pessoal do testador, em 'presença física', para a lavratura dos testamentos públicos, já foi superado pelo Provimento 100 do CNJ".[527] Resta saber se, na ausência de alteração legislativa que expressamente adote a concepção de presença virtual, os Tribunais aceitarão o sentido ampliado de "presença" às demais formas testamentárias.

No entanto, seria ingênuo afirmar que o testemunho virtual do testamento apenas apresenta vantagens e que a ampliação do sentido de "presença" apenas descomplicaria a execução do testamento. Da permissão ao testemunho virtual decorrem desafios imperceptíveis à primeira vista, mas extremamente delicados.

Primeiramente, as testemunhas ou o próprio testador podem ficar temporariamente ausentes da conferência virtual em função de interrupções da conexão da *internet*, bateria fraca do computador ou outros problemas técnicos. Nessa hipótese, retornando a pessoa, o ato poderá prosseguir normalmente? Ou deverá ser reiniciado? Quanto tempo de ausência é considerado aceitável para que não se comprometa a unicidade do testamento?

Em segundo lugar, é questionável a utilidade das testemunhas virtuais quando a capacidade do testador for contestada, visto que elas podem não ter contato suficiente com o testador para conseguir avaliar apropriadamente seu estado,[528] e, ainda que tenham, a chance de litígio é majorada.

Por fim, eventualmente, o fato de o testador e as testemunhas estarem em locais distintos ensejará conflito de competência. A título exemplificativo, imaginemos que o testador seja brasileiro, domiciliado na Inglaterra, e de lá faz testamento com testemunhas residentes no Brasil. Qual legislação seria aplicável em relação aos requisitos de validade do testamento?

Nos Estados Unidos, o problema é potencializado porque a legislação sobre testamento é de competência dos estados. Na

---

[527] DELGADO, *op. cit.*, 2020.
[528] UNIFORM LAW COMISSION, *op. cit.*, 2019, p. 11.

tentativa de dirimi-lo, o *Uniform Eletronic Wills Act* determina que o testamento feito em desacordo com alguma formalidade será válido se atender às exigências da legislação (i) do local onde o testador esteva fisicamente quando o assinou ou (ii) do domicílio do testador de quando assinou o testamento ou da época de seu falecimento.[529]

4.3 Leitura do testamento

Hoje, inúmeros são os leitores de tela e de documentos eletrônicos que convertem texto em áudio por meio da tecnologia de reconhecimento óptico de caracteres atrelado à síntese de voz. Existe, inclusive, um aplicativo brasileiro gratuito que lê texto impressos, o *eyefy*.[530] Para usá-lo, a pessoa projeta a câmera do dispositivo móvel (celular, *tablet* etc.) no texto, e o aplicativo – valendo-se de técnicas avançadas de inteligência artificial e aprendizado de máquina para o reconhecimento de textos – efetua a leitura em voz alta, o que permite maior autonomia não só para pessoas com problemas de visão, como também para aquelas não alfabetizadas.

Nesse contexto, o impedimento de cegos e analfabetos com acesso a essas tecnologias de fazerem testamento cerrado e particular merece revisão, tendo sempre em mente que a restrição ao exercício de direito, ainda que com subsídio em novas tecnologias, ditas assistivas, configura, conforme determina a CDPD, discriminação por parte do Estado, passível de sanção.[531]

No caso do testamento cerrado, em que se permite a escrita a rogo, bastaria que fosse escrito por outrem segundo a vontade manifestada pelo testador e, então, lido pelo analfabeto ou cego com auxílio desse aplicativo. Já para o testamento particular, que por interpretação literal da lei não comporta escrita a rogo, seria

---

[529] *Ibidem*, p. 6.

[530] A descrição do aplicativo no *google play* é a seguinte: "O *Eyefy* é um aplicativo de acessibilidade totalmente grátis! Projetado para ajudar tanto deficientes visuais quanto pessoas não alfabetizadas, o *Eyefy* identifica palavras e converte textos em sons. O app acessa a câmera do celular. Basta focar no texto desejado, tocando sobre a tela por alguns segundos. Pronto: ele será lido em voz alta!" (GOOGLE PLAY. Eyefy. Disponível em: https://play.google.com/store/apps/details?id=br.com.alphamob.aie&hl=pt_BR. Acesso em: 10 jul. 2020).

[531] Vide capítulo 1, item 1.4.2.

necessário i) ou uma prévia permissão da escrita por terceiro ii) ou a utilização de tecnologias, também existentes, que convertem áudio em texto.[532] Assim, o testador ditaria sua última vontade à máquina, que transformaria a linguagem sonora em escrita e, finalizado e impresso o documento escrito, a leitura seria efetuada pelo aplicativo próprio para esse fim.

4.4 Testamento eletrônico, por gravação audiovisual e as formas testamentárias

Imagine-se assistindo a um filme. No filme, um grupo de quatro irmãos está vestido com roupas escuras. Os irmãos, Bill Jones, Robert Jones, Margaret Jones e Sally Johnson, acabaram de voltar do funeral de sua mãe idosa. Eles ficam sentados em silêncio no escritório do advogado de sua mãe, assistindo e ouvindo atentamente a uma fita de vídeo que ela, a Sr.ª Vivian Jones, gravou antes de morrer. No vídeo, ela expressa sua última vontade: afirma claramente que gostaria que seus consideráveis ativos imobiliários fossem divididos igualmente entre seus quatro filhos e que seus valiosos investimentos em ações fossem usados para pagar a educação de seus netos. Também fornece detalhes sobre como o restante de seus bens pessoais deve ser distribuído. A fita de vídeo termina com a senhora declarando que gostaria que seu filho mais velho, Bill, atuasse como o executor de sua vontade. Suponhamos também que duas das amigas próximas dela estejam diante das câmeras ao fundo, e, depois de ela declarar seus planos, aproximam-se da câmera e atestam que o vídeo é a última vontade e o testamento da Sr.ª Jones.[533]

Agora, suponhamos que Margaret, filha mais nova da Sr.ª Jones, uma publicitária por dentro de todas as novidades tecnológicas

---

[532] Exemplo é o programa Amber Script. Disponível em: https://www.amberscript.com/pt/?gclid=CjwKCAiAn7L-RBbEiwAl9UtkCCoIqO7GolzQPHO2_zcKigOpSK-4c93peEsBMucn-KSp7PtLUKnpRoCQuQQAvD_BwE. Acesso em: 5 ago. 2020.

[533] GRANT, Joseph Karl. Shattering and moving beyond the Gutenberg Paradigm: the dawn of the electronic will. *University of Michigan Journal of Law Reform*, v. 42, n. 1, p. 105, 2008. Disponível em: https://repository.law.umich.edu/cgi/viewcontent.cgi?article=1246&context=mjlr. Acesso em: 5 ago. 2020.

e extremamente prática, inspirada no exemplo dado pela mãe, decide fazer testamento particular, mas simplificando o processo. Então, escreve seu testamento em seu *Macbook*, salva o documento em PDF e convoca três amigas para uma videoconferência. Sem que ninguém precise sair do conforto de suas casas, as disposições de última vontade são lidas por Margaret às testemunhas e o documento é assinado eletronicamente por todas. Ao final, Margaret salva o documento no *Google Drive* e informa uma das suas amigas que testemunharam o ato onde encontrar bilhete com anotação da senha no *drive*, para acesso e localização de seu testamento quando de sua morte.

Tanto a primeira cena, apresentada por Joseph Grant, em 2008, em artigo publicado no *Journal of Law Reform* da Universidade de Michigan, quanto a segunda, por nós criada, não estão distantes do imaginário popular e das produções cinematográficas e televisivas. Entretanto, se as narrativas fossem reais e o testamento caísse na mão de um juiz brasileiro para validação, dificilmente seria aprovado.

O debate sobre a possibilidade de testamento eletrônico por vídeo ou por gravação de áudio passa por três questões a serem desenvolvidas separadamente. A primeira delas diz respeito à (a) tipicidade do testamento por vídeo, áudio e eletrônico. São eles formas testamentárias autônomas? Ou devem ser pensados dentro dos tipos testamentários expressamente previstos pela legislação? A segunda concerne à possibilidade de o testamento ser armazenado em um ambiente virtual, intangível, e não em um suporte dotado de materialidade. A terceira e última questão refere-se ao requisito legal de que o testamento seja escrito, isto é, que a vontade do testador esteja expressa por uma representação gráfica da linguagem. Os dois pontos não se confundem: é possível que a legislação permita o testamento por gravação audiovisual, por exemplo, sem, contudo, autorizar o armazenamento virtual, exigindo que esteja em um suporte materializado (CD, *pen drive*, disquete) identificado como testamento. E, de modo inverso, vislumbra-se a hipótese de autorizar o armazenamento virtual do testamento, contanto que escrito. Tudo isso será abordado a seguir.

De antemão, cumpre esclarecer que no desenvolvimento deste tópico usaremos a expressão "testamento eletrônico" para referenciar aquele armazenado virtualmente.

4.4.1 (A)tipicidade dos testamentos eletrônicos ou por gravação audiovisual e a melhor via de incorporação

Raphael Ribeiro defende a superação da taxatividade das formas como meio de incorporação do testamento eletrônico ou por gravação audiovisual ao direito brasileiro, bastando, para o seu reconhecimento *in concreto*, a demonstração de que a declaração eletrônica de um indivíduo foi feita com a intenção de consubstanciar uma vontade testamentária. Segundo ele, deveríamos nos inspirar na *common law*, em que o *dispensing power* tem permitido que as cortes determinem o cumprimento de testamentos informais, ou seja, aqueles que não atenderam aos requisitos formais impostos na legislação.[534]

Apesar de louvável intenção do autor de promover a popularização e a democratização do acesso à liberdade de testar, dele discordamos.

Isso porque o reconhecimento de testamentos eletrônicos pela via argumentativa do *harmless error* e do *dispensing power*, até mesmo nos países em que essas doutrinas estão consolidadas, não proporciona a certeza ao testador de que sua última vontade será atendida. Ben Mceniery adverte que embora os tribunais estejam dispostos a acompanhar os tempos no que diz respeito às novas tecnologias e às expectativas das pessoas, as regras sobre testamentos ainda são de natureza técnica e não há garantia de que todos os "testamentos informais" serão validados. Isso significa que as pessoas não devem criar testamentos caseiros com seus *iPhones* ou armazená-los em outros dispositivos eletrônicos na expectativa de que serão suficientes.[535]

O primeiro passo a ser dado por quem deseja fazer um testamento é definir por qual forma testamentária o fará, pois da forma procedem os requisitos a serem observados para validade do ato.

---

[534] RIBEIRO, *op. cit.*, 2020, p. 210.
[535] MCENIERY, Ben. Succession Law keeping pace with changes in technology and community expectations – informal wills. *Journal of New Business Ideas & Trends*, v. 12, 2014. Disponível em: https://eprints.qut.edu.au/74716/18/74716.pdf. Acesso em: 22 out. 2020.

Por conseguinte, defender o testamento eletrônico ou por gravação audiovisual como forma alternativa, fora do rol de testamentos expressamente previstos, esbarra no fato de que tanto o testador quanto o magistrado que fossem apreciar o testamento não teriam parâmetros de validade para os orientar. Nesse sentido, negar a taxatividade das formas no direito testamentário é o mesmo que "abrir uma caixa de pandora", promovendo incerteza a um campo do direito civil milenarmente construído para fornecer segurança ao testador.

Justamente por isso, compartilhamos da opinião de Joseph Grant de que a via legislativa é a melhor forma de incorporar testamentos eletrônicos e por gravação audiovisual ao ordenamento.[536] Só assim o testador conseguirá testar com o subsídio de tecnologias sem ser atormentado pelo risco de seu testamento ser desconsiderado. Ademais, é melhor construir um sistema para aceitar testamentos eletrônicos legalmente previstos do que chancelar reiteradamente, pela via jurisprudencial, testamentos em desconformidade com a legislação.[537]

Em Grant também encontramos a importância da busca por um equilíbrio entre a legalização do testamento eletrônico e a preservação das funções das formalidades. À vista disso, ele propõe um modelo estatutário para o testamento eletrônico que muito se assemelha ao já existente para o testamento por escrito.[538]

Todavia, enquanto o legislativo permanece omisso, uma boa opção é ampliar o sentido de expressões referenciadas pela lei ao tratar dos testamentos, tais quais "escrito" e "assinatura", para abarcar documentos eletrônicos, assinaturas digitais etc. Consolidar jurisprudência que amplie o sentido desses termos proporciona a segurança renegada pela doutrina do *harmless error* e *dispensing power* e mantém a validade do testamento subordinada ao atendimento das formalidades, que, como tantas vezes reiterado neste trabalho, não são inócuas, mas sim desempenham importantes funções protetivas. Nessa linha, Gustavo Neves,[539] ao defender o testamento por vídeo, argumenta que sua validade estaria subordinada ao atendimento dos requisitos legais dos tipos testamentários, pois entende que o

---

[536] GRANT, *op. cit.*, 2008, p. 135.
[537] *Idem.*
[538] *Ibidem*, p. 127.
[539] NEVES, *op. cit.*, 2020, p. 59.

rol das formas seja taxativo.⁵⁴⁰ Mario Delgado,⁵⁴¹ por sua vez, apoia o testamento por vídeo como uma opção *lege lata* sem ignorar a vinculação do testador às formalidades dos tipos testamentários.

Por todo o exposto, ao tratarmos dos testamentos eletrônicos e por gravação audiovisual, o faremos pela perspectiva das formas de testamento legalmente previstas.

4.4.2 Testamento eletrônico

Johann Gutemberg, o inventor da prensa que permitiu a cópia veloz de textos e, também, inventor da primeira caneta à base de óleo, foi apontado como a pessoa mais influente do último milênio.⁵⁴² O impacto de suas invenções foi, inegavelmente, monumental. Como sociedade, fomos da prensa para as máquinas de escrever e, agora, para o processamento computadorizado de texto. Paralelamente a essa mudança na sociedade, o direito mudou de uma tradição oral para uma tradição impressa e, agora, eletrônica.⁵⁴³ Acontece que, no campo testamentário, ficamos estagnados no que Grant denomina "Paradigma de Gutemberg".⁵⁴⁴

Entretanto,

> (...) as leis não devem ser estáticas, mas evolucionárias por natureza. A natureza humana exige que olhemos para trás e honremos a tradição; mas a evolução exige que olhemos para frente e inovemos para abraçar o futuro e não sermos prejudicados e acorrentados por nosso passado.⁵⁴⁵

---

⁵⁴⁰ *Idem.*
⁵⁴¹ DELGADO, *op. cit.*, 2020.
⁵⁴² GRANT, *op. cit.*, 2008, p. 111.
⁵⁴³ *Idem.*
⁵⁴⁴ "For centuries, the definition of a will as referring to a written document has been a persisting and underlying legal paradigm. Generations of lawyers have been trained that in order for a will to be valid, it must be in 'writing.' The connection between a will and 'writing' has formed a pattern or model of what a will should look like. The law has arrived at a comfortable consensus regarding the 'writing' requirement for wills. A clear paradigm has emerged: printed text is the preferred means for memorializing an ambulatory document such as a will. Undoubtedly, 'our legal consciousness is still demarcated and mediated by printed texts.' Essentially, the law operates under what could be dubbed a 'Gutenberg Paradigm.'" (*ibidem*, p. 115).
⁵⁴⁵ Tradução livre, no original: "laws should not be static but evolutionary by nature. Human nature requires that we look back and honor tradition; but evolution requires that we look forward and innovate to embrace the future and not be hampered and shackled by our past" (*ibidem*, p. 111).

Sendo assim, neste tópico, abordaremos os caminhos para romper com o dito "Paradigma de Gutemberg".

4.4.2.1 A experiência americana e o que ela tem a nos ensinar

Nos Estados Unidos, Nevada foi o primeiro estado a legislar sobre o testamento eletrônico, em 2001. A lei de Nevada que criou os testamentos eletrônicos foi implementada por vários fatores. Primeiro, para fornecer conveniência e comodidade aos testadores. Em segundo lugar, foi pensada para cidadãos orientados às tecnologias, que levam vidas digitalizadas. Terceiro, os legisladores de Nevada perceberam a natureza mutante da sociedade e se aproveitaram da chegada da "era digital" para serem os pioneiros nessa revolução em matéria testamentária.[546]

Em 2007, Grant expressava sua ansiedade em testemunhar outros estados americanos seguindo os passos de Nevada.[547] Ele estava certo, apesar de vozes contrárias,[548] Ohio e Florida adotaram os testamentos eletrônicos e, em novembro de 2019, foi aprovado o *Electronic Wills Act* (Anexo II) pela *Uniform Law Comission*,[549] com o intuito de uniformizar as atuais e futuras legislações estaduais sobre a matéria. O que Grant provavelmente não imaginava era a demora dos estados em seguirem Nevada.

O poder legislativo da Florida aprovou um texto regulamentando os testamentos eletrônicos apenas em 2017, porém o governador vetou, alegando que a lei não protegia suficientemente o testamento de fraudes.[550] Uma nova versão foi apresentada em setembro de 2019 e entrou em vigor em 2020.[551] Por sua vez,

---

[546] *Ibidem*, p. 124.
[547] *Idem*.
[548] BODDERY, *op. cit.*, 2012.
[549] UNIFORM LAW COMISSION, *op. cit.*, 2019.
[550] FLORIDA GOVERNOR VETOES ELECTRONIC WILLS ACT. *Wealth Management*. 28 jun. 2017. Disponível em: https://www.wealthmanagement.com/estate-planning/florida-governor-vetoes-electronic-wills-act. Acesso em: 3 maio 2020.
[551] ELECTRONIC WILLS AND REMOTE NOTARIZATION LAW TAKES EFFECT. *The Florida Bar News*. 3 jan. 2020. Disponível em: https://www.floridabar.org/the-florida-bar-news/electronic-wills-and-remote-notarization-law-takes-effect/. Acesso em: 3 maio 2020.

Ohio adotou o *Uniform Electronic Wills Act* (*E-Wills Act*), também somente em 2020.[552] Entretanto, a ausência de legislação específica não impediu os tribunais estaduais de aceitarem excepcionalmente testamentos eletrônicos.[553]

O motivo para tanta demora na recepção pela via legislativa dos testamentos eletrônicos pelos estados americanos pode ser extraído de Gerry W. Beyer e Claire G. Hargrove. Para os autores, eles enfrentam cinco barreiras:[554]

(1) Barreira técnica: algumas exigências legais impostas aos testamentos eletrônicos, como a biometria ou outro elemento autenticador, não são acessíveis a todos e, além disso, a legislação da Nevada determina que haja apenas uma cópia autorizada do testamento eletrônico, o que é difícil de ser atestado;

(2) Barreira social: concernente à relutância de testadores e advogados das gerações mais velhas em adotarem essa forma mais tecnológica. Essa barreira é naturalmente vencida com o passar do tempo;

(3) Barreira econômica: a tecnologia que demanda a feitura de um testamento eletrônico é cara;

(4) Barreira motivacional: a tecnologia se desenvolve a partir da identificação de uma necessidade, não há investimento de tempo e dinheiro sem que se verifique uma demanda, por isso seria necessário *marketing* em testamento eletrônico, pois, com a sua opção escrita disponível a todos, inexiste um benefício evidente em sua utilização que o torne uma demanda do mercado. É interessante notar como a pandemia do novo Coronavírus criou essa demanda, trazendo à tona o debate sobre o testamento eletrônico;

---

[552] The Uniform Electronic Wills Act: The Wave of the Future? *Gudorf Law Group*, Ohio Probate Law. 28 abr. 2020. Disponível: https://www.ohioprobatelawyer.com/estate-planning/2020/04/28/the-uniform-electronic-wills-act-the-wave-of-the-future/. Acesso em: 3 maio 2020.

[553] Alguns exemplos em: GRANT, *op. cit.*, 2008.

[554] BEYER, Gerry W.; HARGROVE, Claire G. Digital wills: has the time come for wills to join the digital revolution? *Ohio Northern University Law Review*, v. 33, p. 890, 2007. Disponível em: https://www.researchgate.net/publication/228223096_Digital_Wills_Has_the_Time_Come_for_Wills_to_Join_the_Digital_Revolution/link/0deec521b7093c15f9000000/download. Acesso em: 20 nov. 2020.

(5) Barreira da obsolescência: as inovações digitais estão em constante e rápido fluxo, a tecnologia utilizada hoje para criação de um testamento digital pode ser obsoleta à época do falecimento do testador.

Com a aprovação do *Uniform Electronic Wills Act*, a perspectiva é de que o testamento eletrônico se torne, enfim, uma realidade expressivamente presente nos Estados Unidos, rompendo as fronteiras do estado de Nevada. Nas palavras de Justin Brown e Ross Bruch, no artigo *"Eletronic Wills: ready or not, here they come..."*, embora a comunidade jurídica discorde quanto às (des)vantagens dos testamentos eletrônicos, a realidade é que os testamentos eletrônicos não estão apenas chegando, mas estão aqui agora.[555] Por isso, ante a ausência de legislação específica na maioria dos estados, o que gera incerteza sobre a possibilidade e os requisitos para se testar eletronicamente, com bom humor advertem: *"strap on your seatbelts... we're in for a bumpy (electronic) ride!"*.[556]

Por ter quase duas décadas de existência, a legislação de Nevada é uma boa amostra dos erros e acertos de uma norma sobre testamentos eletrônicos. Nessa linha, empreendendo análise crítica sobre ela, Grant propõe um modelo de legislação que julga ideal (Anexo III). Segundo ele, é desejável que uma norma sobre testamentos eletrônicos comece com uma seção de exposição dos seus propósitos e objetivos, que servirá como guia para os tribunais na sua interpretação e aplicação, seguida por outra em que os conceitos-chave são claramente definidos.[557]

A legislação de Nevada falha nesses aspectos, além de carecer de uma seção de propósito que articule claramente o porquê de o regime legal ser necessário, orientando como ele deve ser interpretado; as definições dos termos-chave estão espalhadas pela lei e essa dispersão diminui a força e a legibilidade do estatuto em geral.[558]

---

[555] BROWM, Justin; BRUCH, Ross. Electronic Wills: Ready or Not, Here They Come... *Real Property, Probate & Trust Law Section Newsletter*, Pennsylvania Bar Association, winter/spring 2020. Disponível em: https://www.troutman.com/images/content/2/2/v2/223567/ABA-Property-Property-Winter-Spring-2020-BrownJ-01-03-2020.pdf. Acesso em: 3 maio 2020.

[556] Tradução livre: "Apertem os cintos, vamos ingressar em uma jornada (eletrônica) acidentada!" (*idem*).

[557] GRANT, *op. cit.*, 2008, p. 126.

[558] *Ibidem*, p. 124.

Atrelado a isso, algumas definições sequer são conclusivas quanto à sua abrangência, como é o caso do termo "registro eletrônico",⁵⁵⁹ definido como "registro criado, gerado ou armazenado por meios eletrônicos".⁵⁶⁰ A expressão "meios eletrônicos" é nebulosa, não esclarece quais tipos de mídia ou tecnologia digitais são permitidas ou preferenciais. Consequentemente, os testadores assumem um risco enorme de a tecnologia usada ser posteriormente considerada inaceitável. Igualmente, o estatuto de Nevada não especifica os mecanismos pelos quais um testador pode fazer seu testamento, gerando incerteza sobre a possibilidade de testamento por vídeo e áudio.⁵⁶¹

Apesar de reconhecer a importância de definições claras, o autor defende que isso não seja feito de uma forma muito restritiva, que impeça futuras inovações tecnológicas.⁵⁶²

Outro ponto relevante da reflexão de Grant é o fato de ele sustentar que os requisitos para o testamento eletrônico devam se assemelhar aos já exigidos para o testamento escrito. Na opinião do autor, dessa maneira preservar-se-ia as bases da "lei dos testamentos", que tem funcionado relativamente bem por séculos.⁵⁶³

O *Uniform Eletronic Wills Act* superou a maioria das críticas direcionadas à legislação de Nevada, a começar pela delimitação dos termos-chave logo no início, da seguinte forma:⁵⁶⁴

---

⁵⁵⁹ Tradução livre de *"eletronic record"*.
⁵⁶⁰ Tradução livre de "record created, generated or stored by electronic means".
⁵⁶¹ GRANT, *op. cit.*, 2008, p. 125.
⁵⁶² *Ibidem*, p. 126.
⁵⁶³ *Ibidem*, p. 131.
⁵⁶⁴ Tradução live para: "SECTION 2. DEFINITIONS. In this [act]: (1) 'Electronic' means relating to technology having electrical, digital, magnetic, wireless, optical, electromagnetic, or similar capabilities".
(2) "Electronic presence" means the relationship of two or more individuals in different locations communicating in real time to the same extent as if the individuals were physically present in the same location.
(3) "Electronic will" means a will executed electronically in compliance with Section 5(a).
(4) "Record" means information that is inscribed on a tangible medium or that is stored in an electronic or other medium and is retrievable in perceivable form.
(5) "Sign" means, with present intent to authenticate or adopt a record:
(A) to execute or adopt a tangible symbol; or
(B) to affix to or logically associate with the record an electronic symbol or process.
(6) "State" means a state of the United States, the District of Columbia, Puerto Rico, the United States Virgin Islands, or any territory or insular possession subject to the jurisdiction of the United States. The term includes a federally recognized Indian tribe.

Seção 2. DEFINIÇÕES. Neste ato:
(1) "Eletrônico" significa relacionado à tecnologia com capacidades elétricas, digitais, magnéticas, sem fio, ópticas, eletromagnéticas ou semelhantes.
(2) "Presença eletrônica" significa o relacionamento de dois ou mais indivíduos em locais diferentes que se comunicam em tempo real como se estivessem fisicamente presentes no mesmo local.
(3) "Testamento eletrônico" significa um testamento executado eletronicamente em conformidade com a Seção 5 (a).
(4) "Registro" significa informação que é inscrita em um meio tangível ou que é armazenada em um meio eletrônico ou outro meio e pode ser recuperada para forma perceptível.
(5) "Assinar" significa, ter a intenção de autenticar um registro:
(A) executando ou adotando um símbolo tangível; ou
(B) afixando ou associando logicamente ao registro um símbolo ou processo eletrônico.
(6) "Estado" significa um estado dos Estados Unidos, o Distrito de Columbia, Porto Rico, as Ilhas Virgens dos Estados Unidos ou qualquer território ou posse insular sujeito à jurisdição dos Estados Unidos. O termo inclui uma tribo indígena reconhecida federalmente.
(7) "Testamento" inclui um codicilo e qualquer instrumento testamentário que meramente nomeia um executor, revoga ou revisa outro testamento, nomeia um tutor ou expressamente exclui ou limita o direito de um indivíduo ou classe de suceder na propriedade do falecido passando sem testamento.

Nota-se que conceito de registro foi elaborado de forma a abarcar documentos salvos "em nuvem", que, embora não estejam em meio tangível, são recuperáveis para forma perceptível.

Quanto aos requisitos do testamento eletrônico no *Uniform Eletronic Will Act*, ele deve:

(i) Ser legível como texto no momento da assinatura: a *Uniform Law Commission* decidiu manter a exigência de que o testamento seja feito por escrito. Assim, quando adotado o *E-Wills Act*, uma gravação de áudio ou audiovisual não valerá como testamento, no entanto pode fornecer evidências valiosas sobre a validade do testamento.[565]

---

[7] "Will" includes a codicil and any testamentary instrument that merely appoints na executor, revokes or revises another will, nominates a guardian, or expressly excludes or limits the right of an individual or class to succeed to property of the decedent passing by intestate" (UNIFORM LAW COMISSION, *op. cit.*, 2019).

[565] *Idem.*

Além disso, consta nos comentários ao referido dispositivo, escritos pela própria comissão responsável pela redação do *E-Wills Act*, que o uso de um programa de reconhecimento de voz que converta a fala do testador em texto pode suprir essa exigência.[566] Daí se justifica a opção por determinar que seja "legível como texto no momento da assinatura", e não escrito pelo testador;

(ii) Ser assinado pelo testador ou por alguém que esteja fisicamente presente com ele, a seu rogo. Para que seja assinado a rogo, é indispensável a presença física, aqui é inaplicável a ideia da presença virtual;

(iii) Ser assinado por pelo menos duas testemunhas que estejam na presença (física ou virtual) do testador dentro de um tempo razoável após testemunharem o ato. A condição do "tempo razoável" é interessante e converge com o princípio da unicidade do testamento. É provável que testamentos testemunhados virtualmente sejam dificultados por problemas técnicos, como acabar a bateria do computador de uma das testemunhas ou a conexão com a *internet* falhar, nesses casos surgiria a dúvida a respeito da possibilidade de retorno rápido à conferência virtual ou se seria necessário recomeçar todo o processo;

(iv) Alternativamente à assinatura de duas testemunhas, ser reconhecido na presença física ou virtual de tabelião ou outra pessoa autorizada por lei para autenticar documentos.

O *Uniform Eletronic Wills Act* não apresenta uma exposição de propósitos, entretanto, além de contar com uma série de comentários aos dispositivos, fornecendo orientação interpretativa, possui seção denominada *"harmless error"* (erro inofensivo), que estabelece que

---

[566] "The use of a voice activated computer program can create text that can meet the requirements of a will. For example, a testator could dictate the will to a computer using voice recognition *software*. If the computer converts the spoken words to text before the testator executes the will, the will meets that requirement that it be a record readable as text at the time of execution". Tradução livre: "O uso de um programa de computador ativado por voz pode criar texto que pode atender aos requisitos de um testamento. Por exemplo, um testador pode ditar a vontade a um computador usando um *software* de reconhecimento de voz. Se o computador converter as palavras faladas em texto antes o testador execute o testamento, o testamento atende a esse requisito de ser um registro legível como texto no momento da execução" (*idem*).

um documento legível como texto elaborado em desconformidade com as formalidades do testamento eletrônico poderá ser considerado se quem pleiteia seu reconhecimento comprovar a vontade do falecido de que aquele fosse seu testamento.[567]

Além do mais, estabelece o "princípio da equivalência", segundo o qual um testamento eletrônico é considerado um testamento para todos os efeitos da lei, de tal modo que a lei aplicável a um aplica-se ao outro, exceto pelas especificidades tratadas pela norma dos testamentos eletrônicos.[568]

4.4.2.2 Testamentos público e cerrado eletrônicos

Pela literalidade da legislação civil brasileira, o testamento público pode ser escrito manualmente ou mecanicamente, bem como ser feito pela inserção da declaração de vontade em partes impressas de livro de notas, desde que rubricadas todas as páginas pelo testador, se mais de uma. Em seguida, deve ser lido, a um só tempo, pelo notário ao testador e às testemunhas e por todos assinado.

De acordo com Ivanildo de Oliveira Filho, a adaptação do testamento público à dinâmica da "era digital" é realizável por dois caminhos, o testamento público híbrido e o testamento público puramente eletrônico.

---

[567] "SECTION 6. HARMLESS ERROR. Alternative A: A record readable as text not executed in compliance with Section 5(a) is deemed to comply with Section 5(a) if the proponent of the record establishes by clear-and-convincing evidence that the decedent intended the record to be:
(1) the decedent's will;
(2) a partial or complete revocation of the decedent's will;
(3) an addition to or modification of the decedent's will; or
(4) a partial or complete revival of the decedent's formerly revoked will or part of the will".
Tradução livre: "Seção 6. Erro inofensivo. Um registro legível como texto não executado em conformidade com a Seção 5 (a) é considerado em conformidade com a Seção 5 (a) se o proponente do registro estabelecer por evidência clara e convincente que o falecido pretendia que o registro fosse:
(1) o testamento do falecido;
(2) uma revogação parcial ou total do testamento do falecido;
(3) um acréscimo ou modificação do testamento do falecido; ou
(4) uma revivificação parcial ou total do testamento anteriormente revogado do falecido ou parte do testamento" (*ibidem*, p. 10).
[568] UNIFORM LAW COMISSION, *op. cit.*, 2019, section 3.

Em ambas as hipóteses, o procedimento se inicia com a elaboração de minuta pelo tabelião com base em informações trocadas por correspondência eletrônica com o testador:

> O testador envia um *e-mail* ao tabelião, ou acessa o *website* do cartório na *internet*, requerendo a lavratura do testamento, e já adiantando qual o conteúdo da sua declaração de vontade, indicando sua situação familiar e patrimonial, se é casado, o regime de casamento, se tem filhos, quais os seus bens, qual bem pretende constituir como legado, o nome e qualificação do legatário, informações que podem constar de um formulário estruturado. O tabelião, com base nessas informações, elabora a minuta do testamento, e envia ao testador, através de correspondência eletrônica, e ficam eles trocando mensagens eletrônicas até a aprovação da redação final do testamento.[569]

Além disso, durante a troca de mensagens, o testador enviará seus documentos pessoais digitalizados, bem como o das testemunhas e do legatário, que serão recepcionados e ficarão arquivados, eletronicamente, no sistema do cartório.[570]

Concluída essa primeira fase, a lavratura poderá ocorrer ao vivo ou remotamente, ensejando, respectivamente, o testamento público híbrido ou testamento público puramente eletrônico. Cumpre esclarecer, ainda, que, independentemente da forma de testamento eletrônico (híbrido ou puro), poderá o documento final ter formato digital:

> O tabelião vai expedir o traslado, que é a reprodução fiel e integral do testamento, gerado em arquivo eletrônico, assinado pelo tabelião com seu certificado digital, aposto o selo digital de autenticidade, e enviado pela Internet, por correspondência eletrônica, ao testador, que fica de posse do testamento sob a forma eletrônica, podendo, se quiser, solicitar ao tabelião uma via do traslado em papel.[571]

Para o autor, a forma híbrida já era possível no direito positivo brasileiro desde a Medida Provisória nº 2.200/2001, que equipara o documento eletrônico ao documento físico, e da Lei nº 11.419/2006, que admite a utilização de documentos digitais e digitalizados no

---

[569] OLIVEIRA-FILHO, *op. cit.*, 2014, p. 306.
[570] *Idem.*
[571] OLIVEIRA-FILHO, *op. cit.*, 2014, p. 309.

processo judicial, o que em raciocínio análogo pode ser estendido para as serventias extrajudiciais. No entanto, o testamento puramente eletrônico só é possível a depender da forma que se compreende o requisito da "leitura", permitindo ou não que ocorra remotamente.

Na sua opinião, a lavratura pode ser feita por videoconferência, visto que a legislação deve ser interpretada de modo coerente com o atual estado da técnica, não conhecido à época pelo legislador.

Em 2020, o Provimento nº 100 do Conselho Nacional de Justiça regulamentou a prática de atos notariais eletrônicos. Ele não menciona expressamente a lavratura de testamentos, mas estabelece normas gerais sobre a prática de atos notariais eletrônicos,[572] oportunizando sua aplicação ao testamento, como já ocorre, por exemplo, no Rio de Janeiro.[573]

O provimento determina que para a lavratura do ato notarial eletrônico, o notário utilizará a plataforma *e-Notariado*,[574] com a realização da videoconferência notarial para captação da vontade das partes e coleta das assinaturas digitais. Determina serem requisitos para prática do ato notarial eletrônico: (i) videoconferência notarial para captação do consentimento das partes sobre os termos do ato jurídico; (ii) concordância expressada pelas partes com os termos do ato notarial eletrônico; (iii) assinatura digital pelas partes, exclusivamente por meio do *e-Notariado*; (iv) assinatura do Tabelião de Notas com a utilização de certificado

---

[572] "Art. 1º. Este provimento estabelece normas gerais sobre a prática de atos notariais eletrônicos em todos os tabelionatos de notas do país. Corregedoria Nacional de Justiça" (BRASIL. Conselho Nacional de Justiça. *Provimento nº 100, de 26 de maio de 2020*. Dispõe sobre a prática de atos notariais eletrônicos utilizando o sistema e-Notariado, cria a Matrícula Notarial Eletrônica-MNE e dá outras providências. Disponível em: https://atos.cnj.jus.br/atos/detalhar/3334. Acesso em: 6 jun. 2020).

[573] A possibilidade é controversa, o Provimento não faz expressa menção ao testamento, seja para permitir sua feitura pelo *E-notoriado*, seja para vedá-lo. No Rio de Janeiro, o testamento eletrônico já é uma alternativa (8º OFÍCIO DE NOTAS CARTÓRIO DIGITAL. Testamento Eletrônico. Rio de Janeiro. . Disponível em: https://8oficio.com.br/testamentoeletronico.php. Acesso em: 10 mar. 2021). No estado de São Paulo, em contrapartida, o testamento eletrônico foi vedado pelo Provimento CG nº 12/2020 (BRASIL. Tribunal de Justiça de São Paulo. *Provimento CG nº 12/2020*. Dispõe sobre a realização de ato notarial à distância, para enfrentamento do estado de calamidade pública reconhecido pelo Decreto Legislativo Federal nº 6, de 20 de março de 2020, e da emergência de saúde pública de importância internacional decorrente do Coronavírus (Covid-19), e dá outras providências. Disponível em: https://www.tjsp.jus.br/Download/Portal/Coronavirus/Comunicados/ProvimentoCG12-2020.pdf. Acesso em: 5 nov. 2020).

[574] Disponível em: www.e-notariado.org.br. Acesso em: 6 jun. 2020.

digital ICP-Brasil; (v) uso de formatos de documentos de longa duração com assinatura digital.

Quanto à videoconferência notarial, ela deverá conter, no mínimo: (a) a identificação, a demonstração da capacidade e a livre manifestação das partes atestadas pelo tabelião de notas; (b) o consentimento das partes e a concordância com a escritura pública; (c) o objeto e o preço do negócio pactuado; (d) a declaração da data e horário da prática do ato notarial; e (e) a declaração acerca da indicação do livro, da página e do tabelionato onde será lavrado o ato notarial.

Além disso, o provimento define um total de 18 conceitos-chaves, dentre os quais destacam-se:

> I – assinatura eletrônica notarizada: qualquer forma de verificação de autoria, integridade e autenticidade de um documento eletrônico realizada por um notário, atribuindo fé pública;
>
> II – certificado digital notarizado: identidade digital de uma pessoa física ou jurídica, identificada presencialmente por um notário a quem se atribui fé pública;
>
> III – assinatura digital: resumo matemático computacionalmente calculado a partir do uso de chave privada e que pode ser verificado com o uso de chave pública, cujo certificado seja conforme a Medida Provisória n. 2.200-2/2001 ou qualquer outra tecnologia autorizada pela lei;
>
> IV – biometria: dado ou conjunto de informações biológicas de uma pessoa, que possibilita ao tabelião confirmar a identidade e a sua presença, em ato notarial ou autenticação em ato particular.
>
> V – videoconferência notarial: ato realizado pelo notário para verificação da livre manifestação da vontade das partes em relação ao ato notarial lavrado eletronicamente;
>
> VI – ato notarial eletrônico: conjunto de metadados, gravações de declarações de anuência das partes por videoconferência notarial e documento eletrônico, correspondentes a um ato notarial;
>
> VII – documento físico: qualquer peça escrita ou impressa em qualquer suporte que ofereça prova ou informação sobre um ato, fato ou negócio, assinada ou não, e emitida na forma que lhe for própria.
>
> VIII – digitalização ou desmaterialização: processo de reprodução ou conversão de fato, ato, documento, negócio ou coisa, produzidos ou representados originalmente em meio não digital, para o formato digital;
>
> IX – papelização ou materialização: processo de reprodução ou conversão de fato, ato, documento, negócio ou coisa, produzidos ou representados originalmente em meio digital, para o formato em papel;

X – documento eletrônico: qualquer arquivo em formato digital que ofereça prova ou informação sobre um ato, fato ou negócio, emitido na forma que lhe for própria, inclusive aquele cuja autoria seja verificável pela internet.

XI – documento digitalizado: reprodução digital de documento originalmente em papel ou outro meio físico;

XII – documento digital: documento originalmente produzido em meio digital;

XIII – meio eletrônico: ambiente de armazenamento ou tráfego de informações digitais;

XIV – transmissão eletrônica: toda forma de comunicação a distância com a utilização de redes de comunicação, tal como os serviços de internet.

Considerando o detalhamento com que o ato notarial é hoje regulamentado no Brasil, não há mais motivo para dúvidas quanto à possibilidade de um testamento público eletrônico puro. Pelas palavras de Mário Delgado:

> Em conclusão, a recente regulamentação, via ato administrativo do CNJ, do uso das novas tecnologias para a prática de atos notariais públicos, com o cumprimento das formalidades e solenidades a eles inerentes, mas sem contornar a imposição do isolamento físico e as restrições de contato social, nos trouxe a consciência de que as plataformas digitais constituem realidades inafastáveis e de que inexiste proibição no ordenamento jurídico vigente à sua utilização para a prática de qualquer ato ou negócio jurídico.

Entretanto, a peculiaridade do testamento cerrado, que deve ser cerrado e cosido, faz com que o mesmo não possa ser afirmado em relação a ele. Na opinião de Ivanildo de Oliveira Filho, a única espécie de testamento que não pode adotar a forma digital é o testamento cerrado, isso porque, segundo ele, a sua existência está vinculada à forma física obrigatória em papel.[575]

Discordamos do posicionamento do autor. Considerando ser hoje concebível a proteção de documentos com senhas e, também, com mecanismos que impedem a sua alteração, vislumbra-se a possibilidade futura de utilização pelos cartórios de *software* que operacionalize o

---

[575] OLIVEIRA-FILHO, *op. cit.*, 2014, p. 313.

testamento cerrado eletrônico. Entretanto, talvez a implementação imediata do testamento eletrônico cerrado seja inviável.

4.4.2.3 Testamento particular eletrônico

Dispõe o Art. 1.876 do Código Civil que "o testamento particular pode ser escrito de próprio punho ou mediante processo mecânico". Segundo Mário Delgado, na mesma linha do discutido no âmbito do testamento público,

> (...) todas as referências a "escrito particular", concebidas à época para uma sociedade não tecnológica, devem ser interpretadas na contemporaneidade como compreensivas das novas plataformas ou suportes digitais por meio dos quais a vontade pode ser manifestada.[576]

Esse também é o posicionamento de Ivanildo de Oliveira Filho,[577] Raphael Ribeiro[578] e Ana Lúcia Feliciani.[579]

Ocorre que o debate sobre testamento eletrônico particular apresenta nuances diferentes das do testamento eletrônico público. Com a experiência americana aprendemos que o testamento eletrônico particular revela-se em três formatos distintos.[580] Desse modo, seria necessário indagar as vantagens e desvantagens de cada um e quais deles merece assimilação por parte do direito brasileiro.

---

[576] DELGADO, op. cit., 2020.
[577] Cf. OLIVEIRA-FILHO, op. cit., 2014, p. 306.
[578] RIBEIRO, op. cit., 2020, p. 219.
[579] FELICIANI, op. cit., 2012, p. 40.
[580] "Offline, online, and qualified custodian electronic wills are all subject to the general electronic wills issues of fraud and obsolescence, but each category also has unique considerations for courts and legislatures to keep in mind. Ultimately, courts and legislatures will need to determine how best to enable testators' freedom of disposition through their wills – no matter the format in which they choose to create them". Tradução livre: "Testamentos eletrônicos offline, online e de custódia qualificada estão todos sujeitos às questões gerais de testamentos eletrônicos de fraude e obsolescência, mas cada categoria também tem considerações exclusivas para os tribunais e legislaturas manterem em mente. Em última análise, os tribunais e legislaturas precisarão determinar a melhor forma de permitir a liberdade de disposição dos testadores por meio de seus testamentos – não importa o formato em que eles escolham criá-los" (CHAPTER four: What Is an "Electronic Will"? Developments in the Law. *Havard Law Review*, p. 1811, 10 ab. 2018. Disponível em: https://harvardlawreview.org/2018/04/what-is-an-electronic-will/. Acesso em: 5 ago. 2020).

A primeira forma de testamento particular eletrônico trata-se do testamento offline, feito em arquivo digital e salvo em algum substrato físico (computador, CD, celular etc.). Para encontrá-lo, é imprescindível ter acesso à máquina ou ao aparelho em que se acha. Nesse ponto, três casos australianos são bem ilustrativos.

No primeiro, *Mahlo v. Hehir*,[581] apreciado em 2011, Karen Mahlo assinou um testamento ortodoxo e testemunhado por meio do qual deixava sua casa para seu então namorado, John Hehir. Cerca de um mês depois, Karen e John se separaram. Logo depois, Karen salvou um arquivo intitulado "Este é o último testamento de Karen Lee Mahlo.docx" no *Microsoft Word* de seu computador doméstico. Esse documento nomeava seu irmão, Brett, como testamenteiro, e distribuía suas propriedades para pessoas que não John, seu ex. O arquivo terminava com três blocos de assinatura em branco. Por volta dessa época, Karen disse ao pai que estava trabalhando em um novo testamento. Além disso, ela entregou-lhe um rascunho impresso e assinado. Karen cometeu suicídio cerca de duas semanas depois. Nenhuma cópia em papel de seu testamento foi encontrada.

Após um julgamento prolongado, a Suprema Corte de Queensland considerou que as provas não estabeleceram que Karen pretendia que o documento do *Word* fosse seu testamento. O tribunal citou o fato de que Karen havia feito um testamento formal, testemunhado, apenas alguns meses antes, para apoiar sua conclusão de que "ela sabia que, ao fazer um novo testamento, teria de fazer mais do que digitar ou modificar um documento em seu computador".

No mesmo ano, 2011, no entanto, no caso *Yazbek v. Yazbek*,[582] a Suprema Corte de *New South Wales* chegou ao resultado oposto em circunstâncias semelhantes. Em meados de julho de 2009, Daniel Yazbek planejava férias no exterior. Por precaução, Daniel disse a Michael Girgis, um parceiro de negócios, ter deixado um testamento em seu computador e também um na gaveta de sua casa. Daniel voltou ileso da viagem, mas se suicidou cerca de um ano depois. Embora o *laptop* de Daniel estivesse bloqueado, sua família

---

[581] HORTON, *op. cit.*, 2017, p. 566.
[582] *Ibidem*, p. 567-568.

conseguiu adivinhar a senha. No disco rígido, eles encontraram um documento do *Microsoft Word* chamado *"Will.doc"*, que tinha sido criado, editado e salvo várias vezes em julho de 2009. O arquivo era parte nota de suicídio e parte disposição testamentária. Concluiu com as palavras "amor e luz", seguidas do nome completo de Daniel no lugar onde uma assinatura apareceria. No julgamento, um perito testemunhou que não acreditava que o documento tivesse sido impresso, embora Daniel o tivesse aberto em setembro de 2010, cerca de duas semanas antes de sua morte.

Em uma opinião exaustiva de 30 páginas, o tribunal admitiu *"Will.doc"*, argumentando que a escolha de Daniel em chamar o arquivo de "testamento" e sua declaração a Michael, em 2009, sobre tê-lo feito demonstravam que ele pretendia que o instrumento fosse eficaz. Além disso, o tribunal baseou-se na afirmação da perícia de que Daniel acessou o documento pouco antes de morrer e não o excluiu nem o alterou.

Por fim, em *Nichol v Nichol*,[583] a Suprema Corte em Brisbane, em 2017, declarou que uma mensagem de texto não enviada contida nas pastas de rascunho do celular do falecido era um testamento válido. O testador redigiu a mensagem, mas cometeu suicídio antes de enviá-la ao destinatário pretendido. Seu celular foi encontrado perto de seu corpo e seu amigo encontrou a mensagem na pasta de rascunho. A mensagem afirmava que o irmão e o sobrinho do falecido deveriam ficar com todos os seus pertences. A mensagem também orientava como acessar sua conta bancária e continha instruções sobre o que deveria ser feito com suas cinzas. A mensagem não enviada foi assinada com suas iniciais e data de nascimento "MRN190162Q".

O grande desafio do testamento offline é saber se o testador realmente queria que aquele documento valesse como sua última vontade, ou se o fato de deixá-lo em arquivo editável demonstra indecisão. Além disso, é bastante suscetível a fraudes, de difícil

---

[583] CROUS, N. A. A comparative study of the legal status of electronic wills. LLM (*Estate Law*), 2019. 87 fls. North-West University, Potchefstroom Campus, 2019. p. 49. Disponível em: https://repository.nwu.ac.za/bitstream/handle/10394/33493/28376404%20NA%20Crous.pdf?sequence=1&isAllowed=y; https://lawdigitalcommons.bc.edu/bclr/vol58/iss2/4. Acesso em: 11 nov. 2020.

descoberta e a obsolescência da máquina em que está salvo desencadeia sua perda.[584]

---

[584] "An additional wrinkle related to the storage of wills in an electronic format is obsolescence. Wills are typically intended to be used years or decades after they are created, so it is imperative that the physical embodiment of the testator's wishes is preserved through time. In fact, one reason for the writing requirement in the first place is that it ensures that the testator's estate plan is preserved. Although paper documents are subject to degradation over time, electronic files are especially vulnerable: "accessing a digital document not only requires an intact copy, but also requires hardware and *software* capable of reading the data and translating it into a readable format." Offline electronic wills are even more susceptible to this issue than online files, since the only copy of the testator's will, by definition, resides on a local hard drive of an electronic device. Over time, the testator may unwittingly get rid of the device without backing up the files that existed on it, or the device may be damaged and the files lost". Tradução livre: "Um aspecto adicional relacionado ao armazenamento de testamentos em formato eletrônico é a obsolescência. Os testamentos costumam ser usados anos ou décadas depois de serem criados, por isso é imperativo que a personificação física dos desejos do testador seja preservada ao longo do tempo. Na verdade, uma razão para a exigência de redação em primeiro lugar é que isso garante que o plano de herança do testador seja preservado. Embora os documentos em papel estejam sujeitos à degradação ao longo do tempo, os arquivos eletrônicos são especialmente vulneráveis: "acessar um documento digital não requer apenas uma cópia intacta, mas também requer hardware e *software* capaz de ler os dados e traduzi-los em um formato legível." Testamentos eletrônicos offline são ainda mais suscetíveis a esse problema do que arquivos online, uma vez que a única cópia do testador, por definição, reside em um disco rígido local de um dispositivo eletrônico. Com o tempo, o testador pode inadvertidamente se livrar do dispositivo sem fazer backup dos arquivos que existiam nele, ou o dispositivo pode ser danificado e os arquivos perdidos". (CHAPTER four: What Is an "Electronic Will"? Developments in the Law. *Havard Law Review*, p. 1798, 10 abr. 2018. Disponível em: https://harvardlawreview.org/2018/04/what-is-an-electronic-will/. Acesso em: 5 ago. 2020).

"Offline wills are not without their disadvantages. Offline wills are difficult to authenticate. Metadata can provide information such as the date of creation of the offline will, the date(s) of modification of the offline will, the date(s) of access of the offline will, or the identities of the users who accessed the offline will. However, this metadata alone cannot prove the identity of the individual utilizing the user's profile in creating or modifying the offline will. The potential for fraud is also great in the case of offline wills because there is currently no way of knowing whether the testator created the offline will or if someone logged in as the testator to create the offline will. There is also the issue of whether the offline will was simply a draft or if the version found is in its final form. For example, if a testator types up his or her will in a Word document, is the version on the device the 'final' version or is it a working draft of the will? Electronic devices are subject to hardware problems. Documents stored on a computer, tablet or smartphone are only as good as the hardware on the devices. If the device is discarded, crashes, lost or hacked, a testator's will could be lost or corrupted forever. In order for the offline will to be found, the testator must tell someone how to access the documents, or the will may never be located". Tradução livre: "Os testamentos offline têm suas desvantagens. Testamentos offline são difíceis de autenticar. Os metadados podem fornecer informações como a data de criação do testamento offline, a(s) data(s) de modificação do testamento offline, a(s) data(s) de acesso do testamento offline ou as identidades dos usuários que acessaram o testamento offline. No entanto, esses metadados por si só não podem provar a identidade do indivíduo utilizando o perfil do usuário para criar ou modificar a vontade offline. O potencial de fraude também é grande no caso de testamentos

Por sua vez, o testamento online se diferencia do offline por ficar salvo em uma rede acessível pela *internet*, como um sistema "em nuvem" (*Icloud, Google Drive, Dropbox* etc.). Essa forma não tem a desvantagem de o documento ser facilmente perdido em caso de danificação do substrato físico que o guarda. Ademais, é acessível de qualquer lugar, contanto que se tenha *internet*. Entretanto, suscita questões outras, como as objeções ao acesso de terceiros presentes nos termos de uso das plataformas em que são salvos.

Quanto ao testamento eletrônico sob custódia qualificada, ao contrário de um testamento offline ou online, é geralmente elaborado com a assistência de uma entidade terceirizada (normalmente uma empresa com fins lucrativos) que também armazenará o documento em sua plataforma online.[585] As preocupações envolvendo o

---

offline porque atualmente não há como saber se o testador criou o testamento offline ou se alguém fez login como testador para criar o testamento offline. Há também a questão de saber se o testamento offline foi simplesmente um rascunho ou se a versão encontrada está em sua forma final. Por exemplo, se um testador digita seu testamento em um documento do Word, a versão no dispositivo é a versão 'final' ou é um rascunho do testamento? Dispositivos eletrônicos estão sujeitos a problemas de hardware. Os documentos armazenados em um computador, tablet ou smartphone são tão bons quanto o hardware dos dispositivos. Se o dispositivo for descartado, travar, for perdido ou hackeado, a vontade de um testador pode ser perdida ou corrompida para sempre. Para que o testamento offline seja encontrado, o testador deve informar a alguém como acessar os documentos, ou o testamento nunca será localizado" (BROWN, Justin H.; BRUCH, Ross. *The Real Property, Probate and Trust Law Section Newsletter*, n. 86, p. 8, winter/spring 2020. Disponível em: https://www.troutman.com/images/content/2/2/v2/223567/ABA-Property-Property-Winter-Spring-2020-BrownJ-01-03-2020.pdf. Acesso em: 10 nov. 2020).

[585] "Qualified custodian electronic wills are created where a for-profit entity undertakes to become a "qualified custodian" that would create, execute, and store the testator's will, subject to rules and regulations put forth by a state. Typically, the company would streamline will creation and execution – by providing witnesses or notary services via webcam, for example – and would promise to store the testator's will in an accessible format for a guaranteed number of years into the future. Such wills can be distinguished from online electronic wills in that the service being used by the testator has been set up for the specific purpose of enabling the creation and execution of electronic wills". Tradução livre: "Testamentos eletrônicos de custodiante qualificado são criados quando uma entidade com fins lucrativos se compromete a se tornar um "custodiante qualificado" que criaria, executaria e armazenaria o testamento do testador, sujeito às regras e regulamentos estabelecidos por um estado. Normalmente, a empresa agilizaria a criação e execução do testamento – fornecendo testemunhas ou serviços notariais via webcam, por exemplo – e prometeria armazenar o testamento do testador em um formato acessível por um número garantido de anos no futuro. Distingue-se dos testamentos eletrônicos online pelo fato de o serviço a ser utilizado pelo testador ter sido criado com o propósito específico de permitir a criação e execução de testamentos eletrônicos" (CHAPTER four: What Is an "Electronic Will"? Developments in the Law. *Havard Law Review*, p. 1806, 10 abr. 2018. Disponível em: https://harvardlawreview.org/2018/04/what-is-an-electronic-will/. Acesso em: 5 ago. 2020).

testamento online e offline têm bem menos relevância na ambiência do testamento sob custódia qualificada, conforme demonstrado por estudo publicado na *Havard Law Review*.[586]

Segundo o estudo, enquanto os testamentos eletrônicos online e offline provavelmente produzirão uma série de demandas judiciais questionando a capacidade do testador e a garantia de que o testamento foi preservado com segurança, inalterado, em um formato online; os custodiantes qualificados podem facilmente superar esses problemas. Ao gravar uma cerimônia de execução online, por exemplo, um custodiante qualificado garante que as melhores evidências do cumprimento das formalidades sejam coletadas e salvas. E, ao assegurar que o testamento permaneça acessível por anos ou décadas, elimina as preocupações típicas relacionadas à obsolescência. De mais a mais, embora uma complicação significativa no contexto de testamentos eletrônicos online seja a sujeição do documento aos termos de uso das plataformas de armazenamento, de modo que os dados probatórios podem ser difíceis de obter, o papel principal do custodiante qualificado seria coletar e compartilhar evidências em processos de inventário, e eles teriam (espera-se) a confiança dos tribunais.[587]

Ao contrário dos testamentos eletrônicos online e offline, os testamentos eletrônicos sob custódia qualificada também cumprem as funções de advertência e proteção das formalidades. Explica-se: a opção pelo custodiante qualificado (e o custo envolvido) contribui para que o testador pense cuidadosamente sobre a importância do ato. E a preservação de um registro detalhado (incluindo, por exemplo, evidência de vídeo do testador no momento da assinatura eletrônica de seu testamento) significa que os tribunais estarão em uma posição muito melhor para determinar se as formalidades do testamento foram efetivamente cumpridas. Além de tudo isso, considerando que o custodiante qualificado administra os testamentos de todos os clientes, é provável que possa padronizar a linguagem facilitando sua interpretação pelos tribunais. Assim, os testamentos eletrônicos

---

[586] *Ibidem*, p. 1807.
[587] *Idem*.

de custodiantes qualificados têm muito mais probabilidade de serem padronizados de maneira semelhante aos testamentos testemunhados e executados "tradicionalmente".[588]

Em síntese, independentemente do tipo de testamento eletrônico particular, é desejável que ele seja de fácil descoberta e de difícil deterioração; apresente evidências sólidas de autoria; deixe clara a intenção do testador de que o documento valha como sua última vontade e forneça a segurança de que o conteúdo foi inalterado. Além disso, a taxatividade das formas testamentárias impõe pensarmos o testamento eletrônico particular fitando as formalidades da lei, sendo assim, o testamento eletrônico particular deve ser lido perante três testemunhas e por todos assinado.

O cumprimento da solenidade da leitura já contribui para confirmar a vontade do testador de que o documento valha como testamento e também protege o texto de fraudes, já que as disposições serão conhecidas e, caso alteradas, as testemunhas poderão isso atestar. Mesmo assim, é recomendável que o testamento seja salvo em PDF com proibição e rastreamento de edição. As assinaturas deverão ser feitas com suporte de tecnologia segura, na linha do discutido no item 4.4.1.

No fim, o maior desafio acaba sendo a forma de armazenamento. O testamento offline exige que terceiro tenha acesso ao aparelho (computador, celular, *tablet* etc.) do testador, ao menos que ele seja salvo em um CD, *pendrive* ou tecnologia do gênero identificada como tal. De qualquer forma, a obsolescência do suporte desencadeia sua destruição. O papel também não está imune a danos. Mas deve-se questionar, tendo em vista os riscos que envolvem um testamento offline, se ele apresenta real vantagem. O testamento online evita a deterioração do documento e permite que seja acessado de qualquer lugar, todavia a política das plataformas de armazenamento é obstáculo que torna o testamento em papel mais atrativo. Por fim, o testamento sob custódia parece a melhor alternativa sob a perspectiva do potencial de deterioração e da descoberta, contudo, a depender do custo da terceirização do armazenamento, pode ser mais vantajoso fazer um testamento público eletrônico do que um particular sob custódia.

---

[588] *Idem.*

4.4.3 Testamento por gravação audiovisual

O impacto das gravações para o direito testamentário é discussão antiga. Na década de 80, nos Estados Unidos, a gravação do testamento já era sugerida para resguardá-lo: (i) facilitando a compreensão da vontade do testador, (ii) demonstrando a voluntariedade do ato e a capacidade do testador e (ii) comprovando o atendimento das formalidades.[589] E, logo no começo da década de 90, inicia-se o debate sobre a possibilidade de o vídeo ser um substituto do testamento escrito.[590]

A linguagem escrita combina elementos gráficos dotados de sentido, esses elementos gráficos possuem equivalentes fonéticos, permitindo que a mensagem seja transmitida sonoramente, de modo que a mesma linguagem pode ser expressa tanto pela escrita quanto pela fala. Se escrita e fala são formas igualmente compreensíveis de manifestação de uma língua, por que reconhecer apenas uma delas para fins de elaboração de testamento? Antigamente, a escrita era o único meio de registro amplamente acessível, hoje, quando basicamente todo celular tem câmera e gravador, a escrita perdeu a hegemonia de outrora.

Nesse contexto, a defesa do testamento por vídeo ou gravação audiovisual começa a se despontar na doutrina brasileira.

Gustavo Neves entende que o testamento por vídeo é possível como forma de testamento particular, em que se amplie o sentido de "processo mecânico" para englobar a gravação audiovisual.[591] Ele também propõe a notarização do testamento

---

[589] Cf. BEYER, Gerry W. Video Requiem: Thy Will Be Done. *TR. & EST.*, jul. 1985. Disponível em: file:///C:/Users/Isabella%20Castro/Downloads/SSRN-id1372288.pdf. Acesso em: 20 maio 2020; BEYER, Gerry W. The Will Execution Ceremony-History, Significance, and Strategies. *S. Tex. L. Rev.*, v. 29, p. 443, 1987. Disponível em: https://ttu-ir.tdl.org/bitstream/handle/10601/2162/The%20Will%20Execution%20Ceremony.pdf?sequence=1. Acesso em: 20 maio 2020.

[590] MCGARRY, Lisa L. Videotaped Wills: An Evidentiary Tool or a Written Will Substitute. *Iowa L. Rev.*, v. 77, p. 1187, 1991. Disponível em: https://heinonline.org/HOL/LandingPage?handle=hein.journals/uflr43&div=17&page=. Acesso em: 3 jun. 2020.

[591] "O testamento em vídeo, com certeza, não é um testamento hológrafo, escrito à mão. Logo, seria ele um testamento efetuado mediante 'um processo mecânico' e, portanto, particular, nos ditames do Art. 1.876 do Código Civil? Além da ampliação da leitura do termo 'processo mecânico', deve ser repensada a compreensão do termo 'assinatura' contido no

em vídeo, atentando ao fato de que, "para tanto, pode colaborar a diferenciação entre o tradicional instituto da ata notarial e a materialização de documentos eletrônicos, cujo valor probante é intrínseco".

Deveras, no processo de materialização de documento, o tabelião analisa a assinatura digital ou o código de autenticidade do documento eletrônico e o converte em documento impresso (materialização). Após materializado, o documento é então autenticado e vale como se original fosse.

Outro argumento preciso levantado por Gustavo Neves como meio de superação do descumprimento do requisito da forma escrita é a descorporificação da própria ata notarial, pois "ela mesma será cada vez mais descorporificada e eletrônica".[592] Vale mencionar, em reforço ao suscitado pelo autor, que o Provimento nº 100 do CNJ introduz o conceito de "desmaterialização", isto é, de transformação do documento físico em eletrônico, comprovando referida tendência. Esclarece ele que, não obstante seja o testamento ato personalíssimo, "a ata notarial jamais o substituiria, o vídeo existe, e ata somente, nos dizeres do Art. 384 do Código de Processo Civil, 'documenta seu modo de existir'".[593] E complementa que tanto no caso de materialização do vídeo ou utilização da ata notarial para atestá-lo, "o testamento em vídeo seria validado como testamento particular, visto que não é de autoria notarial".[594]

---

mesmo capítulo do Código Civil, que poderia contemplar também assinatura eletrônica, mediante variados processos de certificação.
Desse modo, assinado eletronicamente o vídeo, com um meio de criptografia que contemple quatro validadores (testador e três testemunhas, ou até só o testador, se entendermos aplicável o Art. 1.879 do Código Civil), o testamento em vídeo seria válido como testamento particular. Quais seriam as dificuldades? Aceitar que o termo 'escrito' contido no Código Civil pode ter uma interpretação mais ampliativa do que a tradicionalmente aceita, sem opô-lo necessariamente ao testamento elaborado de modo holográfico. Se, dentro da perspectiva de aproveitamento do ato que foi aventada, sob os augúrios da boa-fé objetiva, o termo 'escrito' puder ser interpretado como 'gravado', será possível construir, sem alteração de lege ferenda, um espaço para que o testamento em vídeo venha a germinar no Direito brasileiro" (NEVES, *op. cit.*, 2020, p. 56).
[592] *Ibidem*, p. 58.
[593] *Idem*.
[594] *Idem*.

Por fim, Gustavo Neves traz reflexão importante, a diferenciação do testemunho das pessoas que ouviram, presenciaram e atestaram em vídeo o ato do testemunho perante o notário de que aquela gravação é o testamento consubstanciado. Na sua opinião, é necessário que as pessoas que presenciaram a gravação retornem e reafirmem o que disseram no vídeo.[595] O problema desse entendimento é acabar dificultando demasiadamente o ato de testar quando o objetivo de se permitir a forma gravada é justamente o de facilitar e democratizar o processo testamentário.

À vista disso, Gustavo Neves aborda o testamento por vídeo somente na esfera do testamento particular. Ora, por que a mesma interpretação ampliativa de "processo mecânico" não pode ser atribuída no âmbito das demais formas testamentárias?

Mário Delgado observa desafio bastante pertinente na atualidade, as ditas *deepfakes*, vídeos falsos que simulam com precisão a imagem e a voz de pessoas reais, por isso enfatiza a importância de que a gravação se faça na presença das testemunhas, que também deverão declarar em áudio e vídeo que a tudo presenciaram e assistiram.[596] Ainda que reconheça os desafios que permeiam o testamento em vídeo, o jurista é um entusiasta da modalidade, opinando para sua incorporação ao ordenamento de *lege lata*, da mesma forma que defende Gustavo Neves.

O testamento por vídeo, todavia, merece ser avaliado com maior cautela. Karen Sneddon aponta como desvantagem que a oralidade pode levar a divagações do testador, tornando confusas as disposições. Por outro lado, uma fala excessivamente "roteirizada", sem entonação adequada, também. Segundo ela, o testamento em vídeo é uma comunicação informal, desprovida das convenções do discurso, enquanto em um texto escrito a precisão substantiva da comunicação é mais garantida.[597]

---

[595] *Idem.*
[596] DELGADO, *op. cit.*, 2020.
[597] SNEDDON, Karen. Speaking for the dead: voice in last wills and testaments. *Saint John's Law Review*, v. 85, p. 735, 2011. Disponível em: https://www.lwionline.org/sites/default/files/2016-09/v5%20Sneddon%20Speaking%20for%20the%20Dead%20Voice%20in%20LWT.pdf. Acesso em: 20 nov. 2020.

A crítica da autora é relevante. Contudo, o testamento escrito é igualmente suscetível de ser mal redigido e suscitar dúvidas. Enquanto a autora aponta como desvantagem dos vídeos eventual dificuldade interpretativa, há quem sustente exatamente o contrário, acreditando que gravação permite melhor compreensão da vontade do testador.[598]

Fato pouco explorado é a (im)possibilidade de que o testamento seja apenas com imagens, contemplando a hipótese de quem se comunica por libras, ou apenas com som, sem o registro das imagens. O principal obstáculo dessas hipóteses é a comprovação da ausência de coação. A problemática merece ser abordada em comparação com a forma escrita, hoje autorizada.

No testamento escrito, não há imagens que comprovem a ausência de coação, essa função fica a cargo das testemunhas. Sendo assim, se as testemunhas estiverem fisicamente presentes, por que exigir garantia a mais do que a exigida ao testamento escrito? Seria uma incoerência do sistema. Em contrapartida, quando pensamos em um testamento testemunhado virtualmente, o cenário muda. Isso porque, se o testamento é apenas com áudio gravado ou apenas com a imagem gravada, as testemunhas não tomarão ciência das circunstâncias por inteiro, como se estivessem fisicamente presentes, por isso que, nesses casos, é imprescindível a presença real das testemunhas. Se, diversamente, tanto o áudio quanto o vídeo estão ligados, as testemunhas conseguem mais facilmente, ainda que virtualmente, identificar tentativa de coação. Em síntese, a proposta aqui exposta é de que o testamento com gravação audiovisual seja possível com testemunho presencial ou virtual, enquanto o testamento com gravação exclusiva da imagem ou da voz seja permitido, contanto que o testemunho se dê na presença física do testador.

Um último aspecto a ser abordado é a (in)viabilidade de testamento por vídeo gravado por outrem a rogo do testador, como na hipótese de pessoa com deficiência da fala ou surdo não oralizado ditarem as disposições se valendo de libras a tradutor que as falará

---

[598] BEYER, op. cit., 1987, p. 443.

no vídeo. Se a escrita a rogo é autorizada, impedir a gravação a rogo seria incoerente e discriminatório.

No Projeto de Lei nº 3.799/2019 consta que "os testamentos ordinários podem ser escritos ou realizados por sistema digital de som e imagem, desde que gravadas imagens e voz do testador e das testemunhas".[599] Portanto, a intenção é permitir apenas o testamento que contenha imagem e vídeo concomitantemente. Todavia, o texto gera ambiguidade sobre a necessidade de as testemunhas estarem fisicamente presentes com o testador, visto que é possível que a imagem e o som de todos fiquem registrados em vídeo, como solicitado, mesmo que a presença de alguns seja virtual; bastaria, para tanto, a gravação da tela da conferência eletrônica.

No concernente ao testamento público por vídeo, o projeto estabelece que a gravação deverá ser exibida ao testador e às testemunhas a um só tempo, as quais confirmarão, por escrito, o teor das declarações. A exigência de confirmação por escrito nos parece anacrônica. Quanto ao testamento cerrado por vídeo, o projeto o prevê e determina que o testador verbalize, com a própria voz, antes de encerrar a gravação, ser aquele o seu testamento. Ao final, o arquivo digital precisa ser entregue ao tabelião na presença de duas testemunhas. Por fim, sobre o testamento particular, determina que haja nitidez e clareza na transmissão de imagens e sons, além da presença de duas testemunhas identificadas nas imagens. Novamente não esclarece se as testemunhas necessitam estar fisicamente presentes.

4.4.4 Testamentos automáticos e *"smart wills"*

A eficácia de um testamento não se subordina exclusivamente à validade do negócio: há fatores outros e posteriores à sua

---

[599] Anexo I. (BRASIL. Senado Federal. *Projeto de Lei nº 3799, de 2019*. Altera o Livro V da Parte Especial da Lei nº 10.406, de 10 de janeiro de 2002, e o Título III do Livro I da Parte Especial da Lei nº 13.105, de 16 de março de 2015, para dispor sobre a sucessão em geral, a sucessão legítima, a sucessão testamentária, o inventário e a partilha. 02.02.2022. Aguardando Designação do Relator. Disponível em: https://www25.senado.leg.br/web/atividade/materias/-/materia/137498. Acesso em: 20 jan. 2020).

elaboração que podem implicar ineficácia total ou parcial das disposições testamentárias. Isso porque o testador, ao manifestar sua última vontade, o faz baseado em um estado de coisas suscetível de transformação: um ato de disposição que hoje respeita a legítima, amanhã é capaz de comprometê-la; a previdência privada tem potencial de expandir e ser considerada investimento partilhável a depender da espécie adotada e da proporção representativa no patrimônio do *de cujus*;[600] uma proposta de distribuição patrimonial igualitária entre os herdeiros necessários feita em testamento é passível de desequilíbrio posterior, e por aí vai... Nesse cenário, imaginemos testamentos eletrônicos que atualizem essas informações e cálculos avisando o testador do comprometimento da eficácia de suas disposições. Ou que altere as disposições e a distribuição patrimonial automaticamente segundo manifestação de vontade prévia do testador para a hipótese de desequilíbrio.

Indo além, a ideia dos *smart contracts* comporta transposição ao direito testamentário? É excessivamente utópica a imagem futurista de testamentos autoexecutáveis que creditassem automaticamente valores nas contas dos herdeiros, efetivando em nível máximo o princípio da *saisine*?[601]

---

[600] A este respeito indica-se: NEVARES, Ana Luiza Maia. Os planos de previdência privada (VGBL E PGBL) na perspectiva familiar e sucessória: critérios para sua compatibilização com a herança e a meação. *Revista Brasileira de Direito Civil – RBDCivil*, Belo Horizonte, v. 28, p. 257-274, abr./jun. 2021. Disponível em: <https://rbdcivil.emnuvens.com.br/rbdc/article/view/749>. Acesso em 22 mar. 2022.

[601] A adesão ao modelo da *saisine* pelo Brasil é questionada por Daniel Bucar e Caio Pires. A esse respeito, vale a reflexão: "Uninimidade na doutrina do Direito das Sucessões é a afirmação de que, em razão do Art. 1.784, Código Civil, o Brasil haveria adotado o modelo de *saisine*, onde a partir da morte (abertura da sucessão) os bens são transmitidos automaticamente aos herdeiros. O princípio da *saisine* remonta a tempos medievais, em que foi consagrado o acesso à terra pelos herdeiros, sem o pagamento de qualquer valor ao soberano.
Contudo, em que pese não ser possível haver a propriedade do monte sem pagamento de tributo ao Estado, ainda assim, em razão do Art. 1.784 abrir o Livro V do Código Civil (referente ao Direito das Sucessões), argumenta-se ser o dispositivo uma espécie de 'peça fundamental' do 'quebra-cabeça' sucessório.
O pressuposto não sobrevive a uma análise madura frente à unidade sistemática do ordenamento jurídico; a necessidade de reafirmação da *saisine* encontra obstáculos, sobretudo, na obrigatoriedade de chancela estatal, por meio da obrigatória submissão dos herdeiros ao procedimeto do inventário (judicial ou cartório). (...)" (BUCAR, Daniel; PIRES, Caio Ribeiro. Sucessão e Tributação: perplexidades e proposições equitativas. *In*: TEIXEIRA, Daniele Chaves (coord.). *Arquitetura do planejamento sucessório*. Belo Horizonte: Fórum, 2019. p. 85).

Na Inglaterra e nos Estados Unidos, existem aplicativos de celular e *sites* que geram testamentos a partir do preenchimento de formulários que contemplam desde questões patrimoniais até existenciais, como as orientações para o funeral. Após o preenchimento do formulário o documento é gerado, o testador o lê, o confirma e ele é redirecionado a consultores legais que revisarão o texto, evitando ambiguidades e erros de grafia. Em função da exigência de testemunhas e, por vezes, imposição do testamento impresso, o documento final é enviado para que o testador assine e complete as solenidades na presença das testemunhas. Com a gradativa admissão de testamentos eletrônicos espera-se que em um futuro próximo todo o processo seja finalizado nessas plataformas que fornecerão sistemas de assinatura eletrônica e salas virtuais para leitura do testamento na presença de testemunhas.

Karen Sneddon é reticente quanto aos testamentos produzidos por formulários, seja o formulário escrito em manuais que fornecem cláusulas pré-prontas com lacunas a serem preenchidas, seja o gerado por *softwares* mais modernos. Segundo a professora da *Louisiana State University*, embora os formulários comerciais de preenchimento de lacunas e os programas de computador permitam que um indivíduo prepare seu próprio testamento, esses formulários e programas não facilitam a incorporação da "voz" do indivíduo; as formas rigidamente estruturadas, por sua natureza, proporcionam pouca personalização. Ela adverte que as famílias são únicas e têm questões próprias, que não podem ser tratadas por meio de um formulário genérico.[602]

Por outro lado, é inquestionável que a simplificação do procedimento propiciada pelos formulários comerciais promove a popularização do planejamento sucessório. Prova disso são as avaliações[603] conferidas pelos usuários do *site* britânico *Smart-Will*,[604] disponível também no *Google Play* e *App Store*. Uma cliente

---

[602] SNEDDON, *op. cit.*, 2011, p. 734.
[603] TRUSTPILOT. Smart Will. Disponível em: https://uk.trustpilot.com/review/smartwill.app. Acesso em: 20 nov. 2020.
[604] SMART-WILL. By Sanders Fisher Ltd. Disponível em: https://www.smartwill.app/about-us/. Acesso em: 20 nov. 2020.

comentou: "Este aplicativo torna muito fácil criar um testamento, incluindo opções de funeral. Fiquei apreensivo no início, mas demorou cerca de 10 minutos. Também tem um preço bastante competitivo":

Imagem 1 – Comentário 1

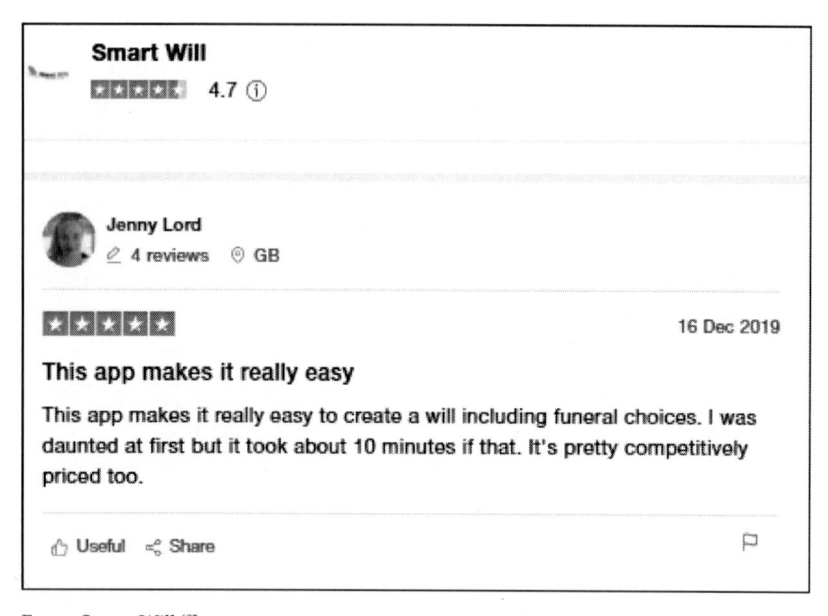

> **Smart Will**
> ★★★★★ 4.7 ⓘ
>
> Jenny Lord
> ✎ 4 reviews ⦿ GB
>
> ★★★★★   16 Dec 2019
> **This app makes it really easy**
> This app makes it really easy to create a will including funeral choices. I was daunted at first but it took about 10 minutes if that. It's pretty competitively priced too.
>
> 👍 Useful ⊰ Share

Fonte: Smart-Will.[605]

Outra:

> Eu não tinha pensado em criar um testamento, pois parecia uma tarefa enorme de se realizar, então continuei adiando. Com três filhos pequenos, é importante para mim ter certeza de que eles estão protegidos se eu morrer. Usar o aplicativo foi tão fácil, simples e rápido. Meu marido e eu conseguimos responder a todas as perguntas facilmente e achei o processo livre de estresse e até divertido!

---

[605] *Idem.*

Imagem 2 – Comentário 2

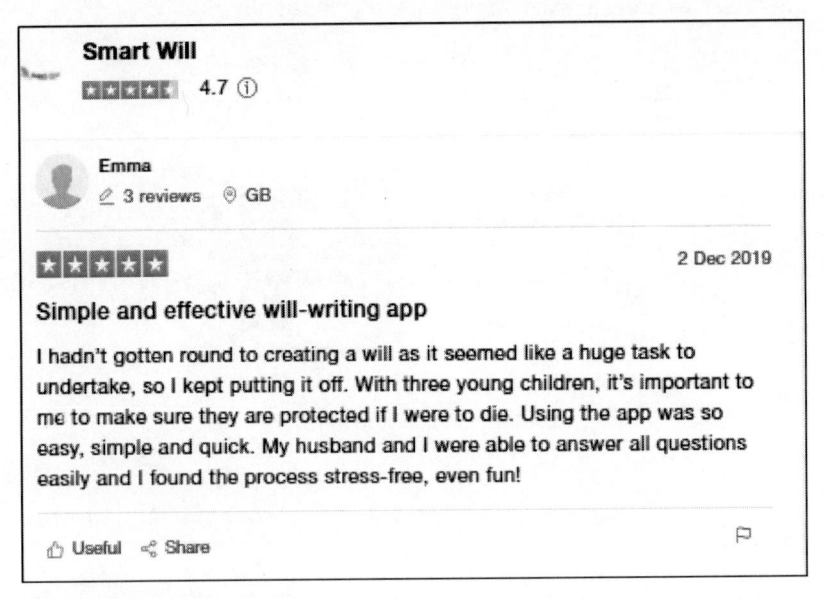

> **Smart Will**
> ★★★★★ 4.7 ⓘ
>
> **Emma**
> 3 reviews · GB
>
> ★★★★★   2 Dec 2019
> **Simple and effective will-writing app**
>
> I hadn't gotten round to creating a will as it seemed like a huge task to undertake, so I kept putting it off. With three young children, it's important to me to make sure they are protected if I were to die. Using the app was so easy, simple and quick. My husband and I were able to answer all questions easily and I found the process stress-free, even fun!
>
> 👍 Useful   ⤴ Share

Fonte: Smart-Will.[606]

Já nos Estados Unidos, a plataforma referência para criação de testamentos online é o LegalZoom,[607] uma empresa de tecnologia jurídica online, criada em 2001, que ajuda seus clientes a elaborarem documentos jurídicos sem necessariamente ter que contratar um advogado. A chamada na seção de testamentos tem forte apelo comercial: "Proteja seus entes queridos com um testamento juridicamente vinculativo. Reserve 15 minutos para controlar seu futuro. Precisa de ajuda? Agende uma ligação com nossos advogados para aconselhamento. Testamentos começam em $89".[608] Além disso, são suscitados alguns "porquês" para se fazer testamento: distribuir as propriedades, decidir quem criará os filhos, instituir um executor das últimas vontades. O preço do serviço varia de 89 a 179 dólares, a depender do plano escolhido, que pode ou

---

[606] *Idem.*
[607] LEGALZOOM. *Protect your loved ones with a legally binding will.* Disponível em: https://www.legalzoom.com/personal/estate-planning/last-will-and-testament-overview.html. Acesso em: 20 nov. 2020.
[608] Tradução livre de: "Protect your loved ones with a legally binding will. Take 15 minutes to control your future. Need help? Schedule a call with our network attorneys for advice. Last will and testaments start at $89".

não contar com assistência jurídica personalizada e elaboração conjunta de diretivas antecipadas de vontade ("testamento vital").

Imagem 3 – Página inicial *LegalZoom*

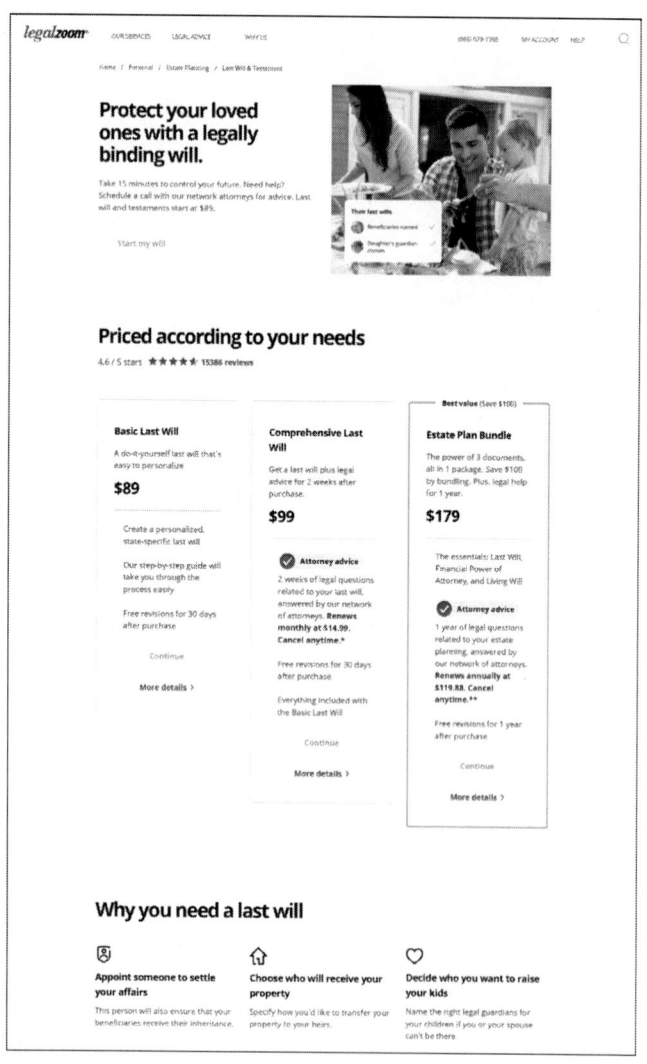

Fonte: LegalZoom.[609]

---

[609] LEGALZOOM. *Protect your loved ones with a legally binding will*. Disponível em: https://www.legalzoom.com/personal/estate-planning/last-will-and-testament-overview.html. Acesso em: 20 nov. 2020.

O serviço é realmente atrativo: preços baixos, se comparados à média de um país conhecido pelo alto custo do acesso à justiça e a serviços jurídicos; promessa de celeridade no processo de elaboração do testamento – e, via de consequência, de economia, afinal, *"time is money"*[610] – e, ainda, assistência especializada. Talvez tenha sido por isso que a plataforma gerou incômodo. O *Legal Zoom* enfrentou ações judiciais sob a alegação de ser ele prática violadora desautorizada do direito de legislações estaduais, contudo saiu vitorioso.[611]

O futuro do testamento no Brasil é incerto, as novas tecnologias têm o potencial de redesenhá-lo. Gerry Beyer e Claire Hangover, valendo-se das expressões populares *"necessity is the mother of invention"*[612] e *"build a better mousetrap and the world will beat a path to your door"*,[613] afirmaram, em 2007, que o momento era de decidir se o testamento digital tratar-se-ia (ou não) de uma "necessidade" ou "ratoeira melhor".[614] A hora do Brasil tomar essa decisão chegou.

Aliás, a mudança já está acontecendo sem que tenhamos poder de interrompê-la, por ser a única alternativa que se afigura nestes tempos de isolamento social:

> (...) vivemos atualmente o desafio de traduzir uma legislação e uma jurisprudência analógicas para uma realidade digital, enquanto não se produzem leis específicas para lidar com novas questões que a tecnologia inseriu em nossas vidas. Estamos num ponto sem retorno, e a mudança de atitudes, hábitos e valores se tornará ainda mais evidente quando ultrapassarmos o distanciamento social que a pandemia nos impôs, pois parte daquilo que se tornou a nova rotina nos lares brasileiros continuará sendo adotada e intensificada.[615]

A pandemia nos coagiu à mudança, as tecnologias penetraram no cotidiano e nas fissuras de categorias jurídicas edificadas com a rigidez do concreto. Resta saber se as infiltrações em seus pilares

---

[610] Tradução livre: "tempo é dinheiro".
[611] AMBROGI, Robert. Latest legal victory has LegalZoom poised for growth. *ABAJORNAL*, ago. 2014. Disponível em: https://www.abajournal.com/magazine/article/latest_legal_victory_has_legalzoom_poised_for_growth. Acesso em: 11 nov. 2020.
[612] Tradução livre: "a necessidade é a mãe da invenção" (BEYER; HARGROVE, *op. cit.*, 2007, p. 890).
[613] Tradução livre: "construa uma ratoeira melhor e o mundo baterá à sua porta" (*idem*).
[614] *Idem*.
[615] CORTIANO-JUNIOR; EHRHARDT-JR.; CATALAN, *op. cit.*, 2020, p. 253.

conduzirão à ruína de antigas estruturas ou ao seu fortalecimento sob novas bases. O desafio é e continuará sendo compatibilizar o uso delas à axiologia constitucional, pois "se intrinsecamente a tecnologia não pode ser rotulada como algo bom ou ruim, o emprego que fazemos dela tem consequências que não estão imunes às garantias constitucionais e à legislação vigente".[616]

4.4.5 Testamento Ético Digital

Philip Seymour Hoffman, famoso ator e diretor teatral norte-americano, escreveu em seu testamento:

> It is my strong desire, and not direction to my Guardian, that my son, Cooper Hoffman, be raised and reside in or near the borough of Manhattan in the State of New York, or Chicago, Illinois, or San Francisco, California, and that if my Guardian cannot reside in any of such cities, then it is my strong desire, and not direction, that my son, Cooper Hoffman, visit these cities at least twice per year throughout such guardianship. The purpose of this request is so that my son will be exposed to the culture, arts and architecture that such cities offer.[617]

A cláusula testamentária do ator remete aos testamentos éticos (*ethical wills*), uma forma de compartilhamento de valores, crenças, lições de vida, esperanças para o futuro, amor e perdão com a família, amigos e comunidade.[618]

O conceito de vontades éticas não é novo. De origem religiosa, remonta ao Antigo Testamento da Bíblia. No capítulo 49 de

---

[616] *Idem.*

[617] Philip Seymour Hoffman's will: Actor wished for son to stay away from Hollywood. *Independent*, 20 fev. 2014. Disponível em: https://www.independent.co.uk/news/people/news/philip-seymour-hoffman-s-will-actor-wished-son-stay-away-hollywood-9140612.html. Acesso em: 20 jan. 2021. Tradução livre: "É meu forte desejo, e não uma ordem ao meu guardião, que meu filho, Cooper Hoffman, seja criado ou resida perto do bairro de Manhattan, no estado de Nova York, ou Chicago, Illinois, ou San Francisco, Califórnia, e que se meu guardião não puder residir em nenhuma dessas cidades, então é meu forte desejo, e não uma ordem, que meu filho, Cooper Hoffman, visite essas cidades pelo menos duas vezes por ano durante essa tutela. O objetivo deste pedido é que meu filho conheça a cultura, as artes e a arquitetura que tais cidades oferecem".

[618] BAINES, Barry K. Ethical Wills: creating meaning at the end of life. *Home Health Care Management & Practice*, v. 15, n. 2, 2003. Disponível em: https://citeseerx.ist.psu.edu/viewdoc/download?doi=10.1.1.928.2725&rep=rep1&type=pdf. Acesso em: 20 jan. 2021.

Gênesis, quando Jacó está prestes a morrer, reúne seus 12 filhos e, em seu leito de morte, conta-lhes histórias, transmitindo a cada um deles as lições que aprendera durante a vida. Na religião judaica, os testamentos éticos eram inicialmente uma tradição oral. Especula-se que começaram a ser escritos no século XII.[619] Datado há mais de três mil anos, recebe novos contornos com as transformações tecnológicas: feitos por vídeos, DVDs, álbuns digitais etc., dão um toque mais humano ao testamento.

Mas qual a eficácia jurídica dos testamentos éticos? Eles são compatíveis com o ordenamento jurídico brasileiro? E, se sim, qual o regramento jurídico aplicável?

Os testamentos éticos afinam-se com o movimento de repersonalização do direito sucessório. Servem como instrumento de realização, por um lado, da personalidade de seu autor, e, por outro, da personalidade dos interlocutores a que se destinam, uma vez que terão eles contato com a sua origem, ancestralidade e história familiar ou comunitária. Nesse sentido, afirma-se serem merecedores de tutela jurídica.

Em relação a sua função e eficácia, de modo indireto, há quem sustente que os testamentos éticos ajudam a evitar conflitos familiares e, por isso, são uma boa ferramenta de planejamento sucessório.[620]

De modo mais direto, pode-se dizer que têm o efeito de criar aos destinatários direito de acesso ao seu conteúdo. Sustenta-se que, a depender do modo da redação do testador, esse direito de acesso nascerá superando o conceito de sujeito individual para abarcar todos aqueles que ostentem determinado *status familiae*, transmitindo-se de geração a geração.

Pautado nessa ideia de transmissão intergeracional de mensagens, histórias e aconselhamentos, o *Living Wisely* é um programa norte-americano comercializado para quem deseja a funcionalização,

---

[619] ALEXANDER, Robert G. Ethical Wills: The Gift of a Heart. *Journal of Practical Estate Planning*, n. 27, 2006. Disponível em: https://amicuscreative.com/global_pictures/478/Ethical%20Wills%20Article.pdf. Acesso em: 20 jan. 2021.

[620] GUSTKE, Constance. The Ethical Will, an Ancient Concept, is Revamped for the Tech Age. *The New York Times*, New York, 1 nov. 2014. Disponível em: https://www.nytimes.com/2014/11/01/your-money/the-ethical-will-an-ancient-concept-isrevamped-for-the-tech-age.html. Acesso em: 20 jan. 2021.

por um sistema digital e prático, do compartilhamento de experiências em um banco de acesso que pode ser alimentado ao longo da vida. Extrai-se do *website* a chamada:

> So many profound gifts result from the generous act of sharing ordinary life experiences: how we succeeded and failed along the way, what makes us unique, and how we discovered what truly matters. However, much of what we learn throughout our lifetime is not shared or fully utilized, either personally or by our loved ones.[621]

Por meio do portal privado *Living Wisely*, a pessoa compartilha, quando e o quanto quiser, experiências, momentos, fotos etc. O programa oferece questionários para preenchimento guiado, sem impedir a produção livre de conteúdo; além disso, conta com tecnologias facilitadoras, como o reconhecimento de voz para transcrição de palavras sem necessidade de digitação.

O testamento no Brasil sujeita-se a uma série de formalidades específicas, o que poderia conduzir à conclusão de ser inviável testamentos éticos elaborados segundo os padrões do aplicativo americano ou de qualquer outra forma que não observasse as formalidades testamentárias. Entretanto, ao se traçar uma linha divisória entre as disposições de natureza sucessória, tipicamente testamentárias e aquelas acidentais ao testamento, que estão sujeitas a estatuto jurídico diverso, viabiliza-se o reconhecimento do testamento ético nos moldes do aplicativo norte-americano.

Sob outro aspecto, é importante perpassar a discussão sobre transmissibilidade das relações jurídicas extrapatrimoniais titularizadas pelo *de cujus*. Como bem observa Ana Luiza Nevares, com respaldo em Luisa Mezzanotte, não há efetiva transmissão *causa mortis* dessas, o que ocorre é a aquisição de um direito *iure proprio*

---

[621] Tradução livre: "Com nosso novo portal privado Living Wisely, você pode se inscrever para uma programação reflexiva e inspiradora, feita sob medida para suas necessidades e situação ao longo de suas fases de vida. Você decide como e quando se envolver: compartilhe o quanto quiser sempre que for conveniente para você, digite suas respostas para solicitações guiadas ou use o reconhecimento de voz para transcrever suas palavras, adicionar suas fotos queridas e criar documentos sinceros e atividades significativas para compartilhar com sua família, amigos e comunidade a qualquer hora".

em virtude da morte, ao contrário das relações patrimoniais que são adquiridas *iures sucessiones*.[622]

Além disso, Livia Leal esclarece que o tratamento jurídico do conteúdo deixado por usuários de plataformas digitais após a sua morte tem sido desenvolvido sob a ótica patrimonial, sendo frequentemente designado como "herança digital" ou expressões do gênero. Segundo a autora, "não se pode ignorar que alguns direitos são personalíssimos, e, portanto, intransmissíveis, extinguindo-se com a morte do titular, não sendo objeto de sucessão, não integrando o acervo sucessório por ele deixado".[623] No entanto, o testamento ético constitui conteúdo expressamente destinado pelo testador a terceiros.

Nesse sentido, o testamento ético não se enquadra na dinâmica da sucessão, sua feitura origina um direito próprio aos seus destinatários de acesso ao seu conteúdo, que, em virtude da sua função atrelada ao desenvolvimento da personalidade, tanto do seu autor quanto dos seus destinatários, é mais bem qualificado como inserido nos direitos da personalidade.

No mais, à diferença do que se discute geralmente no âmbito da (in)transmissibilidade do conteúdo digital de pessoa falecida, o testamento ético virtual não esbarra nas complicações envolvendo a política de dados dos provedores, haja vista que a plataforma, se feita nos padrões do *Living Wisely*, é pensada justamente para garantir a transmissão.

---

[622] NEVARES, *op. cit.*, 2009, p. 125.
[623] LEAL, Livia Teixeira. Internet e morte do usuário: a necessária superação do paradigma da herança digital. *Revista Brasileira de Direito Civil – RBDCilvil*, Belo Horizonte, v. 16, p. 190, abr./jun. 2018.
Para aprofundamento na temática dos efeitos da morte para o conteúdo inserido na "rede": LEAL, Livia Teixeira. *Internet e morte do usuário*: proposta para o tratamento *post mortem* do conteúdo inserido na rede. 2. ed. Rio de Janeiro: GZ Editora, 2020.

CAPÍTULO 5

CONCLUSÃO

Na mitologia grega, Sísifo é condenado a mover, eternamente, uma grande pedra ao topo de uma montanha que, na iminência de atingir seu ápice, rolava ao ponto inicial, exigindo a retomada de todo o esforço. Eis que a construção da conclusão de um trabalho científico em muito se assemelha à tarefa de Sísifo, com a diferença de ser necessário resgatar o empenho despendido com o desafio adicional da brevidade. O mito de Sísifo, entretanto, é aqui referenciado por outro motivo: a defesa da essencialidade de se revisitar constantemente institutos jurídicos clássicos, apesar do esforço repetitivo demandado.

Acreditamos que o trabalho cíclico de revisitação dos institutos permite a observação de detalhes antes olvidados, o alavancar da matéria para níveis inalcançados ou, simplesmente, a sedimentação do caminho já trilhado. Essa foi a ideia propulsora do presente trabalho, que elegeu como objeto de estudo o testamento. Ao final, novas perspectivas em matéria testamentária foram, com êxito, abertas. Por outro lado, observou-se também o fortalecimento de algumas das bases do direito testamentário, que se revelaram vigorosas.

A tarefa proposta foi desempenhada por premissas imprescindíveis ao resultado final. Com licença à metáfora, só foi possível conduzir a "pedra" a níveis superiores pelas premissas inicialmente apresentadas, que instrumentalizaram seu alavancar, como verdadeiras hastes propulsoras. São elas:

i) O reconhecimento de que o direito sucessório é profundamente pautado na patrimonialidade e em estruturas formalistas, merecendo renovação a partir de metodologias como a do Direito Civil-Constitucional e a Teoria Crítica do Direito Civil;

ii) A revalorização do testamento. Apesar de a sucessão testamentária ter sido a exceção a partir do século XX, observa-se atualmente sua revalorização, que pode ser explicada pela "naturalização" da morte – entendida como o rompimento do tabu que permeava o assunto, provocado pela pandemia – e pela insuficiência da sucessão legítima para atender, hoje, às expectativas da sociedade em mudança e da família plural;

iii) O ingresso no ordenamento jurídico da CDPD coloca em voga a necessidade de promoção da capacidade e da acessibilidade, oportunizando o exercício dos variados direitos, dentre os quais o direito de testar, e removendo qualquer obstáculo que dificulte injustificadamente esse exercício. Em suma, chegou a hora de democratizar o direito testamentário;

iv) O ato de testar pode ser expressão da personalidade, revestindo-se o testamento, também, de caráter existencial, e não meramente patrimonial.

A partir de referidas premissas, detalhadamente elucidadas no capítulo primeiro, o capítulo segundo explorou a capacidade para testar ou capacidade testamentária ativa. No terceiro capítulo, foram trabalhadas minuciosamente as formalidades testamentárias. E, por fim, o capítulo quarto demonstrou o potencial das novas tecnologias para transformação do direito testamentário, tornando-o mais adaptável às variáveis dos tempos. Em síntese, a pesquisa levada a efeito conduziu às seguintes conclusões:

1. A capacidade testamentária ativa trata-se da aptidão genérica para fazer testamento válido. Ela é espécie de capacidade específica que exige a capacidade geral para prática de atos jurídicos *lato sensu* e o pleno discernimento do testador no momento do ato.

1.1. O fato de a capacidade geral para prática de atos jurídicos *lato sensu* ser requisito da capacidade testamentária ativa demanda análise da matéria à luz da teoria das capacidades, alterada pelo EPD. Defende-se que o Art. 1.860 seja interpretado restritivamente, de modo a considerar capaz de testar todos os maiores de 16 anos que tenham, no momento do ato, aptidão para expressar vontade;

1.2. Sendo hoje a curatela "sob medida", o juiz especificará na sentença que a institui seu alcance e limite de forma detalhada, e somente se expressamente determinar, a incapacidade testamentária poderá ser aduzida. Caso seja omissa, deve-se concluir pela existência da capacidade testamentária, em respeito ao princípio *in dubio pro capacitas*, que rege tanto a CDPD como o direito testamentário;

1.3. Merece reflexão a pertinência da manutenção de uma limitação da capacidade testamentária pautada no "discernimento". Primeiro porque a concepção do que é "discernimento" pauta-se em um padrão de normalidade que, por si só, limita a liberdade de autodeterminação dos sujeitos. Segundo, porque entendemos imperiosa a preservação da capacidade tanto quanto possível. Caminho possível para garantir que alegação de ausência de discernimento não comprometa a validade do ato quando da morte do testador é a constituição prévia de prova da capacidade por meio de ação declaratória de capacidade e/ou lado médico atestatório de sua capacidade. No mais, ante a dificuldade de se encontrar um meio termo razoável que equilibre a proteção do testador e a preservação de sua autodeterminação e autonomia, sugere-se a modulação dos efeitos de eventual invalidade do ato;

1.4. A pessoa submetida à curatela, ainda que a sentença tenha determinado sua incapacidade testamentária, tem resguardado o direito de lavrar testamento com disposições exclusivamente existenciais. Se, eventualmente, a curatela for estendida a questões existenciais, entendemos ser possível a preservação de disposições existenciais condizentes com melhor interesse do testador, reconhecendo-se a capacidade da pessoa e, ao mesmo tempo, protegendo-a, visto que afasta efeitos a ela danosos do exercício de sua autonomia, os quais, no campo testamentário, são significativamente reduzidos em função da eficácia *post mortem* do ato;

1.5. O tratamento jurídico dos intervalos lúcidos é passível de revisão, garantindo à pessoa o exercício de sua capacidade, que não deve ser tolhida injustificadamente, sobretudo quando comprovada sua lucidez, ainda que transitória. Sugere-se medidas de apoio em sentido amplo, como o acompanhamento médico, para o fim de assegurar a capacidade do testador no momento do ato;

1.6. A discussão do papel do apoiador na prática testamentária ainda carece de atenção cuidadosa da doutrina; argumenta-se ser a natureza personalíssima do testamento incompatível com a figura do apoio. Contudo, a escassa produção científica a respeito tem-no admitido para a prática testamentária, o que provoca dúvida sobre a legitimidade dos apoiadores para sucederem pelo testamento;

1.7. O condicionamento da revogabilidade do testamento à inocorrência de estado patológico prognosticado ou à subordinação da revogação a certa forma que garanta a lucidez do testador ao fazê-la é medida que deve ser excepcionalmente aceita. Dois argumentos justificam a excepcional admissão do dito "testamento de Ulisses". Primeiro, ele materializa, assim como a autocuratela e a tomada de decisão apoiada, a concepção de que, no campo das capacidades, deve-se respeitar ao máximo a manifestação de cada um sobre suas próprias potencialidades e seus limites. Segundo, o testamento escapa à lógica geral dos negócios jurídicos unilaterais, pois a rigidez de seu regramento decorre da necessidade de proteger o próprio testador, e não terceiros. A irrevogabilidade, assim como a revogabilidade, assume um papel protetivo; a diferença é que o destinatário da medida protetiva passa a ter postura ativa de decidir o mecanismo que julga pertinente para sua proteção, evitando-se intervenções paternalistas por parte do Estado;

1.8. Em suma, é preciso desestimular a tendência de buscar "proteger" excessivamente o ato testamentário de modo a obstaculizá-lo sobremaneira. No âmbito testamentário, as formalidades e solenidades exigidas ao ato cumprem o papel de garantir a autenticidade e espontaneidade da vontade manifestada. Quanto à incapacidade, vale a indagação: qual a sua função? O direito deve assegurar a todos o exercício de direitos em igualdade de condições; restrições a esse exercício só se justificam com o intuito protetivo, e, ressalta-se, protetivo do sujeito que tem tolhida sua capacidade. Aliás, o ideal, em virtude da adoção do modelo da *functional approach*, é o fornecimento de medidas de apoio ao exercício dessa capacidade, sendo sua limitação medida de *ultima ratio*.

2. O direito privado latino-americano apresenta, por influência da colonização espanhola e portuguesa, raízes romanas, o que justifica a imposição de formalidade ao testamento, pois já em Roma o ato era formal e solene. Contudo, tanto os romanos quanto os modernos admitiam a flexibilização do formalismo testamentário em prol da concretização da intenção do testador, seja para privilegiar a autonomia privada, valor fundamental daqueles, seja em função da importância das disposições *mortis causa* para a textura social de Roma. Acontece que, no concernente às regras sobre os testamentos, os países latino-americanos

reproduzem o legado ibérico de maneira mais contundente que os próprios países europeus. Por isso, defende-se a revisão das formalidades testamentárias, haja vista que "deve ser evitado, com todo o vigor, o excesso de formalidades, a abundância de solenidades, o ritualismo abusivo, num romantismo tardio, que determina grandes prejuízos e complica a prática do negócio jurídico de última vontade".[624]

2.1. O processo de modernização do direito testamentário deve fitar a manutenção das garantias proporcionadas pelas formalidades, tendo em vista seu caráter funcional. Esse processo deve recolher as exigências obsoletas da lei; contemplando meios alternativos de se alcançar o fim protetivo almejado. Além disso, há um caráter positivo no princípio da liberdade das formas; a pessoa pode ter interesses relevantes por uma ou outra forma. Assim, é importante pensar em como proporcionar a todos acesso às diferentes formas, garantindo a liberdade de iniciativa e tutelando o interesse do testador por essa ou aquela forma testamentária;

2.2. O Código Civil de 2002 trouxe alterações aos tipos testamentários, as quais, além de significarem a simplificação de algumas formalidades, demonstraram uma compatibilização da legislação com as possibilidades criadas por novas tecnologias da época. Entre outras coisas, a legislação atual permite que o testamento seja redigido mecanicamente, diminui o número de testemunhas exigidas para o testamento cerrado e o particular, e, quanto a esse último, possibilita, em circunstâncias excepcionais, que seja celebrado na ausência total de testemunhas;

2.3. Todavia, apesar das mudanças, as formalidades continuam a dificultar em grande medida o direito de testar. A título exemplificativo, registra-se que, embora as pessoas com deficiência sejam hoje, em regra, dotadas de capacidade testamentária ativa, as deficiências sensoriais (surdez, cegueira e da fala) acarretam o que a doutrina convencionou chamar de incapacidade testamentária ativa relativa, concernente à impossibilidade de testar por alguma das formas de testamento em função de não conseguirem atender a todas as formalidades exigidas para o ato;

---

[624] VELOSO, *op. cit.*, 2018, p. 334.

2.4. Ademais, verificou-se que a afirmação de Jan Peter Schidt[625] de o Brasil ser, em matéria testamentária, representativo dos sistemas latino-americanos como um todo é questionável. Constatou-se que, para a maioria das formalidades, são identificáveis nos ordenamentos latino-americanos dois caminhos, um menos formal e outro mais. O Brasil, diversas vezes, opta por uma terceira via, afastando-se por completo das tendências locais, como ocorre quanto ao número de testemunhas exigidas para o testamento particular.

3. Desde o advento do Código de 2002, a ciência se desenvolveu bastante e produziu inovações que alteraram profundamente a dinâmica social, e muitas dessas inovações apresentam potencial para tornar o direito testamentário mais inclusivo e acessível. Nessa senda, é fundamental investigar como as novas tecnologias podem tornar o direito testamentário mais inclusivo e acessível. A exigência de acessibilidade a partir das tecnologias decorre, aliás, de mandamento constitucional, pois a CDPD impõe que os Estados adotem "todas as medidas necessárias, inclusive legislativas, para modificar ou revogar leis, regulamentos, costumes e práticas vigentes, que constituírem discriminação contra as pessoas com deficiência", e, por sua vez, o EPD considera discriminação, inclusive, a recusa de adaptações legislativas razoáveis e o fornecimento de tecnologias assistivas.

3.1. A função desempenhada pela assinatura vai além da identificação das partes, pois ela cumpre papel de autenticação. Por ser uma marca própria da pessoa, é um elemento probatório que permite a presunção (relativa) de que o testamento foi efetivamente forjado pela pessoa a que a assinatura se refere. O trabalho explorou a problemática de ser ou não cabível reconhecer como assinatura qualquer elemento que cumpra papel autenticador, ou se o termo "assinatura", expresso na legislação, deve ser interpretado apenas como marca identitária escrita. Conclui que assinatura eletrônica é aceita e regulada no país, o óbice para sua aplicação ao direito

---

[625] SCHMIDT, Jan Peter. Testamentary Formalities in Latin America with particular reference to Brazil. *In*: REID, Kenneth G. C.; WAAL, Marius J.; ZIMMERMANN, Reinhard. *Comparative Succession Law*: Volume I: Testamentary Formalities. Oxford: OUP Oxford, 2011. p. 98. Disponível em: http://search.ebscohost.com/login.aspx?direct=true&db=nleb k&AN=784617&lang=pt-br&site=ehost-live. Acesso em: 11 nov. 2020.

testamentário é o fato de sua utilização pressupor a admissão de testamentos eletrônicos;

3.2. A ideia de presença de todos os participantes do ato testamentário no momento de cumprimento das formalidades é desafiada hoje por duas perspectivas, a de virtualidade e simultaneidade. Admitir a presença virtual é desejável, mas demanda reflexão sobre os potenciais novos desafios práticos daí advindos, tal qual eventual conflito de competência sobre as regras de validade do testamento;

3.3. Hoje, inúmeros são os leitores de tela e de documentos eletrônicos que convertem texto em áudio por meio da tecnologia de reconhecimento óptico de caracteres atrelada à síntese de voz. Nesse contexto, o impedimento de cegos e analfabetos com acesso a essas tecnologias de fazerem testamento cerrado e particular é passível de revisão;

3.4. O debate sobre a possibilidade de testamento eletrônico, por vídeo, ou por gravação de áudio, passa por três questões que foram desenvolvidas separadamente. A primeira delas diz respeito à (a)tipicidade do testamento por vídeo, áudio e eletrônico. São elas formas testamentárias autônomas? Ou devem ser pensadas dentro dos tipos testamentários expressamente previstos pela legislação? A segunda concerne à possibilidade de o testamento ser armazenado em um ambiente virtual, intangível, e não em um suporte dotado de materialidade. A terceira e última questão refere-se ao requisito legal de que o testamento seja escrito, isto é, que a vontade do testador esteja expressa por uma representação gráfica da linguagem. Os dois pontos não se confundem: é possível que a legislação permita o testamento por gravação audiovisual, por exemplo, sem, contudo, autorizar o armazenamento virtual, exigindo que esteja em um suporte materializado (CD, pen drive, disquete) identificado como testamento. E, de modo inverso, vislumbra-se a hipótese de autorizar o armazenamento virtual do testamento, contanto que escrito. No desenvolvimento deste trabalho, utilizamos a expressão "testamento eletrônico" para referenciar aquele armazenado virtualmente;

3.5. O primeiro passo a ser dado por quem deseja fazer um testamento é definir por qual forma testamentária o fará, pois da forma procedem os requisitos a serem observados para validade do ato. Por conseguinte, defender o testamento eletrônico ou por gravação audiovisual como forma alternativa, fora do rol de testamentos expressamente previstos, esbarra no fato de que tanto o testador quanto o magistrado que fosse apreciar o testamento não teriam parâmetros de validade para os orientar. Nesse sentido, negar a taxatividade das formas no Direito Testamentário é o mesmo que "abrir uma caixa de pandora", promovendo incerteza a um campo do Direito Civil milenarmente construído para fornecer segurança ao testador;

3.5.1. O testamento eletrônico precisa ser desenhado tendo em vistas as formalidades requisitadas para cada um dos tipos testamentários. Quanto ao testamento público eletrônico, o Provimento nº 100 do Conselho Nacional de Justiça o tornou uma possibilidade jurídica, já implementada por alguns cartórios, a exemplo do 8º Ofício de Notas do Rio de Janeiro. O testamento eletrônico cerrado é obstaculizado pela exigência de ser cerrado e cosido. Considerando ser hoje concebível a proteção de documentos com senhas e, também, com mecanismos que impedem a sua alteração, vislumbra-se a possibilidade futura de utilização pelos cartórios de *software* que operacionalize o testamento cerrado eletrônico. Entretanto, talvez a implementação imediata do testamento eletrônico cerrado seja inviável;

3.5.2. O testamento eletrônico particular comporta três espécies: (i) testamento eletrônico particular offline, feito em arquivo digital e salvo em algum substrato físico (computador, CD, celular etc.); (ii) testamento eletrônico particular online, salvo em uma rede acessível pela *internet*, como um sistema "em nuvem"; e (iii) testamento eletrônico particular sob custódia, geralmente elaborado com a assistência de uma entidade terceirizada (normalmente uma empresa com fins lucrativos) que também armazenará o documento em sua plataforma online.

Independentemente do tipo de testamento eletrônico particular, é desejável que ele seja de fácil descoberta e de difícil deterioração; apresente evidências sólidas de autoria; deixe clara a intenção do testador de que o documento valha como sua última vontade e forneça a segurança de que o conteúdo foi inalterado. Além disso, a taxatividade das formas testamentárias impõe pensarmos o testamento eletrônico particular fitando as formalidades da lei, sendo assim, o testamento eletrônico particular deve ser lido perante três testemunhas e por todos assinado.

3.7. A defesa do testamento por vídeo ou gravação audiovisual começa a se despontar na doutrina brasileira. Diversos aspectos práticos decorrem de eventual admissão do testamento por vídeo, dentre elas destacam-se as (des)vantagens da oralidade. Para alguns, pode levar a divagações do testador, tornando confusas as disposições, ou a uma fala excessivamente "roteirizada", sem entonação adequada. Ao revés, para outros, a gravação permite melhor compreensão da vontade do testador;

3.8. No mais, os testamentos eletrônicos por formulário, os *smart wills* e os testamentos éticos digitais são imagens de um direito testamentário futurístico cada vez mais tangível.

PÓSFÁCIO

(OU MEU TESTAMENTO ÉTICO)

"Sonhei com Pablo Neruda em plena Praia do Futuro, escrevendo em um imenso muro *la palabra libertad*; com poemas de Vinicius *en las manos eran hermanos* recitava Eluard. E a gente em plena tarde, poetas de todo mundo, escrevendo a palavra *libertad*".[626]

Acordei e me dei conta de estar "em uma viagem pro outro lado de mim, fui recebido pelo amor mais puro, Serafim. Entrei em um trem que partia em um trilho diferente, percorrendo os caminhos mais escondidos da gente"[627] e revivendo nossas histórias em uma dimensão sem as fronteiras do tempo, do espaço e da matéria.

Encontro-me novamente ao lado daquela que salvou "minha alma da vida, sorrindo e fazendo meu eu".[628] Aqui, a serenidade habita e no silêncio nos comunicamos, neste plano são ausentes as palavras ou qualquer outra criação da razão, há apenas o amor que transcende.

Aos que ficam: deixem "que a dúvida venha, a respeito da vida".[629] Descartem as preconcepções limitantes e abracem a dúvida, que é verdadeira dádiva. Então, movidos pela incerteza do destino estar em suas mãos, acordem e vivam cada dia um sonho bom![630]

---

[626] RAMALHO, Zé; CAPINAM. Xote dos Poetas. *In*: RAMALHO, Zé; FAGNER. *Orquídea Negra*. Rio de Janeiro: Estúdios Sigla, 1983. 1 CD.
[627] TEIXEIRA, Júlia Mestre; GIL MOREIRA, Jose Giordano. Índia. *In*: TEIXEIRA, Júlia Mestre; GILSONS. *Índia*. Rio de Janeiro: Gravadora Xirê, 2020. 1 CD.
[628] GADÚ, Maria. Dona Cila. *In*: GADÚ, Maria. *Maria Gadú*. Rio de Janeiro: Som Livre, 2009. 1 CD.
[629] TEIXEIRA, Júlia Mestre; GIL MOREIRA, Jose Giordano. Índia. *In*: TEIXEIRA, Júlia Mestre; GILSONS. *Índia*. Rio de Janeiro: Gravadora Xirê, 2020. 1 CD.
[630] TEIXEIRA, Júlia Mestre; GIL MOREIRA, Jose Giordano. Índia. *In*: TEIXEIRA, Júlia Mestre; GILSONS. *Índia*. Rio de Janeiro: Gravadora Xirê, 2020. 1 CD.

Sobre o que resta de mim, joguem minhas cinzas ao vento, como "a chuva que lança areia do Saara sobre os automóveis de Roma",[631] para que eu possa, enfim, ser Gita, feita da terra, do fogo, da água e do ar.[632]

Desejo ser referenciada sempre sem a inibição do dever moral de cortesia, que me descrevam sem pudor, com a espontaneidade que sempre me foi própria. E se disserem que fui muito louca, foi por ser feliz.[633]

Façam uma festa para celebrar a vida, regada a música, poesia e dança. Pois "no canto que vai, no choro que vem, só a mudança é que se mantém". Mas não há tempo para lamentar, "o tempo não para e quem se atreve dança, quem não dança só bate palma". "No caos dessa ordem, que maestria, uma linda e incessante coreografia". "Passo a passo, porque num piscar tudo pode mudar". Um "brinde a beleza de tudo findar"![634]

Agora: "viro pó, viro vento", viro todo o meu amor.[635]

Até logo,

Isabella Silveira de Castro.

---

[631] VELOSO, Caetano Emmanuel. Reconvexo. *In*: BETHÂNIA, Maria. *Memória da Pele*. Gravadora Philips/Polygram, 1989. Formato LP/CD.

[632] COELHO, Paulo; SEIXAS, Raul. Gitâ. *In*: Vários intérpretes. *Máximo de Sucessos - nº 11*. Gravadora Fontana/CBD - Phonogram/Philips, 1974. Formato LP.

[633] BAPTISTA, Arnaldo; LEE, Rita. Balada do Louco. *In*: Os Mutantes. *Mutantes e seus cometas no país do Baurets*. Gravadora Polydor/Polygram, 1974. Formato LP.

[634] IORC, Tiago. Me tira pra dançar. *In*: IORC, Tiago. *Reconstrução*. Rio de Janeiro: Iorc Produções/Universal Music, 2019. 1 CD.

[635] IORC, Tiago. Me tira pra dançar. *In*: IORC, Tiago. *Reconstrução*. Rio de Janeiro: Iorc Produções/Universal Music, 2019. 1 CD.

REFERÊNCIAS

8º OFÍCIO DE NOTAS CARTÓRIO DIGITAL. *Testamento Eletrônico*. Rio de Janeiro. Disponível em: https://8oficio.com.br/testamento-eletronico.php. Acesso em: 10 mar. 2021.

ABREU, Célia Barbosa. A curatela sob medida: notas interdisciplinares sobre o Estatuto das Pessoas com Deficiência. *In*: MENEZES, Joyceane Bezerra (org.). *Direito das pessoas com deficiência psíquica e intelectual nas relações privadas*. Rio de Janeiro: Processo, 2016. p. 545-568.

ALEXANDER, Robert G. Ethical Wills: The Gift of a Heart. *Journal of Practical Estate Planning*, n. 27, 2006. Disponível em: https://amicuscreative.com/global_pictures/478/Ethical%20Wills%20Article.pdf. Acesso em: 20 jan. 2022.

ALMEIDA, Vitor. Autonomia da pessoa com deficiência e tomada de decisão apoiada: alcance, efeitos e fins. *In*: TEPEDINO, Gustavo; MENEZES, Joyceane Bezerra (coord.). *Autonomia privada, liberdade existencial e direitos fundamentais*. Belo Horizonte: Fórum, 2019. p. 435-448.

ALMEIDA, José Luiz Gavião de. Direito das sucessões, sucessão em geral, sucessão legítima: artigos 1.784 a 1.856. *In*: AZEVEDO, Álvaro Vilaça. *Código civil comentado*. São Paulo: Atlas, 2003. v. 18.

AMARAL, Francisco. Uma carta de princípios para o direito como uma ordem prática. *In*: FACHIN, Luiz Edson *et al.* (coord.). *O Direito e o Tempo*: embates jurídicos e utopias contemporâneas. Rio de Janeiro: Renovar, 2008.

AMBER SCRIPT. Disponível em: https://www.amberscript.com/pt/?gclid=CjwKCAiAn7L-RBbEiwA19UtkCCoIqO7GolzQPHO2_zcKigOpSK-4c93peEsBMucn-KSp7PtLUKnpRoCQuQQAvD_BwE. Acesso em: 5 ago. 2020.

AMBROGI, Robert. Latest legal victory has LegalZoom poised for growth. *ABAJORNAL*, ago. 2014. Disponível em: https://www.abajournal.com/magazine/article/latest_legal_victory_has_legalzoom_poised_for_growth. Acesso em: 11 nov. 2020.

ANDRADE, Gustavo Henrique Baptista. *O direito de herança e a liberdade de testar*: um estudo comparado entre os sistemas jurídicos brasileiro e inglês. Belo Horizonte: Fórum, 2019.

ANGELO, Nelson; NASCIMENTO, Milton. Testamento. *In*: NASCIMENTO, Milton. *Clube da Esquina 2*. Gravadora: EMI-Odeon, 1978. Formato LP (1978) e CD (1988/2007).

ARAUJO, Fernando. O contrato Ulisses – I: o pacto antipsicótico. *Revista Jurídica Luso Brasileira*, v. 3, n. 2, p. 165-217, 2017.

ARAUJO, Luiz Alberto David; RUZYK, Carlos Eduardo Pianovski. A perícia multidisciplinar no processo de curatela e o aparente conflito entre o Estatuto da Pessoa com Deficiência e o código de processo civil: reflexões metodológicas à luz da teoria geral do direito. *Revista de Direitos e Garantias Fundamentais*, v. 18, n. 1, p. 227-256, 2017. Disponível em: http://sisbib.emnuvens.com.br/direitosegarantias/article/view/867. Acesso em: 17 fev. 2018.

ASÍS, Rafael de. Derechos humanos y discapacidad: algunas reflexiones derivadas del analisis de la discapacidad desde la teoria de los derechos. *In:* MENEZES, Joyceane Bezerra (org.). *Direito das pessoas com deficiência psíquica e intelectual nas relações privadas.* Rio de Janeiro: Processo, 2016. p. 3-30.

BAINES, Barry K. Ethical Wills: creating meaning at the end of life. *Home Health Care Management & Practice,* v. 15, n. 2, 2003. Disponível em: https://citeseerx.ist.psu.edu/viewdoc/download?doi=10.1.1.928.2725&rep=rep1&type=pdf. Acesso em: 20 jan. 2021.

BANDEIRA, Paula Greco. Notas sobre a autocuratela e o Estatuto da Pessoa com Deficiência. *In:* MENEZES, Joyceane Bezerra (org.). *Direito das pessoas com deficiência psíquica e intelectual nas relações privadas.* Rio de Janeiro: Processo, 2016. p. 569-592.

BAPTISTA, Arnaldo; LEE, Rita. Balada do Louco. *In:* Os Mutantes. *Mutantes e seus cometas no país do Baurets.* Gravadora Polydor/Polygram, 1974. Formato LP.

BARBOZA, Heloisa Helena; ALMEIDA, Vitor. A capacidade à luz do Estatuto da Pessoa com Deficiência. *In:* MENEZES, Joyceane Bezerra (org.). *Direito das pessoas com deficiência psíquica e intelectual nas relações privadas.* Rio de Janeiro: Processo, 2016. p. 249-274.

BARBOZA, Heloisa Helena; ALMEIDA; Vitor de Azevedo. Reconhecimento, inclusão e autonomia da pessoa com deficiência: novos rumos na proteção dos vulneráveis. *In:* BARBOZA, Heloisa Helena; MENDONÇA, Bruna Lima; ALMEIDA; Vitor de Azevedo (coord.). *O Código Civil e o Estatuto da Pessoa com Deficiência.* Rio de Janeiro: Processo, 2017. p. 1-30.

BEVILÁQUA, Clóvis. *Código Civil dos Estados Unidos do Brasil Comentado.* 8. ed. Rio de Janeiro: Imprenta, 1950.

BEVILÁQUA, Clóvis. *Direito das Sucessões.* Rio de Janeiro: Editora Rio, 1983.

BEYER, Gerry W. The Will Execution Ceremony-History, Significance, and Strategies. *S. Tex. L. Rev.,* v. 29, p. 413-444, 1987. Disponível em: https://ttu-ir.tdl.org/bitstream/handle/10601/2162/The%20Will%20Execution%20Ceremony.pdf?sequence=1. Acesso em: 20 maio 2020.

BEYER, Gerry W. Video Requiem: Thy Will Be Done. *TR. & EST.,* jul. 1985. Disponível em: file:///C:/Users/Isabella%20Castro/Downloads/SSRN-id1372288.pdf. Acesso em: 20 maio 2020.

BEYER, Gerry W.; HARGROVE, Claire G. Digital wills: has the time come for wills to join the digital revolution? *Ohio Northern University Law Review,* v. 33, p. 890, 2007. Disponível em: https://www.researchgate.net/publication/228223096_Digital_Wills_Has_the_Time_Come_for_Wills_to_Join_the_Digital_Revolution/link/0deec521b7093c15f9000000/download. Acesso em: 20 nov. 2020.

BIBLIOTECA DEL CONGRESO NACIONAL DE CHILE. Disponível em: https://www.bcn.cl/leychile/navegar?idNorma=172986&idParte=8717776. Acesso em: 8 maio 2020.

BIBLIOTECA E ARCHIVO CENTRAL DEL CONGRESO DE LA NASION. Disponível em: https://www.bacn.gov.py/leyes-paraguayas/528/ley-n-1183-codigo-civil-v-parte-libro-quinto. Acesso em: 8 maio 2020.

BOBBIO, Noberto. *A era dos direitos.* Tradução de Carlos Nelson Coutinho. Rio de Janeiro: Elsevier, 2004.

BOBBIO, Norberto. *O futuro da democracia*: uma defesa das regras do jogo. 6. ed. Tradução de Marco Aurélio Nogueira. Rio de Janeiro: Paz e Terra, 1997. p. 11-12.

BODDERY, Scott S. Electronic wills: drawing a line in the sand against their validity. *Real Property, Trust and Estate Law Journal*, v. 47, n. 1, p. 197-212, 2012.

BODIN DE MORAES, Maria Celina. A família democrática. *Revista da Faculdade de Direito da UERJ*, 2010.

BODIN DE MORAES, Maria Celina. A caminho de um direito civil constitucional. *Revista de Direito Civil*, v. 65, p. 21-32, 1993.

BRASIL. Conselho de Justiça Federal. *Enunciado nº 574*. Disponível em: http://www.cjf.jus.br/enunciados/enunciado/645. Acesso em: 3 ago. 2018.

BRASIL. Conselho Nacional de Justiça. *Provimento nº 100, de 26 de maio de 2020*. Dispõe sobre a prática de atos notariais eletrônicos utilizando o sistema e-Notariado, cria a Matrícula Notarial Eletrônica-MNE e dá outras providências. Disponível em: https://atos.cnj.jus.br/atos/detalhar/3334. Acesso em: 6 jun. 2020.

BRASIL. Conselho Nacional de Justiça. *Resolução nº 175, de 14 de maio de 2013*, aprovada durante a 169ª Sessão Plenária do Conselho Nacional de Justiça (CNJ). Dispõe sobre a habilitação, celebração de casamento civil, ou de conversão de união estável em casamento, entre pessoas de mesmo sexo. Disponível em: https://atos.cnj.jus.br/atos/detalhar/1754. Acesso em: 5 dez. 2020.

BRASIL. *Decreto nº 6.949, de 25 de agosto de 2009*. Promulga a Convenção Internacional sobre os Direitos das Pessoas com Deficiência e seu Protocolo Facultativo, assinados em Nova York em 30 de março de 2007. Casa Civil, Brasília, DF. Disponível em: http://www.planalto.gov.br/ccivil_03/_ato2007-2010/2009/decreto/d6949.htm. Acesso em: 3 fev. 2018.

BRASIL. *Lei nº 3.071, de 1º de janeiro de 1916*. Código Civil dos Estados Unidos do Brasil. Revogada pela Lei nº 10.406, de 2002. Casa Civil. Rio de Janeiro, 1 jan. 1916. Disponível em: http://www.planalto.gov.br/ccivil_03/leis/l3071.htm. Acesso em: 10 ago. 2020.

BRASIL. *Lei nº 13.146, de 6 de julho de 2015*. Institui a Lei Brasileira de Inclusão da Pessoa com Deficiência (Estatuto da Pessoa com Deficiência). Secretaria Geral. Brasília, DF, 6 jul. 2015. Disponível em: http://www.planalto.gov.br/ccivil_03/_ato2015-2018/2015/lei/l13146.htm. Acesso em: 3 fev. 2020.

BRASIL. *Lei nº 10.406, de 10 de janeiro de 2002*. Institui o Código Civil. Casa Civil. Brasília, DF, 10 jan. 2022. Disponível em: http://www.planalto.gov.br/ccivil_03/leis/2002/L10406.htm. Acesso: 2 mar. 2020.

BRASIL. Senado Federal. *Projeto de Lei nº 3.799, de 2019*. Altera o Livro V da Parte Especial da Lei nº 10.406, de 10 de janeiro de 2002, e o Título III do Livro I da Parte Especial da Lei nº 13.105, de 16 de março de 2015, para dispor sobre a sucessão em geral, a sucessão legítima, a sucessão testamentária, o inventário e a partilha. 02.02.2022. Aguardando Designação do Relator. Disponível em: https://www25.senado.leg.br/web/atividade/materias/-/materia/137498. Acesso em: 20 jan. 2020.

BRASIL. Superior Tribunal de Justiça. *REsp nº 1633254 MG*. Relatora Ministra Nancy Andrighi, Segunda Seção, julgado em 11.3.2020, publicado em 18.3.2020.

BRASIL. Superior Tribunal de Justiça. *REsp nº 1583314 MG*. Relatora Ministra Nancy Andrighi, Terceira Turma, julgado em 21.8.2018, publicado em 23.8.2018.

BRASIL. Superior Tribunal de Justiça. REsp *nº 1618754 MG*. Relatora Ministra Nancy Andrighi, Relator p/ Acórdão Ministro Ricardo Villas Bôas Cueva, Terceira Turma, julgado em 26.9.2017, publicado em 13.10.2017.

BRASIL. Superior Tribunal de Justiça. *REsp nº 1677931 MG*. Relatora Ministra Nancy Andrighi, Terceira Turma, julgado em 15.8.2017, publicado em 22.8.2017.

BRASIL. Superior Tribunal de Justiça. *REsp nº 1444867 DF*. Relator Ministro Ricardo Villas Bôas Cueva, Terceira Turma, julgado em 23.9.2014, publicado em 31.10.2014.

BRASIL. Superior Tribunal de Justiça. *AgRg no REsp nº 1073860 PR*. Relator Ministro Antonio Carlos Ferreira, Quarta Turma, julgado em 21.3.2013, publicado em 1.4.2013.

BRASIL. Superior Tribunal de Justiça. *REsp nº 600.746 PR*. Relator Ministro Aldir Passarinho Junior, Quarta Turma, julgado em 20.5.2010, publicado em 15.6.2010.

BRASIL. Superior Tribunal de Justiça. *REsp nº 753.261 SP*. Relator Ministro Paulo de Tarso Sanseverino, Terceira Turma, julgado em 23.11.2010, publicado em 5.4.2011.

BRASIL. Superior Tribunal de Justiça. *AgRg no Ag nº 570.748 SC*. Relator Ministro Castro Filho, Terceira Turma, julgado em 10.04.2007, DJ 04.06.2007, p. 340.

BRASIL. Superior Tribunal de Justiça. *REsp nº 828.616 MG*. Relator Ministro Castro Filho, Terceira Turma, julgado em 5.9.2006, DJ 23.10.2006, p. 313.

BRASIL. Superior Tribunal de Justiça. *REsp nº 302.767 PR*. Relator Ministro Cesar Asfor Rocha, Quarta Turma, julgado em 5.6.2001, DJ 24.9.2001, p. 313.

BRASIL. Superior Tribunal de Justiça. *REsp nº 228 MG*. Relator Ministro Athos Carneiro, Quarta Turma, julgado em 14.8.1989, DJ.4.12.1989, p. 17884.

BRASIL. Supremo Tribunal Federal. *RG ARE nº 692.186 PB*. Relator Ministro Luiz Fux, posteriormente substituído pelo RG ARE nº 898.060 SC, Relator Ministro Luiz Fux, julgado em 21.9.2016, publicado em 29.9.2016.

BRASIL. Supremo Tribunal Federal. *RE nº 878694 RG*. Relator Desembargador Roberto Barroso, Tribunal Pleno, julgado em 16.4.2015, publicado em 19.5.2015.

BRASIL. Supremo Tribunal Federal. *ADI nº 4277*. Relator Ministro Ayres Britto, Tribunal Pleno, julgado em 5.5.2011, publicado em 14.10.2011.

BRASIL. Supremo Tribunal Federal. *ADPF nº 132*. Relator Ministro Ayres Britto, Tribunal Pleno, julgado em 5.5.2011, publicado em 14.10.2011.

BRASIL. Supremo Tribunal Federal. RT nº 143/330. *Revista dos Tribunais*, n. 143, p. 330, 1943.

BRASIL. Tribunal de Justiça do Mato Grosso. *AC nº 00095097520148110003 MT*. Relator Desembargador Joao Ferreira Filho, julgado em 9.7.2019, Primeira Câmara de Direito Privado, publicado em 15.7.2019.

BRASIL. Tribunal de Justiça do Rio de Janeiro. *APL nº 01823653920088190001*. Relator Desembargador Lindolpho Morais Marinho, julgado em 19.7.2016, Décima Sexta Câmara Cível, publicado em 22.7.2016.

BRASIL. Tribunal de Justiça de São Paulo. *Provimento CG nº 12/2020*. Dispõe sobre a realização de ato notarial à distância, para enfrentamento do estado de calamidade pública reconhecido pelo Decreto Legislativo Federal n.º 6, de 20 de março de 2020, e da emergência de saúde pública de importância internacional decorrente do Coronavírus (Covid-19), e dá outras providências. Disponível em: https://www.tjsp.jus.br/Download/Portal/Coronavirus/Comunicados/ProvimentoCG12-2020.pdf. Acesso em: 5 nov. 2020.

BRAUN, Alexandra. Testamentary Formalities in Italy. *In:* REID, Kenneth G. C.; WAAL, Marius J.; ZIMMERMANN, Reinhard. *Comparative Succession Law*: Volume I: Testamentary Formalities. Oxford: OUP Oxford, 2011. p. 120-141. Disponível em: http://search.ebscohost.com/login.aspx?direct=true&db=nlebk&AN=784617&lang=pt-br&site=ehost-live. Acesso em: 11 nov. 2020.

BROWM, Justin; BRUCH, Ross. Electronic Wills: Ready or Not, Here They Come... *Real Property, Probate & Trust Law Section Newsletter*, Pennsylvania Bar Association, winter/spring 2020. Disponível em: https://www.troutman.com/images/content/2/2/v2/223567/ABA-Property-Property-Winter-Spring-2020-BrownJ-01-03-2020.pdf. Acesso em: 3 maio 2020.

BROWN, Justin H.; BRUCH, Ross. *The Real Property, Probate and Trust Law Section Newsletter*, n. 86, p. 8, winter/spring 2020. Disponível em: https://www.troutman.com/images/content/2/2/v2/223567/ABA-Property-Property-Winter-Spring-2020-BrownJ-01-03-2020.pdf. Acesso em: 10 nov. 2020.

BUCAR, Daniel; PIRES, Daniel. Em matéria de Direitos das Sucessões, 2020 foi um ano de novas percepções. *Consultor Jurídico*, 13 dez. 2020. Disponível em: https://www.conjur.com.br/2020-dez-13/direito-sucessorio-2020-foi-ano-novas-percepcoes#:~:text=Em%20mat%C3%A9ria%20de%20Direito%20das,um%20ano%20de%20novas%20percep%C3%A7%C3%B5es&text=O%20ano%20pand%C3%AAmico%20de%202020,interesse%20no%20Direito%20das%20Sucess%C3%B5es.&text=Esses%20programas%20de%20sucess%C3%A3o%20tiveram,ades%C3%A3o%20no%20ano%20de%202020. Acesso em: 10 jan. 2021.

BUCAR, Daniel; PIRES, Caio Ribeiro. Sucessão e Tributação: perplexidades e proposições equitativas. *In*: TEIXEIRA, Daniele Chaves (coord.). *Arquitetura do planejamento sucessório*. Belo Horizonte: Fórum, 2019. p. 83-100.

CALDERÓN, Ricardo Lucas. A Socioafetividade nas Relações de Parentalidade: Estado da arte nos Tribunais Superiores. *Revista Brasileira de Direito das Famílias e Sucessões*, v. 36, p. 37-62, 2013.

CALDERÓN, Ricardo Lucas. *Princípio da afetividade no direito de família*. 2. ed. Rio de Janeiro: Forense, 2017.

CÁMARA DE DIPUTADOS DEL CONGRESO DE LA UNIÓN. Disponível em: http://www.diputados.gob.mx/LeyesBiblio/pdf/2_270320.pdf. Acesso em: 8 maio 2020.

CANDEIA. Testamento de Partideiro. *In*: CRUZ, Arlindo; NUNIS, Montgomery Ferreira (Sombrinha); BRANDÃO, Leci. *Casa de Samba*. Gravadora Polygram, 1996. Formato CD.

CHAPTER four: What Is an "Electronic Will"? Developments in the Law. *Havard Law Review*, p. 1791, 10 abr. 2018. Disponível em: https://harvardlawreview.org/2018/04/what-is-an-electronic-will/. Acesso em: 5 ago. 2020.

CICU, Antônio. *Testamento*. 2. ed. Milano: Giuffrè, 1951.

COELHO, Camila Aguileira. O impacto do Estatuto da Pessoa com Deficiência no Direito das Sucessões. *In*: BARBOZA, Heloisa Helena; MENDONÇA, Bruna Lima; ALMEIDA; Vitor de Azevedo (coord.). *O Código Civil e o Estatuto da Pessoa com Deficiência*. Rio de Janeiro: Processo, 2017. p. 317-340.

COELHO, Camila Bottaro Sales; MARINHO-JR., Jânio Urbano; SOBRAL, Luciane. Sociedade digital e as novas tendências do testamento: possibilidades e limites. *Revista de Direito Privado*, v. 106, ano 21, p. 263-283. São Paulo: Ed. RT, out./dez. 2020.

COELHO, Paulo; SEIXAS, Raul. Gitâ. *In*: Vários intérpretes. *Máximo de Sucessos - nº 11*. Gravadora Fontana/CBD - Phonogram/Philips, 1974. Formato LP.

COHEN, Fernanda; MULTEDO, Renata Vilela. Medidas efetivas e apropriadas: uma proposta de interpretação sistemática do Estatuto da Pessoa com Deficiência. *In*: BARBOZA, Heloisa Helena; MENDONÇA, Bruna Lima; ALMEIDA; Vitor de Azevedo (coord.). *O Código Civil e o Estatuto da Pessoa com Deficiência*. Rio de Janeiro: Processo, 2017. p. 217-242.

COLOMBO, Maici Barboza dos Santos. *Emancipação civil do adolescente sob a perspectiva civil-constitucional*. 2019. 138 f. Dissertação (Mestrado em Direito Civil) – Faculdade de Direito, Universidade do Estado do Rio de Janeiro, Rio de Janeiro, 2019.

COLOMBO, Maici Barboza dos Santos. Limitação da Curatela aos atos patrimoniais: reflexões sobre a pessoa com deficiência intelectual e a pessoa que não pode se exprimir. *In*: BARBOZA, Heloisa Helena; MENDONÇA, Bruna Lima; ALMEIDA; Vitor de Azevedo. (coord.). *O Código Civil e o Estatuto da Pessoa com Deficiência*. Rio de Janeiro: Processo, 2017. p. 243-271.

CONGRESO DE LA REPÚBLICA DE COLOMBIA. Disponível em: http://www.secretariasenado.gov.co/senado/basedoc/codigo_civil.html. Acesso em: 8 maio 2020.

COPI, Lygia Maria. *Recusa a tratamento médico por adolescentes pacientes terminais*: do direito à morte com dignidade e autonomia à insuficiência do regime das incapacidades. 2016. 141 f. Dissertação (Mestrado em Direito das Relações Sociais) – Faculdade de Direito, Universidade Federal do Paraná, 2016.

CORTE INTERAMERICANA DE DIREITOS HUMANOS. *Damião Ximenes Lopes vs. Brasil*. Disponível em: http://www.corteidh.or.cr/docs/casos/ximenes/agescidh.pdf. Acesso em: 3 jul. 2018.

CORTIANO-JR., Eroulths. *O discurso jurídico da propriedade e suas rupturas*: uma análise do ensino do direito de propriedade. Rio de Janeiro: Renovar, 2002.

CORTIANO-JR., Eroulths. As quatro fundações do direito civil: ensaio preliminar. *Revista da Faculdade de Direito UFPR*, Curitiba, v. 45, 2006.

CORTIANO-JR., Eroulths; EHRHARDT-JR., Marcos; CATALAN, Marcos Jorge. O direito civil constitucional e a pandemia. *Revista Brasileira de Direito Civil*, v. 26, p. 247-256, 2020.

CORTIANO-JR., Eroulths. Morte individual, morte coletiva: um ensaio. *In*: NEVARES, Ana Luiza Maia; XAVIER, Marília Pedroso; MARZAGÃO, Silvia Felipe (org.). *Coronavírus*: impactos no direito de família e sucessões. Indaiatuba: Foco, 2020. p. 373-386.

CROCETTA, Christian. L'autonomia decisionale del minore di fronte al trattamento medico: un confronto fra i sistemi giuridiciitaliano e svizzerop. *Comparazione e Diritto Civile*, Salermo, p. 5, mar. 2015. Persone. Disponível em: http://www.comparazionedirittocivile.it/prova/files/crocetta_autonomia.pdf. Acesso em: 10 ago. 2018.

CROUS, N. A. A comparative study of the legal status of electronic wills. LLM (*Estate Law*), 2019. 87 fls. North-West University, Potchefstroom Campus, 2019. p. 49. Disponível em: https://repository.nwu.ac.za/bitstream/handle/10394/33493/28376404%20NA%20Crous.pdf?sequence=1&isAllowed=y; https://lawdigitalcommons.bc.edu/bclr/vol58/iss2/4. Acesso em: 11 nov. 2020.

DE NICUOLO, Dan. The future of eletronic wills. *Bifocal*, v. 38, n. 5, p. 77, maio/jun. 2017. Disponível em: https://www.americanbar.org/content/dam/aba/administrative/law_aging/2017_mayjune_bifocal-1.pdf. Acesso em: 15 jul. 2020.

DELGADO, Mário. O testamento em vídeo como uma opção de lege lata. *Consultor Jurídico*, 28 jun. 2020. Disponível em: https://www.conjur.com.br/2020-jun-28/processo-familiar-testamento-video-opcao-lege-lata. Acesso em: 10 jul. 2020.

DELGADO, Mário Luiz. O paradoxo da união estável: um casamento forçado. *Revista Jurídica Luso-Brasileira*, v. 2, n. 1, p. 1349-1371, 2016.

DIAS, Eduardo Rocha; SILVA-JUNIOR, Geraldo Bezerra. Autonomia das pessoas com transtorno mental, diretivas antecipadas psiquiátricas e contrato de Ulisses. In: TEPEDINO, Gustavo; MENEZES, Joyceane Bezerra (coord.). *Autonomia privada, liberdade existencial e direitos fundamentais*. Belo Horizonte: Fórum, 2019. p. 137-150.

DONIZETTI, Elpídio. *Curso didático de Direito Processual Civil*. São Paulo: Grupo Gen Editora Atlas, 2016.

DUARTE, Paulo de Tarso Barbosa de. *Apostila de Direito Civil I*. Disponibilização exclusiva aos alunos da Pontifícia Universidade Católica de Campinas, s.d.

Electronic wills and remote notarization law takes effect. *The Florida Bar News*. 3 jan. 2020. Disponível em: https://www.floridabar.org/the-florida-bar-news/electronic-wills-and-remote-notarization-law-takes-effect/. Acesso em: 3 maio 2020.

FACHIN, Luiz Edson. *Da paternidade*: relação biológica e afetiva. Belo Horizonte: Del Rey, 1996.

FACHIN, Luiz Edson. *Direito Civil*: sentidos, transformações e fim. 3. ed. Rio de Janeiro: Renovar, 2012.

FACHIN, Luiz Edson. *Teoria crítica do direito civil*: à luz do novo Código Civil brasileiro. 3. ed. Rio de Janeiro: Renovar, 2012.

FACHIN, Luiz Edson. Vínculo parental parabiológico e irmandade socioafetiva. *Revista dos Tribunais Online*. Soluções Práticas – Fachin, v. 2, p. 159-182, jan. 2012.

FELICIANI, Ana Lucia Alves. Testamento por meio eletrônico: é possível? *Revista da Faculdade de Direito da UFRGS*, n. 30, p. 27-53, 2012. Disponível em: https://core.ac.uk/download/pdf/303990813.pdf. Acesso em: 10 nov. 2020.

FERREIRA, Luís Pinto. *Tratado das heranças e dos testamentos*. 2. ed. São Paulo: Saraiva, 1990.

FERREIRA ALVEZ, Joaquim Augusto. *Manual do Código Civil Brasileiro*: do direito das sucessões. 2. ed. Rio de Janeiro: Jacintho Ribeiro dos Santos Editor, 1928. v. XIX.

FLORIDA GOVERNOR VETOES ELECTRONIC WILLS ACT. *Wealth Management*. 28 jun. 2017. Disponível em: https://www.wealthmanagement.com/estate-planning/florida-governor-vetoes-electronic-wills-act. Acesso em: 3 maio 2020.

FONSECA, Tito Prates. *Sucessão testamentária*. São Paulo: Saraiva, 1928.

FRAZÃO, Dilva. Vincent van Gogh. *Ebiografia*. Última atualização em 28 maio 2021. Disponível em: https://www.ebiografia.com/van_gogh/. Acesso em: 15 out. 2020.

GADÚ, Maria. Dona Cila. In: GADÚ, Maria. *Maria Gadú*. Rio de Janeiro: Som Livre, 2009. 1 CD.

GAMA, Affonso Dioysio. *Tratado teórico e prático de testamentos*. 3. ed. Rio de Janeiro: Freitas Bastos, 1953.

GAMA, Guilherme Calmon Nogueira da. A capacidade para testar, para testemunhar e para adquirir por testamento. In: PEREIRA, Rodrigo da Cunha; HIRONAKA, Giselda Maria Fernanda Novaes (coord.). *Direito das sucessões*. 2. ed. Belo Horizonte: Del Rey Editora, p. 191-239, 2007.

GAGLIANO, Pablo Stolze. É o fim da interdição? *Portal Jus*, 9 fev. 2016. Disponível em: https://pablostolze.jus.com.br/publicacoes. Acesso em: 2 fev. 2018.

GAGLIANO, Pablo Stolze; PAMPLONA-FILHO, Rodolfo. *O novo divórcio*. São Paulo: Saraiva, 2010.

GEERE, Duncan. Death 2.0: The Future of Digital Wills. *Wired*, 11 fev. 2010. Disponível em: http://www.wired.co.uk/article/death-20-the-future-of-digital-wills. Acesso em: 20 nov. 2020.

GLOVER, Mark. A therapeutic jurisprudential framework of estate planning. *Seattle UL Rev.*, v. 35, p. 427, 2011.

GLOVER, Mark. *The Solemn Moment*: Expanding Therapeutic Jurisprudence Throughout Estate Planning. 2015. Disponível em: https://sites.suffolk.edu/lawreview/2015/02/21/the-solemn-moment-expanding-therapeutic-jurisprudence-throughout-estate-planning/. Acesso em: 21 jan. 2021.

GLOVER, Mark. The Therapeutic Function of Testamentary Formality. *U. Kan. L. Rev.*, v. 61, p. 139 - 177, 2012.

GOMES, Orlando. *Raízes históricas do Código Civil*. São Paulo: Martins Fontes, 2003.

GOMES, Orlando. *Sucessões*. 11. ed. Rio de Janeiro: Forense, 2001.

GOOGLE PLAY. Eyefy. Disponível em: https://play.google.com/store/apps/details?id=br.com.alphamob.aie&hl=pt_BR. Acesso em: 10 jul. 2020.

GRANT, Joseph Karl. Shattering and moving beyond the Gutenberg Paradigm: the dawn of the electronic will. *University of Michigan Journal of Law Reform*, v. 42, n. 1, p. 105-139, 2008. Disponível em: https://repository.law.umich.edu/cgi/viewcontent.cgi?article=1246&context=mjlr. Acesso em: 5 ago. 2020.

GUSTKE, Constance. The Ethical Will, an Ancient Concept, is Revamped for the Tech Age. *The New York Times*, New York, 1 nov. 2014. Disponível em: https://www.nytimes.com/2014/11/01/your-money/the-ethical-will-an-ancient-concept-isrevamped-for-the-tech-age.html. Acesso em: 20 jan. 2021.

HIRONAKA, Giselda Maria Fernanda Novaes. Direito das Sucessões: introdução. *In*: PEREIRA, Rodrigo da Cunha; HIRONAKA, Giselda Maria Fernanda Novaes (coord.). *Direito das sucessões*. 2. ed. Belo Horizonte: Del Rey, 2007. p. 1-14.

HIRONAKA, Giselda Maria Fernandes Novaes. A forma como foi disciplinada a sucessão testamentária em nosso país é um obstáculo para a maior utilização do ato de última vontade no Brasil? *Revista Jurídica Luso-Brasileira*, ano 3, n. 1, p. 413-422, 2017. Disponível em: http://www.egov.ufsc.br/portal/sites/default/files/2017_01_0413_0422.pdf. Acesso em: 7 fev. 2018.

HORTON, David. *Tomorrow's Inheritance: The Frontiers of Estate Planning Formalism*. Boston College Law Review, v. 539, 2017. Disponível em: https://lawdigitalcommons.bc.edu/bclr/vol58/iss2/4. Acesso em: 11 nov. 2020.

IBGE. Instituto Brasileiro de Geografia e Estatística. *Estatísticas do Registro Civil nº 1984-2002*.

IBGE. Instituto Brasileiro de Geografia e Estatística. *Estatísticas do Registro Civil nº 2003-2016*.

IBGE. Instituto Brasileiro de Geografia e Estatística. *Pesquisa Nacional por Amostra de Domicílios 1992/1999*.

IBGE. Instituto Brasileiro de Geografia e Estatística. *Pesquisa Nacional por Amostra de Domicílios Contínua 2017.*

IORC, Tiago. Me tira pra dançar. *In*: IORC, Tiago. *Reconstrução*. Rio de Janeiro: Iorc Produções/Universal Music, 2019. 1 CD.

ITABAIANA DE OLIVEIRA, Arthur Vasco. *Tratado de Direito das Sucessões*. 4. ed. São Paulo: Max Limonad, 1952. v. 2.

JANSEN, Nils. Testamentary Formalities in Early Modern Europe. *In:* REID, Kenneth G. C.; WAAL, Marius J.; ZIMMERMANN, Reinhard. *Comparative Succession Law*: Volume I: Testamentary Formalities. Oxford: OUP Oxford, 2011. p. 27-50. Disponível em: http://search.ebscohost.com/login.aspx?direct=true&db=nlebk&AN=784617&lang=pt-br&site=ehost-live. Acesso em: 11 nov. 2020.

JULIO, Rennan A. A linha entre a loucura e a genialidade é mais tênue do se imaginava. *Revista Galileu*, 31 out. 2014. Disponível em: https://revistagalileu.globo.com/Ciencia/noticia/2014/10/linha-entre-loucura-e-genialidade-e-mais-tenue-do-que-se-imaginava.html#:~:text=E%20segundo%20uma%20pesquisadora%20de,surpreendente%E2%80%9D%2C%20conta%20Shelly%20Carson. Acesso em: 15 out. 2020.

KAPITANGO-A-SAMBA, Kilwangy. Tecnologia assistiva na Convenção da ONU e no Estatuto da Pessoa com Deficiência. *In*: MENEZES, Joyceane Bezerra (org.). *Direito das pessoas com deficiência psíquica e intelectual nas relações privadas*. Rio de Janeiro: Processo, 2016.

KONDER, Cíntia Muniz de Souza. A celebração de negócios jurídicos por pessoas consideradas absolutamente capazes pela Lei nº 13.146 de 2015, mas que não possuem o necessário discernimento para os atos civis por doenças da mente: promoção da igualdade perante a lei ou ausência de proteção? *In:* BARBOZA, Heloisa Helena; MENDONÇA, Bruna Lima; ALMEIDA; Vitor de Azevedo (coord.). *O Código Civil e o Estatuto da Pessoa com Deficiência*. Rio de Janeiro: Processo, 2017. p. 167-184.

LANGBEIN, John H. Excusing Harmless Errors in the Execution of Wills: a Report on Australia's Tranquil Revolution in Probate Law. *Columbia Law Review*, v. 87, n. 1, 1987. Disponível em: https://digitalcommons.law.yale.edu/cgi/viewcontent.cgi?article=1504&context=fss_papers. Acesso em: 25 nov. 2020.

LANGBEIN, John H. Substantial compliance with the Wills Act. *Harvard Law Review*, v. 88, n. 3, 1975. Disponível em: https://digitalcommons.law.yale.edu/cgi/viewcontent.cgi?article=1510&context=fss_papers. Acesso em: 25 nov. 2020.

LAPUENTE, Sergio Camara. Testamentary Formalities in Spain. *In:* REID, Kenneth G. C.; WAAL, Marius J.; ZIMMERMANN, Reinhard. *Comparative Succession Law*: Volume I: Testamentary Formalities. Oxford: OUP Oxford, 2011. p. 71-95. Disponível em: http://search.ebscohost.com/login.aspx?direct=true&db=nlebk&AN=784617&lang=pt-br&site=ehost-live. Acesso em: 11 nov. 2020.

LEGALZOOM. *Protect your loved ones with a legally binding will.* Disponível em: https://www.legalzoom.com/personal/estate-planning/last-will-and-testament-overview.html. Acesso em: 20 nov. 2020.

LEAL, Livia Teixeira. *Internet e morte do usuário*: proposta para o tratamento post mortem do conteúdo inserido na rede. 2. ed. Rio de Janeiro: GZ Editora, 2020.

LEAL, Livia Teixeira. Internet e morte do usuário: a necessária superação do paradigma da herança digital. *Revista Brasileira de Direito Civil – RBDCilvil*, Belo Horizonte, v. 16, p. 181-197, abr./jun. 2018.

LEITE, Eduardo de Oliveira. *Comentários ao novo Código Civil, volume XXI*: do direito das sucessões. 4. ed. Rio de Janeiro: Forense, 2005.

LEITE, Eduardo de Oliveira. *Direito Civil Aplicado*: Direito das Sucessões. São Paulo: Revista dos Tribunais, 2004.

LÔBO-NETTO, Paulo Luiz. Constitucionalização do direito civil. *Revista de informação legislativa*, v. 141, p. 99-109, 1999.

LÔBO-NETTO, Paulo Luiz. A paternidade socioafetiva e a verdade real. *Revista CEJ*, v. 10, n. 34, p. 15-21, 2006.

MADALENO, Rolf. A concorrência sucessória e o trânsito processual: a culpa mortuária. *Revista brasileira de direito de família*, v. 7, n. 29, p. 144-151, abr./maio 2005.

MARQUES, Cláudia Lima; MIRAGEM, Bruno. *O novo direito privado e a proteção dos vulneráveis*. 2. ed. São Paulo: Revista dos Tribunais, 2014.

MATOS, Ana Carla Harmatiuk Matos; OLIVEIRA, Lígia Ziggiotti de. Além do Estatuto da Pessoa com Deficiência: reflexões a partir de uma compreensão de Direitos Humanos. In: MENEZES, Joyceane Bezerra (org.). *Direito das pessoas com deficiência psíquica e intelectual nas relações privadas*. Rio de Janeiro: Processo, 2016. p. 111-131.

MATOS, Ana Carla Harmatiuk. A família recomposta. In: MENEZES, Joyceane Bezerra de; MATOS, Ana Carla Harmatiuk (org.). *Direito das famílias por juristas brasileiras*. São Paulo: Saraiva, 2013.

MATOS, Ana Carla Harmatiuk; HAPNER, Paula Aranha. Multiparentalidade: uma abordagem a partir das decisões nacionais. *Civilistica.com*, Rio de Janeiro, a. 5, n. 1, 2016. Disponível em: http://civilistica.com/multiparentalidade-uma-abordagem-a-partir-das-decisoes-nacionais/. Acesso em: 28 out. 2020.

MAXIMILIANO, Carlos. *Direito das sucessões*. 4. ed. Rio de Janeiro: Freitas Bastos, 1958. v. 1.

MCENIERY, Ben. Succession Law keeping pace with changes in technology and community expectations – informal wills. *Journal of New Business Ideas & Trends*, v. 12, 2014. Disponível em: https://eprints.qut.edu.au/74716/18/74716.pdf. Acesso em: 22 out. 2020.

MCGARRY, Lisa L. Videotaped Wills: An Evidentiary Tool or a Written Will Substitute. *Iowa L. Rev.*, v. 77, p. 1187, 1991. Disponível em: https://heinonline.org/HOL/LandingPage?handle=hein.journals/uflr43&div=17&page=. Acesso em: 3 jun. 2020.

MELLO, Marcos Bernardes de. *Teoria do fato jurídico*: plano da eficácia. 20. ed. São Paulo: Saraiva, 2014, v. 1.

MELLO, Marcos Bernardes de. *Teoria do fato jurídico*: plano da existência. 20. ed. São Paulo: Saraiva, 2014.

MELO-NETO, João Cabral de. *Morte e Vida Severina e Outros Poemas em Voz Alta*. Rio de Janeiro: José Olympio, 1974.

MENEZES, Joyceane Bezerra de. O direito protetivo no Brasil após a convenção sobre a proteção da pessoa com deficiência: impactos do novo CPC e do estatuto da pessoa com deficiência. *Civilistica.com*, Rio de Janeiro, a. 4, n. 1, jan.-jun./2015. Disponível em: http://civilistica.com/o-direito-protetivo-no-brasil/. Acesso em: 17 fev. 2018.

MENEZES, Joyceane Bezerra. O novo instituto da Tomada de Decisão Apoiada: instrumento de apoio ao exercício da capacidade civil da pessoa com deficiência instituído pelo Estatuto da Pessoa com Deficiência – Lei Brasileira de Inclusão (Lei nº 13.146/2015). *In*: MENEZES, Joyceane Bezerra (org.). *Direito das pessoas com deficiência psíquica e intelectual nas relações privadas*. Rio de Janeiro: Processo, 2016. p. 602-632.

MENEZES, Joyceane Bezerra; LOPES, Ana Beatriz Lima Pimentel. A sucessão testamentária da pessoa com deficiência intelectual e psíquica. *In*: TEIXEIRA, Daniele Chaves (coord.). *Arquitetura do planejamento sucessório*. Belo Horizonte: Fórum, 2019. p. 159-174.

MENEZES, Joyceane Bezerra de; TEIXEIRA, Ana Carolina Brochado. Desvendando o conteúdo da capacidade civil a partir do Estatuto da Pessoa com Deficiência. *Pensar: Revista de Ciências Jurídicas*, 2016. Disponível em: https://periodicos.unifor.br/rpen/article/view/5619/0. Acesso em: 3 mar. 2020.

MONTEIRO, Washington de Barros. *Curso de Direito Civil*: Direito das Sucessões. 17. ed. São Paulo: Saraiva, 1981.

MONTEIRO, Washington de Barros. *Curso de Direito Civil*. Atualizado por Ana Cristina de Barros Monteiro França Pinto. 35. ed. São Paulo: Saraiva, 2001. v. 6.

MORAES, Vinicius de. Testamento. *In*: MORAES, Vinicius de; TOQUINHO. *Toquinho e Vinicius – 1971*. Gravadora RGE, 1971. Formato LP (1971) e CD (2001).

MOTA PINTO, Carlos Alberto da. *Teoria geral do direito civil*. 3. ed. atual. Coimbra: Coimbra Editora, 1999.

NEVADA REVISED STATUTE §133.085 (2013): WILLS NRS Nº 133.085 – ELECTRONIC WILL. Added to NRS by 2001, 2340. *Justia Us Law*, 2013. Disponível em: https://law.justia.com/codes/nevada/2013/chapter-133/statute-133.085/#:~:text=Nevada%20Revised%20Statutes2013%20Nevada%20Revised%20Statutes,NRS%20133.085%20%2D%20Electronic%20will.&text=Every%20person%20of%20sound%20mind,of%20the%20testator%20s%20debts. Acesso em: 6 jun. 2020.

NEVARES, Ana Luiza. Testamento virtual: ponderações sobre a herança digital e o futuro do testamento. *Civilistica.com*, Rio de Janeiro, ano 10, n. 1, 2021. Disponível em: https://civilistica.com/wp-content/uploads1/2021/05/Nevares-civilistica.com-a.10.n.1.2021.pdf. Acesso em: 10 maio 2021.

NEVARES, Ana Luiza Maia. Os planos de previdência privada (VGBL E PGBL) na perspectiva familiar e sucessória: critérios para sua compatibilização com a herança e a meação. *Revista Brasileira de Direito Civil – RBDCivil*, Belo Horizonte, v. 28, p. 257-274, abr./jun. 2021. Disponível em: https://rbdcivil.emnuvens.com.br/rbdc/article/view/749. Acesso em 22 mar. 2022.

NEVARES, Ana Luiza Maia. *A função promocional do testamento*. Rio de Janeiro: Renovar, 2009.

NEVARES, Ana Luiza Maia; SCHREIBER, Anderson. Do sujeito à pessoa: uma análise da incapacidade civil. *In*: TEPEDINO, Gustavo; TEIXEIRA, Ana Carolina Brochado; ALMEIDA, Vitor (coord.). *O Direito Civil entre o sujeito e a pessoa*: estudos em homenagem ao professor Stefano Rodotà. Belo Horizonte: Fórum, 2016. p. 39-56.

NEVES, Gustavo Kloh Muller. Testamento em vídeo, corporificação de testamento em vídeo e disposição testamentária incidente em vídeo: leituras sob as óticas da instrumentalidade das formas e da boa-fé objetiva no direito brasileiro. *Revista do IBDFAM*, n. 38, p. 51-66, mar./abr. 2020.

NONATO, Orosimbo. *Estudos sobre sucessão testamentária*. Rio de Janeiro: Forense, 1957. v. 1.

OLIVEIRA-FILHO, Ivanildo de Figueiredo Andrade de. *Forma da declaração de vontade na internet*: do contrato eletrônico ao testamento digital. 2014. 390 f. Tese (Doutorado em Direito) – Programa de Pós-Graduação em Direito, Centro de Ciências Jurídicas/Faculdade de Direito do Recife, Universidade Federal de Pernambuco, Recife, 2014. Disponível em: https://repositorio.ufpe.br/handle/123456789/11257. Acesso em: 15 jul. 2020.

OLIVEIRA, James Eduardo. *Código Civil anotado e comentado*: doutrina e jurisprudência. 2. ed. Rio de Janeiro: Grupo Gen-Editora Forense, 2010.

PALACIOS, Agustina; BARIFFI, Francisco. *La discapacidad como una cuestión de derechos humanos*. Una aproximación a la Convención Internacional sobre los Derechos de las Personas con Discapacidad. Madrid: Cinca, 2007.

PARALMENTO DEL URUGUAY. Disponível em: https://parlamento.gub.uy/sites/default/files/CodigoCivil2010-02.pdf?width=800&height=600&hl=en_US1&iframe=true&rel=nofollow. Acesso em: 8 maio 2020.

PEREIRA, Caio Mário da Silva. *Instituições de Direito Civil*. 12. ed. Rio de Janeiro: Forense, 1999. v. 4.

PEREIRA, Fábio Queiroz. O itinerário legislativo do Estatuto da Pessoa com Deficiência. *In:* PEREIRA, Fábio Queiroz; MORAIS, Luísa Cristina de Carvalho; Lara, Mariana Alves. *A teoria das incapacidades e o Estatuto da Pessoa com Deficiência*. 2. ed. Belo Horizonte: D'Plácido, 2018.

PEREIRA, Jacqueline Lopes. *Tomada de Decisão Apoiada*: a ampliação das liberdades da pessoa com deficiência psíquica ou intelectual em escolhas que geram efeitos jurídicos. Curitiba: Juruá, 2019.

PEREIRA, Jacqueline Lopes; MATOS, Ana Carla Harmatiuk. Avanços e retrocessos ao sentido de capacidade legal: panorama prospectivo sobre decisões existenciais de pessoas com deficiência. *Pensar: Revista de Ciências Jurídicas*, 2018.

PERLINGIERI, Pietro. La funzione sociale del diritto successorio. *In:* TATARANO, Giovanni; PERCHINUNNU, Remigio (a cura di). *Studi in memoria di Giuseppe Panza*. Napoli: Edizioni Scientifiche Italiane, 2010. p. 592-604.

PERLINGIERI, Pietro. *Perfis do direito civil*. Tradução de Maria Cristina de Cicco. Rio de Janeiro: Renovar, 1999.

PERUZZO, Pedro Pulzatto. Direitos Humanos, povos indígenas e interculturalidade. *Revista Videre da Faculdade de Direito & Relações Internacionais da UFGD*, v. 8, n. 15, p. 4-18, 2016. Disponível em: http://ojs.ufgd.edu.br/index. php/videre/article/view/5594. Acesso em: 29 out. 2017.

PESSOA, Fernando. *Livro do desassossego*: por Bernardo Soares. 2. ed. São Paulo: Brasiliense, 1986.

Philip Seymour Hoffman's will: Actor wished for son to stay away from Hollywood. *Independent*, 20 fev. 2014. Disponível em: https://www.independent.co.uk/news/people/news/philip-seymour-hoffman-s-will-actor-wished-son-stay-away-hollywood-9140612.html. Acesso em: 20 jan. 2021.

PIANOVSKI, Carlos Eduardo. A Teoria Crítica de Luiz Edson Fachin e a superação do positivismo jurídico. *In:* FACHIN, Luiz Edson. *Teoria crítica do direito civil*: à luz do novo Código Civil brasileiro. 3. ed. Rio de Janeiro: Renovar, 2012.

PINTENS, Walter. Testamentary Formalities in France and Belgium. *In:* REID, Kenneth G. C.; WAAL, Marius J.; ZIMMERMANN, Reinhard. *Comparative Succession Law*: Volume I: Testamentary Formalities. Oxford: OUP Oxford, 2011. p. 51-70. Disponível em: http://search.ebscohost.com/login.aspx?direct=true&db=nlebk&AN=784617&lang=pt-br&site=ehost-live. Acesso em: 11 nov. 2020.

PONTES DE MIRANDA, Francisco Cavalcanti. *Tratado de direito privado*. 3. ed. v. 1. Rio de Janeiro: Borsoi, 1972.

PONTES DE MIRANDA, Francisco Cavalcanti. *Tratado de direito privado*. 3. ed. v. 2. Rio de Janeiro: Borsoi, 1972.

PONTES DE MIRANDA, Francisco Cavalcanti. *Tratado de direito privado*. Atualizado por Marcos Bernardes de Mello e Marcos Ehrhardt Jr. São Paulo: Revista dos Tribunais, 2012.v. 3.

PONTES DE MIRANDA, Francisco Cavalcanti. *Tratado de direito privado*. 3. ed. v. 31. Rio de Janeiro: Borsoi, 1972.

PONTES DE MIRANDA, Francisco Cavalcanti. *Tratado de direito privado*. 3. ed. v. 56. Rio de Janeiro: Borsoi, 1972.

PONTES DE MIRANDA, Francisco Cavalcanti. *Tratado dos testamentos*. Leme: BH Editora e distribuidora, 2005. v. 1.

PONTES DE MIRANDA, Francisco Cavalcanti. *Tratado dos testamentos*. Leme: BH Editora e distribuidora, 2005.v. 4.

PONTES DE MIRANDA, Francisco Cavalcanti. *Tratado dos testamentos*. Leme: BH Editora e distribuidora, 2005.v. 5.

PROTO, Massimo. Successione testamentaria e princípi constituzionali. *In:* SESTA, Michele; CUFFARO, Vicenzo (a cura di). *Persona, famiglia e successioni nela giurisprudenza constituzionale*. Napoli: Edizioni Scientifiche Italiane, 2006. p. 825-835.

RAMALHO, Zé; CAPINAM. Xote dos Poetas. *In*: RAMALHO, Zé; FAGNER. *Orquídea Negra*. Rio de Janeiro: Estúdios Sigla, 1983. 1 CD.

RAMOS, André Luiz Arnt; CORTIANO-JR., Eroulths. Liberdade de testar versussucessão forçada: anotações preliminares sobre o direito sucessório brasileiro. *Rejus-Univel*, n. 4, p. 41-73, maio 2015.

REDE IBEROAMERICANA DE COOPERAÇÃO JURÍDICA INTERNACIONAL. Disponível em: https://iberred.org/sites/default/files/codigo_civil_costa_rica.pdf. Acesso em: 8 maio 2020.

REDE IBEROAMERICANA DE COOPERAÇÃO JURÍDICA INTERNACIONAL. Disponível em: https://iberred.org/sites/default/files/codigocivilbolivia.pdf. Acesso em: 8 maio 2020.

Registros de testamentos em cartórios aumentam 134% após a pandemia.*Valor Investe*, 18 out. 2020. Disponível em: https://valorinveste.globo.com/objetivo/organize-as-contas/noticia/2020/10/18/registros-de-testamentos-em-cartorios-aumentam-134percent-apos-a-pandemia.ghtml. Acesso em: 20 nov. 2020.

REID, Kenneth G. C.; WAAL, Marius J.; ZIMMERMANN, Reinhard. Testamentary Formalities in Historical and Comparative Perspective. *In:* REID, Kenneth G. C.; WAAL, Marius J.; ZIMMERMANN, Reinhard. *Comparative Succession Law*: Volume I: Testamentary Formalities. Oxford: OUP Oxford, 2011. p. 432-471. Disponível em: http://search.ebscohost.com/login.aspx?direct=true&db=nlebk&AN=784617&lang=pt-br&site=ehost-live. Acesso em: 11 nov. 2020.

RÉPUBLIQUE FRANÇAISE. *Légifrance*. Code Civil. Disponível em: https://www. legifrance.gouv.fr/codes/article_lc/LEGIARTI000006433642/2007-01-01#:~:text=Le%20 mineur%2C%20parvenu%20%C3%A0%20l,permet%20au%20majeur%20de%20disposer. Acesso em: 9 out. 2020.

REQUIÃO, Maurício. As mudanças na capacidade e a Inclusão da tomada de decisão apoiada a partir do Estatuto da Pessoa com Deficiência. *Revista de Direito Civil Contemporâneo*, v. 6, p. 37-54, jan./mar. 2016. Disponível em: https://escolasuperior.mppr. mp.br/arquivos/File/Marina/deficiencia5.pdf. Acesso em: 14 out. 2020.

RESCIGNO, Pietro. *Introduzione al Codice civile*. Bari: Laterza, 1992.

RIBEIRO, Raphael Rego Borges. *O direito das sucessões e a Constituição Federal de 1988*: reflexão crítica sobre os elementos do fenômeno sucessório à luz da metodologia civil-constitucional. 2020. 351 f. Tese (Doutorado em Direito) – Programa de Pós-Graduação em Direito, Faculdade de Direito. Universidade Federal da Bahia, 2020. Disponível em: https://repositorio.ufba.br/ri/handle/ri/31687. Acesso em: 10 nov. 2020.

RIZZARDO, Arnaldo. *Direito das sucessões*. 4. ed. Rio de Janeiro: GEN/Forense, 2008.

RODOTÀ, Stefano. O direito à verdade. Tradução de Maria Celina Bodin de Moraes e Fernanda Nunes Barbosa. *Civilistica.com*, Rio de Janeiro, v. 2, n. 3, 2013. Disponível em: http://civilistica.com/o-direito-a-verdade/. Acesso em: 6 fev. 2018.

RODRIGUES, Silvio. *Direito Civil*. 25. ed. Atualizada por Zeno Veloso. São Paulo: Saraiva, 2002. v. 7.

RODRIGUES, Silvio. Breve histórico sobre o direito de família nos últimos 100 anos. *Revista da Faculdade de Direito*, Universidade de São Paulo, v. 88, p. 239-254, 1 jan. 1993.

ROSENVALD, Nelson. O Modelo Social de Direitos Humanos e a Convenção da Pessoa com Deficiência – o fundamento primordial da Lei nº 13.146/2015. *In:* MENEZES, Joyceane Bezerra (org.). *Direito das pessoas com deficiência psíquica e intelectual nas relações privadas*. Rio de Janeiro: Processo, 2016. p. 91-110.

RUFNER, Thomas. Testamentary Formalities in Roman Law. *In:* REID, Kenneth G. C.; WAAL, Marius J.; ZIMMERMANN, Reinhard. *Comparative Succession Law*: Volume I: Testamentary Formalities. Oxford: OUP Oxford, 2011. p. 1-26. Disponível em: http://search.ebscohost.com/login.aspx?direct=true&db=nlebk&AN=784617&lang=pt-br&site=ehost-live. Acesso em: 11 nov. 2020.

SANTOS, Boaventura de Sousa. Subjectividade, cidadania e emancipação. *Revista Crítica e Ciências Sociais*, n. 32, jun. 1991.

SCHMIDT, Jan Peter. Testamentary Formalities in Latin America with particular reference to Brazil. *In:* REID, Kenneth G. C.; WAAL, Marius J.; ZIMMERMANN, Reinhard. *Comparative Succession Law*: Volume I: Testamentary Formalities. Oxford: OUP Oxford, 2011. p. 96-119. Disponível em: http://search.ebscohost.com/login.aspx?direct=true&db =nlebk&AN=784617&lang=pt-br&site=ehost-live. Acesso em: 11 nov. 2020.

SCHREIBER, Anderson. *Equilíbrio contratual e dever de renegociar*. São Paulo: Saraiva, 2018.

SCHULMAN, Gabriel. Consentimento para os atos na saúde à luz da Convenção de Direitos da Pessoa com Deficiência: da discriminação ao empoderamento. *In:* BARBOZA, Heloisa Helena; MENDONÇA, Bruna Lima; ALMEIDA, Vitor de Azevedo (coord.). *O Código Civil e o Estatuto da Pessoa com Deficiência*. Rio de Janeiro: Processo, 2017. p. 271-298.

SHAKESPEARE, William. *Hamlet*. Ato IV, Cena III. São Paulo: Penguin, 2015.

SILVA, Clovis Veríssimo do Couto e. *A obrigação como processo*. São Paulo: Bushatsky, 1976.

SILVA, Eduardo Freitas Horácio da. Consentimento informado das pessoas com deficiência mental: a necessária compatibilização entre a Convenção de Direitos da Pessoa com Deficiência e a Lei Brasileira de Inclusão. *In*: BARBOZA, Heloisa Helena; MENDONÇA, Bruna Lima; ALMEIDA; Vitor de Azevedo (coord.). *O Código Civil e o Estatuto da Pessoa com Deficiência*. Rio de Janeiro: Processo, 2017. p. 299-316.

SIMÕES, Celso Cardoso da Silva. Relações entre as alterações históricas na dinâmica demográfica brasileira e os impactos decorrentes do processo de envelhecimento da população. *Estudos e Análises: Informação Demográfica e Socioeconômica*, n. 4. Rio de Janeiro: IBGE, Coordenação de População e Indicadores Sociais, 2016. Disponível em: https://biblioteca.ibge.gov.br/visualizacao/livros/liv98579.pdf. Acesso em: 20 nov. 2020.

SIQUEIRA, Natércia Sampaio. A capacidade nas democracias contemporâneas: fundamentos axiológicos da Convenção de Nova York. *In*: MENEZES, Joyceane Bezerra (org.). *Direito das pessoas com deficiência psíquica e intelectual nas relações privadas*. Rio de Janeiro: Processo, 2016. p. 47-66.

SISTEMA ARGENTINO DE INFORMACIÓN JURÍDICA. Codigo civil y comercial de la nacion. Ley nº 26.994. *InfoLEG – Información Legislativa*. Disponível em: http://servicios.infoleg.gob.ar/infolegInternet/anexos/235000-239999/235975/texact.htm#4. Acesso em: 8 maio 2020.

SISTEMA PERUANO DE INFORMACIÓN JURÍDICA. Disponível em: https://spij.minjus.gob.pe/spij-ext-web/detallenorma/H682684. Acesso em: 8 maio 2020.

SMART-WILL. By Sanders Fisher Ltd. Disponível em: https://www.smartwill.app/about-us/. Acesso em: 20 nov. 2020.

SNEDDON, Karen. Speaking for the dead: voice in last wills and testaments. *Saint John's Law Review*, v. 85, p. 734, 2011. Disponível em: https://www.lwionline.org/sites/default/files/2016-09/v5%20Sneddon%20Speaking%20for%20the%20Dead%20Voice%20in%20LWT.pdf. Acesso em: 20 nov. 2020.

SOUZA, Eduardo Nunes de; SILVA, Rodrigo da Guia. Autonomia, discernimento e vulnerabilidade: estudo sobre as invalidades negociais à luz do novo sistema das incapacidades. *Civilistica.com*, Rio de Janeiro, a. 5, n. 1, 2016. Disponível em: http://civilistica.com/autonomia-discernimento-e-vulnerabilidade/. Acesso em: 17 fev. 2019.

TARTUCE, Flávio. O Estatuto da Pessoa com Deficiência e a capacidade testamentária ativa. *In*: MENEZES, Joyceane Bezerra (org.). *Direito das pessoas com deficiência psíquica e intelectual nas relações privadas*. Rio de Janeiro: Processo, 2016. p. 463-492.

TATARANO, Maria Chiara. Il Testamento. *In*: D'AMICO, Giovanni. *Trattato di diritto civile del Consiglio Nazionale del Notariato*. Napoli: Edizioni Scientifiche Italiane, 2003.

TEIXEIRA, Ana Carolina Brochado. Autonomia existencial. *Revista Brasileira de Direito Civil – RBDCilvil*, Belo Horizonte, v. 16, p. 75-104, abr./jun. 2018.

TEIXEIRA, Ana Carolina Brochado; BUCAR, Daniel; PIRES, Caio. Tributação dos alimentos: uma política fiscal discriminatória de gênero. *Consultor Jurídico*, 30 mar. 2021. Disponível em: https://www.conjur.com.br/2021-mar-30/opiniao-tributacao-alimentos-politica-discriminatoria. Acesso em: 30 mar. 2021.

TEIXEIRA, Ana Carolina Brochado; KONDER, Carlos Nelson. Situações jurídicas dúplices: controvérsias na nebulosa fronteira entre patrimonialidade e extrapatrimonialidade *In*: TEPEDINO, Gustavo; FACHIN, Luiz Edson (org.). *Diálogos sobre Direito Civil*. Rio de Janeiro: Renovar, 2012.

TEIXEIRA, Ana Carolina Brochado; LEAL, Lívia Teixeira. *Herança Digital*: Controvérsias e Alternativas. Indaiatuba: Editora Foco, 2021.

TEIXEIRA, Ana Carolina Brochado; LEAL, Lívia Teixeira. Controle valorativo dos atos de autonomia praticados por pessoas com deficiência intelectual ou psíquica. *Pensar*, v. 25, n. 4, 2020.

TEIXEIRA, Daniele Chaves. *Planejamento sucessório*: pressupostos e limites. Belo Horizonte: Fórum, 2018.

TEIXEIRA, Júlia Mestre; GIL MOREIRA, Jose Giordano. Índia. *In*: TEIXEIRA, Júlia Mestre; GILSONS. Índia. Rio de Janeiro: Gravadora Xirê, 2020. 1 CD.

TEPEDINO, Gustavo. Posse e propriedade na constitucionalização do direito civil: função social, autonomia da posse e bens comuns. *In*: SALOMÃO, Luis Felipe; TARTUCE, Flávio. *Direito civil*: diálogos entre a doutrina e a jurisprudência. São Paulo: Atlas, 2017.

TEPEDINO, Gustavo. Premissas metodológicas para a constitucionalização do direito civil. *Temas de Direito Civil*, v. 3, p. 1-22, 1999.

TEPEDINO, Gustavo. A disciplina civil-constitucional das relações familiares. *In*: TEPEDINO, Gustavo. *Temas de Direito Civil*. Rio de Janeiro: Renovar, 1999. p. 347-366.

TEPEDINO, Gustavo; DONATO, Milena. Personalidade e capacidade na legalidade constitucional. *In*: MENEZES, Joyceane Bezerra (org.). *Direito das pessoas com deficiência psíquica e intelectual nas relações privadas*. Rio de Janeiro: Processo, 2016. p. 227-248.

TEPEDINO, Gustavo; NEVARES, Ana Luiza Maia; MEIRELES, Rose Melo Vencelau. *Fundamentos do Direito Civil*: Direito das Sucessões. Rio de Janeiro: Forense, 2020.v. 7.

The Uniform Electronic Wills Act: The Wave of the Future? *Gudorf Law Group*, Ohio Probate Law. 28 abr. 2020. Disponível em: https://www.ohioprobatelawyer.com/estate-planning/2020/04/28/the-uniform-electronic-wills-act-the-wave-of-the-future/. Acesso em: 3 maio 2020.

TRUSTPILOT. Smart Will. Disponível em: https://uk.trustpilot.com/review/smartwill.app. Acesso em: 20 nov. 2020.

UNIFORM LAW COMISSION. *Uniform Eletronic Wills Act*, p. 6, 2019. Disponível em: https://www.uniformlaws.org/HigherLogic/System/DownloadDocumentFile.ashx?DocumentFileKey=3b74160d-1525-2fe5-f3e5-6ee5dc416d3c&forceDialog=0. Acesso em: 10 jan. 2021.

VARELA, Antunes. *Ineficácia do testamento e vontade conjectural do testador*. Coimbra: Coimbra Editora, 1950.

VELOSO, Caetano Emmanuel. Reconvexo. *In*: BETHÂNIA, Maria. *Memória da Pele*. Gravadora Philips/Polygram, 1989. Formato LP/CD.

VELOSO, Zeno. *Direito Civil*: temas. Belém: Associação dos Notários e Registradores do Pará, 2018.

VELOSO, Zeno. *Estatuto da Pessoa com Deficiência*: uma nota crítica. Postado por Professor Flávio Tartuce – Direito Civil. 17 maio 2016. Disponível em: http://professorflaviotartuce.blogspot.com/2016/05/estatuto-da-pessoa-com-deficiencia-uma.html. Acesso em: 6 fev. 2018.

VELOSO, Zeno. Nulidade e inexistência. *In*: CASSETTARI, Christiano (coord.). *10 anos de vigência do Código Civil brasileiro de 2002*: estudos em homenagem ao professor Carlos Alberto Dabus Maluf. São Paulo: Saraiva, 2013. p. 192-204.

VELOSO, Zeno. Parte especial: do direito das sucessões: da sucessão testamentária; do inventário e da partilha (Artigos 1.857 a 2.027). *In:* AZEVEDO, Antônio Junqueira (coord.). *Comentário ao Código Civil.* São Paulo: Saraiva, 2003.v. 21.

VELOSO, Zeno. Testamentos: noções gerais, formas ordinárias, codicilo, formas especiais. *In:* PEREIRA, Rodrigo da Cunha; HIRONAKA, Giselda Maria Fernanda Novaes (coord.). *Direito das sucessões.* 2. ed. Belo Horizonte: Del Rey, 2007. p. 125-190.

VENOSA, Sílvio Salvio. O testamento e o projeto do Código Civil. *Revista Forense*, v. 76, n. 271, p. 339-351. Rio de Janeiro: Ed. Forense, 1980.

VENOSA, Sílvio Salvo. *Direito Civil*: Sucessões. 18. ed. São Paulo: Grupo GEN, 2018.

VENOSA, Sílvio de Salvo. Comentários ao Código Civil brasileiro. *In:* ALVIN, Arruda; ALVIN, Thereza (coord.). *Comentários ao código civil brasileiro.* V. XVI. São Paulo: Forense, 2008.

WATTERSON, Stephen. Gain-Based Remedies for Civil Wrongs in England and Wales. *In:* HONDIUS, Ewoud; JANSSEN, André (org.). *Disgorgment of Profits*: Gain-Based Remedies throughout the World. Springer: Cham, 2015. p. 29-70.

WENDEL, Peter T. Wills Act Compliance and the Harmless Error Approach: Flawed Narrative Equaled Flawed Analysis. *Oregon Law Review*, v. 95, p. 337-396, 2016. Disponível em: https://core.ac.uk/download/pdf/84755542.pdf. Acesso em: 25 nov. 2020.

ZAMPIER, Bruno. *Bens Digitais*: Cybercultura; Redes Sociais; E-mails; Músicas; Livros; Milhas; Aéreas; Moedas Virtuais. Indaiatuba: Editora Foco, 2020.

ZIMMERMANN, Reinhard. Testamentary Formalities in Germany. *In:* REID, Kenneth G. C.; WAAL, Marius J.; ZIMMERMANN, Reinhard. *Comparative Succession Law*: Volume I: Testamentary Formalities. Oxford: OUP Oxford, 2011. p. 175-215. Disponível em: http://search.ebscohost.com/login.aspx?direct=true&db=nlebk&AN=784617&lang=pt-br&site=ehost-live. Acesso em: 11 nov. 2020.

ANEXOS

ANEXO I

PROJETO DE LEI Nº 3.799, DE 2019

(Autoria da Senadora Soraya Thronicke)

Altera o Livro V da Parte Especial da Lei nº 10.406, de 10 de janeiro de 2002, e o Título III do Livro I da Parte Especial da Lei nº 13.105, de 16 de março de 2015, para dispor sobre a sucessão em geral, a sucessão legítima, a sucessão testamentária, o inventário e a partilha.

O Congresso Nacional decreta:

Art. 1º Os arts. 1.788, 1.795 a 1.797, 1.799, 1.800, 1.805, 1.810, 1.816, 1.829 a 1.832, 1.835 a 1.839, 1.841 a 1.843, 1.845, 1.846, 1.848, 1.850, 1.857, 1.859, 1.860, 1.862, 1.864, 1.866 a 1.871, 1.873, 1.876, 1.878 a 1.881, 1.909, 1.962, 1.963, 1.965, 1.973 e 2.004 da Lei nº 10.406, de 10 de janeiro de 2002 (Código Civil), passam a vigorar com a seguinte redação:

Art. 1.788. Morrendo a pessoa sem testamento, transmite a herança aos herdeiros legítimos; o mesmo ocorrerá quanto aos bens que não forem compreendidos no testamento; e subsiste a sucessão legítima se o testamento caducar, romper-se ou for inválido. (NR)

Art. 1.795. O coerdeiro, a quem não se der conhecimento da cessão, poderá, depositado o preço, atualizado monetariamente, haver para si a quota cedida a estranho, se o requerer até cento e oitenta dias após a efetiva ciência da transmissão..
(NR)

Art. 1.796. No prazo de 90 (noventa) dias, a contar da abertura da sucessão, instaurar-se-á inventário do patrimônio hereditário, perante o juízo competente no lugar da sucessão, para fins de liquidação e, quando for o caso, de partilha da herança. (NR)

Art. 1.797..
....

Parágrafo único. A ordem estabelecida nos incisos I a III do caput deste artigo poderá ser alterada pelo juiz, de acordo com as circunstâncias. (NR)

Art. 1.799.. I – os filhos de pessoas indicadas pelo testador ainda não concebidos, não adotados ou cujo vínculo de socioafetividade ainda não tenha sido reconhecido, desde que vivas as indicadas, ao abrir-se a sucessão;

.... (NR)

Art. 1.800... §1º Salvo disposição testamentária em contrário, a curatela caberá, sucessivamente, à pessoa cujo filho o testador esperava ter por herdeiro, aos avós e tios do herdeiro eventual, a seus tios e, na falta de todos esses, à pessoa indicada pelo juiz.

....

§3º Nascendo com vida o herdeiro esperado, efetivando-se sua adoção ou reconhecendo-se o correspondente vínculo de socioafetividade, ser-lhe-á deferida a sucessão, com os frutos e rendimentos relativos à deixa, a partir da morte do testador.

§4º Se, decorridos quatro anos da abertura da sucessão, não for concebido ou adotado o herdeiro esperado, ou tampouco for reconhecido o correspondente vínculo de socioafetividade, os bens reservados, salvo disposição em contrário do testador, caberão aos herdeiros legítimos.

§5º A habilitação à adoção da pessoa cujo filho o testador esperava ter por herdeiro interrompe o prazo de quatro anos de que trata o §4º. (NR)

Art. 1.805..

....

§2º Não importa igualmente aceitação a renúncia, pura e simples, da herança. (NR)

Art. 1.810...

Parágrafo único. Concorrendo herdeiros de classes diversas, a renúncia de qualquer deles devolve sua parte aos que integram a mesma ordem dos chamados a suceder. (NR)

Art. 1.816. São pessoais os efeitos da exclusão e da deserdação; os descendentes do herdeiro excluído ou deserdado sucedem, como se ele morto fosse antes da abertura da sucessão.

§1º O excluído da sucessão ou o deserdado não terá direito ao usufruto ou à administração dos bens que a seus sucessores couberem na herança, nem à sucessão eventual desses bens.

§2º O terceiro beneficiado pelo ato de indignidade e que com ele tenha compactuado perde os direitos patrimoniais a qualquer título a que teria direito. (NR)

Art. 1.829..

I – aos descendentes, em concorrência com o cônjuge ou com o companheiro sobrevivente;

II – aos ascendentes, em concorrência com o cônjuge ou com o companheiro sobrevivente;

III – ao cônjuge ou ao companheiro sobrevivente;

IV – aos colaterais.

Parágrafo único. A concorrência sucessória do cônjuge ou companheiro, prevista nos incisos I e II do caput deste artigo, incidirá apenas sobre os seguintes bens, independentemente do regime patrimonial adotado:

I – os bens adquiridos onerosamente, na constância do casamento ou união estável, ainda que só em nome de um dos cônjuges ou companheiros;

II – os bens adquiridos por fato eventual, com ou sem o concurso de trabalho ou despesa anterior;

III – os bens adquiridos por doação, herança ou legado, em favor de ambos os cônjuges ou companheiros;

IV – as benfeitorias e acessões em bens particulares de cada cônjuge ou companheiro, produzidos na constância do casamento ou união estável;

V – os frutos e produtos dos bens comuns ou dos particulares de cada cônjuge ou companheiro, percebidos na constância do casamento ou união estável, ou pendentes ao tempo da abertura da sucessão. (NR)

Art. 1.830. Somente é reconhecido direito sucessório ao cônjuge ou ao companheiro sobrevivente se, ao tempo da morte do outro, não estavam separados de fato. (NR)

Art. 1.831. Ao cônjuge, ao companheiro, aos descendentes incapazes ou com deficiência, bem como aos ascendentes vulneráveis (art.1.846) que residiam com o autor da herança ao tempo de sua morte, será assegurado, sem prejuízo da participação que lhes caiba na herança, o direito real de habitação relativamente ao imóvel que era destinado à moradia da família, desde que seja bem a inventariar.

§1º O direito real de habitação poderá ser exercido em conjunto pelos respectivos titulares, conforme a situação verificada na data do óbito.

§2º Cessa o direito quando o titular tiver renda ou patrimônio suficiente para manter sua respectiva moradia, ou quando constituir nova entidade familiar. (NR)

Art. 1.832. Em concorrência com os descendentes (art. 1.829, inciso I), caberá ao cônjuge ou ao companheiro quinhão igual ao dos que sucederem por direito próprio. (NR)

Art. 1.835. Na linha descendente, os filhos sucedem por direito próprio, e os outros descendentes, por direito próprio ou por representação, conforme se achem ou não no mesmo grau. (NR)

Art. 1.836. Na falta de descendentes, são chamados à sucessão os ascendentes, em concorrência com o cônjuge ou com o companheiro sobrevivente.

....

§2º Havendo igualdade em grau e diversidade em linha, a herança deverá ser dividida em tantas linhas quantos sejam os pais. (NR)

Art. 1.837. Concorrendo com ascendente em primeiro grau, ao cônjuge ou ao companheiro tocará um terço da herança; caber-lhe-á a metade desta se houver um só ascendente, ou se maior for aquele grau. (NR)

Art. 1.838. Em falta de descendentes e ascendentes, será deferida a sucessão por inteiro ao cônjuge ou ao companheiro sobrevivente. (NR)

Art. 1.839. Se não houver cônjuge ou companheiro sobrevivente, nas condições estabelecidas no art. 1.830, serão chamados a suceder os colaterais até o quarto grau. (NR)

Art. 1.841. Na falta de irmãos, herdarão os filhos destes e, não os havendo, os tios. (NR)

Art. 1.842. Se concorrerem à herança somente filhos de irmãos falecidos, herdarão por direito próprio. (NR)

Art. 1.843. Se concorrerem apenas os tios, herdarão por direito próprio e, na sua falta, de igual modo, os colaterais até o quarto grau. (NR)

Art. 1.845. São herdeiros necessários os descendentes e os ascendentes. (NR)

Art. 1.846..

§1º O testador poderá destinar um quarto da legítima a descendentes, ascendentes, a cônjuge ou companheiro com vulnerabilidade.

§2º Considera-se pessoa com vulnerabilidade, para fins deste artigo, toda aquela que tenha impedimento de longo prazo ou permanente, de natureza física, mental, intelectual ou sensorial, o qual, em relação a sua idade ou meio social, implica desvantagens consideráveis para sua integração familiar, social, educacional ou laboral, obstruindo sua participação plena e efetiva na sociedade em igualdade de condições com as demais pessoas. (NR)

Art. 1.848. A cláusula de inalienabilidade só poderá ser aposta sobre os bens da legítima para proteger o patrimônio mínimo do herdeiro.

§1º Independe de motivação a aposição das cláusulas de incomunicabilidade e de impenhorabilidade.

§2º Não é permitido ao testador estabelecer a conversão dos bens da legítima em outros de espécie diversa, salvo se a conversão for determinada em dinheiro.

§3º Com autorização judicial e havendo justa causa, podem ser alienados os bens gravados, mediante sub-rogação, ou levantados os gravames. (NR)

Art. 1.850. Para excluir da sucessão os herdeiros colaterais, o cônjuge ou o companheiro, basta que o testador disponha de seu patrimônio sem os contemplar.

§1º O cônjuge ou o companheiro com insuficiência de recursos ou de patrimônio para sua subsistência terá direito a constituição de capital cuja renda assegure a sua subsistência.

§2º O capital constituído sobre imóveis ou por direitos reais sobre imóveis suscetíveis de alienação, títulos da dívida pública ou aplicações financeiras em banco oficial, e a renda deles decorrente, são inalienáveis e impenhoráveis, enquanto sobreviver o cônjuge ou companheiro, além de constituir-se em patrimônio de afetação.

§3º Não terá direito ao capital ou a renda de que tratam os §§1º e 2º aquele que cometer atos de indignidade ou que permitam a deserdação." (NR)

Art. 1.857..
....

§3º Aquele que se encontrar na posse do testamento particular ou cerrado tem o dever de comunicar sua existência aos sucessores, tão logo tenha conhecimento da morte do testador; desconhecendo a existência ou paradeiro de sucessores, depositará o testamento em juízo." (NR)

Art. 1.859. Extingue-se em quatro anos o direito de requerer a declaração de nulidade do testamento ou de disposição testamentária, contado o prazo da data do seu registro. (NR)

Art. 1.860. Além dos absolutamente incapazes, não podem testar os que não estiverem em condições de expressar sua vontade de forma livre e consciente, no momento do ato..
.... (NR)

Art. 1.862..
....

Parágrafo único. Os testamentos ordinários podem ser escritos ou gravados, desde que gravadas imagens e voz do testador e das testemunhas, por sistema digital de som e imagem. (NR)

Art. 1.864. São requisitos essenciais do testamento público:

I – ser escrito ou gravado em sistema digital de som e imagem por tabelião ou por seu substituto legal, de acordo com as declarações do testador, podendo este servir-se de minuta, notas ou apontamentos;

II – quando o testamento for escrito, depois de lavrado o instrumento, deve ser lido em voz alta pelo tabelião ao testador e a duas testemunhas, a um só tempo; ou pelo testador, se o quiser, na presença destas e do oficial;

III – em seguida à leitura, o instrumento será assinado pelo testador, pelas testemunhas e pelo tabelião que deverá, caso não se oponha o testador, realizar a gravação do ato em sistema digital de som e imagem;..

IV – quando o testamento for realizado mediante gravação em sistema digital de som e imagem, esta será exibida pelo tabelião ao testador e a duas testemunhas, a um só tempo, que confirmarão, por escrito, o teor das declarações.

Parágrafo único. A certidão do testamento público, enquanto vivo o testador, só poderá ser fornecida a requerimento deste ou por ordem judicial. (NR)

Art. 1.866. Ao indivíduo inteiramente surdo só se permite o testamento público, por escrito ou gravado em sistema digital de som e imagem, desde que utilizada a Língua Brasileira de Sinais (LIBRAS). (NR)

Art. 1.867. O cego somente poderá testar pela forma pública, com a gravação obrigatória do ato em sistema digital de som e imagem, em testamento que lhe será lido, em voz alta, por duas vezes, uma pelo tabelião ou por seu substituto legal, e a outra por uma das testemunhas, designada pelo testador, fazendo-se de tudo circunstanciada menção no testamento. (NR)

Art. 1.868. O testamento escrito ou gravado em sistema digital de som e imagem pelo testador, ou por outra pessoa, a seu rogo, será válido se aprovado pelo tabelião ou seu substituto legal, observadas as seguintes formalidades:

I – que o testador entregue a declaração escrita em documento físico ou o arquivo digital de som e imagem ao tabelião em presença de duas testemunhas;

....

Parágrafo único. Quando escrito mecanicamente o testamento cerrado, o subscritor deve numerar e autenticar, com a sua assinatura, todas as páginas; quando filmado, deve o testador verbalizar, com a própria voz, antes de encerrar a gravação, ser aquele o seu testamento. (NR)

Art. 1.869. O tabelião deve começar o auto de aprovação declarando, sob sua fé, que o testador lhe entregou a declaração escrita em documento físico ou o arquivo digital de som e imagem para ser aprovado na presença das testemunhas; passando a cerrar e coser o instrumento ou o invólucro em que inserido o arquivo digital. (NR)

Art. 1.870. Se o tabelião tiver escrito ou gravado o testamento a rogo do testador, poderá, não obstante, aprová-lo. (NR)

Art. 1.871. O testamento pode ser escrito em língua nacional, estrangeira ou em braile, pelo próprio testador, ou por outrem, a seu rogo.

Parágrafo único. O testamento cerrado em sistema digital de som e imagem poderá ser gravado em língua estrangeira. (NR) Art. 1.873. O surdo não oralizado pode fazer testamento cerrado por escrito ou por gravação em sistema digital de som e imagem, desde que utilizada a Língua Brasileira de Sinais (LIBRAS). Quando o testamento for escrito, o testador deve escrevê-lo e assiná-lo de mão própria. Ao entregar ao oficial público o documento físico ou o arquivo digital de som e imagem, ante as duas testemunhas, o testador declarará, por escrito, na face externa do papel ou do envoltório, que aquele é o seu testamento, cuja aprovação lhe pede. (NR)

Art. 1.876. O testamento particular pode ser escrito de próprio punho ou mediante processo mecânico, ou pode ser gravado em sistema digital de som e imagem.

....

§3º Se realizado por sistema digital de som e imagem, deve haver nitidez e clareza na gravação das imagens e sons, bem como declarar a data da gravação, sendo esses os requisitos essenciais à sua validade, além da presença de três testemunhas identificadas nas imagens.

§4º O testamento deverá ser gravado em formato compatível com os programas computadorizados de leitura existentes na data da celebração do ato, contendo a declaração do testador de que no vídeo consta o seu testamento, bem como sua qualificação completa e a das testemunhas. (NR)

Art. 1.878. Se as testemunhas forem incontestes sobre o fato da disposição, ou, ao menos, sobre a sua leitura perante elas, e se reconhecerem as próprias assinaturas, ou quando, por programa de gravação, reconhecerem as suas imagens e falas, assim como as do testador, o testamento será confirmado.. (NR)

Art. 1.879. Em circunstâncias excepcionais declaradas pelo testador, o testamento particular escrito e assinado de próprio punho, ou gravado em qualquer programa ou dispositivo audiovisual pelo testador, sem testemunhas ou demais formalidades, poderá ser confirmado, a critério do juiz.

Parágrafo único. Caducará o testamento hológrafo excepcional, se o testador não morrer no prazo de noventa dias, contados da cessação das circunstâncias excepcionais declaradas pelo testador. (NR)

Art. 1.880. O testamento particular pode ser escrito em língua estrangeira ou em braile, contanto que as testemunhas o compreendam. Parágrafo único. O testamento particular em sistema digital de som e imagem poderá ser gravado em língua estrangeira ou em Língua Brasileira de Sinais (LIBRAS). (NR)

Art. 1.881. Toda pessoa capaz de testar poderá, mediante escrito particular seu, datado e assinado, ou ainda mediante gravação em programa audiovisual, fazer disposições especiais sobre o seu enterro, sobre esmolas de pouca monta a certas e determinadas pessoas, ou, indeterminadamente, aos pobres de certo lugar, assim como legar móveis, roupas ou jóias, de pouco valor, de seu uso pessoal. (NR)

Art. 1.909..

Parágrafo único. Extingue-se em quatro anos o direito de anular a disposição, contados da data do registro do testamento. (NR)

Art. 1.962..

I – ofensa à integridade física ou psicológica;

....

III – desamparo material e abandono afetivo voluntário do ascendente pelo descendente. (NR)

Art. 1.963..

I – ofensa à integridade física ou psicológica;

....

III – desamparo material e abandono afetivo voluntário do filho ou neto. (NR)

Art. 1.965. Ao herdeiro deserdado é permitido impugnar a causa alegada pelo testador.

§1º O direito de impugnar a causa da deserdação extingue-se no prazo de quatro anos, a contar da data do registro do testamento.

§2º São pessoais os efeitos da deserdação, sucedendo os descendentes do herdeiro deserdado por representação.

§3º O deserdado não terá direito ao usufruto ou à administração dos bens que a seus sucessores couberem na herança, nem à sucessão eventual desses bens. (NR)

Art. 1.973. Sobrevindo herdeiro necessário sucessível ao testador, que não o tinha, não o conhecia ou não o deveria conhecer quando testou, rompe-se o testamento em todas as suas disposições, se esse herdeiro sobreviver ao testador. (NR)

Art. 2.004. O valor de colação dos bens doados será aquele que tiverem ao tempo da abertura da sucessão, se conferidos em substância.

§1º Só o valor dos bens doados entrará em colação; não assim o das benfeitorias acrescidas, as quais pertencerão ao herdeiro donatário, correndo também à conta deste os rendimentos ou lucros, assim como os danos e perdas que eles sofrerem.

§2º Se o donatário já não possuir os bens doados, estes, assim como as acessões e as benfeitorias que ele fez, serão colacionados pelo valor do tempo de sua alienação, atualizado monetariamente. (NR)

Art. 2º A Lei nº 10.406, de 10 de janeiro de 2002 (Código Civil), passa a vigorar acrescida do seguinte art. 1.859-A ao Capítulo I do Título III do Livro V de sua Parte Especial:

Art. 1.859-A. Não podem ser testemunhas em testamentos:

I – os menores de dezesseis anos;

II – aqueles que não estiverem em condições de expressar sua vontade de forma livre e consciente, no momento do ato;

III – o herdeiro ou legatário instituído, seus ascendentes e descendentes, irmãos, colaterais até o quarto grau, cônjuge e companheiro;

IV – o amigo íntimo ou o inimigo de qualquer herdeiro ou legatário instituído;

V – os que mantenham vínculo de subordinação ou prestem serviços ao herdeiro ou legatário instituído.

Art. 3º Os arts. 610, 639, 651 e 737 da Lei nº 13.105, de 16 de março de 2015 (Código de Processo Civil), passam a vigorar com a seguinte redação:

Art. 610. Inexistindo acordo entre os herdeiros e os legatários, proceder-se-á ao inventário judicial.

§1º Se todos os herdeiros e os legatários forem concordes, o inventário e a partilha poderão ser feitos por escritura pública, a qual constituirá documento hábil para qualquer ato de registro, bem como para levantamento de importância depositada em instituições financeiras.

....

§3º Se houver herdeiro incapaz ou testamento, a eficácia da escritura pública dependerá de anuência do Ministério Público. §4º Com a discordância do Ministério Público, o tabelião de notas não lavrará a escritura e o inventário será judicia. (NR)

Art. 639..

§1º Os bens a serem conferidos na partilha, assim como as acessões e as benfeitorias que o donatário fez, calcular-se-ão pelo valor que tiverem ao tempo da abertura da sucessão, se conferidos em substância.

§2º Se o donatário já não possuir os bens doados, estes, assim como as acessões e as benfeitorias que o donatário fez, serão colacionados pelo valor do tempo de sua alienação, atualizado

monetariamente. (NR)

Art. 651..

....

II - meação do cônjuge ou do companheiro;

III - a disponível;

.... (NR)

Art. 737..

....

§3º Aplica-se o disposto neste artigo ao codicilo e ao testamento feito por sistema audiovisual.

....

§5º Se o testamento foi feito por sistema audiovisual, o dispositivo deverá ser entregue na secretaria do juízo, sendo assegurado o recibo de entrega. (NR)

Art. 4º A Lei nº 13.105, de 16 de março de 2015 (Código de Processo Civil), passa a vigorar acrescida do seguinte art. 737-A à Seção V do Capítulo XV do Título III do Livro I de sua Parte Especial:

> Art. 737-A. Se todos os herdeiros e legatários forem concordes, a abertura do testamento cerrado ou a apresentação dos testamentos público e particular, bem como o seu registro e cumprimento, a nomeação de testamenteiro e a prestação de contas poderão ser feitos por escritura pública, cuja eficácia dependerá de anuência do Ministério Público.
>
> §1º A abertura do testamento cerrado deverá ocorrer perante o tabelião de notas, que lavrará uma escritura pública específica, atestando os fatos e indicando se há, ou não, vício externo que torne o testamento eivado de nulidade ou suspeito de falsidade; havendo qualquer vício, o tabelião não lavrará a escritura.
>
> §2º Não havendo vício, o tabelião de notas submeterá a cédula à anuência do Ministério Público.
>
> §3º Com a discordância do Ministério Público, o tabelião não lavrará a escritura (NR)
>
> Art. 5º Esta Lei entrará em vigor sessenta dias após sua publicação.
>
> Art. 6º Ficam revogados o art. 1.790, o inciso III do art. 1.801, o art. 1.843 e os arts. 1.886 a 1.896, 1.952 e 1.974 da Lei nº 10.406, de 10 de janeiro de 2002 (Código Civil).

JUSTIFICAÇÃO

Este projeto de lei é fruto de um árduo trabalho desenvolvido em conjunto com a Comissão de Assuntos Legislativos do Instituto Brasileiro de Direito de Família (IBDFAM). A redação do texto foi precedida de pesquisas promovidas entre professores de Direito das Sucessões de diversas instituições do país.

O objetivo principal é promover a necessária reformulação nas regras sucessórias dispostas no Código Civil e no Código de Processo Civil. Todas as sugestões ora apresentadas foram discutidas e debatidas com profundidade por professores e advogados sucessionistas comprometidos com o aprimoramento do Direito das Famílias e das Sucessões. As propostas foram extraídas do consenso que emergiu dos debates. Os temas que mantiveram altos níveis de litigiosidade e de dissenso acadêmico ao longo dos debates foram deixados de fora, aguardando momento futuro, de maior amadurecimento.

O nosso Direito das Sucessões clama por reformas desde a entrada em vigor do Código Civil, há quase 20 anos. As grandes inovações introduzidas pelo código atual, especialmente aquelas atinentes à sucessão do cônjuge e do companheiro, foram lacunosas e trouxeram muitas dúvidas, as quais, por sua vez, deram origem a acaloradas discussões doutrinárias e, não raro, a contraditórias posições na jurisprudência.

Até hoje, não temos segurança jurídica em relação a diversas questões, como é o caso do afastamento do cônjuge da sucessão após prolongada separação de fato, da concorrência do cônjuge com a descendência híbrida, do cálculo do quinhão dos descendentes comuns e exclusivos e da concorrência do cônjuge com o companheiro.

Sem falar nas demandas que resultam das novas formas de filiação. Os filhos socioafetivos têm legitimidade sucessória em relação a todos os ascendentes, não importa quantos sejam e qual seja sua origem?

Esse estado de insegurança se agravou bastante recentemente, com as últimas decisões do Supremo Tribunal Federal (STF) que afastaram, por inconstitucional, o tratamento sucessório diferenciado entre casamento e união estável. No estado atual da arte, não temos respostas seguras para uma gama de indagações relevantes que impactam a vida das pessoas. Não sabemos responder, por exemplo, se o companheiro é herdeiro necessário ou quais regras da sucessão do cônjuge se aplicarão à união estável: somente o art. 1.829 ou todos os demais?

Em outras palavras, além das dúvidas que já perturbavam a doutrina, agora surgiram várias outras, o que torna premente uma reforma ampla do Código Civil e do Código de Processo Civil, de modo a compatibilizar tanto o direito material quanto o direito adjetivo com os novos rumos ditados pela jurisprudência.

Nesse sentido, estamos propondo alterações nos quatro títulos que integram o Livro V ("Do Direito das Sucessões") do Código Civil, além de algumas alterações no Código de Processo Civil.

No tocante às regras "Da Sucessão em Geral", a primeira e inafastável sugestão refere-se à revogação, no Código Civil, do art. 1.790, cuja inconstitucionalidade foi reconhecida em duas ocasiões pelo STF.

Também excluímos a disposição testamentária feita ao concubino do testador casado em preservação ao princípio da autonomia privada e à garantia da liberdade do testador para determinar a quem caberá a sua parte disponível. Pela mesma razão, foi excluída a proibição da disposição testamentária ao filho exclusivo do concubino do testador casado.

No que toca à cessão de direitos hereditários, o prazo decadencial de 180 dias previsto no art. 1.795 do mesmo diploma legal deve ser contado da efetiva ciência da cessão por parte do coerdeiro preterido, e não do momento em que a cessão se realizou, em valorização ao princípio da boa-fé objetiva.

Em razão do princípio da igualdade da filiação, previsto pelo §6º do art. 227 da Constituição Federal, justifica-se a inclusão dos filhos adotivos e socioafetivos no rol das pessoas legitimadas a suceder por disposição testamentária que contemple prole eventual (art. 1.800). Igualmente, a proposta trata de esclarecer, no caso de adoção, o termo inicial da contagem do prazo de dois anos de que trata o §4º do art. 1.800. Como não é possível prever o tempo de duração do processo de adoção, optou-se por estabelecer como termo inicial do referido prazo de dois anos a data do efetivo cadastramento, como adotante, da pessoa cujo filho o testador esperava ter por herdeiro, visto que essa data pode ser determinada de forma objetiva. Contudo, para que a disposição testamentária à prole eventual seja eficaz, é necessário que o processo de adoção tenha se encerrado com a constituição do vínculo de parentesco entre adotante e adotado, por meio de sentença judicial transitada em julgado.

No art. 1.805, substituiu-se o termo cessão por renúncia, porquanto a cessão importaria em aceitação da herança, já que só são passíveis de cessão os direitos que compõem o patrimônio do cedente. A hipótese prevista no §2º do artigo 1.805 constitui, na verdade, renúncia abdicativa, e essa é a razão da proposta de alteração do texto legal.

Com relação ao art. 1.810, a alteração proposta tem por base o enunciado nº 575 da VI Jornada de Direito Civil do Conselho da Justiça Federal, que se justifica em razão da possibilidade de concorrência de herdeiros de classes diversas, como é o caso dos descendentes do falecido concorrendo com seu cônjuge ou companheiro. Nesses casos, a parte do herdeiro renunciante deve ser dividida de forma equitativa entre todos os demais herdeiros chamados a suceder, e não somente entre aqueles da mesma classe.

Entretanto, duas grandes omissões precisam ser ressaltadas. A primeira refere-se ao art. 1.798 e às discussões que grassam em torno da legitimidade sucessória dos embriões extracorpóreos. A matéria foi exaustivamente debatida, mas não se alcançou o mínimo consenso necessário à inclusão de qualquer proposta de alteração redacional do dispositivo. Pela mesma razão, não foi possível avançar nas propostas que relativizavam a vedação ao *pacta corvina*. Foi apresentada sugestão legislativa no sentido de se admitir a renúncia prévia à herança manifestada em pacto antenupcial e em contrato de convivência, mas o dissenso que emergiu dos debates impediu a incorporação da proposta ao texto projetado.

Quanto à "Sucessão Legítima", propõe-se a manutenção de sistemática similar àquela do Código Civil, alterando-se, no entanto, o pressuposto da sucessão do cônjuge e do companheiro quando em concorrência com os descendentes, já que dita concorrência não será mais dependente do regime de bens do casamento ou da união estável. Isso porque o cônjuge e o companheiro foram excluídos do rol rígido dos herdeiros necessários, podendo, assim, o autor da herança dispor livremente em testamento sobre os direitos sucessórios do consorte, inclusive excluindo-o da sucessão.

Em que pese à possibilidade de exclusão do cônjuge e do companheiro da sucessão, estes poderão, não obstante, reivindicar do monte quota hereditária não superior àquela que receberiam na sucessão legítima, se comprovarem insuficiência de recursos ou de patrimônio para sua subsistência. Dessa forma, a sucessão necessária do cônjuge e do companheiro passa a não estar mais assentada exclusivamente no vínculo conjugal, mas na condição do sobrevivente na família e em sua dependência em relação ao autor da herança, não sendo seus direitos sucessórios concedidos a priori pela lei, sem uma análise da situação em concreto. Na hipótese de o cônjuge ou o companheiro comprovarem insuficiência de recursos ou de patrimônio para sua subsistência, a quota que vierem a receber, mediante decisão fundamentada do juiz, de acordo com as suas necessidades e as dos herdeiros concorrentes, será imputada na legítima dos herdeiros necessários, sendo mantida a quota disponível em sua integralidade.

De fato, diante da progressiva igualdade entre homens e mulheres na família e do ingresso da mulher no mercado de trabalho, bem como do fenômeno cada vez mais crescente das famílias recompostas, é preciso repensar a posição do cônjuge e do companheiro na sucessão hereditária, tendo restado claro, desde a entrada em vigor do Código Civil, um clamor por uma maior liberdade testamentária em relação ao consorte sobrevivente.

Ainda em relação à sucessão do cônjuge e do companheiro sobrevivente, o anteprojeto propõe uma releitura do artigo 1.831 do Código Civil, que garante ao cônjuge sobrevivente, em caráter vitalício, o direito real de habitação em relação ao único imóvel residencial do monte a inventariar, que era destinado à residência da família, independentemente do regime de bens, não se atentando para as condições econômicas do sobrevivo, que pode ter direito a enorme meação ou partilha no acervo patrimonial, bem como possuir imóvel próprio para moradia.

Diante da inserção da mulher no mercado de trabalho e do princípio da igualdade de gêneros, bem como diante da longevidade atual, é preciso repensar a concessão do direito real de habitação, sendo possível verificar situações em que haja, de um lado, filhos menores do falecido, ou pais idosos e dependentes, e, de outro lado, o cônjuge supérstite são e independente, sobretudo quando há no monte um único imóvel residencial.

Assim, é salutar proteger o cônjuge ou o companheiro, mas não se lhe pode garantir uma proteção excessiva e em descompasso com a sua realidade, em especial quando em concorrência com outros herdeiros, merecedores de especial proteção, devendo a sucessão ter em vista a pessoa do sucessor, ou seja, as suas características e aspectos individuais e, em especial, a sua relação com o autor da herança.

Nessa direção, considerando o caráter protetivo do aludido benefício, esse deve ser estendido para os familiares vulneráveis cuja moradia dependia daquela do autor da herança, enquanto perdurar tal situação de dependência. Assim, propõe-se que o direito real de habitação seja atribuído aos sucessores vulneráveis cujas moradias dependiam daquela do autor da herança por ocasião da abertura da sucessão, sendo o referido benefício sucessório exercido coletivamente, enquanto os titulares não adquirirem renda ou patrimônio suficiente para manter sua respectiva moradia, ou não casarem nem constituírem união estável.

Em relação à sucessão dos ascendentes, propõe-se a alteração do dispositivo pertinente para supressão da referência à linha materna ou paterna, indicando apenas a linha ascendente, de forma a compatibilizar a sucessão dos ascendentes à multiparentalidade.

O anteprojeto, ainda, pretende ampliar a liberdade do testador em prol dos herdeiros vulneráveis, inspirando-se na recente codificação argentina de 2015, cujo artigo 2.448 dispõe, textualmente:

> ARTÍCULO 2.448.- *Mejora a favor de heredero con discapacidad.* El causante puede disponer, por el medio que estime conveniente, incluso mediante un fideicomiso, ademas de la porción disponible, de un tercio de las porciones legítimas para aplicarlas como mejora estricta a descendientes o ascendientes con discapacidad. A estos efectos, se considera persona con discapacidad, a toda persona que padece una alteración funcional permanente o prolongada, física o mental, que en relación a su edad y medio social implica desventajas considerables para su integración familiar, social, educacional o laboral.

Destarte, propõe-se dispositivo que autoriza ao testador destinar um quarto da legítima a descendentes, ascendentes, a cônjuge ou companheiro com deficiência, considerando-se com deficiência toda pessoa que tem impedimento de longo prazo de natureza física, mental, intelectual ou sensorial, o qual, em interação com uma ou mais barreiras, pode obstruir sua participação plena e efetiva na sociedade em igualdade de condições com as demais pessoas. Com efeito, trata-se de uma ampliação da liberdade testamentária qualitativa, em benefício dos vulneráveis, mantendo hígida a quota disponível correspondente à metade da herança.

Quanto às cláusulas restritivas da propriedade, é preciso registrar que essas sempre foram duramente criticadas no ordenamento jurídico brasileiro. De fato, a inalienabilidade – que abrange as demais – constitui uma restrição à propriedade privada instituída por um particular, sem compromisso algum de estar fundamentada na função social da propriedade ou no poder de polícia. Como é sabido, a propriedade privada, assim como sua função social, constituem princípios gerais da atividade econômica (Constituição Federal, art. 170, II e III), e, portanto, as restrições que a lei poderá trazer a tais princípios deverão estar fundadas na própria Constituição ou, então, nas concepções aceitas sobre o poder de polícia. Não obstante, mediante essas cláusulas restritivas, a simples vontade individual tira um bem do comércio, da esfera de garantia dos credores, paralisando-o no patrimônio de outra pessoa muitas vezes contra o seu querer, tornando-se no mais das vezes um estorvo em sua vida.

Nessa direção, a jurisprudência brasileira não tardou a deferir pedidos de dispensa dos gravames e, até mesmo, de declaração de inconstitucionalidade das cláusulas em questão, até a entrada em vigor do art. 1.848 do Código Civil, que admitiu a oneração da legítima dos herdeiros necessários, na hipótese de justa causa declarada no testamento.

Dito conceito indeterminado foi alvo de críticas, uma vez que o Código não estabeleceu nenhum dispositivo narrativo com os objetivos da aludida cláusula aberta, dificultando sobremaneira a sua interpretação. Nesse esforço hermenêutico, busca-se o sentido da inalienabilidade que se coadune com os princípios constitucionais, uma vez que qualquer restrição a direito fundamental garantido na Constituição só poderá ser justificada por razões que encontrem amparo na própria Constituição.

Assim, a inalienabilidade convencional deve ser justificada por outros direitos fundamentais que, em contraposição àqueles indicados acima, possam prevalecer no caso concreto. Nessa esteira, ao ser analisada a finalidade da inalienabilidade – a saber, impossibilitar que determinado bem seja alienado e, por consequência, penhorado –, só será possível encontrar razão para o gravame imposto pela autonomia privada no que pode ser denominado mínimo existencial.

No âmbito do Direito Privado, podemos traduzir o mínimo existencial no que Luiz Edson Fachin, em sua obra Estatuto jurídico do patrimônio mínimo, denominou de patrimônio mínimo da pessoa humana, podendo ser identificado em diversas normas, como naquela que determina a incapacidade relativa do pródigo (Código Civil, art. 4º, IV) ou na que determina a nulidade da doação de todos os bens sem reserva de parte ou renda suficiente para subsistência do doador (CC, art. 548), bem como aquelas que estabelecem a impenhorabilidade de bens essenciais (Lei nº 8.009, de 29 de março de 1990, e Código de Processo Civil, art. 833).

Nessa direção, a autonomia privada que estabelece a inalienabilidade pelo testamento deverá prevalecer, por exemplo, quando o testador gravar um único imóvel, de pequeno valor dentre os bens da herança, para garantir a moradia de filho insolvente que não é proprietário de bem imóvel, ou quando gravar quotas sociais ou imóvel no qual o herdeiro explore a sua atividade profissional, para que lhe seja garantida a continuidade do exercício de sua profissão, mesmo após a morte do titular do bem. Esses seriam casos que encontrariam guarida nos princípios constitucionais, sendo certo que a validade da cláusula restritiva estará sempre submetida à análise da permanência dos motivos que a justificaram.

Pelos motivos expostos é que também se propõe que o juiz possa dispensar os gravames, quando restarem provados motivos que demonstrem que ditos ônus se tornaram um estorvo para o beneficiário ou quando restar claro que a causa justificadora do gravame não mais subsiste, propondo-se, ainda, que o juiz atue no caso com equidade, não se limitando à sub-rogação.

Já quanto à proibição de converter os bens da legítima em dinheiro, dita vedação parece não estar em consonância com objetivos atuais de ampliar determinadas prerrogativas do testador, para melhor lhe permitir planejar a sua sucessão.

De fato, tal conversão permitiria que o testador, ao se valer da faculdade disposta no art. 2.014 do Código Civil, empreendesse divisão patrimonial que assegurasse melhor proteção para os herdeiros e para a continuidade de seus negócios, porque, não raras vezes, há herdeiros totalmente alheios aos bens e negócios da pessoa falecida, que teriam sua quota hereditária mais bem atendida com dinheiro, com base em uma avaliação fidedigna dos bens.

Assim, a conversão em dinheiro facilitaria a escolha, pelo testador, do herdeiro que melhor continuaria os seus negócios, sem maiores disputas, entre os demais, pela qualidade dos bens determinados pelo testador para compor seus respectivos quinhões, complementando o já citado art. 2.014 do Código Civil.

No que se refere, especificamente, à regulação da "Sucessão Testamentária", o texto projetado propõe grandes inovações, sintetizadas em duas expressões: menos formalidades e mais incentivos.

É pacífico que o ato de testar deve ser simplificado e modernizado, de forma a incentivar e popularizar o uso do testamento, mas sem perder a segurança proporcionada pelas formalidades testamentárias. Novas tecnologias devem ser incorporadas, como é o caso do testamento, público ou particular, realizado por meio de recursos audiovisuais. Quanto à redução das formalidades, o anteprojeto propõe permitir a utilização de recursos de audiovisual para a feitura do testamento, o que representa grande incentivo para popularizar seu uso, sem comprometer os valores da certeza e da segurança. A permissão para que o ato fosse elaborado por processo mecânico, utilizando-se o computador e quaisquer outros recursos tecnológicos congêneres, já existia desde janeiro de 2003. Com este projeto, abre-se uma nova possibilidade de uso de recursos tecnológicos, precisamente o audiovisual. Na quadra em que vivemos, no que se convencionou chamar de sociedade da informação, em que tais recursos são amplamente admitidos como meio de prova em quaisquer instâncias, não seria mais aceitável desconhecê-los como instrumentos válidos de elaboração do testamento.

O sistema de audiovisual oferecerá uma maior segurança a respeito do conteúdo das disposições testamentárias, pois estaremos ouvindo a própria voz do testador. É o testador quem vai explicar a sua última vontade, o que vai reduzir a necessidade de utilização de recursos hermenêuticos para a interpretação do testamento. O texto escrito muitas vezes é ambíguo. As palavras, quando desprovidas da entonação adequada, comportam significados diversos. O intérprete do testamento, com frequência, enfrenta grandes obstáculos na pesquisa do desejo derradeiro do *de cujus*. A utilização do sistema de audiovisual deve eliminar essas dificuldades, facilitando a concretização do princípio da prevalência da vontade do testador, previsto no art. 1.899 do Código Civil. E assim, com menor risco e maior certeza, o ato de última vontade atingirá a sua finalidade.

O formalismo e a solenidade do ato de testar garantem a segurança do testamento e a fidelidade da vontade do testador. Adotadas as cautelas ora previstas, nenhum registro poderia ser mais fiel à última vontade do autor da herança do que aquele feito em sistema de audiovisual.

Os testamentos especiais devem ser revogados, pois todas as situações que poderiam contemplar já são atendidas pelo testamento hológrafo feito em situações de emergência.

É preciso, ainda, disciplinar as causas de impedimento das testemunhas instrumentais do testamento, objeto de regra específica no Código Civil de 1916, suprimida, porém, pelo de 2002. A lacuna tem sido colmatada pela jurisprudência com a aplicação do art. 228 do Código Civil, o que se tem mostrado inadequado e obscuro, por se tratar de dispositivo voltado às testemunhas judiciais.

Outra proposta importante refere-se à reintrodução do instituto da substituição fideicomissária como livre opção do testador, o que pode ser muito útil nas operações de planejamento sucessório. O fideicomisso não ficará mais restrito, portanto, à deixa em favor de prole eventual, retomando-se a sistemática prevista no Código de 1916.

Outra proposta, consentânea com as novas realidades do Direito das Famílias, refere-se à ampliação das causas de deserdação para incluir o "abandono afetivo voluntário" como justificativa para ascendentes e descendentes se excluírem reciprocamente da sucessão, por meio do testamento. Também se propõe a inversão da lógica da ação de deserdação, cuja legitimidade ativa é transferida ao deserdado, a quem caberá impugnar a causa da deserdação, retirando esse ônus dos demais herdeiros, em fortalecimento e valorização do princípio da prevalência da vontade do testador.

Finalmente, no que tange à disciplina "Do Inventário e da Partilha", o projeto sugere alguns aprimoramentos no Código de Processo Civil.

De início, foi incluída a menção ao companheiro em seu art. 651, inciso II, único dispositivo que não equiparou a união estável ao casamento para os fins de inventário e partilha, merecendo, portanto, tal inclusão. Também foi feito reparo no inciso III do mesmo comando, para constar a "parte disponível", e não "meação disponível", que não tem sentido técnico, conforme conclusão da comissão.

O art. 610 do Codex processual também foi alterado, constando ressalva, em um novo parágrafo, de que é possível o inventário extrajudicial, mesmo se o falecido deixar testamento, desde que haja registro judicial ou autorização expressa do juízo sucessório competente, nos autos do procedimento de abertura, registro e cumprimento de testamento, e sendo todos os interessados capazes e concordes. Essa proposta segue o teor do Enunciado nº 600 da VI Jornada de Direito Civil, do Enunciado nº 85 da I Jornada de Solução Extrajudicial de Controvérsias e do Enunciado nº 51 da I Jornada de Processo Civil, eventos promovidos pelo Conselho da Justiça Federal, nos anos de 2015, 2016 e 2017, respectivamente. Segue-se também o conteúdo do Enunciado nº 16 do IBDFAM. Cabe pontuar que, no mesmo sentido, existem normas das Corregedorias dos Tribunais da Justiça dos Estados de São Paulo e Rio de Janeiro, o que tende a "desjudicializar" a matéria. Falta apenas a lei fazer tal reconhecimento. Em suma, corrige-se o grave equívoco em que incorreu o legislador, quando afastou a possibilidade de se proceder ao inventário extrajudicial sempre que houvesse testamento.

Em um momento em que tanto se critica o Poder Judiciário pela demora no andamento dos processos, compelir herdeiros maiores, capazes e concordes a procederem ao inventário judicial, tão somente por existir um testamento, foge completamente ao espírito que presidiu a edição do CPC de 2015.

O testamento não pode constituir óbice ao inventário administrativo, máxime quando os procedimentos para abertura, registro e confirmação do ato de última vontade permanecerão na esfera judicial.

Com o objetivo de trazer estabilidade e certeza para o tema da colação, o projeto propõe nova redação aos arts. 2.004 do Código Civil e 639 do Código de Processo Civil, que se mostram em manifesto conflito quanto ao sistema de colação dos bens doados pelo *de cujus*, o primeiro estabelecendo que "o valor de colação dos bens doados será aquele, certo ou estimativo, que lhes atribuir o ato de liberalidade", e o outro prevendo que o valor da colação seria o correspondente ao valor do bem no momento da abertura da sucessão. Conforme amplamente debatido na última reunião da Comissão de Assuntos Legislativos do IBDFAM, chegou-se à conclusão de que nenhum dos dois critérios de colação, quando aplicados de modo absoluto, sem ressalvas, era justo: nem aquele correspondente à data da doação (CC), tampouco aquele correspondente à abertura da sucessão (CPC). Daí a necessidade de se propor a alteração de ambos os dispositivos.

Nessa direção, o valor do bem a ser colacionado deve ser aquele correspondente ao benefício econômico auferido pelo donatário com a dádiva. Assim, se o donatário mantém até o óbito do doador o bem em seu patrimônio e o confere em substância – regra instituída pelo CPC –, o valor do bem doado deve corresponder àquele da abertura da sucessão. No entanto, se o donatário alienou o bem entre a doação e a abertura da sucessão, deve-se apurar o valor do bem por ocasião da alienação, sob pena de haver uma injustiça, ou para o donatário ou para os herdeiros a quem a colação aproveita.

Por todos os motivos que acabamos de expor, concluímos, sem hesitar, que a presente proposta legislativa há de aportar relevantes e inegáveis benefícios para a sociedade brasileira.

Corrigem-se equívocos técnicos dos atuais Código Civil e Código de Processo Civil na matéria sucessória, uniformiza-se a sucessão do cônjuge e do companheiro, suprimem-se discriminações infames, dispensam-se formalidades na elaboração do testamento e imprime-se maior segurança no seu cumprimento, e agiliza-se e barateia-se o inventário.

ANEXO II

Proposta de legislação sobre testamentos eletrônicos aos estados dos Estados Unidos proposta pela *Uniform Law Commission*

UNIFORM ELECTRONIC WILLS ACT	ATO DE VONTADE ELETRÔNICA UNIFORME
SECTION 1. SHORT TITLE. This [act] may be cited as the Uniform Electronic Wills Act.	**SEÇÃO 1. BREVE TÍTULO.** Este [ato] pode ser citado como a Normalização de Atos testamentais Eletrônicos.
SECTION 2. DEFINITIONS. In this [act]:	SEÇÃO 2. DEFINIÇÕES. Neste [ato]:
(1) "Electronic" means relating to technology having electrical, digital, magnetic, wireless, optical, electromagnetic, or similar capabilities.	(1) "Eletrônico" significa relacionado à tecnologia com capacidades elétricas, digitais, magnéticas, sem fio, ópticas, eletromagnéticas ou semelhantes.
[(2) "Electronic presence" means the relationship of two or more individuals in different locations communicating in real time to the same extent as if the individuals were physically present in the same location.]	[(2) "Presença eletrônica" significa o relacionamento de dois ou mais indivíduos em locais diferentes que se comunicam em tempo real na mesma medida como se os indivíduos estivessem fisicamente presentes no mesmo local.]
(3) "Electronic will" means a will executed electronically in compliance with Section 5(a).	(3) "Testamento eletrônico" significa um testamento executado eletronicamente em conformidade com a Seção 5(a).
(4) "Record" means information that is inscribed on a tangible medium or that is stored in an electronic or other medium and is retrievable in perceivable form.	(4) "Registro" significa informação que está inscrita em um meio tangível ou que é armazenada em um meio eletrônico ou outro meio e pode ser recuperada de forma perceptível.
(5) "Sign" means, with present intent to authenticate or adopt a record:	(5) "Assinar" significa, com a presente intenção de autenticar ou adotar um registro:
(A) to execute or adopt a tangible symbol; or	(A) para executar ou adotar um símbolo tangível; ou
(B) to affix to or logically associate with the record an electronic symbol or process.	(B) para afixar ou associar logicamente ao registro um símbolo ou processo eletrônico.
(6) "State" means a state of the United States, the District of Columbia, Puerto Rico, the United States Virgin Islands, or any territory or insular possession subject to the jurisdiction of the United States. The term includes a federally recognized Indian tribe.	(6) "Estado" significa um estado dos Estados Unidos, o Distrito de Columbia, Porto Rico, as Ilhas Virgens dos Estados Unidos ou qualquer território ou posse insular sujeito à jurisdição dos Estados Unidos. O termo inclui uma tribo indígena reconhecida federalmente.
(7) "Will" includes a codicil and any testamentary instrument that merely appoints an executor, revokes or revises another will, nominates a guardian, or expressly excludes or limits the right of an individual or class to succeed to property of the decedent passing by intestate succession.	(7) "Testamento" inclui um codicilo e qualquer instrumento testamentário que meramente nomeia um executor, revoga ou revisa outro testamento, nomeia um tutor ou expressamente exclui ou limita o direito de um indivíduo ou classe de suceder na propriedade do falecido que passa sucessão sem testamento.
Legislative Note: *A state that permits an electronic will only if executed with the witnesses in the physical presence of the testator should omit paragraph (2) and renumber the remaining paragraphs accordingly. See also the Legislative Note to Section 5.*	

SECTION 3. LAW APPLICABLE TO ELECTRONIC WILL; PRINCIPLES OF EQUITY. An electronic will is a will for all purposes of the law of this state. The law of this state applicable to wills and principles of equity apply to an electronic will, except as modified by this [act].

SECTION 4. CHOICE OF LAW REGARDING EXECUTION. A will executed electronically but not in compliance with Section 5(a) is an electronic will under this [act] if executed in compliance with the law of the jurisdiction where the testator is:

(1) physically located when the will is signed; or

(2) domiciled or resides when the will is signed or when the testator dies.

SECTION 5. EXECUTION OF ELECTRONIC WILL.

(a) Subject to Section 8(d) [and except as provided in Section 6], an electronic will must be:

(1) a record that is readable as text at the time of signing under paragraph (2);

(2) signed by:

(A) the testator; or

(B) another individual in the testator's name, in the testator's physical presence and by the testator's direction; and

(3) [either:

(A)] signed in the physical [or electronic] presence of the testator by at least two individuals[, each of whom is a resident of a state and physically located in a state at the time of signing and] within a reasonable time after witnessing:

[(A)] [(i)] the signing of the will under paragraph (2); or

[(B)] [(ii)] the testator's acknowledgment of the signing of the will under paragraph (2) or acknowledgement of the will [; or

(B) acknowledged by the testator before and in the physical [or electronic] presence of a notary public or other individual authorized by law to notarize records electronically].

(b) Intent of a testator that the record under subsection (a)(1) be the testator's electronic will may be established by extrinsic evidence.

Legislative Note: A state should conform Section 5 to its will-execution statute.

A state that enacts Section 6 (harmless error) should include the bracketed language at the beginning of subsection (a).

Nota legislativa: Um estado que permite um testamento eletrônico somente se executado com as testemunhas na presença física do testador deve omitir o parágrafo (2) e renumerar os parágrafos restantes em conformidade. Consulte também a Nota Legislativa da Seção 5.

SEÇÃO 3. LEI APLICÁVEL À VONTADE ELETRÔNICA; PRINCÍPIOS DE EQUIDADE.

Um testamento eletrônico é um testamento para todos os efeitos da lei deste estado. A lei deste estado aplicável a testamentos e princípios de equidade se aplica a um testamento eletrônico, exceto conforme modificado por esta [lei].

SEÇÃO 4. ESCOLHA DA LEI RELATIVA À EXECUÇÃO. Um testamento executado eletronicamente, mas não em conformidade com a Seção 5(a) é um testamento eletrônico nos termos deste [ato], se executado em conformidade com a lei da jurisdição na qual o testador é:

(1) fisicamente localizado quando o testamento é assinado; ou

(2) domiciliado ou residente quando o testamento é assinado ou quando o testador morre.

SEÇÃO 5. EXECUÇÃO DA VONTADE ELETRÔNICA.

(a) Sujeito à Seção 8 (d) [e exceto conforme previsto na Seção 6], um testamento eletrônico deve ser:

(1) um registro que seja legível como texto no momento da assinatura de acordo com o parágrafo (2);

(2) assinado por:

(A) o testador; ou

(B) outro indivíduo em nome do testador, na presença física do testador e por orientação do testador; e

(3) [ou:

(A)] assinado na presença física [ou eletrônica] do testador por pelo menos dois indivíduos, [cada um deles residente em um estado e fisicamente localizado em um estado no momento da assinatura e] dentro de um período de tempo razoável após testemunhando:

[(A)] [(i)] a assinatura do testamento nos termos do parágrafo (2); ou

[(B)] [(ii)] o reconhecimento do testador da assinatura do testamento nos termos do parágrafo (2) ou o reconhecimento do testamento [; ou

A state that permits an electronic will only when the testator and witnesses are in the same physical location, and therefore prohibits remote attestation, should omit the bracketed words "or electronic" from subsection (a)(3) and Section 8(c).

A state that has enacted Uniform Probate Code Section 2-502 or otherwise validates an unattested but notarized will should include subsection (a)(3)(B).

SECTION 6. HARMLESS ERROR.

Alternative A

A record readable as text not executed in compliance with Section 5(a) is deemed to comply with Section 5(a) if the proponent of the record establishes by clear-and-convincing evidence that the decedent intended the record to be:

(1) the decedent's will;

(2) a partial or complete revocation of the decedent's will;

(3) an addition to or modification of the decedent's will; or

(4) a partial or complete revival of the decedent's formerly revoked will or part of the will.

Alternative B

[Cite to Section 2-503 of the Uniform Probate Code or comparable provision of the law of this state] applies to a will executed electronically.

End of Alternatives]

Legislative Note: A state that has enacted Uniform Probate Code Section 2-503 or another harmless error rule for a non-electronic will, should enact Alternative B. A state that has not enacted a harmless error rule may not want to add a harmless error rule solely for an electronic will, but if it does, it should enact Alternative A.

SECTION 7. REVOCATION.

(a) An electronic will may revoke all or part of a previous will.

(b) All or part of an electronic will is revoked by:

(1) a subsequent will that revokes all or part of the electronic will expressly or by inconsistency; or

(2) a physical act, if it is established by a preponderance of the evidence that the testator, with the intent of revoking all or part of the will, performed the act or directed another individual who performed the act in the testator's physical presence.

Nota Legislativa: Um estado que promulgou a Seção 2-503 do Código de Sucessões Uniforme ou outra regra de erro inofensivo para um testamento não eletrônico deve aprovar a Alternativa B. Um estado que não promulgou uma regra de erro inofensivo pode não querer adicionar uma regra de erro inofensiva apenas para um testamento eletrônico, mas se o fizer, deve aprovar a Alternativa A.

SEÇÃO 7. REVOGAÇÃO.

(a) Um testamento eletrônico pode revogar todo ou parte de um testamento anterior.

(b) Todo ou parte de um testamento eletrônico é revogado por:

(1) testamento subsequente que revoga todo ou parte do testamento eletrônico de forma expressa ou inconsistente; ou

(2) um ato físico, se for estabelecido pela preponderância da evidência de que o testador, com a intenção de revogar a totalidade ou parte do testamento, praticou o ato ou dirigiu outro indivíduo que realizou o ato na presença física do testador.

SEÇÃO 8. ELETRÔNICOS SERÃO TESTADOS E FEITOS AUTOPROVEDORES NO MOMENTO DA EXECUÇÃO.

(a) Um testamento eletrônico pode ser executado, atestado e comprovado simultaneamente por meio do reconhecimento do testador e dos depoimentos das testemunhas.

(b) O reconhecimento e as declarações sob a subseção (a) devem ser:

(1) feito antes de um oficial autorizado a administrar juramentos nos termos da lei do estado em que a execução ocorre [ou, se menos de duas testemunhas estiverem fisicamente presentes no mesmo local que o testador no momento da assinatura nos termos da Seção 5(a)(2), perante um oficial autorizado nos termos de [citar a Seção 14A da Lei Uniforme Revisada sobre Atos Notariais (2018) ou disposição comparável da lei deste estado]]; e

(2) evidenciado pelo certificado do oficial sob o selo oficial afixado ou logicamente associado ao testamento eletrônico.

(c) O reconhecimento e as declarações sob a subseção (a) devem ser substancialmente da seguinte forma:

Eu, _____, o testador, e, fazendo juramento, declaro ao (nome)

SECTION 8. ELECTRONIC WILL ATTESTED AND MADE SELF-PROVING AT TIME OF EXECUTION.

(a) An electronic will may be simultaneously executed, attested, and made self-proving by acknowledgment of the testator and affidavits of the witnesses.

(b) The acknowledgment and affidavits under subsection (a) must be:

(1) made before an officer authorized to administer oaths under law of the state in which execution occurs [or, if fewer than two attesting witnesses are physically present in the same location as the testator at the time of signing under Section 5(a)(2), before an officer authorized under [cite to Revised Uniform Law on Notarial Acts Section 14A (2018) or comparable provision of the law of this state]]; and

(2) evidenced by the officer's certificate under official seal affixed to or logically associated with the electronic will.

(c) The acknowledgment and affidavits under subsection (a) must be in substantially the following form:

I, _____, the testator, and, being sworn, declare to the (name) undersigned officer that I sign this instrument as my electronic will, I willingly sign it or willingly direct another individual to sign it for me, I execute it as my voluntary act for the purposes expressed in this instrument, and I am [18] years of age or older, of sound mind, and under no constraint or undue influence.

_____
Testator

We, _____
(name) and _____
(name),
witnesses, being sworn, declare to the undersigned officer that the testator signed this instrument as the testator's electronic will, that the testator willingly signed it or willingly directed another individual to sign for the testator, and that each of us, in the physical [or electronic] presence of the testator, signs this instrument as witness to the testator's signing, and to the best of our knowledge the testator is [18] years of age or older, of sound mind, and under no constraint or undue influence.

_____
Witness

O dirigente abaixo assinado que eu assino este instrumento como meu testamento eletrônico, eu o assino de boa vontade ou ordeno outra pessoa a assiná-lo por mim, eu o executo como meu ato voluntário para os fins expressos neste instrumento, e tenho [18] anos de idade ou mais, de mente sã e sem restrições ou influência indevida.

_____
Testador

Nós, _____
(nome) e _____
(nome), testemunhas, fazendo juramento, declaram ao oficial abaixo assinado que o testador assinou este instrumento como testamento eletrônico do testador, que o testador voluntariamente assinou ou instruiu outro indivíduo a assinar pelo testador, e que cada um de nós, na forma física [ou eletrônica] na presença do testador, assina este instrumento como testemunha da assinatura do testador e, tanto quanto é do nosso conhecimento, o testador tem [18] anos de idade ou mais, é sã e está sob nenhuma restrição ou influência indevida.

_____
Testemunha

_____
Testemunha

Certificado de oficial:
Estado de _____
[Condado] de _____
Assinado, jurado e reconhecido sob a minha pesença _____
(nome),
o testador, e subscrito jurou perante mim por _____ (nome)
e
_____ (nome),
testemunhas, no dia ___ de _____ de ____.

(Selo) _____
(Assinatura) _____
(Capacidade de oficial)

(d) Uma assinatura física ou eletronicamente afixada a uma declaração que é afixada ou logicamente associada a um testamento eletrônico nos termos deste [ato] é considerada uma assinatura do testamento eletrônico nos termos da Seção 5(a).

Witness
Certificate of officer:
State of _____
[County] of _____
Subscribed, sworn to, and acknowledged before me by _____ (name), the testator, and subscribed and sworn to before me by _____ (name) and _____ (name), witnesses, this _____ day of _____,..

(Seal) _____

(Signed) _____

(Capacity of officer)

(d) A signature physically or electronically affixed to an affidavit that is affixed to or logically associated with an electronic will under this [act] is deemed a signature of the electronic will under Section 5(a).

Legislative Note: A state that has not enacted the Uniform Probate Code should conform Section 8 to its self-proving affidavit statute. The statements that the requirements for a valid will are met and the language required for the notary's certification should conform with the requirements under state law.

A state that has authorized remote online notarization by enacting the 2018 version of the Revised Uniform Law on Notarial Acts should cite to Section 14A of that act in subsection (b)(1). A state that has adopted a non-uniform law allowing remote online notarization should cite to the relevant section of state law in subsection (b)(1).

A state that does not permit an electronic will to be executed without all witnesses being physically present should omit the bracketed language in subsection (b)(1) and the words "or electronic" in subsection (c) and Section 5(a)(3).

SECTION 9. CERTIFICATION OF PAPER COPY. An individual may create a certified paper copy of an electronic will by affirming under penalty of perjury that a paper copy of the electronic will is a complete, true, and accurate copy of the electronic will. If the electronic will is made self-proving, the certified paper copy of the will must include the self-proving affidavits.

Nota legislativa: Um estado que não promulgou o Código Uniforme de Sucessões deve conformar a Seção 8 ao seu estatuto de declaração juramentada autocomprovada. As declarações de que os requisitos para um testamento válido são atendidos e o idioma exigido para a certificação do notário deve estar em conformidade com os requisitos da lei estadual.

Um estado que autorizou o reconhecimento de firma online remoto pela promulgação da versão 2018 da Lei Uniforme Revisada sobre Atos Notariais deve citar a Seção 14A desse ato na subseção (b) (1). Um estado que adotou uma lei não uniforme que permite o reconhecimento de firma online remoto deve citar a seção relevante da lei estadual na subseção (b) (1).

Um estado que não permite que um testamento eletrônico seja executado sem que todas as testemunhas estejam fisicamente presentes deve omitir a linguagem entre colchetes na subseção (b) (1) e as palavras "ou eletrônico" na subseção (c) e na Seção 5 (a) (3).

SEÇÃO 9. CERTIFICAÇÃO DE CÓPIA DE PAPEL. Um indivíduo pode criar uma cópia em papel certificada de um testamento eletrônico afirmando, sob pena de perjúrio, que uma cópia em papel do testamento eletrônico é uma cópia completa, verdadeira e precisa do testamento eletrônico. Se o testamento eletrônico for autocomprovante, a cópia em papel autenticada do testamento deverá incluir as declarações autocomprovantes.

Nota legislativa: Um estado pode precisar alterar suas regras do tribunal de sucessões para expandir a definição do que pode ser apresentado ao tribunal para incluir registros eletrônicos.

As regras processuais do tribunal podem exigir que uma cópia autenticada em papel seja arquivada dentro de um determinado número de dias após o depósito do pedido de inventário. Um estado pode querer incluir regras de procedimento especificamente para testamentos eletrônicos.

SEÇÃO 10. UNIFORMIDADE DE APLICAÇÃO E CONSTRUÇÃO. Ao aplicar e interpretar este ato uniforme, deve-se levar em consideração a necessidade de promover a uniformidade da lei com relação ao seu objeto entre os Estados que o promulgam.

SEÇÃO 11. DISPOSIÇÃO TRANSITÓRIA. Este [ato] se aplica à vontade de um falecido que falece em ou após [a data de vigência deste [ato]].

Legislative Note: *A state may need to change its probate court rules to expand the definition of what may be filed with the court to include electronic filings.* *Court procedural rules may require that a certified paper copy be filed within a prescribed number of days of the filing of the application for probate. A state may want to include procedural rules specifically for electronic wills.* SECTION 10. UNIFORMITY OF APPLICATION AND CONSTRUCTION. In applying and construing this uniform act, consideration must be given to the need to promote uniformity of the law with respect to its subject matter among states that enact it. SECTION 11. TRANSITIONAL PROVISION. This [act] applies to the will of a decedent who dies on or after [the effective date of this [act]]. SECTION 12. EFFECTIVE DATE. This [act] takes effect…	SEÇÃO 12. DATA DE VIGÊNCIA. Este [ato] entra em vigor...

ANEXO III

Sugestão de legislação para os testamentos eletrônicos proposta por Joseph Karl Grant[1]

PART I	PARTE I
1-101. Short Title. This Act shall be known and may be cited as the Electronic Will Act.	1-101. Título curto. Este Ato será conhecido e pode ser citado como o Ato de Testamento Eletrônico.
1-102. Purposes; Rules of Construction.	1-102. Objetivos; Regras de construção.
(a) This Act shall be liberally construed and applied to promote its underlying purposes and policies.	(a) Esta Lei deve ser interpretada e aplicada de forma liberal para promover seus objetivos e políticas subjacentes.
(b) The underlying purposes and policies of this Act are:	(b) Os objetivos e políticas subjacentes desta Lei são:
(1) To facilitate the use and enforcement of electronic and other emerging technology in memorializing the intent and wishes of a decedent with regard to the distribution of his or her real and personal property in this state;	(1) Para facilitar o uso e a aplicação de tecnologia eletrônica e outras tecnologias emergentes em homenagem às intenções e desejos de um falecido no que diz respeito à distribuição de sua propriedade real e pessoal neste estado;
(2) To simplify and clarify the law concerning the affairs of decedents in this state;	(2) Simplificar e esclarecer a lei sobre os assuntos dos falecidos neste estado;
(3) To discover and make effective the intent of a decedent in distribution of his or her property; and	(3) Descobrir e tornar efetiva a intenção de um falecido na distribuição de seus bens; e
(4) To promote a speedy and efficient system for liquidating the estate of the decedent and making distribution to his or her successors.	(4) Promover um sistema ágil e eficiente para liquidar os bens do falecido e fazer a distribuição aos seus sucessores.
PART II	PARTE II
1-201 General Definitions. For purposes of this chapter, the following terms shall have the following definitions:	1-201 Definições gerais. Para os fins deste capítulo, os seguintes termos devem ter as seguintes definições:
(1) Authentication Attribute. The term "authentication attribute" shall mean an attribute of a certain person that is unique to that person and that is capable of measurement and recognition in an electronic record as a biological aspect of or physical act performed by that person. An authentication attribute may consist of, but not be limited to, a fingerprint, a retinal scan, voice recognition, facial recognition, an electronic signature or other authentication using a unique characteristic of the person.	(1) Atributo de Autenticação. O termo "atributo de autenticação" deve significar um atributo de uma determinada pessoa que é exclusivo para essa pessoa e que é capaz de medição e reconhecimento em um registro eletrônico como um aspecto biológico ou ato físico realizado por essa pessoa. Um atributo de autenticação pode consistir em, mas não se limitar a, uma impressão digital, uma varredura de retina, reconhecimento de voz, reconhecimento facial, uma assinatura eletrônica ou outra autenticação usando uma característica única da pessoa.
(2) Authoritative Copy The term "authoritative copy" shall mean the original, unique, identifiable and unalterable electronic record of an electronic will."	(2) Cópia oficial O termo "cópia oficial" significa o registro eletrônico original, único, identificável e inalterável de um testamento eletrônico."

[1] GRANT, *op. cit.*, 2008, p. 124.

(3) Electronic The term "electronic" as it relates to an electronic record means any technology having electronic, digital, magnetic, wireless, optical, electromagnetic, or similar capabilities.""	(3) Eletrônico O termo "eletrônico" no que se refere a um registro eletrônico significa qualquer tecnologia com recursos eletrônicos, digitais, magnéticos, sem fio, ópticos, eletromagnéticos ou semelhantes."
(4) Electronic Record The term "electronic record" means a will that is created, generated, sent, communicated, received, or stored in an electronic or other medium that is retrievable in perceivable form. An electronic record shall include, but is not limited to, data, text, images, sounds, codes, databases, computer pro grams, computer hardware, computer software, computer diskettes, photostats, photographs, slides, motion pictures, videotapes, audio tapes, records and disks, CD-Rom disks, DVD disks, electronic mail, voicemail, and any tangible material of any nature whatsoever that is designed to preserve the writing, voice, and image of a person.	(4) Registro Eletrônico O termo "registro eletrônico" significa um testamento que é criado, gerado, enviado, comunicado, recebido ou armazenado em um meio eletrônico ou outro meio que seja recuperável de forma perceptível. Um registro eletrônico deve incluir, mas não está limitado a, dados, texto, imagens, sons, códigos, bancos de dados, programas de computador, hardware de computador, software de computador, disquetes de computador, fotostatos, fotografias, slides, filmes, fitas de vídeo, fitas de áudio, registros e discos, discos CD-Rom, discos DVD, correio eletrônico, correio de voz e qualquer material tangível de qualquer natureza que seja projetado para preservar a escrita, a voz e a imagem de uma pessoa.
(5) Electronic Signature The term "electronic signature" means a graphical image of a handwritten signature that is created, generated or stored by an electronic sound, symbol, or process, attached to or logically associated with an electronic record and executed or adopted by a person with the intent to sign the electronic record.	(5) Assinatura Eletrônica O termo "assinatura eletrônica" significa uma imagem gráfica de uma assinatura manuscrita que é criada, gerada ou armazenada por um som eletrônico, símbolo ou processo, anexado ou logicamente associado a um registro eletrônico e inserido ou adotado por uma pessoa com a intenção de assinar o registro eletrônico.
(6) Electronic Will The term "electronic will" shall mean a testamentary document that complies with the requirements of this statute.	(6) Testamento Eletrônico O termo "testamento eletrônico" significa um documento testamentário que está em conformidade com os requisitos deste estatuto.
(7) Physical Signature The terms "physical signature" shall mean any symbol or mark attached to or logically associated with, and executed or adopted by a person or another person at that person's direction with the intent to sign or authenticate, the electronic will or electronic record.	(7) Assinatura física Os termos "assinatura física" significam qualquer símbolo ou marca anexada ou logicamente associada, e executada ou adotada por uma pessoa ou outra pessoa sob a direção dessa pessoa com a intenção de assinar ou autenticar, o testamento eletrônico ou registro eletrônico.
PART III	PARTE III
3-101. Who May Make An Electronic Will; Effect. Every person age 18 or older who is of sound mind may make an electronic will to dispose of all of his estate, real and personal, after payment of the testator's debts.	3-101. Quem pode fazer um testamento eletrônico; Efeito. Qualquer pessoa com 18 anos ou mais que esteja em bom estado de saúde pode fazer testamento eletrônico para dispor de todos os seus bens, imóveis e pessoais, após o pagamento das dívidas do testador.
3-102. Execution of Witnessed Electronic Wills.	3-102. Execução de testamentos eletrônicos testemunhados.
1. Except as provided in section 3-103, an electronic will is a will of the testator that must be:	1. Exceto conforme disposto na seção 3-103, um testamento eletrônico é um testamento que deve ser:
(a) Written, created, recorded, or stored in an electronic record;	(a) Escrito, criado, gravado ou armazenado em um registro eletrônico;

(b) Contain the date and the physical signature or electronic signature of the testator and which includes, without limitation, at least one authentication attribute of the testator or be physically signed in the testator's name in writing or by electronic signature by some other individual in the testator's conscious presence and by the testator's direction; and

(c) Physically signed or witnessed to by the handwritten or electronic signature of at least two individuals, each of whom attested within a reasonable time after he or she witnessed either the handwritten or electronic signature of the electronic will as described in paragraph (2) by the testator's handwritten signature, electronic signature, or acknowledgement of the electronic will.

(d) Created, recorded, or stored in manner that:

(1) Only one authoritative copy exists;

(2) The authoritative copy is maintained under the control of the testator or a custodian designated by the testator -in the electronic will;

(3) Any attempted alteration of the authoritative copy is readily identifiable; and

(4) Each copy of the authoritative copy is readily identifiable as a copy that is not the authoritative copy.

2. An electronic will shall be deemed to be executed in this state if the authoritative copy of the electronic will is:

(a) Transmitted to and maintained by a custodian designated in the electronic will at his or her place of business in this state or at his or her residence in this state; or

(b) Maintained by the testator at his place of business in this state or at his residence in this state.

3. An electronic will that meets the requirements of this section is subject to no other form, and may be made in or out of this state. An electronic will is valid and has the same force and effect as if formally executed in writing.

4. The provisions of this section do not apply to a trust other than a trust contained in an electronic will.

3-103. Nonconforming Electronic Wills.

(a) A will that does not conform or comply with section 3-102 is a valid electronic will, whether or not witnessed, if the handwritten or electronic signature and material portions of the document are in an electronic record created by the testator.

(b) Conter a data e a assinatura física ou eletrônica do testador e que inclui, sem limitação, pelo menos um atributo de autenticação do testador ou ser fisicamente assinada em nome do testador por escrito ou por assinatura eletrônica por algum outro indivíduo no presença consciente do testador e por direção do testador; e

(c) Fisicamente assinado ou testemunhado pela assinatura manuscrita ou eletrônica de pelo menos dois indivíduos, cada um dos quais atestado dentro de um tempo razoável após ele ou ela testemunhar a assinatura manuscrita ou eletrônica do testamento eletrônico, conforme descrito no parágrafo (2) pela assinatura manuscrita do testador, assinatura eletrônica ou confirmação do testamento eletrônico.

(d) Criado, gravado ou armazenado de forma que:

(1) Existe apenas uma cópia oficial;

(2) A cópia oficial é mantida sob o controle do testador ou de um custodiante designado pelo testador - no testamento eletrônico;

(3) Qualquer tentativa de alteração da cópia oficial é prontamente identificável; e

(4) Cada cópia da cópia oficial é prontamente identificável como uma cópia que não é a cópia oficial.

2. Um testamento eletrônico será considerado executado neste estado se a cópia oficial do testamento eletrônico for:

(a) Transmitidos e mantidos por um custodiante designado no testamento eletrônico em seu estabelecimento comercial nesse estado ou em sua residência nesse estado; ou

(b) Mantido pelo testador em seu local de trabalho neste estado ou em sua residência neste estado.

3. Um testamento eletrônico que atenda aos requisitos desta seção não está sujeito a nenhuma outra forma e pode ser feito dentro ou fora deste estado. Um testamento eletrônico é válido e tem a mesma força e efeito como se fosse formalmente executado por escrito.

4. As disposições desta seção não se aplicam a um fiduciário que não seja um fiduciário contido em um testamento eletrônico.

3-103. Testamentos eletrônicos não conformes.

(a) Um testamento que não esteja em conformidade ou não esteja em conformidade com a seção 3-102 é um testamento eletrônico válido, testemunhado ou não, se a assinatura manuscrita ou eletrônica e partes materiais do documento estiverem em um registro eletrônico criado pelo testador.

(b) Intent that the document constitutes the testator's electronic will can be established by extrinsic evidence, including, for nonconforming electronic wills, portions of the document that are not in the testator's handwriting or in an electronic record created by the testator.	(b) A intenção de que o documento constitua a vontade eletrônica do testador pode ser estabelecida por evidência extrínseca, incluindo, para testamentos eletrônicos não conformes, partes do documento que não estão na caligrafia do testador ou em um registro eletrônico criado pelo testador.

Esta obra foi composta em fonte Palatino Linotype, corpo 10,5
e impressa em papel Offset 75g (miolo) e Supremo 250g (capa)
pela Gráfica Formato, em Belo Horizonte/MG.